PLUTARQUE

VIES

TOME XII

Plutarchus.

COLLECTION DES UNIVERSITÉS DE FRANCE
publiée sous le patronage de l'ASSOCIATION GUILLAUME BUDÉ

PLUTARQUE

VIES

TOME XII

DÉMOSTHÈNE — CICÉRON

TEXTE ÉTABLI ET TRADUIT
PAR
Robert FLACELIÈRE
Membre de l'Institut
ET
ÉMILE CHAMBRY

PARIS
SOCIÉTÉ D'ÉDITION « LES BELLES LETTRES »
95, BOULEVARD RASPAIL
—
1976

Conformément aux statuts de l'Association Guillaume Budé, ce volume a été soumis à l'approbation de la commission technique, qui a chargé M. Robert Klaerr d'en faire la révision et d'en surveiller la correction en collaboration avec M. Robert Flacelière.

MANUSCRITS

———

Les principaux manuscrits des *Vies* ont été décrits et étudiés dans l'Introduction du tome I de la présente édition, p. XXXII-LIV.

Dans ce volume, notre apparat critique utilise les manuscrits suivants :

A = Parisinus 1671.

B = Parisinus 1672.

C = Parisinus 1673.

D = Parisinus 1674.

E = Parisinus 1675.

N = Matritensis.

U = Vaticanus 138 veteris manus.

U = Vaticanus 138 recentioris manus.

Y : sigle représentant l'accord de U A B C E.

———

DÉMOSTHÈNE — CICÉRON

VIE DE DÉMOSTHÈNE

NOTICE

L'Athénien Démosthène, fils de Démosthène, du dème de Paiania, naquit probablement en 384[1], et mourut certainement en 322[2], à l'âge de soixante-deux ans environ[3].

Après la Préface, dont nous parlerons plus bas, Plutarque, aux chapitres 4-11, insiste longuement sur la vocation oratoire, la formation laborieuse et les caractères de l'éloquence de Démosthène. Là, d'ailleurs, il ne se soucie guère de chronologie : en 9, 1, pour montrer que Démosthène, contre son habitude, était capable d'improviser, il cite des interventions de l'orateur qui datent de 343 (contre Python de Byzance) et même de 324 (contre Lamachos de Smyrne), alors qu'il abordera seulement au chapitre 12 la série des harangues contre Philippe, qui débuta en 351 ; puis, au chapitre 15, il revient sur des discours que Démosthène aurait écrits comme *logographe* au début de sa carrière, bien avant l'époque des *Philippiques*. La composition de toute cette partie de la biographie est assez lâche : on a l'impression que

---

1. Voir G. Mathieu, *Démosthène, l'homme et l'œuvre* (Boivin, 1948), p. 7, — et ci-dessous la note à 12, 3. — Deux éditions de la *Vie de Démosthène* sont particulièrement utiles : celle de Ch. Graux (Hachette, 1883), et celle de H. A. Holden (Cambridge, 1893).

2. Le 16 du mois de Pyanepsion (30, 5), c'est-à-dire en octobre.

3. On peut remarquer accessoirement que Démosthène se trouve avoir été exactement contemporain d'Aristote, qui vécut lui aussi de 384 à 322.

Plutarque présente ses observations sur le caractère et sur l'éloquence de Démosthène en énumérant ses exemples dans un grand désordre, selon qu'ils s'offrent à sa mémoire.

Le chapitre 13 contient un important jugement d'ensemble : le biographe, écartant une opinion, selon lui erronée, de l'historien Théopompe (13, 1) et acceptant les vues du philosophe Panaitios (13, 5), souligne l'inébranlable fidélité de Démosthène à ses principes politiques, auxquels il sacrifia même sa vie (13, 2), et la haute inspiration de ses discours, où prédominent toujours le καλόν et le πρέπον (13, 6) ; Démosthène mériterait donc d'être placé au tout premier rang des hommes d'État, auprès de Cimon et de Périclès, si seulement il avait possédé la bravoure militaire et une totale incorruptibilité. Ces deux réserves graves font que Plutarque met finalement Démosthène au-dessous de Phocion (14, 1-3), bien qu'il reconnaisse qu'il a assurément surpassé tous les autres orateurs de son temps[1].

Plutarque, fidèle à son propos de peindre les caractères de ses personnages en omettant le récit des grands événements et des épisodes principaux des guerres[2], ne nous raconte pas la bataille de Chéronée, mais seulement la façon peu honorable dont s'y comporta Démosthène et la joie du vainqueur, Philippe de Macédoine, s'enivrant et dansant au milieu des cadavres en scandant le début du décret d'Athènes, proposé par Démosthène, qui était à l'origine du conflit (chap. 20).

L'affaire d'Harpale (chap. 25-26) a donné lieu de nos jours à de longues discussions[3]. Il est certain que

1. Le plus bel éloge de Démosthène considéré comme orateur se trouve dans la Comparaison de Cicéron et Démosthène, *Cic.*, 50 (1), 2 ; et *ibid.*, 52 (3), 5-6, Plutarque revient sur l'amour de l'argent qu'avait, selon lui, Démosthène.

2. Cf. *Alex.*, 1, 1-3.

3. Je pense notamment à la polémique entre G. Colin et P. Treves : voir G. Colin, éditeur d'Hypéride, C. U. F., p. 221-243.

les anecdotes piquantes rapportées par Plutarque peuvent avoir été inventées, et que l'histoire de la coupe d'Harpale est peut-être trop belle pour être vraie. Il n'en reste pas moins qu'il paraît difficile de suivre tout à fait ceux qui ont prétendu innocenter complètement Démosthène.

La mort d'Alexandre en 323 provoqua le retour triomphal à Athènes de Démosthène, qui avait dû s'exiler après l'affaire d'Harpale, mais la victoire macé- donienne à l'issue de la guerre lamiaque lui fut fatale, comme à d'autres orateurs de son parti : condamné à mort par un décret qu'avait proposé Démade, il fut recherché par les sbires d'Antipatros et, pour ne pas tomber vivant entre leurs mains, il s'empoisonna dans l'île de Calaurie, où il s'était réfugié au sanctuaire de Poséidon (chap. 28-29).

On ne peut dire, certes, que Plutarque ait idéalisé Démosthène, à qui il reproche à la fois sa lâcheté à Chéronée et sa vénalité à l'égard du roi de Perse, puis d'Harpale. Je crois pourtant que G. Mathieu a eu rai- son d'écrire :

« Démosthène pouvait à bon droit se vanter d'avoir fait « la meilleure des politiques possibles. » A travers les vicissitudes, les évolutions même imposées par les circonstances, l'unité morale de cette politique est indéniable. Plutarque de Chéronée, fidèle sujet de l'Empire romain, était, par sa documentation et par son idéal de vie sociale, mal préparé à comprendre la démocratie athénienne du ve et du ive siècle. C'est pourtant lui qui a porté le jugement le plus compré- hensif sur l'ensemble de l'activité de Démosthène : « Il est évident que Démosthène s'est tenu jusqu'au bout au poste et au parti politique où il s'était placé lui-même à ses débuts, et que, non seulement il n'en a pas changé pendant sa vie, mais qu'il a même sa- crifié sa vie pour n'en pas changer (*Démosth.*, 13, 2). »

La phrase fait honneur à la loyauté intellectuelle de Plutarque ; mais elle est aussi un témoignage valable sur l'unité de la politique de Démosthène et sur sa sincérité. »[1]

* * *

Plutarque termine ainsi, en 31, 7 : « Voilà donc pour toi, Sossius, cette Vie de Démosthène que j'ai composée d'après ce que j'ai lu ou entendu. »

Les choses *entendues*, c'est-à-dire le recours aux sources orales, semblent se réduire à l'étrange anecdote racontée en 31, 1-3, au sujet de la statue de Démosthène conservant fidèlement un dépôt d'or entre ses mains.

Il y a aussi au moins une chose *vue* par Plutarque : en 7, 6, il dit que la pièce souterraine aménagée par Démosthène en vue de ses exercices de déclamation s'était conservée jusqu'à son temps ; il avait donc, lors d'un de ses séjours à Athènes (cf. 31, 1), visité le local ainsi identifié par la tradition.

Mais naturellement cette biographie, comme toutes les autres, repose principalement sur les choses *lues*, sur les sources livresques. Celles-ci étaient particulièrement abondantes en ce qui concernait Démosthène. A propos de la mort du grand orateur, Plutarque écrit en 30, 4 : « Il n'est pas nécessaire d'exposer les différentes versions de tous ceux — et ils sont extrêmement nombreux — qui ont écrit sur Démosthène. »

Voici les noms des dix-huit auteurs cités par Plutarque : Antiphanès (4, 6 ; 9, 6) ; Aristoboulos (23, 6) ; Ariston (10, 2 ; 30, 1) ; Démétrios de Magnésie (15, 4 ; 27, 7) ; Démétrios de Phalère (9, 4 ; 11, 1 et 3 ; 14, 2 ; 28, 3) ; Démocharès (30, 4) ; Démosthène (12, 1-6 ; 14, 3 ; 18, 1 ; 31, 6 ; *Cic.*, 50 (= Σύγκρ. 1), 6) ; Douris (19, 3 ; 23, 4) ; Ératosthène (9, 4 ; 30, 3) ; Eschine (4, 2 ; 9, 1 ; 12, 8 ;

1. G. Mathieu, *Démosthène, l'homme et l'œuvre*, p. 173-174.

22, 3) ; Hermippos (5, 7 ; 11, 4 ; 28, 3 ; 30, 1) ; Hypéride
(12, 8) ; Idoménée (15, 5 ; 23, 4) ; Marsyas (18, 2) ; Panaitios (13, 5) ; Phylarque (27, 4) ; Théophraste (14, 4 ;
17, 4 ; 25, 8) ; Théopompe (4, 1 ; 13, 1 ; 18, 2-3 ; 21, 2).

A trois reprises dans cette biographie, Plutarque ne
se contente pas de nommer la source à laquelle il puise,
mais il ajoute le nom de l'auteur chez lequel l'écrivain
qu'il cite avait trouvé le renseignement en question :
en 5, 7, pour une indication de Ctésibios[1] transmise
par Hermippos ; en 10, 2, pour une opinion de Théophraste rapportée par Ariston ; en 30, 1, enfin, où « un
certain Pappos » est cité comme étant la source d'une
assertion d'Hermippos. C'est là une habitude constante
de Plutarque : quand il n'a pas lu lui-même un auteur
qu'il cite, il nous prévient honnêtement qu'il ne l'utilise
que de seconde main[2].

Si l'on met à part le célèbre poète de la « comédie
moyenne » Antiphanès, les auteurs utilisés par Plutarque se partagent en deux groupes : d'une part, Démosthène et les orateurs contemporains ; d'autre part,
les historiens et les érudits.

Démosthène n'est expressément cité que quatre
fois, mais il est évident que cette biographie repose
avant tout sur la connaissance de ses œuvres oratoires.
En 4, 1-3, Plutarque suit certainement le premier discours Contre Aphobos ; en 9, 1, il cite le discours Sur la
couronne, 136 ; en 12, 1-6, il est clair qu'il s'appuie,
pour tout ce qu'il écrit là, sur les Philippiques et la
Midienne ; en 31, 6, il reprend une expression du discours Sur la couronne, 46. Et cette liste n'est nullement
exhaustive. En 14, 3, Plutarque écrit : ὡς ἐκ τῶν λόγων

1. Ctésibios de Chalcis (Eubée) est un philosophe et historien,
élève de Ménédème d'Érétrie, du iiie siècle avant notre ère ; voir
la note a 5, 7.
2. Pour d'autres exemples (Rom., 17, 5 ; Sol., 6, 7, et 11, 2), voir
mon rapport dans les Actes du VIIIe Congrès de l'Association
Guillaume Budé : État présent des études sur Plutarque, p. 493.

αὐτῶν λαϐεῖν ἔστιν, formule qu'il aurait pu répéter fréquemment, car, en écrivant cette biographie, il a eu constamment sous les yeux et dans la mémoire toute l'œuvre de Démosthène, à laquelle il se réfère sans cesse, quelquefois de manière explicite, et plus souvent implicite. En 16, 3-5, sans nommer Démosthène, Plutarque reproduit presque littéralement le paragraphe 237 du discours *Sur la couronne*. De même, pour les événements de 339 à Amphissa et pour la prise d'Élatée (18, 1), il est évident que le biographe suit le célèbre récit du discours *Sur la couronne*, 169-179.

Dans ce grand débat de 330, « qui eut plus de retentissement qu'aucune autre cause d'ordre public » (24, 2), le *Contre Ctésiphon* d'ESCHINE fait pendant au discours *Sur la couronne* ; Plutarque l'a utilisé à mainte reprise, et il connaît évidemment les autres discours d'Eschine, par exemple *Sur l'ambassade*, dont il contredit ou suit des assertions en 16, 2-4. Il n'est pas exagéré de dire que Plutarque connaissait aussi bien l'œuvre d'Eschine que celle de Démosthène.

L'orateur HYPÉRIDE, ami politique de Démosthène (sauf lors de l'affaire d'Harpale), et qui mourut comme lui victime de la vindicte macédonienne, est plus rarement cité. Quant à DÉMOCHARÈS, neveu de Démosthène, qui joua plus tard un rôle important comme orateur et homme d'État, il est nommé ici en 30, 4, à titre d'historien, car il avait écrit sur son oncle illustre. Cicéron, *Brutus*, 286, dit : « Démocharès, fils d'une sœur de Démosthène, composa une histoire de ce qui s'était passé de son temps à Athènes, dans un style plus oratoire qu'historique. » Voilà pour les orateurs.

HERMIPPOS DE SMYRNE, cité quatre fois, doit être une source essentielle de cette biographie. Ce disciple de Callimaque fut aussi un philosophe et historien péripatéticien qui avait composé un recueil de Βίοι τῶν ἐν παιδείᾳ διαλαμψάντων, c'est-à-dire d'orateurs, d'écrivains, de sages et de législateurs. Plutarque l'a beaucoup

utilisé, notamment dans ses Vies de Lycurgue, de Solon
et d'Alexandre.

Théopompe de Chios vécut au IVe siècle ; élève
d'Isocrate, il écrivit une *Histoire grecque* et une *Histoire de Philippe* qui jouissaient d'une grande autorité.
Cependant Plutarque conteste avec vivacité ses jugements sur Démosthène, en 13, 1, et en 18, 2, ou sur le
comportement des Athéniens, en 21, 2. Il se montre
donc très critique à l'égard de cet historien.

Théophraste d'Érésos (Lesbos) succéda à Aristote
à la tête du Lycée en 323, date de la mort d'Alexandre.
L'auteur des *Caractères* avait écrit une œuvre immense,
et notamment des Ἱστορικὰ Ὑπομνήματα, qui constituaient
une mine de renseignements pour les écrivains biographes.

Douris de Samos, disciple de Théophraste, avait
composé des *Hellenica* ou *Macedonica* ; Plutarque
n'avait guère de confiance dans sa véracité[1].

Ératosthène de Cyrène, le grand savant (mathé-
maticien, astronome, géographe) du IIIe siècle avant
J.-C., qui, en 246, fut mis à la tête de la bibliothèque
d'Alexandrie, s'était occupé aussi de questions historiques et chronologiques, notamment dans son Περὶ
χρονογραφίας.

Aristoboulos de Cassandréia prit part à l'expédition d'Alexandre à titre d'architecte ou d'ingénieur,
et se fit l'historien du conquérant. Son livre, qui semble
avoir été remarquablement objectif, est une des sources
principales de la *Vie d'Alexandre*, et aussi de l'*Anabase*
d'Arrien.

Démétrios de Phalère, philosophe péripatéticien,
qui gouverna Athènes pour le compte de Cassandre
de 317 à 307, avait écrit plusieurs ouvrages historiques,
dont Plutarque semble avoir fait grand cas.

---

1. Cf. *Pér.*, 28, 3 : « Douris, même lorsqu'il n'est pas aveuglé par
une passion personnelle, n'a pas l'habitude de s'en tenir dans ses
récits à l'exacte vérité. »

Démétrios de Magnésie vivait, lui, à l'époque de Cicéron ; il avait composé un traité Περὶ ὁμωνύμων ποιητῶν καὶ συγγραφέων, et un autre Περὶ ὁμονοίας, auxquels Plutarque a emprunté les deux citations qu'il fait ici de cet auteur[1].

Ariston de Chios, « l'un des plus illustres philosophes de la première génération de Stoïciens »[2], était notamment l'auteur d'un livre intitulé Πρὸς τοὺς ῥήτορας auquel il semble que Plutarque se soit ici référé.

Panaitios de Rhodes, souvent rattaché à l'école stoïcienne, mais en réalité philosophe éclectique, était l'auteur d'un remarquable jugement sur Démosthène, auquel Plutarque se rallie en 13, 5-6. Là, « ce n'est pas seulement la phrase où il est dit que la plupart des discours de l'orateur illustrent le principe ὅτι μόνον τὸ καλὸν αἱρετόν, qu'il faut rapporter à « Panaitios le philosophe », mais tout le commentaire attenant : dans des discours comme la *Couronne*, le *Contre Aristocratès*, le *Contre Leptine*, les *Philippiques*, ce n'est pas vers le plaisir, la facilité ou l'intérêt que Démosthène cherche à orienter ses concitoyens, mais il exprime souvent l'opinion que la sécurité et la conservation doivent passer après la vertu et la bienséance. »[3]

Idoménée de Lampsaque, protecteur et ami d'Épicure, avait écrit un traité Περὶ τῶν Ἀθήνησιν δημαγωγῶν auquel Plutarque se réfère ici, comme il le fait par exemple aussi dans la *Vie d'Aristide*.

Phylarque, dont on ignore l'origine, écrivit dans la seconde moitié du IIIe siècle avant notre ère une *Histoire* qui commençait à l'invasion du Péloponnèse par Pyrrhos et poursuivait le récit des événements

---

1. Il est aussi fort possible que Démétrios de Magnésie soit la source de Plutarque en 30, 5, car le distique élégiaque gravé sur le piédestal de la statue de Démosthène à l'agora est cité *Vitae decem orat.*, 847 A, avec cette mention : ὡς μὲν Δημήτριος ὁ Μάγνης φησί.
2. D. Babut, *Plutarque et le Stoïcisme*, p. 202.
3. D. Babut, *op. laud.*, p. 205.

jusqu'à l'année 220, qui marque le début de l'œuvre de Polybe.

Enfin MARSYAS DE PELLA, frère d'Antigone le Borgne, fut élevé avec Alexandre ; il écrivit une *Histoire de la Macédoine* depuis les origines jusqu'à l'expédition d'Alexandre le Grand en Syrie après la fondation d'Alexandrie (331).

Il semble finalement que la plupart des sources dont disposait Plutarque étaient plutôt défavorables à l'orateur, dont l'action politique avait soulevé de violentes passions, en sorte que la postérité fut rarement équitable envers lui. C'est grâce au jugement de Panaitios, et surtout grâce aux discours eux-mêmes de l'orateur que Plutarque a presque réussi à tenir la balance égale entre partisans et détracteurs. Comme on l'a écrit : « Dans la *Vie de Démosthène*, Plutarque a besoin de toute son honnêteté intellectuelle, qui est grande, pour réagir contre ses sources quand elles risquaient de le rendre trop injuste ; la plupart des anecdotes dont il dispose sont de pur dénigrement[1]. »

*   *   *

Dans les trois premiers chapitres qui forment la Préface de ce tome *Démosthène-Cicéron*, Plutarque nous fait de précieuses confidences. Il commence par observer qu'il n'est pas nécessaire d'être né dans une ville grande et célèbre pour pratiquer la vertu et ainsi atteindre au véritable bonheur. Nous pouvons penser que, sans le dire explicitement, il s'applique à lui-même cette remarque, puisque sa patrie, Chéronée, comme il va nous le rappeler en 2, 2, n'est qu'une petite cité. Cependant les villes populeuses et pourvues de tous les genres d'activité, comme Athènes et Rome, offrent de beaucoup plus grandes possibilités, sinon pour l'exer-

---

1. Fernand Robert, *La littérature grecque*, Que sais-je?, p. 122.

cice de la vertu, du moins pour le commerce intellectuel, et en particulier pour la documentation qu'exigent des ouvrages historiques tels que les *Vies*. C'est ainsi qu'au début du dialogue *De E delph.*, 384 E, on lit : « Je t'envoie, en manière de prémices, à toi (Sarapion d'Athènes), et par ton intermédiaire à nos amis de là-bas (à savoir d'Athènes) quelques-uns de mes traités pythiques, mais c'est dans l'espoir, je l'avoue, de recevoir de vous d'autres ouvrages, plus nombreux et meilleurs, comme il est naturel puisque vous habitez une grande ville et que vous avez plus de facilités pour l'étude grâce à l'abondance des livres et des entretiens de toute sorte. »

Puis, au chapitre 2, ces confidences de Plutarque continuent et prennent un tour encore plus personnel. Il nous apprend que, lors de ses séjours en Italie et à Rome, avant d'être revenu se fixer à Chéronée « pour éviter que cette petite ville ne devînt plus petite encore » du fait de son absence, il avait été empêché par ses nombreuses occupations (missions politiques et enseignement de la philosophie grecque) de se mettre vraiment à l'étude du latin. C'est évidemment lorsqu'il entreprit, âgé d'environ cinquante ans, la composition de ses *Vies* dont une sur deux était la biographie d'un Romain, qu'il fut contraint de lire pour sa documentation des ouvrages écrits en langue latine, et il dit joliment qu'il lui arrivait alors « de comprendre les mots d'après les choses dont il avait déjà quelque idée plutôt que de connaître les choses d'après les mots ». Chacun de nous a pu éprouver une impression analogue en lisant dans une langue étrangère qu'il ne possède pas à fond des textes concernant des sujets qui lui sont familiers.

Plutarque avoue donc que sa connaissance du latin est insuffisante pour lui permettre d'apprécier « la beauté et la concision de cette langue, les figures de style, le rythme et les autres ornements du discours » (2, 4). C'est pourquoi il se contentera d'étudier les caractères

et les carrières de Démosthène et de Cicéron, qui d'ailleurs présentent tant de points communs, sans pré-
tendre comparer leurs genres d'éloquence du point de
vue spécial de la rhétorique (chapitre 3).

Plus loin, aux chapitres 17 et 18, il rapporte les efforts
de Démosthène en 339 pour coaliser toute la Grèce contre
la Macédoine, efforts couronnés de succès au point que
Philippe effrayé sollicitait déjà le maintien de la paix
(18, 3), puis, au chapitre 19, il marque un temps d'arrêt
et, méditant sur les causes de la défaite de Chéronée,
il écrit avec quelque solennité : « Il semble qu'une sorte
de destin surnaturel ou le cours même des événements
ait fixé à ce moment le terme de la liberté des Grecs,
en annonçant l'avenir par de nombreux signes. » Peut-être
les expressions τύχη τις δαιμόνιος et περιφορὰ τῶν πραγμάτων
sont-elles un écho de Démosthène, Cour., 271 (voir ci-
dessous la note à 19, 1), mais l'emploi du mot δαιμόνιος
est caractéristique de la pensée de Plutarque. Si celui-ci
n'écarte pas absolument l'hypothèse d'une causalité
purement historique et humaine, c'est certainement
l'intervention surnaturelle se confondant avec le Destin
qui lui paraît seule capable d'expliquer l'événement.
D'ailleurs, de nombreuses prophéties, émanant soit de
la Pythie delphique, soit d'une Sibylle, rendent cette
conclusion inévitable. Donc, entre une interprétation
uniquement rationnelle de l'histoire et une interprétation faisant appel au surnaturel, à la volonté des dieux
ou au Destin, c'est évidemment la seconde qu'il choisit,
comme à son ordinaire. Du reste, il ajoute foi visiblement à « l'antique prédiction tirée des vers sibyllins »
qu'il cite et dont il entreprend la difficile exégèse.

En effet Plutarque, prêtre d'Apollon Pythien, croyait
fermement à la divination, comme on le voit dans ses
Dialogues pythiques, et il manque rarement l'occasion
qui se présente d'expliquer un oracle plus ou moins
obscur ou ambigu, et c'est ce qu'il fait ici, en 19, 1-3,

à propos de la rivière Thermodon qui aurait coulé près de Chéronée, mais dont le nom, de son temps, avait disparu. Or, citoyen de Chéronée, il était bien placé pour connaître à fond ce pays béotien. Ne s'agirait-il pas du cours d'eau appelé Haimon, à cause du sang (αἷμα) qui y aurait coulé lors de la grande bataille de 338? Mais le Thermodon était aussi un fleuve du Pont, au pays de ces Amazones dont certaines, vaincues en Attique par Thésée selon la légende, seraient venues mourir en Béotie. C'est du moins ce que suggère un second oracle, tout aussi menaçant, que Plutarque cite d'après Douris. Il reconnaît d'ailleurs que ces prophéties sont d'interprétation malaisée (20, 1), mais il y croit assurément, puisque, un peu plus bas, en 21, 4, il écrit que la mort de Philippe semble avoir été aussi annoncée par le premier de ces deux oracles sibyllins.

En 22, 3, Plutarque rappelle qu'Eschine s'indignait que Démosthène, à la mort de Philippe, fût apparu en public en habit de fête, une couronne sur la tête, alors qu'il venait de perdre sa fille, et il écrit : « Eschine s'est montré dépourvu de noblesse et de fermeté d'âme en regardant le deuil et les gémissements comme les signes d'un cœur tendre et affectueux, et en refusant d'admettre que l'on pût supporter de telles pertes avec douceur et sérénité. » Ces lignes s'accordent avec de nombreux autres passages où le moraliste parle de l'attitude à observer lors de la mort d'êtres chers[1]. Mais cela n'est que le début de longues considérations sur la manière dont il convient qu'un homme d'État tel que Démosthène sache ne pas se laisser détourner du souci constant des affaires publiques par un malheur domestique, et conserve toujours sa dignité ; mieux qu'un acteur, qui rit ou pleure non pas comme il en a envie, mais comme

1. Voir notamment, dans les *Œuvres morales*, la *Consolation à sa femme* et la *Consolation à Apollonios* (mais il n'est pas certain que cette dernière soit bien de Plutarque).

l'exige son rôle de roi ou de tyran, il doit être capable de conserver son équilibre moral « en tempérant à l'occasion ses deuils privés par les succès publics » (22, 4-7). Un passage du *De tranquillitate animi*, 469 A, est tout à fait comparable à celui-ci, ce qui nous rappelle que Plutarque développe souvent, dans les digressions de ses *Vies*, des thèmes qui lui sont chers et que l'on retrouve dans ses *Œuvres morales*.

L'esprit de Plutarque, croyant et prêtre, est constamment tourné vers les choses de la religion, et par exemple, il se préoccupe de toutes les coïncidences qui peuvent se produire — et qui, selon lui, ne sauraient être fortuites — entre tel événement et telle célébration d'un culte. De même que, *Phoc.*, 28, 2, il note que la garnison macédonienne s'installa à Munychie le 20 du mois Boédromion, au milieu des cérémonies des Mystères d'Éleusis, il remarque ici, en 30, 5, que Démosthène mourut le 16 du mois de Pyanepsion, « au jour le plus triste des Thesmophories, que les femmes célèbrent en jeûnant auprès de leur déesse ».

*
* *

L'immense culture de Plutarque apparaît en touches discrètes dans cette biographie.

Il cite quelques mots du poème (probablement d'Euripide) consacré à l'éloge de la fameuse victoire olympique d'Alcibiade en 416 (1, 1)[1] — puis un passage d'Ion de Chios (3, 2), une expression de Thucydide (6, 1) et un vers de l'*Iliade* (12, 4). En 13, 4, une métaphore musicale nous rappelle que l'art des sons et de l'harmonie ne lui était pas étranger, au moins sur le plan théorique.

Plusieurs scènes de cette *Vie* me paraissent frappantes et ne se laissent pas facilement oublier : ainsi l'éveil de

---

1. Ce poème est cité plus longuement, *Alcib.*, 11, 3.

la vocation oratoire de Démosthène assistant en cachette (à cause de son jeune âge) à un grand débat (5, 1-5) — Philippe, au soir de Chéronée, bondissant de joie sur le champ de bataille au milieu des cadavres et scandant les premiers mots du décret proposé par Démosthène qui avait rendu la guerre inévitable (20, 1) — Démosthène se montrant dans les rues d'Athènes, à la mort de Philippe, couronné et en costume de fête (22, 1-3) — lors de l'affaire d'Harpale, le même Démosthène à l'assemblée, le cou emmitouflé et signifiant par des gestes qu'une angine lui avait fait perdre la voix (25, 5-6) — enfin son suicide à Calaurie par le poison pour ne pas tomber vivant aux mains d'Antipatros, et les fières répliques qu'il adressa au chef des sbires, l'ancien acteur Archias (chapitres 28 et 29)[1].

1. Je n'ai relevé dans cette biographie que deux petites erreurs de Plutarque : en 24, 2, la date de la plainte déposée par Eschine contre Ctésiphon est décalée d'une année, et l'intervalle écoulé entre cette plainte et le procès auquel elle donna lieu est faussement évalué à dix ans, au lieu de sept (voir les notes à la traduction de ce passage).

DÉMOSTHÈNE

Préface. — **1.** 1 L'auteur de l'éloge d'Alcibiade composé à l'occasion de sa victoire aux courses de chars d'Olympie — que ce soit Euripide, comme on le dit généralement, ou quelque autre poète* — prétend, Sossius Sénécion[1], que la première condition du bonheur est d'appartenir à « une ville célèbre ». Quant à moi, je pense que, si l'on veut jouir du véritable bonheur, qui dépend surtout du caractère et des dispositions morales, il est aussi indifférent d'être né dans une patrie humble et obscure que d'être le fils d'une mère petite et sans beauté. 2 Car il serait ridicule d'estimer que, si Ioulis, petite partie de l'île de Céos qui n'est pas grande, et Égine, dont un Athénien voulait débarrasser le Pirée comme d'un grain de chassie, ont produit des acteurs et des poètes de qualité*, elles ne pourraient jamais donner naissance à un homme juste et maître de lui, plein de raison et de grandeur d'âme. 3 En effet, il est naturel sans doute que les arts et les métiers constitués en vue du gain et de la renommée végètent dans les villes obscures et médiocres, mais aussi que la vertu, comme une plante vivace et forte, s'enracine en tout lieu, pour peu qu'elle trouve une nature bien douée et une âme capable d'effort. 4 Ainsi nous-même, si nous ne réussissons pas à penser et à vivre comme il faut, nous n'attribuerons pas ces déficiences à la petitesse de notre patrie*, mais, en toute justice, à nous-même.

2. 1 Cependant, quand on a entrepris de composer

---

1. Sur Q. Sosius Senecio, cf. K. Ziegler, *R. E.*, *s. v.* Plut. von Chaironeia, col. 52-53 du tirage à part. Ce grand ami romain de Plutarque à qui celui-ci dédia non seulement les *Vies*, mais plusieurs traités des *Moralia*, notamment les *Quaest. Conv.*, était un familier de Trajan.

ΔΗΜΟΣΘΕΝΗΣ

1. 1 Ὁ μὲν γράψας τὸ ἐπὶ τῇ νίκῃ τῆς Ὀλυμπίασιν 846
ἱπποδρομίας εἰς Ἀλκιβιάδην ἐγκώμιον, εἴτ' Εὐριπίδης b
ὡς ὁ πολὺς κρατεῖ λόγος, εἴθ' ἕτερός τις ἦν, ὦ Σόσσιε
Σενεκίων, φησὶ χρῆναι τῷ εὐδαίμονι πρῶτον ὑπάρξαι
« τὰν πόλιν εὐδόκιμον ». Ἐγὼ δὲ τῷ μὲν εὐδαιμονή-
σειν μέλλοντι τὴν ἀληθινὴν εὐδαιμονίαν, ἧς ἐν ἤθει
καὶ διαθέσει τὸ πλεῖστόν ἐστιν, οὐδὲν ἡγοῦμαι διαφέ-
ρειν ἀδόξου καὶ ταπεινῆς πατρίδος ἢ μητρὸς ἀμόρφου c
καὶ μικρᾶς γενέσθαι. 2 Γελοῖον γὰρ εἴ τις οἴοιτο τὴν
Ἰουλίδα, μέρος μικρὸν οὖσαν οὐ μεγάλης νήσου τῆς
Κέω, καὶ τὴν Αἴγιναν, ἣν τῶν Ἀττικῶν τις ἐκέλευεν
ὡς λήμην τοῦ Πειραιῶς ἀφελεῖν, ὑποκριτὰς μὲν ἀγα-
θοὺς τρέφειν καὶ ποιητάς, ἄνδρα δ' οὐκ ἄν ποτε δύ-
νασθαι δίκαιον καὶ αὐτάρκη καὶ νοῦν ἔχοντα καὶ μεγα-
λόψυχον ἐξενεγκεῖν. 3 Τὰς μὲν γὰρ ἄλλας τέχνας
εἰκός ἐστι πρὸς ἐργασίαν καὶ δόξαν συνισταμένας ἐν
ταῖς ἀδόξοις καὶ ταπειναῖς πόλεσιν ἀπομαραίνεσθαι,
τὴν δ' ἀρετὴν ὥσπερ ἰσχυρὸν καὶ διαρκὲς φυτὸν ἐν
ἅπαντι ῥιζοῦσθαι τόπῳ, φύσεώς γε χρηστῆς καὶ d
φιλοπόνου ψυχῆς ἐπιλαβομένην. 4 Ὅθεν οὐδ' ἡμεῖς,
εἴ τι τοῦ φρονεῖν ὡς δεῖ καὶ βιοῦν ἐλλείπομεν, τοῦτο
τῇ μικρότητι τῆς πατρίδος, ἀλλ' αὐτοῖς δικαίως
ἀναθήσομεν.

2. 1 Τῷ μέντοι σύνταξιν ὑποβεβλημένῳ καὶ ἱστο-

---

1. 1 ³ Σόσσιε : Σόσιε N ‖ ⁵ τὰν : τὴν A ‖ ⁸ ἀμόρφου : ἀδόξου N ‖
2 ⁷ ἐξενεγκεῖν N : προενεγκεῖν vel προελθεῖν ‖ 3 ¹ μὲν N : om. cet. ‖
² καὶ N : ἢ cet. ‖ ⁵ γε Bryan : τε ‖ ⁶ ἐπιλαβομένην N : ἐπιλαμβανομένην
cet. ‖ 4 ² τι om. U ‖ βιοῦν : τοῦ β- N.

un ouvrage historique d'après des textes que l'on n'a pas à sa portée chez soi, mais dont la plupart se trouvent à l'extérieur et dispersés en divers endroits, il serait alors réellement nécessaire, d'abord et avant tout, d'habiter « une ville célèbre », amie du beau et très peuplée, afin d'avoir en abondance des livres de toute sorte et aussi de recueillir en écoutant et en questionnant tous les détails qui ont échappé aux écrivains et qui, conservés dans la mémoire des hommes, ont une autorité plus manifeste ; on pourrait ainsi publier une œuvre où rien d'essentiel ne manquerait*. 2 Pour moi, j'habite une petite ville et je me plais à y demeurer pour qu'elle ne devienne pas encore plus petite, mais, étant à Rome et lors de mes séjours en Italie, je n'ai pas eu le loisir de m'appliquer à apprendre le latin, à cause de mes occupations d'ordre politique et des auditeurs qui suivaient mes leçons de philosophie ; ce n'est donc que tardivement, et déjà avancé en âge, que j'ai commencé à lire des ouvrages rédigés en latin*. 3 Et j'ai éprouvé alors une impression surprenante, mais réelle : ce n'est pas d'après les mots que j'arrivais à comprendre et à connaître les choses, mais d'après les choses, dont j'avais déjà quelque expérience, que je suivais le sens des mots. 4 Quant à sentir la beauté et la concision de l'élocution latine, les figures de style, le rythme et les autres ornements du discours, c'est là, je pense, un plaisir plein de charme, mais l'exercice et l'entraînement à cet égard ne sont pas faciles, sinon pour ceux qui ont plus de loisir et à qui l'âge permet encore de telles ambitions.

3. 1 C'est pourquoi, en traitant de Démosthène et de Cicéron dans ce livre, qui est le cinquième de nos Vies parallèles[1], il nous faut examiner d'après leurs actes privés et publics les caractères et les dispositions

1. Cette indication et celles que nous donne Plutarque, *Pér.*, 2, 5, et *Dion*, 2, 7, ne nous permettent pas d'établir l'ordre de composition et de publication de l'ensemble des *Vies*, car elles sont trop peu nombreuses : voir, dans le premier volume de la présente édition, l'Introduction, p. XXI-XXVI.

ρίαν ἐξ οὗ προχείρων οὐδ' οἰκείων, ἀλλὰ ξένων τε
τῶν πολλῶν καὶ διεσπαρμένων ἐν ἑτέροις συνιοῦσαν
ἀναγνωσμάτων, τῷ ὄντι χρῆν πρῶτον ὑπάρχειν καὶ
μάλιστα « τὰν πόλιν εὐδόκιμον » καὶ φιλόκαλον καὶ
πολυάνθρωπον, ὡς βιβλίων τε παντοδαπῶν ἀφθονίαν
ἔχων, καὶ ὅσα τοὺς γράφοντας διαφυγόντα σωτηρίᾳ
μνήμης ἐπιφανεστέραν εἴληφε πίστιν ὑπολαμβάνων
ἀκοῇ καὶ διαπυνθανόμενος, μηδενὸς τῶν ἀναγκαίων
ἐνδεὲς ἀποδιδοίη τὸ ἔργον. 2 Ἡμεῖς δὲ μικρὰν μὲν   e
οἰκοῦντες πόλιν, καὶ ἵνα μὴ μικροτέρα γένηται φιλοχω-
ροῦντες, ἐν δὲ Ῥώμῃ καὶ ταῖς περὶ τὴν Ἰταλίαν διατρι-
βαῖς οὐ σχολῆς οὔσης γυμνάζεσθαι περὶ τὴν Ῥωμαϊκὴν
διάλεκτον ὑπὸ χρειῶν πολιτικῶν καὶ τῶν διὰ φιλοσοφίαν πλησιαζόντων, ὀψέ ποτε καὶ πόρρω τῆς ἡλικίας
ἠρξάμεθα Ῥωμαϊκοῖς συντάγμασιν ἐντυγχάνειν. 3 Καὶ
πρᾶγμα θαυμαστὸν μέν, ἀλλ' ἀληθὲς ἐπάσχομεν · οὐ
γὰρ οὕτως ἐκ τῶν ὀνομάτων τὰ πράγματα συνιέναι
καὶ γνωρίζειν συνέβαινεν ἡμῖν, ὡς ἐκ τῶν πραγμάτων,
⟨ὧν⟩ ἀμῶς γέ πως εἴχομεν ἐμπειρίαν, ἐπακολουθεῖν
δι' αὐτὰ καὶ τοῖς ὀνόμασι. 4 Κάλλους δὲ Ῥωμαϊκῆς   f
ἀπαγγελίας καὶ τάχους αἰσθάνεσθαι καὶ μεταφορᾶς
ὀνομάτων καὶ ἁρμονίας καὶ τῶν ἄλλων οἷς ὁ λόγος
ἀγάλλεται, χαρίεν μὲν ἡγούμεθα καὶ οὐκ ἀτερπές · ἡ
δὲ πρὸς τοῦτο μελέτη καὶ ἄσκησις οὐκ εὐχερής, ἀλλ'
οἷστισι πλείων τε σχολὴ καὶ τὰ τῆς ὥρας ἔτι [πρὸς]
τὰς τοιαύτας ἐπιχωρεῖ φιλοτιμίας.

3. 1 Διὸ καὶ γράφοντες ἐν τῷ βιβλίῳ τούτῳ, τῶν 847
παραλλήλων βίων ὄντι πέμπτῳ, περὶ Δημοσθένους
καὶ Κικέρωνος, ἀπὸ τῶν πράξεων καὶ τῶν πολιτειῶν

2. 1 [3] τῶν om. N ‖ [4] χρῆν Campe : χρὴ ‖ [7] ἔχων Rei. : ἔχειν ‖
σωτηρίᾳ : -ρίαν N ‖ [9] μηδενὸς τῶν N : μὴ πολλῶν μηδ' ‖ 2 [7] συντάγμασιν N : γράμμασιν ‖ 3 [5] ὧν add. Rei. ‖ [6] δι' αὐτὰ N : διὰ
ταῦτα ‖ 4 [5] εὐχερής Y : ἀμαθὴς γένοιτ' ἂν N εὐμαρὴς γένοιτ' ἂν
Graux ‖ [6] πρὸς del. Madvig.

morales de ces deux hommes, en vue d'un parallèle, mais,
quant à comparer leurs discours et à prononcer lequel
des deux est le plus agréable ou le plus habile orateur, il ne
nous convient pas de le faire. 2 Car, comme le dit Ion*,
« la force du dauphin ne vaut rien sur la terre ferme », ce
que Caecilius, excessif en tout, a oublié lorsqu'il a eu la
témérité de publier une Comparaison de l'éloquence de
Démosthène et de celle de Cicéron ; il est vrai que si le
« Connais-toi toi-même » était à la portée de tout le
monde, il ne passerait sans doute pas pour un précepte
divin*. 3 Il paraît que la divinité a façonné dès le
début Démosthène et Cicéron semblables l'un à l'autre
en mettant dans leur nature beaucoup de traits identiques,
comme par exemple l'ambition et l'amour de la liberté
dans leur vie politique, le manque d'audace en face du
danger et à la guerre ; elle semble avoir mis aussi beaucoup d'analogies dans les hasards de leurs carrières.
4 Je ne crois pas en effet que l'on puisse trouver deux
autres orateurs qui, d'abord obscurs et petits, soient
devenus forts et grands, qui aient heurté de front des
rois ou des tyrans, qui aient perdu chacun une fille,
qui aient été bannis de leur patrie et y soient rentrés avec
honneur, qui aient de nouveau pris la fuite et aient été
capturés par leurs ennemis, enfin qui aient terminé
leur vie en même temps que leurs concitoyens perdaient
leur liberté ; 5 en sorte que, s'il y avait rivalité entre
la nature et la Fortune comme entre des artisans, il
serait difficile de décider si la nature a rendu ces hommes
plus semblables par le caractère que la Fortune ne l'a
fait par les circonstances de leur vie. Mais il nous faut
parler du plus ancien en premier lieu.

Famille et jeunesse. — **4**. 1 Le père de Démosthène,

qui s'appelait Démosthène, était, à ce que rapporte
Théopompe*, de bonne famille[1]. On l'avait surnommé

---

1. Τῶν καλῶν καὶ ἀγαθῶν ἀνδρῶν, ce sont les hommes bien élevés
et occupant un certain rang dans la société, quelque chose comme des
« bourgeois ». Voir Dém., *Contre Aphobos*, I, 4 (le père de Démosthène
avait une fortune considérable), et Eschine, *Contre Ctés.*, 171 :
Τούτῳ πατὴρ μὲν ἦν Δημοσθένης ὁ Παιανιεύς, ἀνὴρ ἐλεύθερος.

τὰς φύσεις αὐτῶν καὶ τὰς διαθέσεις πρὸς ἀλλήλας
ἐπισκεψώμεθα, τὸ δὲ τοὺς λόγους ἀντεξετάζειν καὶ
ἀποφαίνεσθαι πότερος ἡδίων ἢ δεινότερος εἰπεῖν,
ἐάσωμεν. 2 « Κακὴ » γάρ, ὥς φησιν ὁ Ἴων « ⟨ἡ⟩
δελφῖνος ἐν χέρσῳ βία », ἣν ὁ περιττὸς ἐν ἅπασι Καικίλιος ἀγνοήσας ἐνεανιεύσατο Σύγκρισιν τοῦ Δημοσθένους λόγου καὶ Κικέρωνος ἐξενεγκεῖν. Ἀλλὰ γὰρ
ἴσως, εἰ παντὸς ἦν τὸ « γνῶθι σαυτὸν » ἔχειν πρόχειρον, οὐκ ἂν ἐδόκει τὸ πρόσταγμα θεῖον εἶναι. 3 Δημοσθένει γὰρ Κικέρωνα τὸν αὐτὸν ἔοικε πλάττων ἐξ   b
ἀρχῆς ὁ δαίμων πολλὰς μὲν ἐμβαλεῖν εἰς τὴν φύσιν
αὐτοῦ τῶν ὁμοιοτήτων, ὥσπερ τὸ φιλότιμον καὶ φιλε-
λεύθερον ἐν τῇ πολιτείᾳ, πρὸς δὲ κινδύνους καὶ πολέμους ἄτολμον, πολλὰ δ' ἀναμεῖξαι καὶ τῶν τυχηρῶν.
4 Δύο γὰρ ἑτέρους οὐκ ἂν εὑρεθῆναι δοκῶ ῥήτορας
ἐκ μὲν ἀδόξων καὶ μικρῶν ἰσχυροὺς καὶ μεγάλους γενο-
μένους, προσκρούσαντας δὲ βασιλεῦσι καὶ τυράννοις,
θυγατέρας δ' ἀποβαλόντας, ἐκπεσόντας δὲ τῶν πατρίδων, κατελθόντας δὲ μετὰ τιμῆς, ἀποδράντας δ' αὖθις καὶ ληφθέντας ὑπὸ τῶν πολεμίων, ἅμα δὲ παυσα-
μένῃ τῇ τῶν πολιτῶν ἐλευθερίᾳ τὸν βίον συγκαταστρέ-   c
ψαντας · 5 ὥστ' εἰ γένοιτο τῇ φύσει καὶ τῇ τύχῃ
καθάπερ τεχνίταις ἅμιλλα, χαλεπῶς ἂν διακριθῆναι
πότερον αὕτη τοῖς τρόποις ἢ τοῖς πράγμασιν ἐκείνη
τοὺς ἄνδρας ὁμοιοτέρους ἀπείργασται · λεκτέον δὲ
περὶ τοῦ πρεσβυτέρου πρότερον.

4. 1 Δημοσθένης ὁ πατὴρ Δημοσθένους ἦν μὲν
τῶν καλῶν καὶ ἀγαθῶν ἀνδρῶν, ὡς ἱστορεῖ Θεόπομπος,

---

3 1 [5] ἐπισκεψώμεθα N : -ψό- ‖ [6] εἰπεῖν Y : ἦν εἰπεῖν N ‖ [7] ἐάσωμεν N : -σο- ‖ 2 [1] Κακὴ N : Κἀκεῖ ‖ ἡ add. Sol. ‖ [2] ante ἦν lac. stat.
Zie. : ⟨παροιμίαν⟩ Schaefer ‖ [2-3] Καικίλιος N : Κεκ- ‖ [4] λόγου om. Y ‖
[6] πρόσταγμα : πρᾶγμα N ‖ 3 [1-2] Δημοσθένει γάρ : Δημοσθένην γὰρ
καὶ Y ‖ [2] ἐξ N : ἀπ' ‖ [3] ἐμβαλεῖν : -λὼν N ‖ 4 [4-5] τῶν πατρίδων : τῆς
πατρίδος Y ‖ [6] δὲ : δὲ καὶ N ‖ 5 [2] ἂν N : μὲν ἄν.

l'armurier, parce qu'il avait un grand atelier où il faisait faire ce travail par des esclaves*. 2 Quant à l'assertion de l'orateur Eschine disant de la mère de Démosthène qu'elle était fille d'un certain Gylon, banni de la ville pour trahison, et d'une femme barbare, je ne puis dire si cela est vrai ou si c'est une calomnie injurieuse*. 3 Démosthène avait sept ans à la mort de son père, qui le laissa dans l'opulence (le montant total de sa fortune était évalué à près de quinze talents[1]) ; mais il fut lésé par ses tuteurs, qui détournèrent une partie de sa fortune et gérèrent le reste avec négligence, de telle sorte que même ses maîtres furent privés de leur salaire[2]. 4 C'est pour cette raison qu'il semble n'avoir pas reçu la belle éducation qui convient à un enfant de condition libre* ; mais il y avait aussi une autre raison, c'est qu'il était de complexion faible et délicate, ce qui détournait sa mère de le pousser à faire des efforts et ses pédagogues de l'y contraindre*. 5 Il fut toujours maigre et maladif, et l'injurieux surnom de Batalos lui fut donné, dit-on, par les autres enfants pour se moquer de son aspect physique. 6 Selon quelques auteurs, Batalos était un joueur de flûte du genre efféminé, qu'Antiphanès avait tourné en ridicule pour ce motif dans une petite pièce* ; mais d'autres parlent de Batalos comme d'un poète qui a composé des vers licencieux et des chansons à boire. 7 En outre il paraît que les Attiques appelaient alors « batalos » une partie du corps qu'il est indécent de nommer*. 8 Quant au nom d'Argas (qui fut aussi, dit-on, un sobriquet de Démosthène), il lui fut donné, soit à cause de son caractère jugé sauvage et âpre (argas est en effet le nom donné au serpent par quelques poètes), soit à cause de sa manière de parler, qui choquait les auditeurs (Argas étant le

---

1. Sur l'estimation de la fortune du père de Démosthène, voir L. Gernet, éditeur des *Plaidoyers civils* de Démosthène dans la C. U. F., 1, p. 29-31. Plutarque doit suivre ici le *Contre Aph.*, I, 4 : « Mon père Démosthène a laissé une fortune d'environ quatorze talents. »

2. Ces tuteurs étaient au nombre de trois : Aphobos, Démophon et Thérippidès. Cf. Dém., *Contre Aph.*, I, 46 : « Aphobos a poussé l'avarice jusqu'à frustrer mes maîtres de leur salaire. »

ἐπεκαλεῖτο δὲ μαχαιροποιός, ἐργαστήριον ἔχων μέγα καὶ δούλους τεχνίτας τοὺς τοῦτο πράττοντας. 2 Ἃ δ' Αἰσχίνης ὁ ῥήτωρ εἴρηκε περὶ τῆς μητρός, ὡς ἐκ Γύλωνός τινος ἐπ' αἰτίᾳ προδοσίας φεύγοντος ἐξ ἄστεος γεγόνοι καὶ βαρβάρου γυναικός, οὐκ ἔχομεν εἰπεῖν εἴτ' ἀληθῶς εἴρηκεν εἴτε βλασφημῶν καὶ κατα-ψευδόμενος. 3 Ἀπολειφθεὶς δ' ὁ Δημοσθένης ὑπὸ τοῦ πατρὸς ἑπταέτης ἐν εὐπορίᾳ (μικρὸν γὰρ ἀπέ-λιπεν ἡ σύμπασα τίμησις αὐτοῦ τῆς οὐσίας πεντεκαί-δεκα ταλάντων) ὑπὸ τῶν ἐπιτρόπων ἠδικήθη, τὰ μὲν νοσφισαμένων, τὰ δ' ἀμελησάντων, ὥστε καὶ τῶν δι-δασκάλων αὐτοῦ τὸν μισθὸν ἀποστερῆσαι. 4 Διά τε δὴ ταῦτα τῶν ἐμμελῶν καὶ προσηκόντων ἐλευθέρῳ παιδὶ μαθημάτων ἀπαίδευτος δοκεῖ γενέσθαι, καὶ διὰ τὴν τοῦ σώματος ἀσθένειαν καὶ θρύψιν, οὐ προϊεμένης τοῖς πόνοις τῆς μητρὸς αὐτὸν οὐδὲ προσβιαζομένων τῶν παιδαγωγῶν. 5 Ἦν γὰρ ἐξ ἀρχῆς κάτισχνος καὶ νοσώδης, διὸ καὶ τὴν λοιδορουμένην ἐπωνυμίαν, τὸν Βάταλον, εἰς τὸ σῶμα λέγεται σκωπτόμενος ὑπὸ τῶν παίδων λαβεῖν. 6 Ἦν δ' ὁ Βάταλος, ὡς μὲν ἔνιοί φασιν, αὐλητὴς τῶν κατεαγότων, καὶ δραμάτιον εἰς τοῦτο κωμῳδῶν αὐτὸν Ἀντιφάνης πεποίηκεν. Ἕτεροι δέ τινες ὡς ποιητοῦ τρυφερὰ καὶ παροίνια γράφοντος τοῦ Βατάλου μέμνηνται. 7 Δοκεῖ δὲ καὶ τῶν οὐκ εὐπρεπῶν τι λεχθῆναι τοῦ σώματος μορίων παρὰ τοῖς Ἀττικοῖς τότε καλεῖσθαι βάταλος. 8 Ὁ δ' Ἀργᾶς (καὶ τοῦτο γάρ φασι τῷ Δημοσθένει γενέσθαι παρωνύμιον) ἢ πρὸς τὸν τρόπον ὡς θηριώδη καὶ πικρὸν ἐτέθη (τὸν γὰρ ὄφιν ἔνιοι τῶν ποιητῶν ἀργᾶν ὀνομάζουσιν) ἢ πρὸς τὸν λόγον, ὡς ἀνιῶντα τοὺς ἀκροωμένους (καὶ γὰρ Ἀργᾶς τοὔνομα ποιητὴς

4. 2 ³ φεύγοντος Sint. : φυγόντος ‖ 4 ² ταῦτα N : τοῦτο ‖ 5 ¹ κά-τισχνος : ἁπαλὸς N ‖ 6 ⁴ Ἕτεροι N : Ἔνιοι ‖ 8 ³ παρωνύμιον U : πα-ρώνυμον vel παρωνύμενον ‖ ἢ : ὃ ἢ N.

nom d'un poète qui avait composé des chansons médiocres et pénibles)*. Mais voilà qui suffit là-dessus.

5. 1 Voici quelle fut, dit-on, l'occasion qui éveilla
la vocation oratoire de Démosthène. L'orateur Callistratos devait plaider au tribunal dans le procès relatif
à Oropos, et ces débats suscitaient une grande attente,
en raison du talent de l'orateur, qui était alors à l'apogée
de sa réputation, et en raison de l'affaire elle-même,
dont on parlait beaucoup*. 2 Or, Démosthène, ayant
entendu maîtres et pédagogues convenir entre eux
d'assister à ce procès, persuada son propre pédagogue,
à force de prières instantes, de le mener à l'audience.
3 Celui-ci, ayant des accointances avec les appariteurs
du tribunal, réussit à obtenir une place où l'enfant
pourrait s'asseoir sans être remarqué et entendre les
discours. 4 Callistratos triompha et fut prodigieuse-
ment admiré. Démosthène envia sa gloire en voyant la
foule l'escorter et le féliciter, mais il admira davantage
encore la puissance de la parole, en observant qu'elle
était capable de dompter et de dominer tout. 5 Dès lors
il abandonna les autres études et les occupations de
l'enfance pour s'exercer et s'entraîner lui-même à l'éloquence, dans la pensée qu'il pourrait lui aussi devenir
orateur.
6 Il prit Isée pour le guider vers l'art de la parole,
bien qu'Isocrate tînt alors école. Certains prétendent
qu'étant orphelin, il ne pouvait payer les dix mines
qu'Isocrate avait fixées comme salaire de ses leçons,
mais il est plus vraisemblable qu'il préféra l'éloquence
d'Isée parce qu'il la jugeait efficace et pleine d'habileté
pratique[1]. 7 Hermippos[2] dit avoir trouvé des Mémoires anonymes où il était écrit que Démosthène avait

1. Isocrate (436-338) professait une éloquence d'apparat, tandis
qu'Isée, d'ailleurs élève d'Isocrate, s'était spécialisé, semble-t-il,
dans l'éloquence judiciaire : il nous reste de lui douze plaidoiries qui
se rapportent toutes à des affaires de succession. On comprend que
Démosthène, voulant d'abord faire rendre gorge à ses tuteurs, ait
choisi le rhéteur le plus préoccupé d'efficacité pratique.
2. Sur Hermippos de Smyrne, voir ci-dessus la Notice, p. 7 sq.

ἦν νόμων πονηρῶν καὶ ἀργαλέων). Καὶ ταῦτα μὲν
ταύτῃ [κατὰ Πλάτωνα].

5. 1 Τῆς δὲ πρὸς τοὺς λόγους ὁρμῆς ἀρχὴν αὐτῷ
φασι τοιαύτην γενέσθαι. Καλλιστράτου τοῦ ῥήτορος
ἀγωνίζεσθαι τὴν περὶ Ὠρωποῦ κρίσιν ἐν τῷ δικαστηρίῳ 848
μέλλοντος, ἦν προσδοκία τῆς δίκης μεγάλη διά τε
τὴν τοῦ ῥήτορος δύναμιν, ἀνθοῦντος τότε μάλιστα
τῇ δόξῃ, καὶ διὰ τὴν πρᾶξιν οὖσαν περιβόητον.
2 Ἀκούσας οὖν ὁ Δημοσθένης τῶν διδασκάλων καὶ
τῶν παιδαγωγῶν συντιθεμένων τῇ δίκῃ παρατυχεῖν,
ἔπεισε τὸν ἑαυτοῦ παιδαγωγὸν δεόμενος καὶ προθυ-
μούμενος ὅπως αὐτὸν ἀγάγοι πρὸς τὴν ἀκρόασιν.
3 Ὁ δ' ἔχων πρὸς τοὺς ἀνοίγοντας τὰ δικαστήρια
δημοσίους συνήθειαν εὐπόρησε χώρας ἐν ᾗ καθήμενος
ὁ παῖς ἀδήλως ἀκροάσεται τῶν λεγόντων. 4 Εὐη-
μερήσαντος δὲ τοῦ Καλλιστράτου καὶ θαυμασθέντος
ὑπερφυῶς, ἐκείνου μὲν ἐζήλωσε τὴν δόξαν, ὁρῶν   b
προπεμπόμενον ὑπὸ πολλῶν καὶ μακαριζόμενον, τοῦ
δὲ λόγου μᾶλλον ἐθαύμασε καὶ κατενόησε τὴν ἰσχὺν
ὡς πάντα χειροῦσθαι καὶ τιθασεύειν πεφυκότος.
5 Ὅθεν ἐάσας τὰ λοιπὰ μαθήματα καὶ τὰς παιδικὰς
διατριβὰς αὐτὸς αὑτὸν ἤσκει καὶ διεπόνει ταῖς μελέταις, ὡς δὴ τῶν λεγόντων ἐσόμενος καὶ αὐτός.
6 Ἐχρήσατο δ' Ἰσαίῳ πρὸς τὸν λόγον ὑφηγητῇ,
καίπερ Ἰσοκράτους τότε σχολάζοντος, εἴθ' ὥς τινες
λέγουσι τὸν ὡρισμένον μισθὸν Ἰσοκράτει τελέσαι μὴ
δυνάμενος τὰς δέκα μνᾶς διὰ τὴν ὀρφανίαν, εἴτε
μᾶλλον τοῦ Ἰσαίου τὸν λόγον ὡς δραστήριον καὶ
πανοῦργον εἰς τὴν χρείαν ἀποδεχόμενος. 7 Ἕρμιπ-   c
πος δέ φησιν ἀδεσπότοις ὑπομνήμασιν ἐντυχεῖν, ἐν

4. 8 ⁸ κατὰ Πλάτωνα del. Wyttenbach ‖ 5. 3 ³ ἀκροάσεται : ἀκού-
σεται Υ ‖ λεγόντων : λεγομένων Υ ‖ 4 ⁴ ὑπὸ : ὑπὸ τῶν Υ ‖ 5 ³ δὴ
Naber : ἂν ‖ 6 ⁶ εἰς Ν : ἐπὶ ‖ 7 ² φησιν : φησιν ὁ ποιητὴς Ν.

étudié auprès de Platon et en avait retiré un grand
profit pour ses discours ; il cite aussi Ctésibios[1], selon
qui Démosthène aurait reçu secrètement de Callias
de Syracuse et de certains autres les traités de rhétorique d'Isocrate et ceux d'Alcidamas* et les aurait
étudiés à fond.

Premiers discours. — **6.** 1 Quoi qu'il en soit, dès
qu'il eut atteint l'âge requis*, il commença par intenter
un procès à ses tuteurs et à composer contre eux des
plaidoiries*. Ils recoururent à beaucoup d'échappatoires
et d'actions en révision*, mais Démosthène, « s'aguerris-
sant » selon l'expression de Thucydide « grâce à ces
exercices qui n'allaient pas sans risque ni effort »*,
gagna sa cause, sans réussir pourtant à recouvrer même
une minime part de son héritage, mais il avait ainsi
acquis de la hardiesse et une pratique suffisante de la
parole, et il avait goûté à l'ardeur et à la force des débats
oratoires ; aussi entreprit-il de paraître devant le peuple
et de s'occuper des affaires publiques. 2 Laomédon
d'Orchomène, dit-on, pour se guérir d'une maladie de
la rate, se mit à faire de longues courses sur la prescrip-
tion des médecins, puis, ayant ainsi fortifié sa constitution, il entreprit de gagner la couronne dans les grands
concours et devint un champion des courses de fond* ;
c'est là ce qui arriva à Démosthène : au début, il voulait
seulement descendre dans l'arène pour parler afin de
redresser ses affaires privées, puis ayant de cette façon
acquis de l'habileté et de la vigueur, il se lança dans la
politique comme dans les concours où le prix est une
couronne, et il parvint au premier rang des orateurs
qui rivalisaient à la tribune.

3 Cependant, la première fois qu'il prit la parole
devant le peuple, il fut accueilli par des clameurs et des
railleries à cause de l'étrangeté de son langage, que des
périodes confuses et des raisonnements forcés faisaient
paraître exagérément pénible et fastidieux. 4 Il semble
en outre que sa voix était faible, son élocution peu nette

---

1. Peut-être Ctésibios de Chalcis avait-il écrit une biographie de Démosthène, que Plutarque connaissait seulement par l'intermédiaire
d'Hermippos.

οἷς ἐγέγραπτο τὸν Δημοσθένη συνεσχολακέναι τῷ
Πλάτωνι καὶ πλεῖστον εἰς τοὺς λόγους ὠφελῆσθαι,
Κτησιβίου δὲ μέμνηται λέγοντος παρὰ Καλλίου τοῦ
Συρακουσίου καί τινων ἄλλων τὰς Ἰσοκράτους τέχνας
καὶ τὰς Ἀλκιδάμαντος κρύφα λαβόντα τὸν Δημοσθένη
καταμαθεῖν.

6. 1 Ὡς δ' οὖν ἐν ἡλικίᾳ γενόμενος τοῖς ἐπιτρό-
ποις ἤρξατο δικάζεσθαι καὶ λογογραφεῖν ἐπ' αὐτοὺς
πολλὰς διαδύσεις καὶ παλινδικίας εὑρίσκοντας,
« ἐγγυμνασάμενος » κατὰ τὸν Θουκυδίδην «ταῖς μελέταις
οὐκ ἀκινδύνως οὐδ' ἀργῶς », κατευτυχήσας ἐκπρᾶξαι
μὲν οὐδὲ πολλοστὸν ἠδυνήθη μέρος τῶν πατρῴων,   d
τόλμαν δὲ πρὸς τὸ λέγειν καὶ συνήθειαν ἱκανὴν λαβὼν
καὶ γευσάμενος τῆς περὶ τοὺς ἀγῶνας φιλοτιμίας καὶ
δυνάμεως, ἐνεχείρησεν εἰς μέσον παριέναι καὶ τὰ
κοινὰ πράττειν. 2 Καὶ καθάπερ Λαομέδοντα τὸν
Ὀρχομένιον λέγουσι καχεξίαν τινὰ σπληνὸς ἀμυνό-
μενον δρόμοις μακροῖς χρῆσθαι τῶν ἰατρῶν κελευ-
σάντων, εἶθ' οὕτως διαπονήσαντα τὴν ἕξιν ἐπιθέσθαι
τοῖς στεφανίταις ἀγῶσι καὶ τῶν ἄκρων γενέσθαι
δολιχοδρόμων, οὕτως τῷ Δημοσθένει συνέβη τὸ
πρῶτον ἐπανορθώσεως ἕνεκα τῶν ἰδίων ἀποδύντι
πρὸς τὸ λέγειν, ἐκ δὲ τούτου κτησαμένῳ δεινότητα
καὶ δύναμιν ἐν τοῖς πολιτικοῖς ἤδη καθάπερ στεφανί-   e
ταις ἀγῶσι πρωτεύειν τῶν ἀπὸ τοῦ βήματος ἀγωνιζομένων πολιτῶν.

3 Καίτοι τό γε πρῶτον ἐντυγχάνων τῷ δήμῳ θορύ-
βοις περιέπιπτε καὶ κατεγελᾶτο δι' ἀήθειαν, τοῦ
λόγου συγκεχύσθαι ταῖς περιόδοις καὶ βεβασανίσθαι
τοῖς ἐνθυμήμασι πικρῶς ἄγαν καὶ κατακόρως δοκοῦντος. 4 Ἦν δέ τις ὡς ἔοικε καὶ φωνῆς ἀσθένεια καὶ

5. 7 ³ τῷ om. Y ‖ 6. 1 ¹ δ' οὖν N : γοῦν ‖ ³ διαδύσεις : διαλύσεις N ‖
⁹ ἐνεχείρησεν : ἐπεχ- Y ‖ 2 ⁸ δὲ om. Y.

et son souffle court, ce qui obscurcissait le sens de ses
paroles par le morcellement des phrases. 5 Finalement
il quitta l'assemblée, et il errait au Pirée, découragé,
quand Eunomos de Thria, déjà très vieux, l'aperçut
et lui fit des reproches : alors que son éloquence ressemblait beaucoup à celle de Périclès, il s'abandonnait
lui-même par timidité et mollesse, au lieu d'affronter
hardiment la multitude et d'entraîner aux luttes de
la tribune son corps, qu'il laissait s'étioler par noncha-
lance[1].

7. 1 On raconte qu'après une autre tentative
malheureuse, comme Démosthène s'en retournait chez
lui, triste et déconcerté, l'acteur Satyros, avec qui il
était en relations, le suivit et entra avec lui dans sa
maison*. 2 Démosthène se plaignit à lui : il avait
beau, disait-il, être le plus laborieux de tous les orateurs
et avoir presque épuisé ses forces physiques pour réussir,
il ne trouvait pas grâce devant le peuple, et, alors que
des matelots avinés et ignorants se faisaient écouter et
occupaient la tribune[2], on ne lui prêtait aucune attention. 3 « Cela est vrai, Démosthène, » dit Satyros,
« mais moi, je vais remédier bien vite à la cause du mal,
si tu consens à me réciter par cœur une tirade d'Euripide ou de Sophocle ». 4 C'est ce que fit Démosthène ;
après quoi, Satyros, reprenant la même tirade, la débita
et la déclama conformément au caractère et aux dispositions du personnage, si bien qu'aussitôt elle parut
tout autre à Démosthène. 5 Il comprit ainsi combien l'art de l'acteur ajoute d'ornement et de grâce au
discours, et se rendit compte que l'exercice est peu de
chose, ou même n'est rien, si l'on néglige le débit et le
ton appropriés aux sentiments exprimés. 6 Après

---

1. Eunomos, du dème de Thria, semble avoir été l'un des plus anciens élèves d'Isocrate et un ami de Lysias. Cf. *Vitae decem orat.*, 845 A.
Comme il était extrêmement vieux, peut-être avait-il, dans son enfance, entendu Périclès ; cf. *An seni sit ger. resp.*, 795 C : ... παλαιόν
τινα γέροντα τῶν ἀκηκοότων Περικλέους. Voir J. Kirchner, *Pros.
Att.*, n° 5870.
2. Plutarque pense probablement à l'orateur Démade, qui avait
été matelot ; voir *Phoc.*, 1, 1-3.

γλώττης ἀσάφεια καὶ πνεύματος κολοβότης ἐπιταράτ-
τουσα τὸν νοῦν τῶν λεγομένων τῷ διασπᾶσθαι τὰς
περιόδους. 5 Τέλος δ' ἀποστάντα τοῦ δήμου καὶ
ῥεμβόμενον ἐν Πειραιεῖ δι' ἀθυμίαν Εὔνομος ὁ Θριάσιος f
ἤδη πάνυ γέρων θεασάμενος ἐπετίμησεν, ὅτι τὸν λόγον ἔχων ὁμοιότατον τῷ Περικλέους προδίδωσιν ὑπ'
ἀτολμίας καὶ μαλακίας ἑαυτόν, οὔτε τοὺς ὄχλους
ὑφιστάμενος εὐθαρσῶς, οὔτε τὸ σῶμα πρὸς τοὺς ἀγῶνας ἐξαρτυόμενος, ἀλλὰ τρυφῇ περιορῶν μαραινόμε-
νον.

7. 1 Πάλιν δέ ποτέ φασιν ἐκπεσόντος αὐτοῦ καὶ
ἀπιόντος οἴκαδε συγκεχυμένου καὶ βαρέως φέροντος, 849
ἐπακολουθῆσαι Σάτυρον τὸν ὑποκριτὴν ἐπιτήδειον
ὄντα καὶ συνεισελθεῖν. 2 Ὀδυρομένου δὲ τοῦ Δημοσθένους πρὸς αὐτόν, ὅτι πάντων φιλοπονώτατος ὢν
τῶν λεγόντων καὶ μικροῦ δέων καταναλωκέναι τὴν
τοῦ σώματος ἀκμὴν εἰς τοῦτο, χάριν οὐκ ἔχει πρὸς
τὸν δῆμον, ἀλλὰ κραιπαλῶντες ἄνθρωποι ναῦται καὶ
ἀμαθεῖς ἀκούονται καὶ κατέχουσι τὸ βῆμα, παρορᾶται
δ' αὐτός, 3 « Ἀληθῆ λέγεις, ὦ Δημόσθενες, » φάναι
τὸν Σάτυρον « ἀλλ' ἐγὼ τὸ αἴτιον ἰάσομαι ταχέως,
ἄν μοι τῶν Εὐριπίδου τινὰ ῥήσεων ἢ Σοφοκλέους b
ἐθελήσῃς εἰπεῖν ἀπὸ στόματος. » 4 Εἰπόντος δὲ
τοῦ Δημοσθένους, μεταλαβόντα τὸν Σάτυρον οὕτω
πλάσαι καὶ διεξελθεῖν ἐν ἤθει πρέποντι καὶ διαθέσει
τὴν αὐτὴν ῥῆσιν ὥστ' εὐθὺς ὅλως ἑτέραν τῷ Δημοσθένει φανῆναι. 5 Πεισθέντα δ' ὅσον ἐκ τῆς ὑπο-
κρίσεως τῷ λόγῳ κόσμου καὶ χάριτος πρόσεστι,
μικρὸν ἡγήσασθαι καὶ τὸ μηδὲν εἶναι τὴν ἄσκησιν
ἀμελοῦντι τῆς προφορᾶς καὶ διαθέσεως τῶν λεγο-

---

6. 4 ³ διασπᾶσθαι : διεσπᾶσθαι N ‖ 5 ⁷ ἐξαρτυόμενος : ἐπαρ- N ‖
7. 1 ¹ ποτέ om. N ‖ ² οἴκαδε om. N ‖ συγκεχυμένου : συγκεκαλυμ-
μένου Y ‖ ³ ἐπακολουθῆσαι : ὑπα- Y ‖ ⁴ συνεισελθεῖν : συνελθεῖν Y.

cette expérience, il se fit, dit-on, aménager une salle
d'étude souterraine, qui a été conservée même jusqu'à
notre époque. Il y descendait tous les jours sans exception pour s'exercer à l'action oratoire et cultiver sa voix ;
souvent même il y restait deux ou trois mois de suite,
se faisant raser un seul côté de la tête, afin d'être empêché de sortir, même s'il en avait grande envie, par le
respect humain[1].

Caractères de son éloquence. — 8.

1 Cependant ses
rencontres avec les gens du dehors, ses conversations
avec eux et les affaires dont ils l'entretenaient lui four-
nissaient les sujets et les points de départ de ses travaux,
car, aussitôt qu'il les avait quittés, il descendait dans
sa salle d'étude et déclamait de bout en bout sur ces
faits et sur les arguments allégués à leur propos. 2 Il re-
prenait aussi, une fois seul, les discours qu'il avait entendu prononcer, les mettait en sentences et en périodes,
y apportait des retouches de toute sorte et tournait
de manière nouvelle ce que les autres lui avaient dit et
ce qu'à son tour il avait dit aux autres. 3 De là lui
vint la réputation de n'être pas bien doué par la nature
et de n'avoir acquis que par le travail l'habileté et la
puissance oratoires. On en voyait une forte preuve
aussi dans le fait qu'il n'était pas facile de l'entendre
improviser ; il lui arriva même souvent, alors qu'il était
assis à l'assemblée, d'être appelé nommément par le
peuple à prendre la parole, et de refuser s'il n'avait pas
réfléchi à la question et préparé son intervention. 4 Beaucoup d'orateurs le raillaient sur ce point : Pythéas
notamment, pour se moquer de lui, dit que ses raisonnements sentaient la mèche de lampe ; à quoi Démosthène
fit cette réplique cinglante : 5 « Ma lampe et la tienne,
Pythéas, ne sont pas témoins des mêmes spectacles. »*
Avec les autres il ne niait pas absolument ce qu'on disait
de lui : il reconnaissait que ses discours, sans être entièrement écrits, n'étaient pas entièrement improvisés. 6 Il

---

1. Cf. *Vitae decem orat.*, 844 D : λέγουσι δ' αὐτὸν ἔτι νέον ὄντα εἰς
σπήλαιον ἀπιέναι κἀκεῖ φιλολογεῖν, τὸ ἥμισυ τῆς κεφαλῆς ξυράμενον
ἵνα μὴ προέρχοιτο.

μένων. 6 Ἐκ δὲ τούτου κατάγειον μὲν οἰκοδομῆσαι
μελετητήριον, ὃ δὴ διεσῴζετο καὶ καθ᾽ ἡμᾶς, ἐνταῦθα
δὲ πάντως μὲν ἑκάστης ἡμέρας κατιόντα πλάττειν
τὴν ὑπόκρισιν καὶ διαπονεῖν τὴν φωνήν, πολλάκις
δὲ καὶ μῆνας ἑξῆς δύο καὶ τρεῖς συνάπτειν, ξυρούμενον   c
τῆς κεφαλῆς θάτερον μέρος ὑπὲρ τοῦ μηδὲ βουλο-
μένῳ πάνυ προελθεῖν ἐνδέχεσθαι δι᾽ αἰσχύνην.

8. 1 Οὐ μὴν ἀλλὰ καὶ τὰς πρὸς τοὺς ἐκτὸς ἐντεύ-
ξεις καὶ λόγους καὶ ἀσχολίας ὑποθέσεις ἐποιεῖτο καὶ
ἀφορμὰς τοῦ φιλοπονεῖν. Ἀπαλλαγεὶς γὰρ αὐτῶν
τάχιστα κατέβαινεν εἰς τὸ μελετητήριον, καὶ διεξῄει
τάς τε πράξεις ἐφεξῆς καὶ τοὺς ὑπὲρ αὐτῶν ἀπολο-
γισμούς. 2 Ἔτι δὲ τοὺς λόγους οἷς παρέτυχε λεγο-
μένοις ἀναλαμβάνων πρὸς ἑαυτὸν εἰς γνώμας ἀνῆγε
καὶ περιόδους, ἐπανορθώσεις τε παντοδαπὰς καὶ
μεταφράσεις ἐκαινοτόμει τῶν εἰρημένων ὑφ᾽ ἑτέρου
πρὸς ἑαυτὸν ἢ ὑφ᾽ ἑαυτοῦ πάλιν πρὸς ἄλλον. 3 Ἐκ
δὲ τούτου δόξαν ἔσχεν ὡς οὐκ εὐφυὴς ὤν, ἀλλ᾽ ἐκ   d
πόνου συγκειμένῃ δεινότητι καὶ δυνάμει χρώμενος,
ἐδόκει τε τούτου σημεῖον εἶναι μέγα καὶ τὸ μὴ ῥᾳδίως ἀκοῦσαί τινα Δημοσθένους ἐπὶ καιροῦ λέγοντος,
ἀλλὰ καὶ καθήμενον ἐν ἐκκλησίᾳ πολλάκις τοῦ δήμου
καλοῦντος ὀνομαστὶ μὴ παρελθεῖν, εἰ μὴ τύχοι πε-
φροντικὼς καὶ παρεσκευασμένος. 4 Εἰς τοῦτο δ᾽ ἄλλοι
τε πολλοὶ τῶν δημαγωγῶν ἐχλεύαζον αὐτόν, καὶ
Πυθέας ἐπισκώπτων ἐλλυχνίων ἔφησεν ὄζειν αὐτοῦ
τὰ ἐνθυμήματα. Τοῦτον μὲν οὖν ἠμείψατο πικρῶς ὁ
Δημοσθένης · 5 « Οὐ ταὐτὰ γὰρ » εἶπεν « ἐμοὶ καὶ
σοὶ ὁ λύχνος, ὦ Πυθέα, σύνοιδε. » Πρὸς δὲ τοὺς ἄλλους   e
οὐ παντάπασιν ἦν ἔξαρνος, ἀλλ᾽ οὔτε γράψας οὔτ᾽
ἄγραφα κομιδῇ λέγειν ὡμολόγει. 6 Καὶ μέντοι

---

7. 6 ¹ δὲ om. Y ‖ ² διεσῴζετο καὶ : διεσώθη N ‖ 8. 2 ² πρὸς N : εἰς ‖
3 ² δὲ om. Y ‖ ἔσχεν : εἶχεν Y ‖ ⁴ καὶ om. Y.

déclarait d'ailleurs qu'un vrai démocrate doit s'exercer à la parole, car une telle préparation marque de la déférence pour le peuple[1], tandis que, si l'on ne s'inquiète pas de ce que la foule pensera de son discours, on fait voir qu'on est un oligarque et que l'on compte plus sur la force que sur la persuasion. 7 Une autre preuve que l'on donne de son manque de hardiesse pour improviser, c'est que, lorsqu'il était interrompu par les cris de la foule, souvent Démade se leva et parla d'abondance pour soutenir Démosthène, tandis que lui-même ne fit jamais rien de pareil en faveur de Démade.

9. 1 Mais alors, dira-t-on, d'où vient qu'Eschine appelle Démosthène l'homme le plus étonnant qui soit pour l'audace de ses discours*? Et comment se fait-il aussi que, lorsque Python de Byzance répandit effrontément un flot d'invectives contre les Athéniens, Démosthène fut le seul à se lever pour lui répondre*? Et quand Lamachos de Smyrne, qui avait écrit un Éloge des rois Alexandre et Philippe, où il disait beaucoup de mal des Thébains et des Olynthiens, vint le lire à Olympie, comment se fait-il que Démosthène se leva après lui, et qu'en énumérant, avec preuves historiques à l'appui, tous les services que les Thébains et les gens de Chalcidique avaient rendus à la Grèce, et, en regard, tous les maux causés par les flatteurs des Macédoniens, il retourna si bien l'assistance que le sophiste, effrayé du tumulte, s'éclipsa hors de l'assemblée?*

2 Démosthène, à ce qu'il semble, ne pensait pas devoir rechercher pour lui-même la plupart des qualités de Périclès, mais il enviait et imitait son élocution et sa contenance à la tribune, ainsi que son souci de ne point parler vite et sur n'importe quel sujet à l'improviste, car il estimait que la grandeur de Périclès venait de là, et il refusait absolument une gloire de circonstance, ne voulant pas consentir à faire dépendre de la Fortune à tout coup la force de son éloquence. 3 En tout cas,

---

1. Cf. *Vitae decem orat.*, 848 C : « Épiclès blâmant Démosthène de toujours préparer d'avance ses discours, il répondit : « J'aurais honte si, pour conseiller un si grand peuple, je me permettais d'improviser. »

δημοτικὸν ἀπέφαινεν ἄνδρα τὸν λέγειν μελετῶντα ·
θεραπείας γὰρ εἶναι τοῦ[το] δήμου ⟨τὴν⟩ παρασκευήν,
τὸ δ' ὅπως ἕξουσιν οἱ πολλοὶ πρὸς τὸν λόγον ἀφρον-
τιστεῖν ὀλιγαρχικοῦ καὶ βίᾳ μᾶλλον ἢ πειθοῖ προσέ-
χοντος. 7 Τῆς δὲ πρὸς καιρὸν ἀτολμίας αὐτοῦ καὶ
τοῦτο ποιοῦνται σημεῖον ὅτι Δημάδης μὲν ἐκείνῳ
θορυβηθέντι πολλάκις ἀναστὰς ἐκ προχείρου συνεῖπεν, ἐκεῖνος δ' οὐδέποτε Δημάδῃ.

9. 1 Πόθεν οὖν, φαίη τις ἄν, ὁ Αἰσχίνης πρὸς
τὴν ἐν τοῖς λόγοις τόλμαν θαυμασιώτατον ἀποκαλεῖ
τὸν ἄνδρα; Πῶς δὲ καὶ Πύθωνι τῷ Βυζαντίῳ θρασυνο-   f
μένῳ καὶ ῥέοντι πολλῷ κατὰ τῶν Ἀθηναίων ἀναστὰς
μόνος ἀντεῖπεν, ἢ Λαμάχου τοῦ Σμυρναίου γεγρα-
φότος ἐγκώμιον Ἀλεξάνδρου καὶ Φιλίππου τῶν βασιλέων, ἐν ᾧ πολλὰ Θηβαίους καὶ Ὀλυνθίους εἰρήκει
κακῶς, καὶ τοῦτ' ἀναγινώσκοντος Ὀλυμπίασι, παρ-   850
αναστὰς καὶ διεξελθὼν μεθ' ἱστορίας καὶ ἀποδείξεως
ὅσα Θηβαίοις καὶ Χαλκιδεῦσιν ὑπάρχει καλὰ πρὸς
τὴν Ἑλλάδα, καὶ πάλιν ὅσων αἴτιοι γεγόνασι κακῶν
οἱ κολακεύοντες Μακεδόνας, οὕτως ἐπέστρεψε τοὺς
παρόντας ὥστε δείσαντα τῷ θορύβῳ τὸν σοφιστὴν
ὑπεκδῦναι τῆς πανηγύρεως ;
2 Ἀλλ' ἔοικεν ὁ ἀνὴρ τοῦ Περικλέους τὰ μὲν ἄλλα
καλὰ μὴ πρὸς αὐτὸν ἡγήσασθαι, τὸ δὲ πλάσμα καὶ τὸν
σχηματισμὸν αὐτοῦ καὶ τὸ μὴ ταχέως μηδὲ περὶ
παντὸς ἐκ τοῦ παρισταμένου λέγειν, ὥσπερ ἐκ τούτων
μεγάλου γεγονότος, ζηλῶν καὶ μιμούμενος, οὐ πάνυ
προσίεσθαι τὴν ἐν τῷ καιρῷ δόξαν, οὐδ' ἐπὶ τῇ τύχῃ   b
πολλάκις ἑκὼν εἶναι ποιεῖσθαι τὴν δύναμιν. 3 Ἐπεὶ

---

8. 6 ³ τοῦ Rei. : τοῦτο ‖ τὴν add. Rei. ‖ **9.** 1 ² τοῖς om. N. ‖ ἀποκαλεῖ N : ἀπεκάλει ‖ ³ καὶ om. Y ‖ ⁵ Σμυρναίου N Μυρρηναίου Y Τε-
ρειναίου Mor. 845 C ‖ ⁸ τοῦτ' om. Y ‖ 2 ² καλὰ om. Y ‖ ⁴ παρισταμένου : προισ- N ‖ ⁶ προσίεσθαι Lambinus : προί- ‖ τῇ om. Y.

ses discours tels qu'il les prononça avaient plus de
hardiesse et de véhémence que n'en montre leur rédaction écrite, s'il faut en croire Ératosthène, Démétrios de Phalère[1] et les poètes comiques : 4 Ératosthène dit que souvent en parlant il était transporté par
une fureur bachique, et l'homme de Phalère, qu'un jour
devant le peuple il prononça, comme frappé d'une inspiration divine, ce serment en vers :

« Par la terre, par les sources, par les fleuves, par les
[rivières. »[2]

5 L'un des comiques le traite de « bonimenteur »* ;
un autre, raillant l'usage qu'il faisait de l'antithèse, dit :

« Il a repris comme il a pris. — Voilà un mot que Démosthène aurait été heureux de s'approprier ».

6 A moins que, ma foi, cela aussi ne soit une
plaisanterie d'Antiphanès[3] à propos du discours sur
l'Halonnèse, où Démosthène conseilla aux Athéniens,
non pas de prendre cette île, mais de la reprendre à
Philippe, en chicanant sur les syllabes*.

10. 1 Du reste, tout le monde convenait que Démade était invincible grâce à ses dons naturels, et que
ses improvisations surpassaient les discours préparés
et médités de Démosthène. 2 Ariston de Chios a
rapporté une opinion de Théophraste sur ces deux orateurs*. Comme on lui demandait ce qu'il pensait de
Démosthène en tant qu'orateur, il répondit : « Il est
digne de la ville », — et ce qu'il pensait de Démade
au même point de vue : « Il est au-dessus de la ville. »
3 Selon le même philosophe, Polyeuctos de Sphettos,
un des hommes politiques d'Athènes à cette époque*,
déclarait que Démosthène était le plus grand orateur,

1. Sur Ératosthène de Cyrène, et sur Démétrios, Athénien du dème
de Phalère, voir ci-dessus la Notice, p. 8.
2. Trimètre iambique, rapporté aussi dans les *Vitae decem orat.*,
845 B, et qui a été rapproché du vers 194 des *Oiseaux* d'Aristophane
par Fränkel, *Beobachtungen zu Aristophanes*, 69-71.
3. Sur Antiphanès, voir ci-dessus, 4, 6, et la note.

τόλμαν γε καὶ θάρσος οἱ λεχθέντες ὑπ' αὐτοῦ λόγοι
τῶν γραφέντων μᾶλλον εἶχον, εἴ τι δεῖ πιστεύειν
Ἐρατοσθένει καὶ Δημητρίῳ τῷ Φαληρεῖ καὶ τοῖς
κωμικοῖς. 4 Ὧν Ἐρατοσθένης μέν φησιν αὐτὸν ἐν
τοῖς λόγοις πολλαχοῦ γεγονέναι παράβακχον, ὁ δὲ
Φαληρεὺς τὸν ἔμμετρον ἐκεῖνον ὅρκον ὀμόσαι ποτὲ
πρὸς τὸν δῆμον ὥσπερ ἐνθουσιῶντα ·

Μὰ γῆν, μὰ κρήνας, μὰ ποταμούς, μὰ νάματα.

5 Τῶν δὲ κωμικῶν ὁ μέν τις αὐτὸν ἀποκαλεῖ ῥωποπερπερήθραν, ὁ δὲ παρασκώπτων ὡς χρώμενον τῷ
ἀντιθέτῳ φησὶν οὕτως ·

Ἀπέλαβεν ὥσπερ ἔλαβεν. — Ἠγάπησεν ἂν
τὸ ῥῆμα τοῦτο παραλαβὼν Δημοσθένης.   c

6 Ἐκτὸς εἰ μὴ νὴ Δία πρὸς τὸν ὑπὲρ Ἁλοννήσου
λόγον ὁ Ἀντιφάνης καὶ τουτὶ πέπαιχεν, ἣν Ἀθηναίοις
Δημοσθένης συνεβούλευε μὴ λαμβάνειν, ἀλλ' ἀπο-
λαμβάνειν παρὰ Φιλίππου, περὶ συλλαβῶν διαφερόμενος.

10. 1 Πλὴν τόν γε Δημάδην πάντες ὡμολόγουν τῇ
φύσει χρώμενον ἀνίκητον εἶναι καὶ παραφέρειν αὐτοσχεδιάζοντα τὰς τοῦ Δημοσθένους σκέψεις καὶ παρα-
σκευάς. 2 Ἀρίστων δ' ὁ Χῖος καὶ Θεοφράστου τινὰ
δόξαν ἱστόρηκε περὶ τῶν ῥητόρων · ἐρωτηθέντα γὰρ
ὁποῖός τις αὐτῷ φαίνεται ῥήτωρ ὁ Δημοσθένης, εἰπεῖν ·
« Ἄξιος τῆς πόλεως · » ὁποῖος δέ τις ὁ Δημάδης ·
« Ὑπὲρ τὴν πόλιν. » 3 Ὁ δ' αὐτὸς φιλόσοφος Πο-   d
λύευκτον ἱστορεῖ τὸν Σφήττιον, ἕνα τῶν τότε πολι-
τευομένων Ἀθήνησιν, ἀποφαίνεσθαι μέγιστον μὲν

---

9. 5 4 Ἀπέλαβεν : ἀπέβαλεν N ‖ Ἠγάπησεν ἂν Cor. ex Athen. 6,
223 e : Ἠγάπησε γὰρ ‖ 6 1 Ἐκτὸς del. Herwerden ‖ 4 περὶ συλλαβῶν
διαφερόμενος Æschin. 3, 83 : π. συλλ. διαλεγόμενος NAᵐ, om. Y ‖
10. 1 2-3 αὐτοσχεδιάζοντα Bryan : αὐτὸν σχεδ- ‖ 2 4 τις ὁ om. Y ‖
3 1 φιλόσοφος Y : Θεόφραστος N.

mais que Phocion était le plus puissant*, parce que
c'était lui qui mettait le plus de sens dans la phrase la
plus brève. 4 On dit d'ailleurs que Démosthène
lui-même, toutes les fois que Phocion montait à la tribune pour parler contre lui, disait à ses familiers : « Voici
la hache de mes discours qui se lève. »* 5 On ignore
si cette impression avait pour cause l'éloquence de
Phocion, ou bien sa conduite et sa réputation, Démosthène jugeant qu'un simple mot et un seul signe de tête
de la part d'un homme qui inspire confiance a plus
d'efficacité que les périodes les plus nombreuses et les
plus longues[1].

11. 1 Pour corriger ses défauts physiques, il eut
recours aux exercices que voici, comme le rapporte Démétrios de Phalère, qui dit avoir appris cela de Démosthène lui-même, devenu vieux : il parvint par ses efforts
à se défaire de sa prononciation vicieuse et de son zé-
zaiement[2], et à articuler nettement en se mettant des
cailloux dans la bouche tout en déclamant des tirades.
Pour exercer sa voix, il parlait en courant et en gravis-
sant des pentes, et prononçait d'un seul trait, sans reprendre haleine, des discours ou des vers. Enfin il avait
chez lui un grand miroir, en face duquel il se plaçait
pour s'exercer à la déclamation*. 2 On raconte qu'un
homme vint le prier de l'assister en justice et lui raconta
comment quelqu'un l'avait battu. « Allons donc ! lui
dit Démosthène, tu n'as pas reçu un seul des coups dont tu
parles. » Alors l'homme, élevant la voix, se mit à crier :
« Moi, Démosthène, je n'ai pas reçu de coups ! » « Si,
ma foi, reprit Démosthène, j'entends à présent la voix
d'un homme maltraité et battu. » 3 Telle était l'importance qu'il attachait à l'accent et à l'attitude des
gens qui parlent, s'ils veulent être crus. En tout cas,

---

1. Cf. *Phoc.*, 5, 10 : Ἀλλὰ τοῦτο μὲν ἴσως πρὸς τὸ ἦθος ἀνοιστέον ·
ἐπεὶ καὶ ῥῆμα καὶ νεῦμα μόνον ἀνδρὸς ἀγαθοῦ μυρίοις ἐνθυμήμασι
καὶ περιόδοις ἀντίρροπον ἔχει πίστιν.
2. La τραυλότης avait été aussi le fait d'Alcibiade : *Alc.*, 1, 6-8 ; ce
défaut de prononciation consistait surtout à mal articuler le ρ, qui
passait au son de λ.

εἶναι ῥήτορα τὸν Δημοσθένην, δυνατώτατον δ' εἰπεῖν
τὸν Φωκίωνα · πλεῖστον γὰρ ἐν βραχυτάτῃ λέξει
νοῦν ἐκφέρειν. 4 Καὶ μέντοι καὶ τὸν Δημοσθένην
φασὶν αὐτόν, ὁσάκις ἀντερῶν αὐτῷ Φωκίων ἀναβαίνοι,
λέγειν πρὸς τοὺς συνήθεις · « Ἡ τῶν ἐμῶν λόγων κοπὶς
ἀνίσταται. » 5 Τοῦτο μὲν οὖν ἄδηλον εἴτε πρὸς τὸν
λόγον τοῦ ἀνδρὸς ὁ Δημοσθένης, εἴτε πρὸς τὸν βίον
καὶ τὴν δόξαν ἐπεπόνθει, πολλῶν πάνυ καὶ μακρῶν
περιόδων ἓν ῥῆμα καὶ νεῦμα πίστιν ἔχοντος ἀνθρώπου
κυριώτερον ἡγούμενος.

11. 1 Τοῖς δὲ σωματικοῖς ἐλαττώμασι τοιαύτην θ
ἐπῆγεν ἄσκησιν, ὡς ὁ Φαληρεὺς Δημήτριος ἱστορεῖ,
λέγων αὐτοῦ Δημοσθένους ἀκοῦσαι πρεσβύτου γεγονότος · τὴν μὲν γὰρ ἀσάφειαν καὶ τραυλότητα τῆς
γλώττης ἐκβιάζεσθαι καὶ διαρθροῦν εἰς τὸ στόμα
ψήφους λαμβάνοντα καὶ ῥήσεις ἅμα λέγοντα, τὴν
δὲ φωνὴν γυμνάζειν ἐν τοῖς δρόμοις καὶ ταῖς πρὸς
τὰ σίμ' ἀναβάσεσι διαλεγόμενον καὶ λόγους τινὰς
ἢ στίχους ἅμα τῷ πνεύματι πυκνουμένῳ προφερόμε-
νον · εἶναι δ' αὐτῷ μέγα κάτοπτρον οἴκοι, καὶ πρὸς
τοῦτο τὰς μελέτας ἱστάμενον ἐξ ἐναντίας περαίνειν.
2 Λέγεται δ' ἀνθρώπου προσελθόντος αὐτῷ δεομένου συνηγορίας καὶ διεξιόντος ὡς ὑπό του λάβοι   f
πληγάς, « Ἀλλὰ σύ γε » φάναι τὸν Δημοσθένην
« τούτων ὧν λέγεις οὐδὲν πέπονθας. » Ἐπιτείναντος
δὲ τὴν φωνὴν τοῦ ἀνθρώπου καὶ βοῶντος « Ἐγώ,
Δημόσθενες, οὐδὲν πέπονθα; » « Νὴ Δία » φάναι « νῦν
ἀκούω φωνὴν ἀδικουμένου καὶ πεπονθότος. » 3 Οὕτως
ᾤετο μέγα πρὸς πίστιν εἶναι τὸν τόνον καὶ τὴν ὑπό- 851
κρισιν τῶν λεγόντων. Τοῖς μὲν οὖν πολλοῖς ὑποκρινό-

10. 3 ⁴ τὸν om. Y ‖ ⁵ τὸν om. Y ‖ 4 ² ὁσάκις : ὁσάκις ἂν Y ‖ 11. 1 ² ἐπῆγεν : ἐπήγαγεν Ν ‖ ³ ἀκοῦσαι : ἀκούειν Y ‖ ⁷ γυμνάζειν Ν : -ζεσθαι ‖
⁷⁻⁸ πρὸς τὰ σιμὰ Y : πρὸς στάσιν Ν ‖ ⁸ ἀναβάσεσι : προβ- Y.

son action oratoire plaisait merveilleusement à la foule,
mais les délicats jugeaient ses intonations vulgaires,
molles et grossières ; parmi ces critiques figurait Démétrios de Phalère.

4 Hermippos nous apprend qu'Aision[1], interrogé
sur les orateurs d'autrefois et ceux de son temps, répondit
qu'on ne pouvait qu'admirer, à l'audition, la manière
noble et majestueuse avec laquelle les premiers parlaient
au peuple, mais que les discours de Démosthène, à la lec-
ture, l'emportaient de beaucoup par la composition et
la puissance. 5 D'ailleurs, que ses discours écrits
soient empreints de gravité et d'âpreté, à quoi bon le
dire ? Mais, dans ses répliques instantanées, il employait
aussi la plaisanterie. Par exemple, Démade ayant dit :
« Démosthène me faire la leçon ! C'est la truie qui en
remontre à Athéna »[2], Démosthène répondit : « Cette
Athéna s'est fait prendre l'autre jour à Collyte* en
flagrant délit d'adultère. » 6 Le voleur qu'on sur-
nommait « l'homme de bronze » essayait de l'attaquer
sur ses veilles et ses travaux nocturnes : « Je sais, dit-il,
que je te gêne en allumant ma lampe. Quant à vous,
Athéniens, ne vous étonnez pas des vols qui se com-
mettent, quand nous avons des voleurs de bronze et
des murs de torchis ! »* 7 Bien que j'aie encore beaucoup à dire sur ce sujet et d'autres plaisanteries à citer,
je m'arrêterai ici. Pour les autres traits de sa manière
d'être et de son caractère, c'est d'après ses actes et sa
conduite politique qu'il est juste de les étudier.

Contre Philippe. — 12. 1 Donc, il se lança dans les
affaires publiques alors que la guerre de Phocide était
engagée, comme il le dit lui-même*, et comme on peut
le conclure de ses harangues contre Philippe, 2 car les
unes datent du temps où les Phocidiens étaient déjà
réduits, tandis que les plus anciennes touchent aux
événements qui précédèrent de peu leur défaite*. 3 Il est

1. Aision était un orateur contemporain de Démosthène, cf. la Souda, *s. v.* Δημοσθένης, 1 : συνεφιλολόγησε Αἰσίωνι τῷ Ἀθηναίῳ.
2. Expression proverbiale ; cf. Théocrite, *Id.*, 5, 23 : Ὗς ποτ' Ἀθα-
ναίαν ἔριν ἤρισεν.

μένος ἤρεσκε θαυμαστῶς, οἱ δὲ χαρίεντες ταπεινὸν
ἡγοῦντο καὶ ἀγεννὲς αὐτοῦ τὸ πλάσμα καὶ μαλακόν,
ὧν καὶ Δημήτριος ὁ Φαληρεύς ἐστιν.

4 Αἰσίωνα δέ φησιν Ἕρμιππος ἐπερωτηθέντα περὶ
τῶν πάλαι ῥητόρων καὶ τῶν καθ᾽ αὑτὸν εἰπεῖν ὡς
ἀκούων μὲν ἄν τις ἐθαύμασεν ἐκείνους εὐκόσμως καὶ
μεγαλοπρεπῶς τῷ δήμῳ διαλεγομένους, ἀναγινωσκό-
μενοι δ᾽ οἱ Δημοσθένους λόγοι πολὺ τῇ κατασκευῇ
καὶ δυνάμει διαφέρουσιν. 5 Οἱ μὲν οὖν γεγραμμένοι
τῶν λόγων ὅτι τὸ αὐστηρὸν πολὺ καὶ πικρὸν ἔχουσι,
τί ἂν λέγοι τις; Ἐν δὲ ταῖς παρὰ τὸν καιρὸν ἀπαντήσε-
σιν ἐχρῆτο καὶ τῷ γελοίῳ. Δημάδου μὲν γὰρ εἰπόν-   b
τος « Ἐμὲ Δημοσθένης, ἡ ὗς τὴν Ἀθηνᾶν », « Αὕτη »
εἶπεν « ἡ Ἀθηνᾶ πρώην ἐν Κολλυτῷ μοιχεύουσα
ἐλήφθη. » 6 Πρὸς δὲ τὸν κλέπτην ὃς ἐπεκαλεῖτο
Χαλκοῦς καὶ αὐτὸν εἰς τὰς ἀγρυπνίας αὐτοῦ καὶ
νυκτογραφίας πειρώμενόν τι λέγειν, « Οἶδα » εἶπεν
« ὅτι σε λυπῶ λύχνον καίων. Ὑμεῖς δ᾽, ὦ ἄνδρες
Ἀθηναῖοι, μὴ θαυμάζετε τὰς γινομένας κλοπάς,
ὅταν τοὺς μὲν κλέπτας χαλκοῦς, τοὺς δὲ τοίχους πηλί-
νους ἔχωμεν. » 7 Ἀλλὰ περὶ μὲν τούτων καὶ ἑτέρων
γελοίων καίπερ ἔτι πλείω λέγειν ἔχοντες, ἐνταῦθα
παυσόμεθα · τὸν δ᾽ ἄλλον αὐτοῦ τρόπον καὶ τὸ ἦθος
ἀπὸ τῶν πράξεων καὶ τῆς πολιτείας θεωρεῖσθαι δί-   c
καιόν ἐστιν.

12. 1 Ὥρμησε μὲν οὖν ἐπὶ τὸ πράττειν τὰ κοινὰ
τοῦ Φωκικοῦ πολέμου συνεστῶτος, ὡς αὐτός τέ
φησι καὶ λαβεῖν ἔστιν ἀπὸ τῶν Φιλιππικῶν δημηγο-
ριῶν. 2 Αἱ μὲν γὰρ ἤδη διαπεπραγμένων ἐκείνων
γεγόνασιν, αἱ δὲ πρεσβύταται τῶν ἔγγιστα πραγμάτων ἅπτονται. 3 Δῆλος δ᾽ ἐστὶ καὶ τὴν κατὰ

certain que, lorsqu'il se préparait à plaider contre Midias, il était âgé de trente-deux ans*, mais il n'avait pas
encore d'influence ni de réputation politique. 4 C'est
surtout, je crois, cette infériorité de sa position qui, en
lui inspirant des craintes, l'amena à renoncer à sa haine
contre cet homme pour de l'argent, car Démosthène

« Était bien loin d'avoir le cœur bon, l'âme douce »[1] ;

il était au contraire ardent et violent pour se défendre.
5 Mais, considérant comme une tâche difficile et au-
dessus de ses forces d'abattre un homme tel que Midias,
bien muni d'argent, d'éloquence et d'amis, il céda à
ceux qui le priaient pour lui, 6 car je ne crois pas
que les trois mille drachmes qu'il reçut auraient à elles
seules désarmé la colère de Démosthène, s'il avait espéré
et pu avoir le dessus*.

7 Cependant, lorsqu'il eut pris comme noble principe de sa politique la défense des Grecs contre Philippe,
défense pour laquelle il lutta de façon si valeureuse, il
acquit rapidement de la renommée, ses discours et son
franc-parler concentrèrent sur lui tous les regards, il
s'attira l'admiration de la Grèce et les attentions du
grand Roi[2], et il fut, de tous les orateurs, celui dont Philippe faisait le plus de cas[3]. Ceux-là mêmes qui le haïs-
saient reconnaissaient avoir en lui un adversaire illustre.
8 C'est en effet ce qu'ont dit de lui, tout en l'accusant,
Eschine et Hypéride*.

13. 1 Aussi, je ne sais comment il est venu à l'esprit de Théopompe[4] de dire qu'il avait un caractère
inconstant et était incapable de rester attaché longtemps
aux mêmes affaires et aux mêmes hommes. 2 Car il
est visible qu'il garda jusqu'au bout parmi les événements
le parti et la position politiques qu'il avait adoptés dès
le début, et que non seulement il ne changea pas au

1. Homère, *Il.*, 20, 467, où il s'agit d'Achille.
2. Voir ci-dessous, 20, 4-5.
3. Voir ci-dessous, 16, 2, et *Vitae decem orat.*, 845 D.
4. Sur l'historien Théopompe de Chios, voir ci-dessus, la Notice,
p. 48.

Μειδίου παρασκευασάμενος εἰπεῖν δίκην δύο μὲν ἐπὶ
τοῖς τριάκοντα γεγονὼς ἔτη, μηδέπω δ' ἔχων ἰσχὺν
ἐν τῇ πολιτείᾳ μηδὲ δόξαν. 4 Ὁ καὶ μάλιστά μοι
δοκεῖ δείσας ἐπ' ἀργυρίῳ καταθέσθαι τὴν πρὸς τὸν
ἄνθρωπον ἔχθραν ·

Οὐ γάρ τι γλυκύθυμος ἀνὴρ ἦν οὐδ' ἀγανόφρων,

ἀλλ' ἔντονος καὶ βίαιος πρὸς τὰς ἀμύνας. 5 Ὁρῶν d
δ' οὐ φαῦλον οὐδὲ τῆς αὑτοῦ δυνάμεως ἔργον ἄνδρα
καὶ πλούτῳ καὶ λόγῳ καὶ φίλοις εὖ πεφραγμένον
καθελεῖν τὸν Μειδίαν, ἐνέδωκε τοῖς ὑπὲρ αὐτοῦ δεομένοις. 6 Αἱ δὲ τρισχίλιαι καθ' ἑαυτὰς οὐκ ἄν μοι
δοκοῦσι τὴν Δημοσθένους ἀμβλῦναι πικρίαν, ἐλπί-
ζοντος καὶ δυναμένου περιγενέσθαι.

7 Λαβὼν δὲ τῆς πολιτείας καλὴν ὑπόθεσιν τὴν
πρὸς Φίλιππον ὑπὲρ τῶν Ἑλλήνων δικαιολογίαν καὶ
πρὸς ταύτην ἀγωνιζόμενος ἀξίως, ταχὺ δόξαν ἔσχε
καὶ περίβλεπτος ὑπὸ τῶν λόγων ἤρθη καὶ τῆς παρρησίας, ὥστε θαυμάζεσθαι μὲν ἐν τῇ Ἑλλάδι, θερα-
πεύεσθαι δ' ὑπὸ τοῦ μεγάλου βασιλέως, πλεῖστον θ
δ' αὐτοῦ λόγον εἶναι παρὰ τῷ Φιλίππῳ τῶν δημαγω-
γούντων, ὁμολογεῖν δὲ καὶ τοὺς ἀπεχθανομένους
ὅτι πρὸς ἔνδοξον αὐτοῖς ἄνθρωπον ὁ ἀγών ἐστι.
8 Καὶ γὰρ Αἰσχίνης καὶ Ὑπερείδης τοιαῦτα περὶ
αὐτοῦ κατηγοροῦντες εἰρήκασιν.

13. 1 Ὅθεν οὐκ οἶδ' ὅπως παρέστη Θεοπόμπῳ
λέγειν αὐτὸν ἀβέβαιον τῷ τρόπῳ γεγονέναι καὶ μήτε
πράγμασι μήτ' ἀνθρώποις πολὺν χρόνον τοῖς αὐτοῖς
ἐπιμένειν δυνάμενον. 2 Φαίνεται γάρ, εἰς ἢν ἀπ'
ἀρχῆς τῶν πραγμάτων μερίδα καὶ τάξιν αὐτὸν ἐν
τῇ πολιτείᾳ κατέστησε, ταύτην ἄχρι τέλους διαφυ-
λάξας καὶ οὐ μόνον ἐν τῷ βίῳ μὴ μεταβαλόμενος, f

12. 4 ⁴ τι : τοι N ‖ ⁵ πρὸς N : περὶ ‖ 8 ¹ περὶ N : ὑπὲρ ‖ 13. 2 ³ τέλους : τοῦ τέλους N.

cours de sa vie, mais encore qu'il sacrifia même sa vie
pour ne pas changer. 3 Il ne fit pas comme Démade,
qui prétendait justifier son revirement politique en
disant que dans ses discours il avait été parfois en contra-
diction avec lui-même, mais jamais avec l'intérêt de
la ville, — ni comme Mélanopos, qui, tout en combattant
la politique de Callistratos, se laissait acheter par lui
pour changer souvent de parti et avait coutume de dire
au peuple : « Cet homme est mon ennemi, c'est vrai,
mais le bien de l'État doit passer avant tout »*, —
4 ni comme Nicodémos de Messène qui, d'abord attaché
à Cassandre, fit ensuite une politique favorable à Démétrios*, et qui prétendait qu'il ne se contredisait pas,
parce qu'il est toujours utile d'écouter ceux qui sont
les maîtres. Nous ne pouvons en dire autant de Démosthène et parler de lui comme d'un homme qui se dé-
tourne de son chemin et qui louvoie en paroles ou en
actions ; au contraire, comme à partir d'un seul et même
système musical, loin d'en changer, sa politique resta
toujours fidèle au même ton*.

5 Le philosophe Panaitios[1] dit aussi que la plupart
de ses discours ont été écrits dans l'idée que le bien seul
doit être choisi pour lui-même : c'est le cas des discours
Sur la couronne, *Contre Aristocratès*, *Sur les immunités*,
*Contre Philippe**. 6 Dans toutes ces œuvres, loin
de pousser ses concitoyens vers ce qui est le plus agréable,
le plus facile ou le plus avantageux, il exprime l'opinion
que l'on doit souvent faire passer sa sûreté ou son salut
au deuxième rang, après l'honneur et la dignité. C'est
pourquoi, si à son zèle pour défendre ses principes et à la
noblesse de ses discours il avait joint la bravoure guer-
rière et l'intégrité de tous ses actes, il aurait mérité
d'être placé, non point au nombre des orateurs tels que
Moiroclès, Polyeuctos et Hypéride[2], mais au rang élevé
de Cimon, Thucydide* et Périclès.

1. Sur Panaitios de Rhodes, voir ci-dessus la Notice, p. 9.
2. Moiroclès, orateur athénien du parti hostile à la Macédoine ; cf.
J. Kirchner, *Pros. Att.*, 10400. — Sur Polyeuctos de Sphettos, voir
ci-dessus, 10, 3, et la note. — Hypéride a été nommé plus haut,
en 12, 8 ; il appartenait, lui aussi, au même parti que Démosthène.

ἀλλὰ καὶ τὸν βίον ἐπὶ τῷ μὴ μεταβαλέσθαι προέμενος. 3 Οὐ γὰρ ὡς Δημάδης ἀπολογούμενος τὴν ἐν
τῇ πολιτείᾳ μεταβολὴν ἔλεγεν αὐτῷ μὲν αὐτὸς τἀ-
ναντία πολλάκις εἰρηκέναι, τῇ δὲ πόλει μηδέποτε, καὶ
Μελάνωπος ἀντιπολιτευόμενος Καλλιστράτῳ καὶ
πολλάκις ὑπ' αὐτοῦ χρήμασι μετατιθέμενος εἰώθει
λέγειν πρὸς τὸν δῆμον « Ὁ μὲν ἀνὴρ ἐχθρός, τὸ δὲ 852
τῆς πόλεως νικάτω συμφέρον », 4 Νικόδημος δ' ὁ
Μεσσήνιος Κασσάνδρῳ προστιθέμενος πρότερον, εἶτ'
αὖθις ὑπὲρ Δημητρίου πολιτευόμενος οὐκ ἔφη τἀναν-
τία λέγειν, ἀεὶ γὰρ εἶναι συμφέρον ἀκροᾶσθαι τῶν
κρατούντων, οὕτω καὶ περὶ Δημοσθένους ἔχομεν
εἰπεῖν οἷον ἐκτρεπομένου καὶ πλαγιάζοντος ἢ φωνὴν
ἢ πρᾶξιν, ἀλλ' ὥσπερ ἀφ' ἑνὸς καὶ ἀμεταβόλου
διαγράμματος τῆς πολιτείας ἕνα τόνον ἔχων ἐν τοῖς
πράγμασιν ἀεὶ διετέλεσε.

5 Παναίτιος δ' ὁ φιλόσοφος καὶ τῶν λόγων αὐτοῦ
φησιν οὕτω γεγράφθαι τοὺς πλείστους, ὡς μόνου b
τοῦ καλοῦ δι' αὐτὸ αἱρετοῦ ὄντος, τὸν περὶ τοῦ
στεφάνου, τὸν κατ' Ἀριστοκράτους, τὸν ὑπὲρ τῶν
ἀτελειῶν, τοὺς Φιλιππικούς · 6 ἐν οἷς πᾶσιν οὐ
πρὸς τὸ ἥδιστον ἢ ῥᾷστον ἢ λυσιτελέστατον ἄγει
τοὺς πολίτας, ἀλλὰ πολλαχοῦ τὴν ἀσφάλειαν καὶ
τὴν σωτηρίαν οἴεται δεῖν ἐν δευτέρᾳ τάξει τοῦ καλοῦ
ποιεῖσθαι καὶ τοῦ πρέποντος, ὡς εἴγε τῇ περὶ τὰς
ὑποθέσεις αὐτοῦ φιλοτιμίᾳ καὶ τῇ τῶν λόγων εὐγενείᾳ
παρῆν ἀνδρεία τε πολεμιστήριος καὶ τὸ καθαρῶς
ἕκαστα πράττειν, οὐκ ἐν τῷ περὶ Μοιροκλέα καὶ
Πολύευκτον καὶ Ὑπερείδην ἀριθμῷ τῶν ῥητόρων,
ἀλλ' ἄνω μετὰ Κίμωνος καὶ Θουκυδίδου καὶ Περικλέους
ἄξιος ἦν τίθεσθαι.

13. 3 ¹ τὴν : διὰ τὴν Υ ‖ ² αὐτὸς Ν : αὐτὸν ‖ 4 ⁶ ἐκτρεπομένου :
ἐντ- Ν ‖ ⁷ ἀφ' : ἐφ' Ν ‖ ἀμεταβόλου Ν : -βλήτου ‖ 6 ² λυσιτελέστατον : -τερον Ν ‖ ⁸ περὶ Ν : κατὰ ‖ Μοιροκλέα : Μυρ- Υ.

14. 1 En tout cas, parmi ses contemporains, Phocion, bien qu'il dirigeât un parti peu considéré et qu'il parût favorable aux Macédoniens, n'en fut pas moins regardé, en raison de son courage et de sa justice, comme un homme égal en tous points à Éphialte[1], Aristide et Cimon. 2 Quant à Démosthène, on ne pouvait avoir confiance en lui sous les armes, comme le dit Démétrios[2], et en outre il ne savait absolument pas se défendre contre la corruption : si l'or de Philippe et de la Macédoine ne réussit jamais à le séduire, il fut accessible à celui de la haute Asie, de Suse et d'Ecbatane, et s'en laissa inonder ; il était très capable de louer les vertus des ancêtres, mais non pas de les imiter. 3 Cependant, même dans la conduite de sa vie, il surpassa les orateurs de son temps, à l'exception de Phocion, que je place hors de pair. Il est manifeste qu'il parlait au peuple avec plus de franchise que les autres, qu'il résistait aux passions de la foule et s'acharnait à lui reprocher ses fautes, comme on peut s'en rendre compte par ses discours eux-mêmes. 4 Théophraste[3] raconte même que, les Athéniens voulant l'amener à intenter une accusation et, comme il refusait, manifestant bruyamment, il se leva et dit : « Athéniens, vous m'aurez pour conseiller, même si vous ne le voulez pas, mais non point pour sycophante, même si vous le voulez. » 5 On observe aussi de sa part une attitude vraiment aristocratique dans l'affaire d'Antiphon, que l'assemblée avait relâché absous : Démosthène le saisit, le fit monter devant le Conseil de l'Aréopage et, sans se soucier aucunement de heurter le peuple, le convainquit d'avoir promis à Philippe d'incendier les arsenaux, en sorte que, livré au châtiment par le Conseil, l'homme fut mis à mort*. 6 Il accusa aussi la prêtresse Théoris de commettre de nombreux méfaits, et notamment d'enseigner la trom-

---

1. Éphialte, ami de Périclès, réforma l'Aréopage en 462 et mourut assassiné en 457. — Sur Phocion, voir la biographie que nous a laissée de lui Plutarque (dans le tome X de la présente édition), et qui montre le grand cas que Plutarque faisait de lui.

2. Démétrios de Phalère : voir ci-dessus la Notice, p. 8.

3. Sur Théophraste d'Érésos, voir ci-dessus la Notice, p. 8.

14. 1 Τῶν γοῦν κατ᾽ αὐτὸν ὁ Φωκίων οὐκ ἐπαι- c
νουμένης προϊστάμενος πολιτείας, ἀλλὰ δοκῶν μακε-
δονίζειν, ὅμως δι᾽ ἀνδρείαν καὶ δικαιοσύνην οὐδὲν
οὐδαμῆ χείρων ἔδοξεν Ἐφιάλτου καὶ Ἀριστείδου
καὶ Κίμωνος ἀνὴρ γενέσθαι. 2 Δημοσθένης δ᾽ οὐκ
ὢν ἐν τοῖς ὅπλοις ἀξιόπιστος, ὥς φησιν ὁ Δημήτριος,
οὐδὲ πρὸς τὸ λαμβάνειν παντάπασιν ἀπωχυρωμένος,
ἀλλὰ τῷ μὲν παρὰ Φιλίππου καὶ ἐκ Μακεδονίας ἀνάλω-
τος ὤν, τῷ δ᾽ ἄνωθεν ἐκ Σούσων καὶ Ἐκβατάνων ἐπι-
βατὸς χρυσίῳ γεγονὼς καὶ κατακεκλυσμένος, ἐπαι-
νέσαι μὲν ἦν ἱκανώτατος τὰ τῶν προγόνων καλά,
μιμήσασθαι δ᾽ οὐχ ὁμοίως. 3 Ἐπεὶ τούς γε καθ᾽ αὑτὸν ῥήτορας — ἔξω δὲ λόγου τίθεμαι Φωκίωνα — καὶ d
τῷ βίῳ παρῆλθε. Φαίνεται δὲ καὶ μετὰ παρρησίας
μάλιστα τῷ δήμῳ διαλεγόμενος καὶ πρὸς τὰς ἐπιθυ-
μίας τῶν πολλῶν ἀντιτείνων καὶ τοῖς ἁμαρτήμασιν
αὐτῶν ἐπιφυόμενος, ὡς ἐκ τῶν λόγων αὐτῶν λαβεῖν
ἔστιν. 4 Ἱστορεῖ δὲ καὶ Θεόφραστος ὅτι τῶν Ἀθηναίων ἐπί τινα προβαλλομένων αὐτὸν κατηγορίαν,
εἶθ᾽ ὡς οὐχ ὑπήκουε θορυβούντων, ἀναστὰς εἶπεν ·
« Ὑμεῖς ἐμοί, ὦ ἄνδρες Ἀθηναῖοι, συμβούλῳ μέν, κἂν
μὴ θέλητε, χρήσεσθε · συκοφάντῃ δ᾽ οὐδ᾽ ἂν θέλητε. »
5 Σφόδρα δ᾽ ἀριστοκρατικὸν αὐτοῦ πολίτευμα καὶ
τὸ περὶ Ἀντιφῶντος · ὃν ὑπὸ τῆς ἐκκλησίας ἀφεθέντα
συλλαβὼν ἐπὶ τὴν ἐξ Ἀρείου πάγου βουλὴν ἀνήγαγε, e
καὶ παρ᾽ οὐδὲν τὸ προσκροῦσαι τῷ δήμῳ θέμενος,
ἤλεγξεν ὑπεσχημένον Φιλίππῳ τὰ νεώρια ἐμπρή-
σειν · καὶ παραδοθεὶς ὁ ἄνθρωπος ὑπὸ τῆς βουλῆς
ἀπέθανε. 6 Κατηγόρησε δὲ καὶ τῆς ἱερείας Θεωρίδος ὡς ἄλλα τε ῥᾳδιουργούσης πολλὰ καὶ τοὺς

---

14. 1 [1] κατ᾽ Lambinus : μετ᾽ ‖ 2 [4] τῷ μὲν : τῶν μὲν N ‖ [5] τῷ δ᾽ :
τῶν δ᾽ N ‖ [8] ὁμοίως Rei. : ὅμοιος ‖ 4 [1] Θεόφραστος N : Θεόπομπος ‖ [3] θορυβούντων : -βουμένων N ‖ 6 [1-2] Θεωρίδος om. N.

perie aux esclaves ; il demanda pour elle la peine de mort,
et elle fut exécutée*.

15. 1   On dit aussi que la plaidoirie contre le stratège Timothée, dont Apollodore se servit pour faire
condamner Timothée à cause de sa dette, c'est Démosthène qui l'avait écrite pour Apollodore*, comme il
écrivit aussi les discours relatifs à Phormion et Stéphanos,
ce qui naturellement nuisit à sa réputation,   2   car
Phormion plaidait contre Apollodore avec un discours
de Démosthène* : c'était absolument comme si Démosthène en personne avait vendu aux adversaires,
pour s'en servir l'un contre l'autre, deux poignards
provenant de la même armurerie*.   3   Parmi ses
plaidoyers politiques, les discours *Contre Androtion*,
Contre Timocratès et *Contre Aristocratès* furent écrits
pour être prononcés par d'autres, alors qu'il n'avait pas
encore abordé la carrière publique, car il paraît qu'il
n'avait que trente-deux ou trente-trois ans lorsqu'il
composa ces discours*. Il prononça lui-même le discours
Contre Aristogiton, et aussi celui *Sur les immunités* pour
complaire à Ctésippos, fils de Chabrias, comme il le dit
lui-même, mais, à en croire quelques auteurs, parce qu'il
recherchait en mariage la mère de ce jeune homme*.
4   Il ne l'épousa d'ailleurs pas, mais se maria avec une
Samienne*, à ce que rapporte Démétrios de Magnésie
dans son ouvrage *Sur les homonymes*[1].   5   Quant au
discours contre Eschine *Sur l'ambassade infidèle*, on
ne sait s'il fut prononcé. Idoménée pourtant dit qu'Eschine se tira du procès avec trente voix seulement de
majorité*, mais il ne semble pas avoir dit vrai, s'il faut
en juger par les discours *Sur la couronne* écrits par
chacun des deux adversaires*,   6   car ni l'un ni l'autre
ne mentionne clairement et nettement ce débat comme
ayant été porté devant un tribunal. Je préfère laisser à
d'autres le soin d'en décider*.

---

1. Sur Démétrios de Magnésie, voir ci-dessus la Notice, p. 9. Le
titre exact de l'ouvrage cité par Plutarque était : Περὶ τῶν ὁμωνύμων ποιητῶν τε καὶ συγγραφέων, selon Diogène Laërce qui le mentionne à plusieurs reprises.

δούλους ἐξαπατᾶν διδασκούσης · καὶ θανάτου τιμησάμενος ἀπέκτεινε.

15. 1 Λέγεται δὲ καὶ τὸν κατὰ Τιμοθέου τοῦ
στρατηγοῦ λόγον, ᾧ χρησάμενος Ἀπολλόδωρος εἷλε
τὸν ἄνδρα τοῦ ὀφλήματος, Δημοσθένης γράψαι τῷ
Ἀπολλοδώρῳ, καθάπερ καὶ τοὺς πρὸς Φορμίωνα
καὶ Στέφανον, ἐφ᾽ οἷς εἰκότως ἠδόξησε. 2 Καὶ γὰρ
ὁ Φορμίων ἠγωνίζετο λόγῳ Δημοσθένους πρὸς τὸν   f
Ἀπολλόδωρον, ἀτεχνῶς καθάπερ ἐξ ἑνὸς μαχαι-
ροπωλίου τὰ κατ᾽ ἀλλήλων ἐγχειρίδια πωλοῦντος
αὐτοῦ τοῖς ἀντιδίκοις. 3 Τῶν δὲ δημοσίων λόγων
ὁ μὲν κατ᾽ Ἀνδροτίωνος καὶ κατὰ Τιμοκράτους καὶ
⟨κατ᾽⟩ Ἀριστοκράτους ἑτέροις ἐγράφησαν, οὔπω
τῇ πολιτείᾳ προσεληλυθότος αὐτοῦ · δοκεῖ γὰρ δυεῖν
ἢ τριῶν καὶ τριάκοντα γεγονὼς ἐτῶν ἐξενεγκεῖν τοὺς   853
λόγους ἐκείνους · τὸν δὲ κατ᾽ Ἀριστογείτονος αὐτὸς
ἠγωνίσατο, καὶ τὸν περὶ τῶν ἀτελειῶν διὰ τὸν Χαβρίου
παῖδα Κτήσιππον, ὥς φησιν αὐτός, ὡς δ᾽ ἔνιοι λέγουσι,
τὴν μητέρα τοῦ νεανίσκου μνώμενος. 4 Οὐ μὴν
ἔγημε ταύτην, ἀλλὰ Σαμίᾳ τινὶ συνῴκησεν, ὡς ἱστορεῖ Δημήτριος ὁ Μάγνης ἐν τοῖς περὶ συνωνύμων.
5 Ὁ δὲ κατ᾽ Αἰσχίνου ⟨περὶ⟩ τῆς παραπρεσβείας
ἄδηλον εἰ λέλεκται · καίτοι φησὶν Ἰδομενεὺς παρὰ
τριάκοντα μόνας τὸν Αἰσχίνην ἀποφυγεῖν. Ἀλλ᾽ οὐκ
ἔοικεν οὕτως ἔχειν τὸ ἀληθές, εἰ δεῖ τοῖς περὶ τοῦ
στεφάνου γεγραμμένοις ἑκατέρῳ λόγοις τεκμαίρεσθαι.   b
6 Μέμνηται γὰρ οὐδέτερος αὐτῶν ἐναργῶς οὐδὲ τρα-
νῶς ἐκείνου τοῦ ἀγῶνος ὡς ἄχρι δίκης προελθόντος.
Ταυτὶ μὲν οὖν ἕτεροι διακρινοῦσι μᾶλλον.

15. 3 ¹ λόγων om. Y ‖ ²⁻³ καὶ Ἀριστοκράτους om. N ‖ ³ κατ᾽ add.
Zie. ‖ ⁵ τριῶν καὶ τριάκοντα γεγονὼς ἐτῶν N : τριῶν δέοντα ἔτη
τριάκοντα γεγονὼς Y ‖ ⁶ τὸν Y : τοῖς N ‖ 5 ¹ περὶ add. Wytt. ‖
⁵ ἑκατέρῳ Schaefer : -ρων ‖ 6 ² προελθόντος : παρελ- Y ‖ ³ διακρινοῦσι : διακριδοῦσι N.

16. 1 La politique de Démosthène était manifeste alors que la paix subsistait encore : il ne laissait passer aucun acte du Macédonien sans le critiquer ; à l'occasion de chacun d'eux il excitait et enflammait les Athéniens contre lui. 2 Aussi Philippe, de son côté, faisait-il de Démosthène le plus grand cas*, et, lorsqu'il vint en ambassade avec neuf collègues en Macédoine, le roi sans doute les écouta tous, mais c'est au discours de Démosthène qu'il répondit avec le plus de soin*. 3 Cependant, pour le reste, en ce qui concerne les marques d'honneur et les attentions, il ne traita pas Démosthène aussi bien que les autres, et chercha surtout à gagner Eschine et Philocratès*. 4 Comme ceux-là louaient Philippe et disaient qu'il était très habile à parler, très beau à voir, et, ma foi, excellent buveur, Démosthène se crut forcé de le dénigrer et de dire plaisamment : « Le premier de ces éloges convient à un sophiste, le second à une femme, et le troisième à une éponge ; aucun ne convient à un roi. »[1]

Préparatifs de guerre. — **17.** 1 Mais comme la situation inclinait vers la guerre, parce que Philippe ne pouvait rester tranquille et que les Athéniens étaient tenus en éveil par Démosthène, celui-ci les poussa d'abord à attaquer l'Eubée, que ses tyrans avaient asservie à Philippe[2]. En vertu d'un décret proposé par lui, ils franchirent le détroit et chassèrent les Macédoniens[3]. 2 En second lieu, il fit porter secours aux Byzantins et aux Périnthiens à qui le Macédonien faisait la guerre, en persuadant le peuple de renoncer à sa rancune, d'oublier les fautes commises par chacune de ces deux cités lors de la guerre des alliés et de leur envoyer une armée, qui les sauva*. 3 Ensuite il partit en ambassade et, conférant avec les Grecs, il les excita si bien qu'il les ligua presque tous contre Philippe : ils réunirent une

---

1. Cf. Eschine, *Sur l'amb.*, 51-52, et surtout 112.
2. Démosthène attira l'attention des Athéniens sur la situation des villes d'Eubée en 341 dans sa *Troisième Philippique*, 27, 33, 57-66.
3. Cf. Dém., *Cour.*, 87. Les deux expéditions d'Eubée, en 341 et 340, furent dirigées par Phocion : cf. *Phoc.*, chap. 12 et 13.

16. 1 Ἡ δὲ τοῦ Δημοσθένους πολιτεία φανερὰ μὲν ἦν ἔτι καὶ τῆς εἰρήνης ὑπαρχούσης οὐδὲν ἐῶντος ἀνεπιτίμητον τῶν πραττομένων ὑπὸ τοῦ Μακεδόνος, ἀλλ' ἐφ' ἑκάστῳ χαράττοντος τοὺς Ἀθηναίους καὶ διακαίοντος ἐπὶ τὸν ἄνθρωπον. 2 Διὸ καὶ παρὰ Φιλίππῳ πλεῖστος ἦν λόγος αὐτοῦ · καὶ ὅτε πρεσβεύων δέκατος ἧκεν εἰς Μακεδονίαν, ἤκουσε μὲν ἁπάντων ὁ Φίλιππος, ἀντεῖπε δὲ μετὰ πλείστης ἐπιμελείας πρὸς τὸν ἐκείνου λόγον. 3 Οὐ μὴν ἔν γε ταῖς ἄλλαις c τιμαῖς καὶ φιλοφροσύναις ὅμοιον αὐτὸν τῷ Δημοσθένει παρεῖχεν, ἀλλὰ καὶ προσήγετο τοὺς περὶ Αἰσχίνην καὶ Φιλοκράτην μᾶλλον. 4 Ὅθεν ἐπαινούντων ἐκείνων τὸν Φίλιππον, ὡς καὶ λέγειν δυνατώτατον καὶ κάλλιστον ὀφθῆναι καὶ νὴ Δία συμπιεῖν ἱκανώτατον, ἠναγκάζετο βασκαίνων ἐπισκώπτειν, ὡς τὸ μὲν σοφιστοῦ, τὸ δὲ γυναικός, τὸ δὲ σπογγιᾶς εἴη, βασιλέως δ' οὐδὲν ἐγκώμιον.

17. 1 Ἐπειδὴ δ' εἰς τὸ πολεμεῖν ἔρρεπε τὰ πράγματα, τοῦ μὲν Φιλίππου μὴ δυναμένου τὴν ἡσυχίαν ἄγειν, τῶν δ' Ἀθηναίων ἐγειρομένων ὑπὸ τοῦ Δημοσ- d θένους, πρῶτον μὲν εἰς Εὔβοιαν ἐξώρμησε τοὺς Ἀθηναίους καταδεδουλωμένην ὑπὸ τῶν τυράννων Φιλίππῳ · καὶ διαβάντες, ἐκείνου τὸ ψήφισμα γράψαντος, ἐξήλασαν τοὺς Μακεδόνας. 2 Δεύτερον δὲ Βυζαντίοις ἐβοήθησε καὶ Περινθίοις ὑπὸ τοῦ Μακεδόνος πολεμουμένοις, πείσας τὸν δῆμον, ἀφέντα τὴν ἔχθραν καὶ τὸ μεμνῆσθαι τῶν περὶ τὸν συμμαχικὸν ἡμαρτημένων ἑκατέροις πόλεμον, ἀποστεῖλαι δύναμιν αὐτοῖς, ὑφ' ἧς ἐσώθησαν. 3 Ἔπειτα πρεσβεύων καὶ διαλεγόμενος τοῖς Ἕλλησι καὶ παροξύνων συνέστησε πλὴν ὀλίγων ἅπαντας ἐπὶ τὸν Φίλιππον,

16. 1 ⁴ χαράττοντος N : ταρ- ‖ 4 ²⁻³ καὶ κάλλιστον... ἱκανώτατον om. N ‖ 17. 1 ¹ Ἐπειδὴ : Ἐπεὶ Y ‖ 2 ⁶ αὐτοῖς : ἀρχῆς N.

armée de quinze mille fantassins et de deux mille cavaliers, sans parler des contingents formés de citoyens,
et ils fournirent volontiers de l'argent pour la solde des
mercenaires*. 4 Théophraste rapporte qu'en cette
occasion, comme les alliés demandaient que l'on déter-
minât le montant de leurs contributions, l'orateur Crobylos dit que la guerre ne se nourrit pas de rations
fixes*. 5 La Grèce était alors en suspens dans l'attente
de l'avenir. Une coalition s'était formée par peuples et
par villes, qui comprenait les Eubéens, les Achéens, les
Corinthiens, les Mégariens, les Leucadiens, les Corcy-
réens*. Mais la tâche la plus importante restait encore
à remplir pour Démosthène : c'était d'amener les Thébains à se joindre à cette alliance ; leur pays était limi-
trophe de l'Attique, ils avaient une armée aguerrie, et
leur force militaire était alors la plus réputée de la
Grèce*. 6 Mais il n'était pas facile de les faire changer
de camp, alors que Philippe se les était conciliés par les
services qu'il leur avait rendus récemment dans la
guerre de Phocide[1], et surtout parce que les querelles
de voisinage envenimaient sans cesse l'hostilité entre
les deux cités.[2]

18. 1 Cependant Philippe, exalté par son succès
à Amphissa, tomba soudain sur Élatée et occupa la
Phocide*. La consternation fut grande à Athènes ;
personne n'osait monter à la tribune et ne savait ce
qu'il fallait dire ; la perplexité et le silence régnaient
dans l'assemblée. Démosthène seul s'avança et conseilla
de s'attacher les Thébains. Puis, après avoir rassuré
le peuple et relevé son courage, comme il le faisait
d'habitude, en lui rendant l'espoir, il fut envoyé à
Thèbes comme ambassadeur avec d'autres citoyens*.
2 Philippe de son côté, à ce que dit Marsyas*, y délégua
les Macédoniens Amyntas, Cléandros et Cassandros, et
les Thessaliens Daochos et Thrasydaios pour donner la

---

1. Sur cette guerre, voir ci-dessus 12, 1, et la note.
2. C'est-à-dire entre Athènes et Thèbes. Une de ces querelles de
voisinage concernait la possession d'Oropos : voir ci-dessus, 5, 1,
et la note.

ὥστε σύνταξιν γενέσθαι πεζῶν μὲν μυρίων καὶ πεν- e
τακισχιλίων, ἱππέων δὲ δισχιλίων ἄνευ τῶν πολιτικῶν
δυνάμεων, χρήματα δὲ καὶ μισθοὺς εἰσφέρεσθαι τοῖς
ξένοις προθύμως. 4 Ὅτε καί φησι Θεόφραστος,
ἀξιούντων τῶν συμμάχων ὁρισθῆναι τὰς εἰσφοράς,
εἰπεῖν Κρωβύλον τὸν δημαγωγὸν ὡς οὐ τεταγμένα
σιτεῖται πόλεμος. 5 Ἐπηρμένης δὲ τῆς Ἑλλάδος
πρὸς τὸ μέλλον καὶ συνισταμένων κατ' ἔθνη καὶ πόλεις
Εὐβοέων, Ἀχαιῶν, Κορινθίων, Μεγαρέων, Λευκαδίων,
Κερκυραίων, ὁ μέγιστος ὑπελείπετο Δημοσθένει τῶν
ἀγώνων, Θηβαίους προσαγαγέσθαι τῇ συμμαχίᾳ,
χώραν τε σύνορον τῆς Ἀττικῆς καὶ δύναμιν ἐναγώ- f
νιον ἔχοντας καὶ μάλιστα τότε τῶν Ἑλλήνων εὐδοκι-
μοῦντας ἐν τοῖς ὅπλοις. 6 Ἦν δ' οὐ ῥᾴδιον ἐπὶ
προσφάτοις εὐεργετήμασι τοῖς περὶ τὸν Φωκικὸν πόλεμον τετιθασσευμένους ὑπὸ τοῦ Φιλίππου μεταστῆσαι
τοὺς Θηβαίους, καὶ μάλιστα ταῖς διὰ τὴν γειτνίασιν
ἀψιμαχίαις ἀναξαινομένων ἑκάστοτε τῶν πολεμικῶν
πρὸς ἀλλήλας διαφορῶν ταῖς πόλεσιν.

18. 1 Οὐ μὴν ἀλλ' ἐπεὶ Φίλιππος ὑπὸ τῆς περὶ 854
τὴν Ἄμφισσαν εὐτυχίας ἐπαιρόμενος εἰς τὴν Ἐλάτειαν ἐξαίφνης ἐνέπεσε καὶ τὴν Φωκίδα κατέσχεν,
ἐκπεπληγμένων τῶν Ἀθηναίων καὶ μηδενὸς τολμῶντος
ἀναβαίνειν ἐπὶ τὸ βῆμα μηδ' ἔχοντος ὅ τι χρὴ λέγειν,
ἀλλ' ἀπορίας οὔσης ἐν μέσῳ καὶ σιωπῆς, παρελθὼν
μόνος ὁ Δημοσθένης συνεβούλευε τῶν Θηβαίων
ἔχεσθαι · καὶ τἆλλα παραθαρρύνας καὶ μετεωρίσας
ὥσπερ εἰώθει ταῖς ἐλπίσι τὸν δῆμον, ἀπεστάλη πρεσβευτὴς μεθ' ἑτέρων εἰς Θήβας. 2 Ἔπεμψε δὲ καὶ
Φίλιππος, ὡς Μαρσύας φησίν, Ἀμύνταν μὲν καὶ
Κλέανδρον καὶ Κάσανδρον Μακεδόνας, Δάοχον δὲ

---

17. 4 ⁴ πόλεμος : ὁ πολ- Ν ‖ 5 ⁴ Δημοσθένει : τῷ Δημ- Υ ‖
18. 1 ² ἐπαιρόμενος : φερόμενος Ν ‖ ²⁻³ Ἐλάτειαν... Φωκίδα : Φωκίδα...Ἐλάτειαν Gebhard ‖ 2 ³ Κλέανδρον καὶ Κάσανδρον Ν : Κλέαρχον.

réplique*. Les Thébains se rendaient bien compte du
côté où était leur intérêt, et chacun avait devant les
yeux les dangers de la guerre, d'autant plus que les
blessures de la campagne de Phocide restaient encore
fraîches. Néanmoins la puissance de l'orateur, comme
dit Théopompe, en ravivant leur courage et en enflam-
mant leur amour de l'honneur, rejeta dans l'ombre toutes
les autres considérations, si bien qu'ils bannirent la
crainte, le calcul et la reconnaissance*, tant son discours
leur inspira d'enthousiasme pour le devoir. 3 Le succès
de l'orateur fut si grand et si éclatant que Philippe envoya aussitôt des hérauts pour demander la paix, que
la Grèce se dressa et se coalisa en vue de l'avenir ; non
seulement les stratèges athéniens, mais aussi les béo-
tarques obéissaient à Démosthène et faisaient ce qu'il
ordonnait ; son influence prévalait alors dans toutes les
assemblées, aussi bien à Thèbes qu'à Athènes. Aimé chez
les deux peuples, il y exerçait un pouvoir, non pas injuste et immérité, comme le prétend Théopompe, mais
pleinement légitime*.

Bataille de Chéronée. — 19. 1 Il semble qu'une
sorte de destin surnaturel ou le cours même des événements* ait fixé à ce moment-là le terme de la liberté des
Grecs et se soit opposé à leurs efforts, l'avenir étant
annoncé par de nombreux signes, notamment par de
terribles oracles de la Pythie et par une antique prophétie chantée dans ces vers Sibyllins[1] :

« Puissé-je rester loin de la bataille du Thermodon
et la voir comme un aigle dans les nuages, du haut
                                                    [des airs.
Le vaincu pleure ; quant au vainqueur, il est perdu. »[2]

1. Eschine, *Contre Ctés.*, 130, énumère plusieurs des présages annonçant une catastrophe, notamment la mort d'initiés lors de la célébration des mystères d'Éleusis, et il poursuit : « Aminiadès ne nous
avait-il pas avertis de prendre garde et d'envoyer à Delphes pour demander au dieu ce qu'il fallait faire? Et Démosthène ne s'y était-il
pas opposé en disant que la Pythie « philippisait »?

2. Le vainqueur, Philippe, sera assassiné en 336, deux ans après sa
victoire. Voir ci-dessous, 21, 4.

Θεσσαλὸν καὶ Θρασυδαῖον ἀντεροῦντας. Τὸ μὲν οὖν b
συμφέρον οὐ διέφευγε τοὺς τῶν Θηβαίων λογισμούς,
ἀλλ' ἐν ὄμμασιν ἔκαστος εἶχε τὰ τοῦ πολέμου δεινά,
τῶν Φωκικῶν ἔτι τραυμάτων νεαρῶν παραμενόν-
των · ἡ δὲ τοῦ ῥήτορος δύναμις, ὥς φησι Θεόπομπος,
ἐκριπίζουσα τὸν θυμὸν αὐτῶν καὶ διακαίουσα τὴν
φιλοτιμίαν ἐπεσκότησε τοῖς ἄλλοις ἅπασιν, ὥστε
καὶ φόβον καὶ λογισμὸν καὶ χάριν ἐκβαλεῖν αὐτοὺς
ἐνθουσιῶντας ὑπὸ τοῦ λόγου πρὸς τὸ καλόν.
3 Οὕτω δὲ μέγα καὶ λαμπρὸν ἐφάνη τὸ τοῦ ῥήτορος
ἔργον ὥστε τὸν μὲν Φίλιππον εὐθὺς ἐπικηρυκεύεσθαι c
δεόμενον εἰρήνης, ὀρθὴν δὲ τὴν Ἑλλάδα γενέσθαι καὶ
συνεξαναστῆναι πρὸς τὸ μέλλον, ὑπηρετεῖν δὲ μὴ
μόνον τοὺς στρατηγοὺς τῷ Δημοσθένει ποιοῦντας
τὸ προσταττόμενον, ἀλλὰ καὶ τοὺς βοιωτάρχας,
διοικεῖσθαι δὲ καὶ τὰς ἐκκλησίας ἁπάσας οὐδὲν
ἧττον ὑπ' ἐκείνου τότε τὰς Θηβαίων ἢ τὰς Ἀθηναίων,
ἀγαπωμένου παρ' ἀμφοτέροις καὶ δυναστεύοντος
οὐκ ἀδίκως οὐδὲ παρ' ἀξίαν, καθάπερ ἀποφαίνεται
Θεόπομπος, ἀλλὰ καὶ πάνυ προσηκόντως.

19. 1 Τύχη δέ τις [ὡς] ἔοικε δαιμόνιος ἢ περιφορὰ
πραγμάτων εἰς ἐκεῖνο καιροῦ συμπεραίνουσα τὴν
ἐλευθερίαν τῆς Ἑλλάδος ἐναντιοῦσθαι τοῖς πραττο- d
μένοις καὶ πολλὰ σημεῖα τοῦ μέλλοντος ἀναφαίνειν,
ἐν οἷς ἥ τε Πυθία δεινὰ προὔφερε μαντεύματα, καὶ
χρησμὸς ᾔδετο παλαιὸς ἐκ τῶν Σιβυλλείων ·

Τῆς ἐπὶ Θερμώδοντι μάχης ἀπάνευθε γενοίμην,
αἰετὸς ἐν νεφέεσσι καὶ ἠέρι θηήσασθαι.
Κλαίει ὁ νικηθείς, ὁ δὲ νικήσας ἀπόλωλε.

18. 2 ⁴ Θρασυδαῖον : Δικαίαρχον N ‖ ⁶ δεινά : δείγματα N ‖
3 ¹⁰ οὐκ ἀδίκως : οὐ κακῶς N ‖ καθάπερ N : ὥσπερ ‖ 19. 1 ¹ ὡς del.
Muret ‖ ἢ περιφορά N : ἐν περιφορᾷ ‖ ⁵ δεινὰ Y : πολλὰ N ‖ προὔφερε N : προὔφαινε.

2   On prétend que le Thermodon se trouve dans mon pays, à Chéronée, et que c'est une petite rivière qui se jette dans le Céphise ; mais moi, je ne connais aucun cours d'eau qui porte aujourd'hui ce nom. Je conjecture que celui qu'on appelle Haimon était alors nommé Thermodon ; il coule le long du sanctuaire d'Héraclès, où les Grecs établirent leur camp ; j'imagine qu'après la bataille il fut rempli de sang et de cadavres et que c'est pour cela qu'il changea de nom*. 3   Douris[1], de son côté, prétend que ce Thermodon n'est pas une rivière, mais que des gens qui dressaient une tente et creusaient tout autour, trouvèrent une statuette de pierre, avec une inscription spécifiant que c'était Thermodon portant dans ses bras une Amazone blessée, et il dit que l'on chantait une autre prophétie qui s'appliquait à lui :

« Attends le combat du Thermodon, oiseau tout noir :
là, on te servira en abondance de la chair humaine. »[2]

20.   1   La vérité sur ce point est difficile à discerner. — On dit que Démosthène, plein de confiance dans les armes des Grecs et manifestement exalté par la force et l'ardeur de tant de combattants qui défiaient les ennemis, ne permit pas de prêter attention aux oracles ni d'écouter les prophéties, soupçonnant même la Pythie d'être du parti de Philippe*. Il rappela aux Thébains le souvenir d'Épaminondas et aux Athéniens celui de Périclès, en affirmant que ces grands hommes regardaient toutes les révélations de ce genre comme des prétextes pour la lâcheté et n'agissaient que selon leurs propres calculs. 2   Jusque-là il s'était montré homme de cœur, mais dans la bataille elle-même* il ne fit rien

---

1. Sur Douris de Samos, voir ci-dessus la Notice, p. 8.
2. Thésée aurait combattu les Amazones, qui, d'après la légende, avaient envahi l'Attique ; cf. *Thés.*, 27, 8 : « On dit que d'autres Amazones moururent à Chéronée et qu'elles furent ensevelies au bord du ruisseau qui s'appelait autrefois Thermodon, paraît-il, et qu'on nomme aujourd'hui Haimon ; j'en ai parlé dans la *Vie de Démosthène*. » Sans doute faut-il comprendre que ce Thermodon était le dieu personnifiant le petit fleuve de ce nom qui coulait dans le Pont au pays des Amazones et se jetait dans le Pont-Euxin.

2 Τὸν δὲ Θερμώδοντά φασιν εἶναι παρ᾽ ἡμῖν ἐν Χαιρω-
νείᾳ ποτάμιον μικρὸν εἰς τὸν Κηφισὸν ἐμβάλλον.
Ἡμεῖς δὲ νῦν μὲν οὐδὲν οὕτω τῶν ῥευμάτων ἴσμεν
ὀνομαζόμενον, εἰκάζομεν δὲ τὸν καλούμενον Αἵμονα
Θερμώδοντα τότε λέγεσθαι · καὶ γὰρ παραρρεῖ παρὰ   θ
τὸ Ἡράκλειον, ὅπου κατεστρατοπέδευον οἱ Ἕλληνες ·
καὶ τεκμαιρόμεθα τῆς μάχης γενομένης αἵματος
ἐμπλησθέντα καὶ νεκρῶν τὸν ποταμὸν ταύτην διαλ-
λάξαι τὴν προσηγορίαν. 3 Ὁ δὲ Δοῦρις οὐ ποταμὸν εἶναι τὸν Θερμώδοντά φησιν, ἀλλ᾽ ἱστάντας
τινὰς σκηνὴν καὶ περιορύττοντας ἀνδριαντίσκον εὑρεῖν λίθινον, ὑπὸ γραμμάτων τινῶν διασημαινόμενον
ὡς εἴη Θερμώδων, ἐν ταῖς ἀγκάλαις Ἀμαζόνα φέροντα
τετρωμένην. Ἐπὶ δὲ τούτῳ χρησμὸν ἄλλον ᾄδεσθαι   f
λέγει ·

Τὴν δ᾽ ἐπὶ Θερμώδοντι μάχην μένε, παμμέλαν ὄρνι ·
τηνεῖ τοι κρέα πολλὰ παρέσσεται ἀνθρώπεια.

20. 1 Ταῦτα μὲν οὖν ὅπως ἔχει, διαιτῆσαι χαλε-
πόν · ὁ δὲ Δημοσθένης λέγεται τοῖς τῶν Ἑλλήνων
ὅπλοις ἐκτεθαρρηκὼς καὶ λαμπρὸς ὑπὸ ῥώμης καὶ
προθυμίας ἀνδρῶν τοσούτων προκαλουμένων τοὺς
πολεμίους αἰρόμενος, οὔτε χρησμοῖς ἐᾶν προσέχειν
οὔτε μαντείας ἀκούειν, ἀλλὰ καὶ τὴν Πυθίαν ὑπο-
νοεῖν ὡς φιλιππίζουσαν, ἀναμιμνήσκων Ἐπαμεινών-
δου τοὺς Θηβαίους καὶ Περικλέους τοὺς Ἀθηναίους,
ὡς ἐκεῖνοι τὰ τοιαῦτα πάντα δειλίας ἡγούμενοι 855
προφάσεις ἐχρῶντο τοῖς λογισμοῖς. 2 Μέχρι μὲν
οὖν τούτων ἦν ἀνὴρ ἀγαθός · ἐν δὲ τῇ μάχῃ καλὸν

19. 2 ² ποτάμιον : ποταμὸν N ‖ ἐμβάλλον : ἐμβάλλοντα N ‖ ⁴ Αἵμονα : Αἵμωνα N ‖ 3 ⁵ φέροντα Cor. : φέρων ‖ ⁸ Τὴν δ᾽ ἐπὶ : πρὸς δὲ
τὴν ἐπὶ N ‖ ὄρνι : ὄρνιν N ‖ ⁹ ἀνθρώπεια Lambinus : ἀνθρώποισι ‖
20. 1 ⁵ προσέχειν : προσχεῖν Υ.

de beau ni qui s'accordât avec ses discours : il abandonna son poste, jeta ses armes et s'enfuit de la manière la plus honteuse, sans respecter même, comme le dit Pythéas, l'inscription de son bouclier qui portait en lettres d'or : « A la bonne Fortune. »*

3 Aussitôt après la victoire, Philippe, dont la joie augmentait l'insolence, se mit à danser, étant ivre, au milieu des morts, et à déclamer le début du décret de Démosthène, qu'il scandait en battant du pied la mesure :

« Démosthène, fils de Démosthène, du dème de Paiania, a proposé ceci. »*

Mais, une fois dégrisé et réfléchissant à la grandeur du danger qu'il avait couru, il frissonna à la pensée de l'habileté et de l'influence de l'orateur qui l'avait contraint à mettre en jeu son hégémonie et sa vie dans une petite fraction d'un seul jour*. 4 La renommée de Démosthène parvint jusqu'au roi de Perse, qui envoya des lettres à ses satrapes de la côte d'Asie, avec ordre de donner de l'argent à Démosthène et d'avoir plus d'égards pour lui que pour tout autre Grec, parce qu'il était capable de détourner de ses desseins et d'occuper le Macédonien par les troubles suscités en Grèce[1]. 5 Ce sont là des faits qu'Alexandre découvrit plus tard : il trouva à Sardes des lettres de Démosthène et des archives des généraux du roi, où étaient indiquées les sommes qui lui furent versées.

21. 1 Alors, après le désastre subi par les Grecs, les orateurs du parti opposé à Démosthène, insultant à son échec, s'employaient à lui demander des comptes et à lui intenter des actions en justice. 2 Mais le peuple l'absolvait, et même continuait à l'honorer et l'appelait de nouveau aux affaires, comme un homme qui lui était dévoué[2]. Aussi, quand les ossements des morts furent

---

1. Le roi de Perse savait dès lors que Philippe songeait à l'expédition d'Asie, que réalisera son fils Alexandre.

2. Cf. Dém., *Cour.*, 248 : il fut notamment élu commissaire au ravitaillement (σιτώνης).

οὐδὲν οὐδ' ὁμολογούμενον ἔργον οἷς εἶπεν ἀποδειξά-
μενος, ᾤχετο λιπὼν τὴν τάξιν, ἀποδρὰς αἴσχιστα καὶ
τὰ ὅπλα ῥίψας, οὐδὲ τὴν ἐπιγραφὴν τῆς ἀσπίδος,
ὡς ἔλεγε Πυθέας, αἰσχυνθείς, ἐπιγεγραμμένης χρυσοῖς
γράμμασι · Ἀγαθῇ τύχῃ.

3 Παραυτίκα μὲν οὖν ἐπὶ τῇ νίκῃ διὰ τὴν χαρὰν
ὁ Φίλιππος ἐξυβρίσας καὶ κωμάσας ἐπὶ τοὺς νεκροὺς
μεθύων ᾖδε τὴν ἀρχὴν τοῦ Δημοσθένους ψηφίσματος,
πρὸς πόδα διαιρῶν καὶ ὑποκρούων ·

Δημοσθένης Δημοσθένους Παιανιεὺς τάδ' εἶπεν · b

ἐκνήψας δὲ καὶ τὸ μέγεθος τοῦ περιστάντος αὐτὸν
ἀγῶνος ἐν νῷ λαβών, ἔφριττε τὴν δεινότητα καὶ τὴν
δύναμιν τοῦ ῥήτορος, ἐν μέρει μικρῷ μιᾶς ἡμέρας
τὸν ὑπὲρ τῆς ἡγεμονίας καὶ τοῦ σώματος ἀναρρῖψαι
κίνδυνον ἀναγκασθεὶς ὑπ' αὐτοῦ. 4 Διίκετο δ' ἡ
δόξα μέχρι τοῦ Περσῶν βασιλέως · κἀκεῖνος ἔπεμψε
τοῖς σατράπαις ἐπὶ θάλασσαν γράμματα, χρήματα
Δημοσθένει διδόναι κελεύων καὶ προσέχειν ἐκείνῳ
μάλιστα τῶν Ἑλλήνων, ὡς περισπάσαι δυναμένῳ
καὶ κατασχεῖν ταῖς Ἑλληνικαῖς ταραχαῖς τὸν Μακεδόνα. 5 Ταῦτα μὲν οὖν ὕστερον ἐφώρασεν Ἀλέξανδρος, ἐν Σάρδεσιν ἐπιστολάς τινας ἀνευρὼν τοῦ c
Δημοσθένους καὶ γράμματα τῶν βασιλέως στρατηγῶν, δηλοῦντα τὸ πλῆθος τῶν δοθέντων αὐτῷ χρημάτων.

21. 1 Τότε δὲ τῆς ἀτυχίας τοῖς Ἕλλησι γεγενημένης, οἱ μὲν ἀντιπολιτευόμενοι ῥήτορες ἐπεμβαί-
νοντες τῷ Δημοσθένει κατεσκεύαζον εὐθύνας καὶ
γραφὰς ἐπ' αὐτόν · 2 ὁ δὲ δῆμος οὐ μόνον τούτων
ἀπέλυεν, ἀλλὰ καὶ τιμῶν διετέλει καὶ προκαλούμενος
αὖθις ὡς εὔνουν εἰς τὴν πολιτείαν, ὥστε καὶ τῶν

20. 2 6 ἐπιγεγραμμένης : -νην N ‖ 4 1 Διίκετο N : Διίκτο ‖ 2 ἔπεμψε : ἔπεμπε N ‖ 3 γράμματα : γράμματα καὶ N ‖ 21. 2 2 ἀπέλυεν :
-λυσεν N.

apportés de Chéronée pour être ensevelis, c'est à lui
que le peuple confia le soin de faire leur éloge[1]. Dans le
malheur qui avait frappé les Athéniens, on ne leur vit
pas de sentiments bas et vulgaires, comme l'écrit Théopompe sur le ton tragique[2] ; au contraire ils montrèrent
par le respect et les honneurs particuliers qu'ils rendirent
à leur conseiller qu'ils ne se repentaient pas du parti
qu'ils avaient pris. 3 Démosthène prononça donc
le discours. Cependant, dans les décrets qu'il proposa, il
n'inscrivit pas son nom, mais tour à tour celui de chacun
de ses amis pour conjurer le destin et son mauvais génie*,
jusqu'au moment où la mort de Philippe vint lui rendre
courage. 4 Philippe en effet ne survécut pas longtemps à sa victoire de Chéronée. Cette mort aussi semble
avoir été prédite par le dernier vers de l'oracle :

« Le vaincu pleure ; quant au vainqueur, il est perdu. »*

22. 1 Démosthène fut secrètement informé de la
mort de Philippe. Voulant inspirer d'avance aux Athéniens la confiance dans l'avenir, il se rendit au Conseil
le visage radieux et dit qu'il avait eu un songe qui lui
faisait espérer un grand bonheur pour Athènes*. Peu après
arrivèrent les messagers qui annoncèrent la mort de
Philippe. 2 Aussitôt les Athéniens offrirent un sacrifice pour la bonne nouvelle et votèrent l'attribution
d'une couronne à Pausanias[3]. 3 Démosthène sortit
en public avec un vêtement de fête et une couronne sur
la tête, bien que sa fille fût morte six jours auparavant,
comme le dit Eschine, qui l'insulte à ce propos et l'accuse
d'être un mauvais père*, alors que lui-même, Eschine,
montrait son manque de noblesse et de fermeté d'âme
en regardant le deuil et les gémissements comme les
signes d'un cœur tendre et affectueux et en réprouvant
le fait de supporter de telles pertes avec douceur et
sérénité. 4 Quant à moi, je ne saurais dire qu'il était
honorable pour les Athéniens de porter des couronnes

1. Cf. Dém., *Cour.*, 285. Le λόγος ἐπιτάφιος qui nous est parvenu
parmi les œuvres de Démosthène est apocryphe.
2. Sur l'historien Théopompe de Chios, voir ci-dessus la Notice,
p. 8
3. Le Macédonien Pausanias était le meurtrier de Philippe.

ὀστῶν ἐκ Χαιρωνείας κομισθέντων καὶ θαπτομένων
τὸν ἐπὶ τοῖς ἀνδράσιν ἔπαινον εἰπεῖν ἀπέδωκεν, οὐ   d
ταπεινῶς οὐδ' ἀγεννῶς φέρων τὸ συμβεβηκός, ὡς γράφει καὶ τραγῳδεῖ Θεόπομπος, ἀλλὰ τῷ τιμᾶν μάλιστα
καὶ κοσμεῖν τὸν σύμβουλον ἐπιδεικνύμενος τὸ μὴ
μεταμέλεσθαι τοῖς βεβουλευμένοις. 3 Τὸν μὲν οὖν
λόγον εἶπεν ὁ Δημοσθένης, τοῖς δὲ ψηφίσμασιν οὐχ
ἑαυτόν, ἀλλ' ἐν μέρει τῶν φίλων ἕκαστον ἐπέγραφεν,
ἐξοιωνιζόμενος τὸν ἴδιον δαίμονα καὶ τὴν τύχην,
ἕως αὖθις ἀνεθάρρησε Φιλίππου τελευτήσαντος.
4 Ἐτελεύτησε δὲ τῇ περὶ Χαιρώνειαν εὐτυχίᾳ χρόνον οὐ πολὺν ἐπιβιώσας · καὶ τοῦτο δοκεῖ τῷ τελευ-
ταίῳ τῶν ἐπῶν ὁ χρησμὸς ἀποθεσπίσαι ·

    Κλαίει ὁ νικηθείς, ὁ δὲ νικήσας ἀπόλωλεν.

22. 1 Ἔγνω μὲν οὖν κρύφα τὴν τοῦ Φιλίππου   e
τελευτὴν ὁ Δημοσθένης, προκαταλαμβάνων δὲ τὸ
θαρρύνειν ἐπὶ τὰ μέλλοντα τοὺς Ἀθηναίους, προῆλθε
φαιδρὸς εἰς τὴν βουλήν, ὡς ὄναρ ἑωρακὼς ἀφ' οὗ
τι μέγα προσδοκᾶν Ἀθηναίοις ἀγαθόν · καὶ μετ' οὐ
πολὺ παρῆσαν οἱ τὸν Φιλίππου θάνατον ἀπαγγέλ-
λοντες. 2 Εὐθὺς οὖν ἔθυον εὐαγγέλια καὶ στεφα-
νοῦν ἐψηφίσαντο Παυσανίαν. 3 Καὶ προῆλθεν ὁ
Δημοσθένης ἔχων λαμπρὸν ἱμάτιον ἐστεφανωμένος,
ἑβδόμην ἡμέραν τῆς θυγατρὸς αὐτοῦ τεθνηκυίας,
ὡς Αἰσχίνης φησί, λοιδορῶν ἐπὶ τούτῳ καὶ κατη-
γορῶν αὐτοῦ μισοτεκνίαν, αὐτὸς ὢν ἀγεννὴς καὶ   f
μαλακός, εἰ τὰ πένθη καὶ τοὺς ὀδυρμοὺς ἡμέρου καὶ
φιλοστόργου ψυχῆς ἐποιεῖτο σημεῖα, τὸ δ' ἀλύπως
φέρειν ταῦτα καὶ πρᾴως ἀπεδοκίμαζεν. 4 Ἐγὼ
δ' ὡς μὲν ἐπὶ θανάτῳ βασιλέως ἡμέρως οὕτω καὶ

21. 2 [8] ἐπιδεικνύμενος : ἀποδ- Y ‖ [9] βεβουλευμένοις : συμβ- N ‖
22. 1 [3] θαρρύνειν Rei. Zie. : θαρρεῖν ‖ 2 [2] ἐψηφίσαντο : -ίζοντο N ‖
3 [4] ὡς N : ὡς ὁ.

et de sacrifier à l'occasion de la mort d'un roi qui, vainqueur, les avait traités avec tant de clémence et d'humanité dans leur défaite* : en effet, outre qu'ils s'exposaient à
la vengeance divine, c'était aussi une chose indigne, après
avoir honoré Philippe de son vivant et l'avoir fait citoyen d'Athènes, quand un autre l'eut tué, de ne pas
porter leur joie avec modération et de danser sur son
cadavre en entonnant le péan, comme s'ils avaient
eux-mêmes accompli un exploit. 5 En revanche, je
loue Démosthène d'avoir laissé aux femmes les pleurs et
les lamentations sur ses malheurs domestiques pour
faire ce qu'il croyait être utile à la cité, et je tiens que
c'est le devoir d'un homme d'État et d'une âme courageuse de rester toujours ferme en vue du bien commun
et de subordonner aux affaires publiques ses tristesses
et chagrins familiaux : il garde ainsi sa dignité beaucoup mieux que les acteurs tenant des rôles de rois
et de tyrans, que nous voyons dans les théâtres pleu-
rer ou rire, non pas comme ils en ont eux-mêmes envie,
mais comme l'exige l'action de la pièce qu'ils jouent.
6 Ajoutons encore ceci : si nous ne devons pas laisser
un homme tombé dans le malheur s'abandonner sans
consolation à sa douleur, mais alléger son chagrin par
de bonnes paroles et diriger sa pensée vers des choses plus
agréables (comme les gens qui conseillent à ceux qui ont
les yeux malades de détourner la vue des couleurs brillantes et dures vers celles qui sont vertes et douces),
comment pourrait-on obtenir de meilleure consolation
qu'en tempérant, grâce à un mélange où le bien efface
le mal, si la patrie est heureuse, les malheurs domestiques par le bonheur commun ?[1] 7 J'ai été amené
à faire ces considérations en constatant que beaucoup
de personnes se laissent attendrir et amollir de pitié par
ce passage du discours d'Eschine.

23. 1 Les villes, dont Démosthène rallumait l'ardeur, se coalisèrent de nouveau, et les Thébains, à l'arme-

---

1. Comparer un passage du *De tranqu. an.*, 469 A, où l'on trouve
les mêmes idées et la même comparaison : voir ci-dessus la Notice,
p. 13-14.

φιλανθρώπως ἐν οἷς εὐτύχησε χρησαμένου πταίσασιν
αὐτοῖς, στεφανηφορεῖν καλῶς εἶχε καὶ θύειν, οὐκ
ἂν εἴποιμι· πρὸς γὰρ τῷ νεμεσητῷ καὶ ἀγεννές,
ζῶντα μὲν τιμᾶν καὶ ποιεῖσθαι πολίτην, πεσόντος
δ' ὑφ' ἑτέρου μὴ φέρειν τὴν χαρὰν μετρίως, ἀλλ' ἐπι- 856
σκιρτᾶν τῷ νεκρῷ καὶ παιωνίζειν, ὥσπερ αὐτοὺς
ἀνδραγαθήσαντας· 5 ὅτι μέντοι τὰς οἴκοι τύχας
καὶ δάκρυα καὶ ὀδυρμοὺς ἀπολιπὼν ταῖς γυναιξὶν
ὁ Δημοσθένης ἃ τῇ πόλει συμφέρειν ᾤετο ταῦτ' ἔπραττεν, ἐπαινῶ, καὶ τίθεμαι πολιτικῆς καὶ ἀνδρώδους
ψυχῆς ἀεὶ πρὸς τὸ κοινὸν ἱστάμενον καὶ τὰ οἰκεῖα
πράγματα καὶ πάθη τοῖς δημοσίοις ἐπανέχοντα...
τηρεῖν τὸ ἀξίωμα πολὺ μᾶλλον ἢ τοὺς ὑποκριτὰς τῶν
βασιλικῶν καὶ τυραννικῶν προσώπων, οὓς ὁρῶμεν
οὔτε κλαίοντας οὔτε γελῶντας ἐν τοῖς θεάτροις ὡς αὐτοὶ
θέλουσιν, ἀλλ' ὡς ὁ ἀγὼν ἀπαιτεῖ πρὸς τὴν ὑπόθεσιν.   b
6 Χωρὶς δὲ τούτων, εἰ δεῖ τὸν ἀτυχήσαντα μὴ περιο-
ρᾶν ἀπαρηγόρητον ἐν τῷ πάθει κείμενον, ἀλλὰ καὶ
λόγοις χρῆσθαι κουφίζουσι καὶ πρὸς ἡδίω πράγματα
τρέπειν τὴν διάνοιαν (ὥσπερ οἱ τοὺς ὀφθαλμιῶντας
ἀπὸ τῶν λαμπρῶν καὶ ἀντιτύπων ἐπὶ τὰ χλωρὰ καὶ
μαλακὰ χρώματα τὴν ὄψιν ἀπάγειν κελεύοντες),
πόθεν ἄν τις ἐπαγάγοιτο βελτίω παρηγορίαν ἢ πατρίδος εὐτυχούσης ἐκ τῶν κοινῶν ἀγαθῶν ἐπὶ τὰ οἰκεῖα
σύγκρασιν ποριζόμενος ⟨πάθη⟩ τοῖς βελτίοσιν ἀφανίζουσαν, τὰ χείρω; 7 Ταῦτα μὲν οὖν εἰπεῖν προήχθημεν   c
ὁρῶντες ἐπικλῶντα πολλοὺς καὶ ἀποθηλύνοντα τὸν
Αἰσχίνην τῷ λόγῳ τούτῳ πρὸς οἶκτον.

23. 1 Αἱ δὲ πόλεις πάλιν τοῦ Δημοσθένους ἀναρ-
ριπίζοντος αὐτὰς συνίσταντο. Καὶ Θηβαῖοι μὲν ἐπέ-

22. 4 ⁴ εἶχε N : εἰ δὲ ‖ 5 ⁷ lac. ante τηρεῖν stat. Graux ‖ 6 ⁸ κοινῶν
ἀγαθῶν ἐπὶ τὰ οἰκεῖα ⟨πάθη⟩ Wytt. : κοινῶν παθῶν ἐπὶ τὰ
οἰκεῖα ‖ ⁹ τοῖς : καὶ τοῖς N ‖ ἀφανίζουσαν : ἐναφα- N.

ment desquels Démosthène avait contribué, attaquèrent
la garnison[1] et lui tuèrent beaucoup de monde ; de leur
côté, les Athéniens se préparaient à combattre avec
eux. 2 Démosthène était maître de la tribune, et il
écrivait aux généraux du Roi en Asie, pour les inciter
à faire la guerre à partir de là-bas à Alexandre, qu'il
traitait d'enfant et de Margitès[2]. Mais, lorsqu'Alexandre
eut réglé les affaires de son pays[3] et arriva lui-même en
Béotie avec son armée, l'audace des Athéniens était
tombée, et celle de Démosthène, éteinte. Les Thébains,
abandonnés par les Athéniens, combattirent seuls et per-
dirent leur cité[4]. 3 Un grand trouble agita Athènes.
Démosthène fut choisi pour être envoyé en ambassade
avec d'autres auprès d'Alexandre ; mais, redoutant sa
colère, il quitta ses collègues au Cithéron et rebroussa
chemin, en renonçant à sa mission*. 4 Aussitôt
Alexandre fit demander qu'on lui livrât dix orateurs,
à ce que rapportent Idoménée et Douris*, — ou, suivant
les historiens les plus nombreux et les plus dignes de foi,
huit seulement, à savoir Démosthène, Polyeuctos,
Éphialte, Lycurgue, Moiroclès, Démon, Callisthène et
Charidémos*. 5 C'est à cette occasion que Démosthène raconta au peuple la fable des moutons qui li-
vrèrent leurs chiens aux loups, en se comparant, lui et
ses collègues, à des chiens qui combattaient pour le
peuple, alors qu'il appelait Alexandre le loup solitaire
de Macédoine*. 6 Il ajouta : « Nous voyons les mar-
chands de blé colporter un échantillon dans un bol et,
grâce à quelques grains, en vendre une immense quantité :
de même, en nous livrant, vous vous livrez tous en même
temps sans vous en douter. » C'est là du moins ce que
rapporte Aristoboulos de Cassandréia*. Tandis que les

1. La garnison macédonienne installée par Philippe à la Cadmée
après Chéronée. — Le soulèvement de Thèbes eut lieu en 335.
2. Margitès, héros d'un poème attribué à Homère, était « un homme
qui se mêlait de tout et n'était bon à rien. » Pour la réponse que fit
Alexandre à ces propos, cf. *Alex.*, 11, 6.
3. Alexandre vainquit les Triballes et les Illyriens, qui menaçaient
la Macédoine : cf. *Alex.*, 11, 2-6.
4. Thèbes fut prise et détruite par le jeune roi : cf. *Alex.*, 11, 7-12.

θεντο τῇ φρουρᾷ καὶ πολλοὺς ἀνεῖλον, ὅπλα τοῦ Δημοσθένους αὐτοῖς συμπαρασκευάσαντος, Ἀθηναῖοι δ' ὡς πολεμήσοντες μετ' αὐτῶν παρεσκευάζοντο. 2 Καὶ τὸ βῆμα κατεῖχεν ὁ Δημοσθένης, καὶ πρὸς τοὺς ἐν Ἀσίᾳ στρατηγοὺς τοῦ βασιλέως ἔγραφε, τὸν ἐκεῖθεν πόλεμον ἐπεγείρων Ἀλεξάνδρῳ, παῖδα καὶ Μαργίτην ἀποκαλῶν αὐτόν. Ἐπεὶ μέντοι τὰ περὶ τὴν χώραν θέμενος, παρῆν αὐτὸς μετὰ τῆς   d δυνάμεως εἰς τὴν Βοιωτίαν, ἐξεκέκοπτο μὲν ἡ θρασύτης τῶν Ἀθηναίων καὶ ὁ Δημοσθένης ἀπεσβήκει, Θηβαῖοι δὲ προδοθέντες ὑπ' ἐκείνων ἠγωνίσαντο καθ' αὑτοὺς καὶ τὴν πόλιν ἀπέβαλον. 3 Θορύβου δὲ μεγάλου τοὺς Ἀθηναίους περιεστῶτος, ἀπεστάλη μὲν ὁ Δημοσθένης αἱρεθεὶς μεθ' ἑτέρων πρεσβευτὴς πρὸς Ἀλέξανδρον, δείσας δὲ τὴν ὀργὴν ἐκ τοῦ Κιθαιρῶνος ἀνεχώρησεν ὀπίσω καὶ τὴν πρεσβείαν ἀφῆκεν. 4 Εὐθὺς δ' ὁ Ἀλέξανδρος ἐξῄτει πέμπων τῶν δημαγωγῶν δέκα μὲν ὡς Ἰδομενεὺς καὶ Δοῦρις εἰρήκασιν, ὀκτὼ δ' ὡς οἱ πλεῖστοι καὶ δοκιμώτατοι   e τῶν συγγραφέων, τούσδε · Δημοσθένην, Πολύευκτον, Ἐφιάλτην, Λυκοῦργον, Μοιροκλέα, Δήμωνα, Καλλισθένην, Χαρίδημον. 5 Ὅτε καὶ τὸν περὶ τῶν προβάτων λόγον ὁ Δημοσθένης ἃ τοῖς λύκοις τοὺς κύνας ἐξέδωκε διηγησάμενος, αὐτὸν μὲν εἴκασε καὶ τοὺς σὺν αὐτῷ κυσὶν ὑπὲρ τοῦ δήμου μαχομένοις, Ἀλέξανδρον δὲ τὸν Μακεδόνα μονόλυκον προσηγόρευσεν. 6 Ἔτι δ' « Ὥσπερ » ἔφη « τοὺς ἐμπόρους ὁρῶμεν, ὅταν ἐν τρυβλίῳ δεῖγμα περιφέρωσι, δι' ὀλίγων πυρῶν τοὺς πολλοὺς πιπράσκοντας, οὕτως ἐν ἡμῖν λανθάνετε πάντας αὐτοὺς συνεκδιδόντες ». Ταῦτα μὲν οὖν Ἀριστόβουλος ὁ Κασσανδρεὺς ἱστόρηκε.

Athéniens, perplexes, délibéraient, Démade, ayant reçu
cinq talents des orateurs, convint qu'il irait en ambassade et intercéderait pour eux auprès du roi, soit qu'il
comptât sur l'amitié d'Alexandre à son égard, soit qu'il
s'attendît à le trouver rassasié, comme un lion gorgé de
meurtre[1]. Mais c'est Phocion qui persuada le roi de faire
grâce à ces hommes, et qui le réconcilia avec la ville[2].

24. 1 Après le départ d'Alexandre[3], le pouvoir de
Phocion et de Démade fut grand, et le rôle de Démosthène,
très réduit. Cependant, quand le Spartiate Agis se souleva, il fit de nouveau quelques efforts pour le soutenir,
puis il se tint coi : les Athéniens n'avaient pas voulu
se joindre à la révolte de Sparte, Agis périt et les Lacé-
démoniens furent écrasés*. 2 C'est alors aussi que
le procès intenté à Ctésiphon au sujet de la couronne vint
devant le tribunal : il avait été introduit sous l'archontat
de Chairondas, un peu avant l'événement de Chéronée*,
mais ne fut jugé que dix ans plus tard, sous l'archontat
d'Aristophon*. Il eut plus de retentissement qu'aucune
autre cause d'ordre public, non seulement en raison de
la réputation des orateurs, mais aussi en raison des
nobles sentiments des juges, qui refusèrent de voter
contre Démosthène, bien qu'il fût poursuivi par le parti
alors le plus puissant, celui des orateurs dévoués à la
Macédoine. Démosthène fut même acquitté de façon
si éclatante qu'Eschine n'obtint pas la cinquième partie
des suffrages. 3 En conséquence, il quitta aussitôt
la ville et alla passer le reste de sa vie à Rhodes et en
Ionie, où il exerça le métier de sophiste*.

Affaire d'Harpale. — **25.** 1 Peu de temps après,
Harpale vint d'Asie à Athènes*. Il fuyait Alexandre,
ayant conscience d'avoir gaspillé son argent et mal géré
ses affaires, et craignant le roi, qui était devenu désormais sévère pour ses amis. 2 Il se réfugia auprès

1. Cf. *Alex.*, 13, 2 : εἴτε μεστὸς ὢν ἤδη τὸν θυμόν, ὥσπερ οἱ λέοντες.
2. Voir *Phoc.*, 17, 2-9.
3. Alexandre partait pour sa grande expédition d'Asie ; il tra-
versa l'Hellespont au printemps de 334 : cf. *Alex.*, 15, 7.

Βουλευομένων δὲ τῶν Ἀθηναίων καὶ διαπορούντων, f
ὁ Δημάδης λαβὼν πέντε τάλαντα παρὰ τῶν ἀνδρῶν
ὡμολόγησε πρεσβεύσειν καὶ δεήσεσθαι τοῦ βασιλέως
ὑπὲρ αὐτῶν, εἴτε τῇ φιλίᾳ πιστεύων, εἴτε προσδοκῶν
μεστὸν εὑρήσειν ὥσπερ λέοντα φόνου κεκορεσμένον.
Ἔπεισε δ᾽ οὖν καὶ παρῃτήσατο τοὺς ἄνδρας ὁ Φωκίων
καὶ διήλλαξεν αὐτῷ τὴν πόλιν.

24. 1 Ἀπελθόντος δ᾽ Ἀλεξάνδρου μεγάλοι μὲν 857
ἦσαν οὗτοι, ταπεινὰ δ᾽ ἔπραττεν ὁ Δημοσθένης.
Κινουμένῳ δ᾽ Ἄγιδι τῷ Σπαρτιάτῃ βραχέα συνεκινήθη
πάλιν, εἶτ᾽ ἔπτηξε, τῶν μὲν Ἀθηναίων οὐ συνεξαναστάν-
των, τοῦ δ᾽ Ἄγιδος πεσόντος καὶ τῶν Λακεδαιμονίων
συντριβέντων. 2 Εἰσήχθη δὲ τότε καὶ ἡ περὶ τοῦ
στεφάνου γραφὴ κατὰ Κτησιφῶντος, γραφεῖσα μὲν
ἐπὶ Χαιρώνδου ἄρχοντος μικρὸν ἐπάνω τῶν Χαιρωνι-
κῶν, κριθεῖσα δ᾽ ὕστερον ἔτεσι δέκα ἐπ᾽ Ἀριστοφῶντος,
γενομένη δ᾽ ὡς οὐδεμία τῶν δημοσίων περιβόητος
διά τε τὴν δόξαν τῶν λεγόντων καὶ τὴν τῶν δικαζόντων
εὐγένειαν, οἳ τοῖς ἐλαύνουσι τὸν Δημοσθένη τότε b
πλεῖστον δυναμένοις καὶ μακεδονίζουσιν οὐ προήκαντο
τὴν κατ᾽ αὐτοῦ ψῆφον, ἀλλ᾽ οὕτω λαμπρῶς ἀπέλυσαν ὥστε τὸ πέμπτον μέρος τῶν ψήφων Αἰσχίνην
μὴ μεταλαβεῖν. 3 Ἐκεῖνος μὲν οὖν ἐκ τῆς πόλεως
εὐθὺς ᾤχετ᾽ ἀπιὼν καὶ περὶ Ῥόδον καὶ Ἰωνίαν σο-
φιστεύων κατεβίωσε.

25. 1 Μετ᾽ οὐ πολὺ δ᾽ Ἅρπαλος ἧκεν ἐξ Ἀσίας
εἰς τὰς Ἀθήνας ἀποδρὰς Ἀλέξανδρον, αὐτῷ τε
πράγματα συνειδὼς πονηρὰ δι᾽ ἀσωτίαν, κἀκεῖνον
ἤδη χαλεπὸν ὄντα τοῖς φίλοις δεδοικώς. 2 Κατα-

23. 6 ⁸ πρεσβεύσειν Rei. : πρεσβεύειν ‖ ¹¹ Φωκίων N : Δημάδης ‖
24. 1 ¹ δ᾽ : δὲ τοῦ N ‖ 2 ³ μικρὸν ἐπάνω om. N ‖ **25.** 1 ³ ἀσωτίαν : ἀπιστίαν N.

du peuple athénien et se mit entre ses mains avec ses richesses et ses navires.[1] Aussitôt les orateurs, jetant des regards de convoitise sur sa fortune, lui vinrent en aide et essayèrent de persuader les Athéniens de recevoir et de sauver le suppliant. 3 Au contraire, Démosthène conseilla tout d'abord au peuple de chasser Harpale et de bien se garder de jeter la ville dans la guerre sans nécessité et pour un motif injuste. Cependant, quelques jours plus tard, comme on faisait l'inventaire de ses richesses, Harpale, voyant que Démosthène regardait avec plaisir une coupe barbare et en examinait avec soin la ciselure et le style, lui dit de la soupeser et d'évaluer le poids de l'or. 4 Démosthène, étonné de la trouver si lourde, demanda combien elle valait. Harpale sourit et répondit : « Pour toi elle vaudra vingt talents », et, dès que la nuit fut venue, il lui fit porter la coupe avec les vingt talents.* 5 Harpale était apparemment habile à découvrir les sentiments d'un homme épris d'amour pour l'or, d'après l'expression de son visage et ses coups d'œil épanouis. Démosthène ne résista pas : vaincu par le cadeau corrupteur, comme s'il avait reçu chez lui une garnison, il passa au parti d'Harpale. Le jour suivant, il s'enveloppa bien soigneusement le cou de lainages et d'écharpes avant de se rendre à l'assemblée, et, quand on le pressa de se lever et de prendre la parole, il refusa en faisant signe qu'il avait la voix coupée. 6 Les gens d'esprit disaient en s'esclaffant que l'orateur avait été pris pendant la nuit, non d'une esquinancie*, mais d'une argyrancie. Plus tard, quand tout le peuple sut qu'il s'était laissé acheter, il voulut se défendre et tenter de se justifier, mais on ne le laissa pas faire, on s'indigna et l'on fit du vacarme. Alors quelqu'un se leva et lança

---

1. Sur Harpale, ami d'enfance d'Alexandre, puis gouverneur de Babylonie et gardien du trésor royal, voir H. Berve, *Das Alexanderreich*, 2, n° 143. Pour l'évolution du caractère d'Alexandre à l'égard de ses amis, voir dans le tome IX de la présente édition, la Notice à la *Vie d'Alexandre*, p. 8. — Diodore, 17, 108, raconte comment Harpale profita de l'éloignement d'Alexandre en direction de l'Inde pour prévariquer ; craignant le retour du roi à Babylone, il s'enfuit avec 5.000 talents et 6.000 mercenaires, qu'il laissa en Laconie, puis il gagna Athènes avec une partie de ses richesses.

φυγόντος δὲ πρὸς τὸν δῆμον αὐτοῦ καὶ μετὰ τῶν
χρημάτων καὶ τῶν νεῶν αὐτὸν παραδιδόντος, οἱ
μὲν ἄλλοι ῥήτορες εὐθὺς ἐποφθαλμιάσαντες πρὸς c
τὸν πλοῦτον ἐβοήθουν καὶ συνέπειθον τοὺς Ἀθηναίους δέχεσθαι καὶ σῴζειν τὸν ἱκέτην. 3 Ὁ δὲ
Δημοσθένης πρῶτον μὲν ἀπελαύνειν συνεβούλευε
τὸν Ἅρπαλον καὶ φυλάττεσθαι μὴ τὴν πόλιν ἐμβάλω-
σιν εἰς πόλεμον ἐξ οὐκ ἀναγκαίας καὶ ἀδίκου προφά-
σεως · ἡμέραις δ᾽ ὀλίγαις ὕστερον ἐξεταζομένων τῶν
χρημάτων, ἰδὼν αὐτὸν ὁ Ἅρπαλος ἡσθέντα βαρβα-
ρικῇ κύλικι καὶ καταμανθάνοντα τὴν τορείαν καὶ τὸ
εἶδος, ἐκέλευσε διαβαστάσαντα τὴν ὁλκὴν τοῦ χρυ-
σίου σκέψασθαι. 4 Θαυμάσαντος δὲ τοῦ Δημοσθένους τὸ βάρος καὶ πυθομένου πόσον ἄγει, μειδιάσας d
ὁ Ἅρπαλος « Ἄξει σοι » φησὶν « εἴκοσι τάλαντα · »
καὶ γενομένης τάχιστα τῆς νυκτὸς ἔπεμψεν αὐτῷ
τὴν κύλικα μετὰ τῶν εἴκοσι ταλάντων. 5 Ἦν δ᾽ ἄρα
δεινὸς ὁ Ἅρπαλος ἐρωτικοῦ πρὸς χρυσίον ἀνδρὸς
ὄψει καὶ διαχύσει καὶ βολαῖς ὀμμάτων ἐνευρεῖν ἦθος.
Οὐ γὰρ ἀντέσχεν ὁ Δημοσθένης, ἀλλὰ πληγεὶς ὑπὸ
τῆς δωροδοκίας ὥσπερ παραδεδεγμένος φρουρὰν
προσκεχωρήκει τῷ Ἁρπάλῳ. Καὶ μεθ᾽ ἡμέραν εὖ
καὶ καλῶς ἐρίοις καὶ ταινίαις κατὰ τοῦ τραχήλου
καθελιξάμενος εἰς τὴν ἐκκλησίαν προῆλθε · καὶ
κελευόντων ἀνίστασθαι καὶ λέγειν, διένευεν ὡς ἀπο-
κεκομμένης αὐτῷ τῆς φωνῆς. 6 Οἱ δ᾽ εὐφυεῖς e
χλευάζοντες οὐχ ὑπὸ συνάγχης ἔφραζον, ἀλλ᾽ ἀργυ-
ράγχης εἰληφθαι νύκτωρ τὸν δημαγωγόν. Ὕστερον
δὲ τοῦ δήμου παντὸς αἰσθομένου τὴν δωροδοκίαν
καὶ βουλόμενον ἀπολογεῖσθαι καὶ πείθειν οὐκ ἐῶντος,
ἀλλὰ χαλεπαίνοντος καὶ θορυβοῦντος, ἀναστάς τις

25. 5 ³ ὄψει : ὄψιν Y (ὄψεως διαχύσει Rei.) ‖ ἐνευρεῖν : ἀνευ- Y ‖
6 ² ἀλλ᾽ N : ἀλλ᾽ ἀπ᾽.

cette raillerie : « Athéniens, n'écouterez-vous pas celui qui tient la coupe? »[1] 7 A ce moment, les Athéniens renvoyèrent donc Harpale hors de la ville, et, craignant d'avoir à rendre compte de l'argent que les orateurs s'étaient partagé, ils en firent une stricte recherche et perquisitionnèrent dans les maisons, sauf dans celle de Calliclès, fils d'Arrhénidès[2] : 8 son domicile fut le seul qu'ils ne permirent pas de fouiller, parce qu'il venait de se marier et que sa femme était à l'intérieur ; c'est ce que rapporte Théophraste*.

26. 1 Cependant Démosthène, prenant les devants, fit passer un décret stipulant que le Conseil de l'Aréopage examinerait l'affaire et que ceux qu'il estimerait coupables seraient châtiés*. 2 Or il fut l'un des premiers que ce Conseil condamna. Il comparut donc devant le tribunal*, et, frappé d'une amende de cinquante talents, il fut mis en prison*. La honte qu'il ressentit de ce procès et sa faiblesse physique, qui ne lui permettait pas de supporter l'emprisonnement, l'amenèrent, dit-il*, à s'évader, ce qu'il fit à l'insu des uns et avec la connivence des autres. 3 On raconte du moins qu'il n'était pas encore loin de la ville quand il s'aperçut que certains de ses adversaires politiques le poursuivaient ; il voulut se cacher, mais eux, l'ayant appelé par son nom et s'étant approchés de lui, le prièrent d'accepter de leurs mains un viatique ; c'est dans cette intention précisément, dirent-ils, qu'ils apportaient de l'argent de chez eux, et c'est pourquoi ils l'avaient poursuivi. En même temps ils l'exhortèrent à avoir bon courage et à ne pas se laisser abattre par ce qui lui était arrivé. Là-dessus, Démosthène se mit à gémir encore plus fort et s'écria : 4 « Comment ne serais-je pas triste de quitter une ville où les ennemis sont tels qu'il serait difficile de trouver

1. La coupe, dans les festins, passait de convive en convive, et celui qui l'avait en main devait chanter.
2. Il est possible que ce Calliclès, fils d'Arrhénidès, de Paiania (cf. Kirchner, *Pros. Att.*, n° 7934) soit identique à celui qui est mentionné *Phoc.*, 9, 1, comme étant un usurier (δανειστής) ; cf. *De vit. pud.*, 533 A, et *Praec. ger. reip.*, 822 E.

ἔσκωψεν εἰπών · « Οὐκ ἀκούσεσθε, ὦ ἄνδρες Ἀθηναῖοι, τοῦ τὴν κύλικα ἔχοντος; » 7 Τότε μὲν οὖν
ἀπέπεμψαν ἐκ τῆς πόλεως τὸν Ἅρπαλον, δεδιότες
δὲ μὴ λόγον ἀπαιτῶνται τῶν χρημάτων ἃ διηρπά-
κεισαν οἱ ῥήτορες, ζήτησιν ἐποιοῦντο νεανικὴν καὶ
τὰς οἰκίας ἐπιόντες ἠρεύνων πλὴν τῆς Καλλικλέους
τοῦ Ἀρρενείδου. 8 Μόνην γὰρ τὴν τούτου νεωστὶ   f
γεγαμηκότος οὐκ εἴασαν ἐλεγχθῆναι, νύμφης οὔσης
ἔνδον, ὡς ἱστορεῖ Θεόφραστος.

26. 1 Ὁ δὲ Δημοσθένης ὁμόσε χωρῶν εἰσήνεγκε
ψήφισμα, τὴν ἐξ Ἀρείου πάγου βουλὴν ἐξετάσαι
τὸ πρᾶγμα καὶ τοὺς ἐκείνῃ δόξαντας ἀδικεῖν δοῦναι
δίκην. 2 Ἐν δὲ πρώτοις αὐτοῦ τῆς βουλῆς ἐκείνης
καταψηφισαμένης, εἰσῆλθε μὲν εἰς τὸ δικαστήριον,
ὀφλὼν δὲ πεντήκοντα ταλάντων δίκην καὶ παραδοθεὶς εἰς τὸ δεσμωτήριον, αἰσχύνῃ τῆς αἰτίας φησὶ 858
καὶ δι' ἀσθένειαν τοῦ σώματος οὐ δυνάμενος φέρειν
τὸν εἱργμὸν ἀποδρᾶναι, τοὺς μὲν λαθών, τῶν δὲ
λαθεῖν ἐξουσίαν δόντων. 3 Λέγεται γοῦν, ὡς οὐ
μακρὰν φεύγων τοῦ ἄστεος αἴσθοιτό τινας τῶν δια-
φόρων αὐτῷ πολιτῶν ἐπιδιώκοντας, καὶ βούλοιτο
μὲν αὐτὸν ἀποκρύπτειν, ὡς δ' ἐκεῖνοι φθεγξάμενοι
τοὔνομα καὶ προσελθόντες ἐγγὺς ἐδέοντο λαβεῖν
ἐφόδιον παρ' αὐτῶν, ἐπ' αὐτὸ τοῦτο κομίζοντες
ἀργύριον οἴκοθεν καὶ τούτου χάριν ἐπιδιώξαντες
αὐτόν, ἅμα δὲ θαρρεῖν παρεκάλουν καὶ μὴ φέρειν
ἀνιαρῶς τὸ συμβεβηκός, ἔτι μᾶλλον ἀνακλαύσασθαι   b
τὸν Δημοσθένην καὶ εἰπεῖν · 4 « Πῶς δ' οὐ μέλλω
φέρειν βαρέως ἀπολείπων πόλιν ἐχθροὺς τοιούτους

---

25. 7 [3] τῶν χρημάτων ἃ N : χρημάτων ὦν ‖ 8 [3] Θεόφραστος :
Θεόπομπος Y ‖ 26. 2 [1] ἐκείνης N : ἐκείνου Y τῆς πόλεως U ‖
[4] φησὶ : φασὶ Y ‖ [5] δυνάμενος : δυναμένου Y ‖ [6] λαθών : λαθόντα Y ‖
3 [3] βούλοιτο : βούλεσθαι N ‖ [6] ἐφόδιον : -δια Y ‖ 4 [2] ἀπολείπων
Cor. : -λιπών.

des amis pareils dans une autre? » 5 Il subit l'exil sans fermeté, séjournant la plupart du temps à Égine et à Trézène, et versant des larmes quand ses regards se tournaient vers l'Attique. On rapporte de lui des propos qui manquent de noblesse et qui ne s'accordent pas avec l'audace de ses actes politiques. 6 On dit en effet qu'en s'éloignant de la ville il leva les mains vers l'Acropole et s'exclama : « O souveraine Polias, quel charme trouves-tu à ces trois bêtes intraitables : la chouette, le serpent et le peuple? »[1] 7 On raconte aussi que, lorsque des jeunes gens venaient le voir et conversaient avec lui, il les détournait de la politique en disant : « Si deux routes s'étaient ouvertes à moi au début, l'une menant à la tribune de l'assemblée, l'autre directement au trépas, et si j'avais su d'avance les maux que réserve la politique : craintes, jalousies, calomnies et périls, c'est vers celle qui conduit droit à la mort que je me serais élancé. »

Guerre lamiaque. — 27. 1 Comme Démosthène se trouvait encore dans l'exil dont j'ai parlé, Alexandre mourut, et les États grecs se coalisèrent à nouveau ; Léosthénès se conduisait [en brave, enfermant Antipatros dans Lamia et y mettant le siège*. 2 Les orateurs Pythéas et Callimédon, surnommé le Crabe, bannis d'Athènes[2], avaient pris le parti d'Antipatros et parcouraient la Grèce avec les amis et les ambassadeurs de celui-ci pour empêcher les Grecs de faire défection et de s'attacher aux Athéniens. 3 Démosthène, quant à lui, se joignant aux ambassadeurs de la ville, unit ses efforts aux leurs pour tenter de décider les cités à attaquer ensemble les Macédoniens et à les chasser de la

1. Polias, « patronne de la cité », épithète de Pallas Athéna à Athènes. La chouette est l'attribut le plus connu d'Athéna, mais le serpent aussi lui était consacré : cf. Hérod., 8, 41 ; Aristophane, *Lysistr.*, 759 ; Plut., *Thém.*, 10, 1.

2. Sur Pythéas, voir ci-dessus la note à 8, 5. — Sur Callimédon dit le Crabe, voir *Phoc.*, 27, 9 (où Plutarque l'appelle ἀνὴρ θρασὺς καὶ μισόδημος) et 35, 5 ; Athénée, 339 f, explique son surnom en disant qu'il était φίλιχθυς καὶ διάστροφος τοὺς ὀφθαλμούς, et cite plusieurs passages de poètes comiques à son sujet.

ἔχουσαν οἴους ἐν ἑτέρᾳ φίλους εὑρεῖν οὐ ῥᾴδιόν
ἐστιν; » 5 Ἤνεγκε δὲ τὴν φυγὴν μαλακῶς, ἐν
Αἰγίνῃ καὶ Τροιζῆνι καθήμενος τὰ πολλὰ καὶ πρὸς
τὴν Ἀττικὴν ἀποβλέπων δεδακρυμένος, ὥστε φωνὰς
οὐκ εὐγνώμονας οὐδ' ὁμολογουμένας τοῖς ἐν τῇ
πολιτείᾳ νεανιεύμασιν ἀπομνημονεύεσθαι. 6 Λέγεται γὰρ ἐκ τοῦ ἄστεος ἀπαλλαττόμενος καὶ πρὸς
τὴν ἀκρόπολιν ἀνατείνας τὰς χεῖρας εἰπεῖν · « Ὦ
δέσποινα Πολιάς, τί δὴ τρισὶ τοῖς χαλεπωτάτοις
χαίρεις θηρίοις, γλαυκὶ καὶ δράκοντι καὶ δήμῳ; »
7 Καὶ τοὺς προσιόντας αὐτῷ καὶ συνδιατρίβοντας   c
νεανίσκους ἀποτρέπειν τῆς πολιτείας, λέγων ὡς
εἰ, δυεῖν αὐτῷ προκειμένων ἀπ' ἀρχῆς ὁδῶν, τῆς
μὲν ἐπὶ τὸ βῆμα καὶ τὴν ἐκκλησίαν, τῆς δ' ἄντικρυς
εἰς τὸν ὄλεθρον, ἐτύγχανε προειδὼς τὰ κατὰ τὴν
πολιτείαν κακά, φόβους καὶ φθόνους καὶ διαβολὰς
καὶ ἀγῶνας, ἐπὶ ταύτην ἂν ὁρμῆσαι τὴν εὐθὺ τοῦ
θανάτου τείνουσαν.

27. 1 Ἀλλὰ γὰρ ἔτι φεύγοντος αὐτοῦ τὴν εἰρη-
μένην φυγὴν Ἀλέξανδρος μὲν ἐτελεύτησε, τὰ δ' Ἑλ-
ληνικὰ συνίστατο πάλιν, Λεωσθένους ἀνδραγαθοῦντος
καὶ περιτειχίζοντος Ἀντίπατρον ἐν Λαμίᾳ πολιορκού-
μενον. 2 Πυθέας μὲν οὖν ὁ ῥήτωρ καὶ Καλλιμέδων   d
ὁ Κάραβος ἐξ Ἀθηνῶν φεύγοντες Ἀντιπάτρῳ προσ-
εγένοντο, καὶ μετὰ τῶν ἐκείνου φίλων καὶ πρέσβεων
περιιόντες οὐκ εἴων ἀφίστασθαι τοὺς Ἕλληνας οὐδὲ
προσέχειν τοῖς Ἀθηναίοις · 3 Δημοσθένης δὲ τοῖς
ἐξ ἄστεος πρεσβεύουσι καταμείξας ἑαυτὸν ἠγωνίζετο
καὶ συνέπραττεν, ὅπως αἱ πόλεις συνεπιθήσονται
τοῖς Μακεδόσι καὶ συνεκβαλοῦσιν αὐτοὺς τῆς Ἑλλά-

26. 5 ² καθήμενος : καθεζόμενος Y ‖ ⁴ ὁμολογουμένας : -γούσας Y ‖
7 ¹ Καὶ τοὺς Ν : Τοὺς δὲ ‖ ² ἀποτρέπειν : ἀπέτρεπε Y ‖ ⁷ ἀγῶνας :
ἀγωνίας Photius ‖ 27. 3 ² ἠγωνίζετο : συνηγ- Zie.

Grèce. 4 Phylarque[1] rapporte qu'en Arcadie Pythéas et Démosthène en vinrent aux injures réciproques dans une assemblée, l'un parlant en faveur des Macédoniens, l'autre en faveur des Grecs ; 5 Pythéas aurait alors dit : « Quand on apporte du lait d'ânesse dans une maison, c'est pour nous le signe qu'il y a là certainement quelqu'un de malade ; de même il est inévitable qu'une ville où se présente une ambassade athénienne soit mal en point. » Sur quoi Démosthène retourna la comparaison en disant : « C'est pour rétablir la santé qu'on apporte du lait d'ânesse, et, quand les Athéniens se présentent, c'est en vue du salut des villes malades. »

6 Cette conduite de Démosthène enchanta le peuple d'Athènes, qui vota son rappel. Le décret fut proposé par Démon, de Paiania, cousin de Démosthène[2]. On envoya une trière le chercher à Égine. 7 Quand il monta du Pirée à Athènes, il ne resta dans la ville ni un archonte, ni un prêtre : tous les citoyens en masse se portèrent à sa rencontre et l'accueillirent avec enthousiasme. A ce moment, selon Démétrios de Magnésie[3], il leva les bras au ciel en se félicitant de cette journée, où il rentrait avec plus d'honneur qu'Alcibiade, car il devait son retour, décidé par ses concitoyens, à la persuasion, et non pas à la nécessité*. 8 Il est vrai qu'il lui restait à payer l'amende (car il était interdit de remettre une peine par faveur), mais on rusa avec la loi. C'était l'habitude, quand on sacrifiait à Zeus Sôtèr, de donner de l'argent à ceux qui préparaient et ornaient l'autel ; on chargea alors Démosthène des préparatifs et des fournitures moyennant cinquante talents, qu'on lui alloua et qui correspondaient au montant de son amende*.

La mort. — **28**. 1 Mais après son retour il ne jouit pas longtemps de sa patrie : la Grèce fut bientôt écrasée ;

---

1. Sur l'historien Phylarque, voir ci-dessus la Notice, p. 9-10.
2. Démon a été nommé ci-dessus, 23, 4 ; il était en réalité le fils d'un cousin germain de Démosthène, nommé Démomélès ; voir le *Contre Aphobos*, I, 11, et le *Contre Zénothémis*, 32.
3. Sur Démétrios de Magnésie, voir ci-dessus la Notice, p. 9.

δος. 4 Ἐν δ' Ἀρκαδίᾳ καὶ λοιδορίαν τοῦ Πυθέου
καὶ τοῦ Δημοσθένους γενέσθαι πρὸς ἀλλήλους εἴρηκεν
ὁ Φύλαρχος ἐν ἐκκλησίᾳ, τοῦ μὲν ὑπὲρ τῶν Μακεδόνων,
τοῦ δ' ὑπὲρ τῶν Ἑλλήνων λέγοντος. 5 Λέγεται δὲ
τότε τὸν μὲν Πυθέαν εἰπεῖν ὅτι, καθάπερ οἰκίαν εἰς   e
ἣν ὄνειον εἰσφέρεται γάλα, κακόν τι πάντως ἔχειν
νομίζομεν, οὕτω καὶ πόλιν ἀνάγκη νοσεῖν εἰς ἣν
Ἀθηναίων πρεσβεία παραγίνεται · τὸν δὲ Δημοσθένη
τρέψαι τὸ παράδειγμα, φήσαντα καὶ τὸ γάλα τὸ
ὄνειον ἐφ' ὑγιείᾳ καὶ τοὺς Ἀθηναίους ἐπὶ σωτηρίᾳ
παραγίνεσθαι τῶν νοσούντων.

6 Ἐφ' οἷς ἡσθεὶς ὁ τῶν Ἀθηναίων δῆμος ψηφί-
ζεται τῷ Δημοσθένει κάθοδον. Τὸ μὲν οὖν ψήφισμα
Δήμων ὁ Παιανιεύς, ἀνεψιὸς ὢν Δημοσθένους, εἰσή-
νεγκεν · ἐπέμφθη δὲ τριήρης ἐπ' αὐτὸν εἰς Αἴγιναν.
7 Ἐκ δὲ Πειραιῶς ἀνέβαινεν οὔτ' ἄρχοντος οὔθ'
ἱερέως ἀπολειφθέντος, ἀλλὰ καὶ τῶν ἄλλων πολιτῶν
ὁμοῦ τι πάντων ἀπαντώντων καὶ δεχομένων προθύμως.   f
Ὅτε καί φησιν αὐτὸν ὁ Μάγνης Δημήτριος ἀνατεί-
ναντα τὰς χεῖρας μακαρίσαι τῆς ἡμέρας ἐκείνης
ἑαυτὸν ὡς βέλτιον Ἀλκιβιάδου κατιόντα · πεπεισμέ-
νους γάρ, οὐ βεβιασμένους, ὑπ' αὐτοῦ δέχεσθαι τοὺς
πολίτας. 8 Τῆς δὲ χρηματικῆς ζημίας αὐτῷ με-
νούσης (οὐ γὰρ ἐξῆν χάριτι λῦσαι καταδίκην) 859
ἐσοφίσαντο πρὸς τὸν νόμον. Εἰωθότες γὰρ ἐν τῇ
θυσίᾳ τοῦ Διὸς τοῦ Σωτῆρος ἀργύριον τελεῖν τοῖς
κατασκευάζουσι καὶ κοσμοῦσι τὸν βωμόν, ἐκείνῳ τότε
ταῦτα ποιῆσαι καὶ παρασχεῖν πεντήκοντα ταλάντων
ἐξέδωκαν, ὅσον ἦν τὸ τίμημα τῆς καταδίκης.

28. 1 Οὐ μὴν ἐπὶ πολὺν χρόνον ἀπέλαυσε τῆς
πατρίδος κατελθών, ἀλλὰ ταχὺ τῶν Ἑλληνικῶν

27. 5 ² τότε om. Y ‖ μὲν om. N ‖ ⁶ τρέψαι : στρέψαι Y ‖ 7 ³ τι
om. Y ‖ ⁷ ὑπ' αὐτοῦ : ὑπὸ τούτου N ‖ 8 ⁵ ἐκείνῳ : ἐκεῖνον N ‖ ⁷ τὸ om. Y.

PLUTARQUE. XII.   6

au mois de Métageitnion eut lieu la bataille de Crannon ; en Boédromion Munychie reçut sa garnison, et en Pyanepsion Démosthène mourut de la manière suivante*. 2 Lorsqu'on annonça qu'Antipatros et Cratère marchaient sur Athènes, Démosthène et ceux de son parti prirent les devants et s'échappèrent secrètement de la ville ; le peuple les condamna à mort sur la proposition de Démade. 3 Comme ils s'étaient dispersés, les uns allant d'un côté, les autres d'un autre, Antipatros, pour les arrêter, envoya partout des soldats sous les ordres d'Archias, qui fut surnommé « le traqueur des proscrits ». On dit que cet Archias, originaire de Thurii*, avait autrefois joué la tragédie, et l'on rapporte que Pôlos d'Égine, qui surpassa dans son art tous les autres acteurs, fut un de ses élèves[1]. Hermippos compte Archias parmi les disciples du rhéteur Lacritos ; Démétrios, en revanche, prétend qu'il appartenait à l'école d'Anaximène[2]. 4 Comme l'orateur Hypéride, Aristonicos de Marathon et Himéraios, frère de Démétrios de Phalère*, s'étaient réfugiés à Égine dans le sanctuaire d'Éaque, cet Archias les en arracha et les envoya à Antipatros à Cléonai* où ils furent mis à mort ; on dit aussi qu'Hypéride, avant de mourir, eut la langue tranchée*.

29. 1 Ayant appris que Démosthène était assis en suppliant à Calaurie* dans le sanctuaire de Poséidon, Archias, au moyen d'embarcations légères, passa dans l'île et y prit pied avec une troupe de gardes thraces, puis il essaya de le persuader de se lever pour venir avec lui auprès d'Antipatros, dont il n'aurait à souffrir, disait-il, rien de fâcheux. 2 Justement cette nuit-là

---

1. Le grand acteur Pôlos, fils de Sosigénès, d'Égine, est connu par d'assez nombreux textes : voir P. Ghiron-Bistagne, *Les acteurs dans la Grèce antique* (1974), p. 451.

2. Sur Hermippos de Smyrne et sur Démétrios (de Phalère ou de Magnésie?), voir ci-dessus la Notice, p. 7-9. Lacritos de Phasélis vécut à Athènes, où il fut l'élève d'Isocrate. — Le rhéteur et sophiste Anaximène de Lampsaque, à qui l'on attribue la *Rhétorique à Alexandre* (cf. von Christ, *Gesch. Griech. Lit.*[6], 1, p. 533 sqq.), est cité aussi par Plutarque dans la *Vie de Publicola*, 9, 11, et dans celle de *Cicéron*, 51 (= Σύγκρ. 2), 2.

πραγμάτων συντριβέντων, Μεταγειτνιῶνος μὲν μηνὸς
ἡ περὶ Κραννῶνα μάχη συνέπεσε, Βοηδρομιῶνος δὲ
παρῆλθεν εἰς Μουνυχίαν ἡ φρουρά, Πυανεψιῶνος δὲ
Δημοσθένης ἀπέθανε τόνδε τὸν τρόπον. 2 Ὡς
Ἀντίπατρος καὶ Κρατερὸς ἠγγέλλοντο προσιόντες b
ἐπὶ τὰς Ἀθήνας, οἱ μὲν περὶ τὸν Δημοσθένην φθά-
σαντες ὑπεξῆλθον ἐκ τῆς πόλεως, ὁ δὲ δῆμος αὐτῶν
θάνατον κατέγνω Δημάδου γράψαντος. 3 Ἄλλων
δ' ἀλλαχοῦ διασπαρέντων, ὁ Ἀντίπατρος περιέπεμπε
τοὺς συλλαμβάνοντας, ὧν ἦν ἡγεμὼν Ἀρχίας ὁ
κληθεὶς Φυγαδοθήρας. Τοῦτον δὲ Θούριον ὄντα τῷ
γένει λόγος ἔχει τραγῳδίας ὑποκρίνασθαί ποτε, καὶ
τὸν Αἰγινήτην Πῶλον τὸν ὑπερβαλόντα τῇ τέχνῃ
πάντας ἐκείνου γεγονέναι μαθητὴν ἱστοροῦσιν. Ἕρμιππος δὲ τὸν Ἀρχίαν ἐν τοῖς Λακρίτου τοῦ ῥήτορος μαθηταῖς ἀναγράφει · Δημήτριος δὲ τῆς Ἀναξι-
μένους διατριβῆς μετεσχηκέναι φησὶν αὐτόν. c
4 Οὗτος οὖν ὁ Ἀρχίας Ὑπερείδην μὲν τὸν ῥήτορα
καὶ Ἀριστόνικον τὸν Μαραθώνιον καὶ τὸν Δημητρίου
τοῦ Φαληρέως ἀδελφὸν Ἱμεραῖον ἐν Αἰγίνῃ κατα-
φυγόντας ἐπὶ τὸ Αἰάκειον ἔπεμψεν ἀποσπάσας εἰς
Κλεωνὰς πρὸς Ἀντίπατρον · κἀκεῖ διεφθάρησαν,
Ὑπερείδου δὲ καὶ τὴν γλῶτταν ἐκτμηθῆναι ζῶντος
λέγουσι.

29. 1 Τὸν δὲ Δημοσθένην πυθόμενος ἱκέτην ἐν
Καλαυρίᾳ ἐν τῷ ἱερῷ Ποσειδῶνος καθέζεσθαι, διαπλεύ-
σας ὑπηρετικοῖς καὶ ἀποβὰς μετὰ Θρᾳκῶν δορυφόρων
ἔπειθεν ἀναστάντα βαδίζειν μετ' αὐτοῦ πρὸς Ἀντίπατρον ὡς δυσχερὲς πεισόμενον οὐδέν. 2 Ὁ δὲ

28. 1 ³ μηνὸς om. Y ‖ ⁴ Κραννῶνα Sint. : Κρανῶνα ‖ 3 ⁵ ὑποκρίνασθαι
Rei. : -νεσθαι ‖ ⁶ ὑπερβαλόντα : -βάλλοντα N ‖ ⁹ μαθηταῖς : -τὴν Y ‖
4 ⁶ ζῶντος om. Y ‖ 29. 1 ² Καλαυρίᾳ N : Καλαβρίᾳ Y ‖ Ποσειδῶνος : τοῦ Ποσ- N.

Démosthène avait eu en dormant un songe étrange : il avait rêvé qu'il jouait une tragédie et disputait le prix à Archias, mais bien qu'il eût réussi à captiver l'auditoire, il avait été vaincu à cause de l'insuffisance du décor et de la mise en scène. 3 Aussi, quand Archias se fut adressé à lui avec beaucoup d'affabilité, il resta assis comme il était, et, levant les yeux vers lui : « Archias, dit-il, ton jeu ne m'a jamais paru persuasif, et ce n'est pas maintenant non plus que tu me persuaderas par tes promesses. » Puis, Archias s'étant mis alors à le menacer avec colère : « A présent, dit Démosthène, tu parles du haut du trépied macédonien[1], alors que tout à l'heure tu jouais un rôle. Attends donc un peu, le temps que je rédige une lettre pour les miens. » 4 A ces mots, il se retira à l'intérieur du temple et, ayant pris une feuille de papyrus comme pour écrire, il approcha de sa bouche le calame, le mordit (selon son habitude quand il réfléchissait en composant un discours), l'y garda quelque temps, puis il se voila la tête[2] et la pencha. 5 Les gardes, qui étaient debout près de la porte, croyant qu'il avait peur, se moquaient de lui et le traitaient de lâche et de poltron, tandis qu'Archias s'approchait de lui, l'engageait à se lever et, reprenant les mêmes paroles, promettait à nouveau de le réconcilier avec Antipatros. 6 Mais Démosthène, qui sentait déjà le poison l'imprégner et le tuer, se découvrit le visage, et, regardant Archias en face : « Tu peux te hâter à présent, dit-il, de jouer le Créon de la tragédie et de faire jeter mon corps sans sépulture[3]. Pour moi, cher Poséidon, je sors de ton sanctuaire encore vivant[4], tandis qu'Antipatros et les Macédoniens n'ont même pas respecté la pureté de ton temple. » 7 Après ces mots,

1. Comme la Pythie proclamait la vérité du haut du trépied de Delphes ; donc : « tu parles franchement en vrai Macédonien ».

2. Les moribonds se voilaient le visage, cf. Platon, *Phédon*, 118 a : Socrate ἐνεκεκάλυπτο.

3. Allusion à l'*Antigone* de Sophocle, où Créon dit, aux vers 203-206 : « J'ai solennellement interdit que personne accorde à Polynice ni tombeau ni chant de deuil. J'entends qu'on le laisse là, cadavre sans sépulture, pâture et jouet des oiseaux ou des chiens » (trad. P. Mazon).

4. Sinon, le lieu saint aurait été souillé par sa mort.

Δημοσθένης ἐτύγχανεν ὄψιν ἑωρακὼς κατὰ τοὺς d
ὕπνους ἐκείνης τῆς νυκτὸς ἀλλόκοτον. Ἐδόκει γὰρ
ἀνταγωνίζεσθαι τῷ Ἀρχίᾳ τραγῳδίαν ὑποκρινόμενος, εὐημερῶν δὲ καὶ κατέχων τὸ θέατρον ἐνδείᾳ
παρασκευῆς καὶ χορηγίας κρατεῖσθαι. 3 Διὸ τοῦ
Ἀρχίου πολλὰ φιλάνθρωπα διαλεχθέντος, ἀναβλέψας
πρὸς αὐτόν, ὥσπερ ἐτύγχανε καθήμενος, « Ὦ Ἀρχία, »
εἶπεν « οὔθ' ὑποκρινόμενός με πώποτ' ἔπεισας, οὔτε
νῦν πείσεις ἐπαγγελλόμενος. » Ἀρξαμένου δ' ἀπει-
λεῖν μετ' ὀργῆς τοῦ Ἀρχίου, « Νῦν » ἔφη « λέγεις
τὰ ἐκ τοῦ Μακεδονικοῦ τρίποδος, ἄρτι δ' ὑπεκρίνου.
Μικρὸν οὖν ἐπίσχες, ὅπως ἐπιστείλω τι τοῖς οἴκοι. »
4 Καὶ ταῦτ' εἰπὼν ἐντὸς ἀνεχώρησε τοῦ ναοῦ · καὶ   θ
λαβὼν βιβλίον ὡς γράφειν μέλλων, προσήνεγκε τῷ
στόματι τὸν κάλαμον, καὶ δακών, ὥσπερ ἐν τῷ δια-
νοεῖσθαι καὶ γράφειν εἰώθει, χρόνον τινὰ κατέσχεν,
εἶτα συγκαλυψάμενος ἀπέκλινε τὴν κεφαλήν.
5 Οἱ μὲν οὖν παρὰ τὰς θύρας ἑστῶτες δορυφόροι
κατεγέλων ὡς ἀποδειλιῶντος αὐτοῦ, καὶ μαλακὸν
ἀπεκάλουν καὶ ἄνανδρον, ὁ δ' Ἀρχίας προσελθὼν
ἀνίστασθαι παρεκάλει, καὶ τοὺς αὐτοὺς ἀνακυκλῶν
λόγους αὖθις ἐπηγγέλλετο διαλλαγὰς πρὸς τὸν
Ἀντίπατρον. 6 Ἤδη δὲ συνῃσθημένος ὁ Δημοσθένης
ἐμπεφυκότος αὐτῷ τοῦ φαρμάκου καὶ νεκροῦντος
ἐξεκαλύψατο · καὶ ἀποβλέψας πρὸς τὸν Ἀρχίαν,   ͷ
« Οὐκ ἂν φθάνοις » εἶπεν « ἤδη τὸν ἐκ τῆς τραγῳδίας
ὑποκρινόμενος Κρέοντα καὶ τὸ σῶμα τουτὶ ῥίπτων
ἄταφον. Ἐγὼ δ', ὦ φίλε Πόσειδον, ἔτι ζῶν ἐξίσταμαι
τοῦ ἱεροῦ · τὸ δ' ἐπ' Ἀντιπάτρῳ καὶ Μακεδόσιν
οὐδ' ὁ σὸς νεὼς καθαρὸς ἀπολέλειπται ». 7 Ταῦτ'

29. 5 ¹ παρὰ : περὶ N ‖ ³ προσελθὼν : παρελ- N ‖ 6 ² νεκροῦντος N :
κρατοῦντος ‖ ³ ἀποβλέψας : διαβλ- Y ‖ ⁵ τουτὶ : τοῦτο Y ‖ ⁶ ἐξίσταμαι : ἐξανίσ- Y ‖ ⁷ τὸ δ' ἐπ' N : τῷ δ' ‖ ⁸ νεὼς : ναὸς Y ‖ 7 ¹ Ταῦτ'
Y : ταῦτα δ'.

il pria qu'on le soutînt, parce que déjà il tremblait et chancelait. Dès qu'il fut sorti et eut dépassé l'autel, il tomba et, en gémissant, il rendit l'âme.

30. 1 Ariston rapporte que le poison qu'il prit se trouvait dans son calame, comme il a été dit[1]. Mais un certain Pappos, chez qui Hermippos a pris ce qu'il raconte[2], dit que, lorsqu'il fut tombé près de l'autel, on trouva écrit sur la feuille de papyrus ce début de lettre : « Démosthène à Antipatros », et rien de plus ; 2 que, comme on s'étonnait de la soudaineté de sa mort, les Thraces qui étaient à la porte prétendirent qu'il avait pris dans sa main le poison renfermé dans un petit linge, l'avait porté à sa bouche et l'avait avalé, et qu'ils avaient supposé que ce qu'il avait ainsi absorbé était de l'or ; qu'enfin la jeune esclave qui le servait, interrogée par Archias, dit que depuis longtemps déjà Démosthène portait ce linge noué comme sauvegarde. 3 Ératosthène lui-même[3] rapporte qu'il conservait le poison dans un anneau creux et qu'il portait cet anneau en guise de bracelet. 4 Mais il n'est pas nécessaire d'exposer les différentes versions de tous ceux (et ils sont très nombreux) qui ont écrit sur Démosthène. Je fais une exception pour Démocharès, parent de Démosthène*, qui déclare qu'à son avis il fut arraché à la cruauté des Macédoniens, non par le poison, mais par la Providence des dieux qui l'honorèrent en lui procurant une mort rapide et sans douleur. 5 Il mourut le seize du mois de Pyanepsion[4], au jour le plus triste des Thesmophories, celui que les femmes célèbrent en jeûnant auprès de la déesse[5].

---

1. Sur Ariston de Chios, voir ci-dessus la Notice, p. 9. Cf. *Vitae decem orat.*, 847 A-B : « L'écrivain Satyros [le biographe, auteur d'une *Vie d'Euripide*] dit que le calame avec lequel il commença à écrire sa lettre était empoisonné et qu'il se donna la mort en le portant à sa bouche. »

2. Sur Hermippos de Smyrne, voir ci-dessus la Notice, p. 7-8.

3. Sur Ératosthène de Cyrène, voir ci-dessus la Notice, p. 8.

4. Plutarque précise ici l'indication donnée plus haut, en 28, 1.

5. Cette déesse est Déméter Thesmophore, dont la fête était réservée aux Athéniennes mariées. Le second jour de cette fête était appelé *Nestéia* (jeûne).

εἰπὼν καὶ κελεύσας ὑπολαβεῖν αὐτὸν ἤδη τρέμοντα
καὶ σφαλλόμενον, ἅμα τῷ προελθεῖν καὶ παραλλάξαι
τὸν βωμὸν ἔπεσε καὶ στενάξας ἀφῆκε τὴν ψυχήν.

30. 1 Τὸ δὲ φάρμακον Ἀρίστων μὲν ἐκ τοῦ καλά- 860
μου φησὶ λαβεῖν αὐτόν, ὡς εἴρηται · Πάππος δέ
τις, οὗ τὴν ἱστορίαν Ἕρμιππος ἀνείληφε, φησὶ
πεσόντος αὐτοῦ παρὰ τὸν βωμὸν ἐν μὲν τῷ βιβλίῳ
γεγραμμένην ἐπιστολῆς ἀρχὴν εὑρεθῆναι « Δημοσθένης Ἀντιπάτρῳ », καὶ μηδὲν ἄλλο · 2 θαυμαζο-
μένης δὲ τῆς περὶ τὸν θάνατον ὀξύτητος, διηγήσασθαι
τοὺς παρὰ ταῖς θύραις Θρᾷκας ὡς ἔκ τινος ῥακίου
λαβὼν εἰς τὴν χεῖρα προσθοῖτο τῷ στόματι καὶ κατα-
πίοι τὸ φάρμακον · αὐτοὶ δ᾽ ἄρα χρυσίον ᾠήθησαν
εἶναι τὸ καταπινόμενον · ἡ δ᾽ ὑπηρετοῦσα παιδίσκη,
πυνθανομένων τῶν περὶ τὸν Ἀρχίαν, φαίη πολὺν   b
εἶναι χρόνον ἐξ οὗ φοροίη τὸν ἀπόδεσμον ἐκεῖνον
ὁ Δημοσθένης ὡς φυλακτήριον. 3 Ἐρατοσθένης δέ
φησι καὶ αὐτὸς ἐν κρίκῳ κοίλῳ τὸ φάρμακον φυλάττειν · τὸν δὲ κρίκον εἶναι τοῦτον αὐτῷ φόρημα
περιβραχιόνιον. 4 Τῶν δ᾽ ἄλλων ὅσοι γεγράφασι
περὶ αὐτοῦ — πάμπολλοι δ᾽ εἰσί — τὰς διαφορὰς
οὐκ ἀναγκαῖον ἐπεξιέναι · πλὴν ὅτι Δημοχάρης ὁ
τοῦ Δημοσθένους οἰκεῖος οἴεσθαί φησιν αὐτὸν οὐχ
ὑπὸ φαρμάκου, θεῶν δὲ τιμῇ καὶ προνοίᾳ τῆς Μακεδόνων ὠμότητος ἐξαρπαγῆναι, συντόμως καταστρέ-
ψαντα καὶ ἀλύπως. 5 Κατέστρεψε δ᾽ ἕκτῃ ἐπὶ
δέκα τοῦ Πυανεψιῶνος μηνός, ἐν ᾗ τὴν σκυθρωπο-
τάτην τῶν Θεσμοφορίων ἡμέραν ἄγουσαι παρὰ τῇ
θεῷ νηστεύουσιν αἱ γυναῖκες.

30. 1 ⁵ γεγραμμένην Rei. -νης ‖ 2 ² διηγήσασθαι : διηγεῖσθαι Υ ‖
⁵ χρυσίον : χρυσὸν Υ ‖ 3 ² καὶ αὐτὸς : [καὶ] αὐτὸν Zie. ‖ ⁴ περιβραχιόνιον : περὶ τὸν βραχίονα Ν ‖ 4 ³ ἐπεξιέναι : ἐπεξελθεῖν Υ ‖ Δημοχάρης Lambinus : Δημόχαρις.

Peu de temps après, le peuple athénien lui rendit l'honneur qu'il méritait : il lui éleva une statue de bronze en décrétant que l'aîné de ses descendants serait nourri au Prytanée* et que l'on graverait sur le piédestal de la statue l'inscription fameuse :

« Si tu avais eu, Démosthène, autant de pouvoir que de volonté, jamais l'Arès macédonien n'eût dominé la Grèce. »[1]

6   Ceux qui prétendent que Démosthène lui-même composa ces vers à Calaurie au moment d'absorber le poison disent une pure sottise.

31.   1   Quelque temps avant mon arrivée à Athènes[2], il s'était passé, dit-on, le fait que voici : un soldat, appelé en jugement par l'un de ses chefs, mit la petite somme d'or qu'il possédait dans les mains de la statue de Démosthène,   2   qui était représenté tenant les doigts entrelacés. Un platane de taille médiocre avait poussé à côté. De nombreuses feuilles de cet arbre s'amoncelèrent autour de l'or, soit que le vent les eût par hasard détachées, soit que celui-là même qui avait déposé là son trésor s'en fût servi pour le dissimuler, et l'or était ainsi resté longtemps caché.   3   Finalement l'homme revint et retrouva son dépôt. Le bruit s'en étant répandu, beaucoup de gens d'esprits y virent l'occasion de célébrer à l'envi dans leurs épigrammes l'incorruptibilité de Démosthène.

4   Quant à Démade, il ne jouit pas longtemps de son odieuse renommée : la Justice qui vengeait Démosthène l'amena chez les Macédoniens*, dont il était le flatteur éhonté, pour périr à bon droit de leurs mains. Déjà peu estimé d'eux auparavant, il tomba alors sous le coup d'une accusation irréfutable :   5   une lettre de lui fut surprise dans laquelle il pressait Perdiccas* d'attaquer

---

1. Ce distique élégiaque est reproduit *Vitae decem orat.*, 847 A, d'après Démétrios de Magnésie, qui est peut-être ici également la source de Plutarque.

2. Il s'agit sans doute du premier séjour de Plutarque à Athènes, lorsque, vers sa vingtième année, autour de 67, il vint y terminer ses études auprès du philosophe Ammonios ; cf. *De E delph.*, 385 B.

Τούτῳ μὲν οὖν ὀλίγον ὕστερον ὁ τῶν Ἀθηναίων c δῆμος ἀξίαν ἀποδιδοὺς τιμήν, εἰκόνα τε χαλκῆν ἀνέστησε καὶ τὸν πρεσβύτατον ἐψηφίσατο τῶν ἀπὸ γένους ἐν Πρυτανείῳ σίτησιν ἔχειν καὶ τὸ ἐπίγραμμα τὸ θρυλούμενον ἐπιγραφῆναι τῇ βάσει τοῦ ἀνδριάντος ·

Εἴπερ ἴσην γνώμῃ ῥώμην, Δημόσθενες, ἔσχες,
οὔποτ' ἂν Ἑλλήνων ἦρξεν Ἄρης Μακεδών.

6 Οἱ γὰρ αὐτὸν τὸν Δημοσθένην τοῦτο ποιῆσαι λέγοντες ἐν Καλαυρίᾳ μέλλοντα τὸ φάρμακον προσφέρεσθαι κομιδῇ φλυαροῦσι.

31. 1 Μικρῷ δὲ πρόσθεν ἢ παραβαλεῖν ἡμᾶς Ἀθήναζε λέγεται τὸ τοιόνδε συμβῆναι. Στρατιώτης d ἐπὶ κρίσιν τινὰ καλούμενος ὑφ' ἡγεμόνος ὅσον εἶχε χρυσίδιον εἰς τὰς χεῖρας ἐνέθηκε τοῦ ἀνδριάντος. 2 Ἕστηκε δὲ τοὺς δακτύλους συνέχων δι' ἀλλήλων, καὶ παραπέφυκεν οὐ μεγάλη πλάτανος. Ἀπὸ ταύτης πολλὰ τῶν φύλλων, εἴτε πνεύματος ἐκ τύχης καταβαλόντος, εἴτ' αὐτὸς οὕτως ὁ θεὶς ἐπεκάλυψε, περικείμενα καὶ συμπεσόντα λαθεῖν ἐποίησε τὸ χρυσίον οὐκ ὀλίγον χρόνον. 3 Ὡς δ' ὁ ἄνθρωπος ἐπανελθὼν ἀνεῦρε καὶ διεδόθη λόγος ὑπὲρ τούτου, πολλοὶ τῶν εὐφυῶν ὑπόθεσιν λαβόντες εἰς τὸ ἀδωροδόκητον τοῦ Δημοσθένους διημιλλῶντο τοῖς ἐπιγράμμασι.

4 Δημάδην δὲ χρόνον οὐ πολὺν ἀπολαύσαντα e μισουμένης δόξης ἡ Δημοσθένους δίκη κατήγαγεν εἰς Μακεδονίαν, οὓς ἐκολάκευσεν αἰσχρῶς, ὑπὸ τούτων ἐξολούμενον δικαίως, ἐπαχθῆ μὲν ὄντα καὶ πρότερον αὐτοῖς, τότε δ' εἰς αἰτίαν ἄφυκτον ἐμπεσόντα. 5 Γράμματα γὰρ ἐξέπεσεν αὐτοῦ, δι' ὧν παρεκάλει

30. 5 ⁶ ἀποδιδοὺς : ἀποδοὺς Ν ‖ ⁷ τῶν : τὸν Ν ‖ ⁹ ἐπιγραφῆναι : ἐπεγράφη Υ ‖ ¹⁰ ἔσχες *U* : εἶχες Υ ἔσχε Ν ‖ **31.** 1 ¹ Μικρῷ : Μικρὸν Υ ‖ ² τὸ Ν : τι ‖ ⁴ χρυσίδιον : χρυσίον Ν ‖ 2 ⁴ οὕτως Barton : οὗτος ‖ 4 ² μισουμένης Ν : τῆς φυομένης ‖ ³ ἐκολάκευσεν : -κευεν Υ.

la Macédoine et de sauver les Grecs qui, disait-il, n'y étaient rattachés que par un vieux fil tout pourri (il désignait ainsi Antipatros). 6 Dinarque de Corinthe* l'accusa de ce fait, et Cassandre[1] exaspéré égorgea le fils de Démade dans les bras de son père, puis le fit tuer lui-même. Cette extrême infortune apprit à Démade que les traîtres se vendent eux-mêmes les premiers, ce dont Démosthène l'avait souvent averti sans parvenir à le convaincre[2].

7 Voilà donc pour toi, Sossius[3], cette Vie de Démosthène que j'ai écrite d'après ce que j'ai lu ou entendu.

---

1. Cassandre, le fils aîné d'Antipatros, deviendra gouverneur de la Macédoine après la mort de son père, et prendra le titre de roi.

2. Cf. Dém., *Cour.*, 46 : « Ces gens qui se figuraient tout vendre sauf eux-mêmes se sont aperçus qu'ils s'étaient vendus les premiers. »

3. Sur Q. Sosius Senecio, voir ci-dessus, 1, 1, et la note.

Περδίκκαν ἐπιχειρεῖν Μακεδονίᾳ καὶ σῴζειν τοὺς
Ἕλληνας ὡς ἀπὸ σαπροῦ καὶ παλαιοῦ στήμονος
(λέγων τὸν Ἀντίπατρον) ἠρτημένους. 6 Ἐφ᾽ οἷς
Δεινάρχου τοῦ Κορινθίου κατηγορήσαντος, παροξυνθεὶς ὁ Κάσσανδρος ἐγκατέσφαξεν αὐτοῦ τῷ κόλπῳ
τὸν υἱόν, εἶθ᾽ οὕτως ἐκεῖνον ἀνελεῖν προσέταξεν,
ἐν τοῖς μεγίστοις διδασκόμενον ἀτυχήμασιν ὅτι
πρώτους ἑαυτοὺς οἱ προδόται πωλοῦσιν, ὃ πολλάκις   f
Δημοσθένους προαγορεύοντος οὐκ ἐπίστευσε.

7 Τὸν μὲν οὖν Δημοσθένους ἀπέχεις, ὦ Σόσσιε,
βίον ἐξ ὧν ἡμεῖς ἀνέγνωμεν ἢ διηκούσαμεν.

31. 6 ⁵ ἐν del. Schaefer ‖ ⁷ προαγορεύοντος : -ρεύσαντος N ‖
7 ¹ ὦ om. Y.

VIE DE CICÉRON

NOTICE

Marcus Tullius Cicero naquit à Arpinum, dans le Latium, le 3 janvier (2, 1) de l'année 106 avant notre ère, et mourut le 7 décembre 43, à près de soixante-quatre ans (48, 5).

Gaston Boissier, dans un livre déjà ancien, mais qui a peut-être mieux vieilli que certains ne le pensent, a écrit : « Les savants de l'Allemagne font à Cicéron une rude guerre. A l'exception de M. Abeken, qui le traite humainement, les autres sont sans pitié. Drumann surtout ne lui passe rien. Il a fouillé ses œuvres et sa vie avec la minutie et la sagacité d'un homme d'affaires qui cherche les éléments d'un procès. C'est dans cet esprit de malveillance consciencieuse qu'il a dépouillé sa correspondance[1]. »

Nous avons vu, en France, aussi bien, ou peut-être mieux que Drumann, lorsqu'a paru, en 1947, le livre de Jérôme Carcopino, *Les secrets de la correspondance de Cicéron.* C'est d'ailleurs un ouvrage considérable, et l'on constatera dans mes notes à la traduction que je m'y suis souvent référé, mais il est bien difficile d'en accepter toutes les conclusions[2].

G. Boissier poursuivait : « On peut avouer, sans trop

---

1. G. Boissier, *Cicéron et ses amis*, p. 26.
2. Mon sentiment sur ce livre rejoint tout à fait celui de M. Pierre Boyancé, *Rev. Ét. Lat.*, 51, 1949, 129-138 (article repris dans ses *Études sur l'humanisme cicéronien*, 74-85).

humilier Cicéron, que la vie publique ne lui convenait pas. Les raisons qui firent de lui un incomparable écrivain ne lui permettaient pas d'être un bon politique. Cette vivacité d'impressions, cette sensibilité délicate et irritable, source principale de son talent littéraire, ne le laissaient pas assez maître de sa volonté... Son imagination mobile et féconde, en le dissipant de tous les côtés à la fois, le rendait peu capable de desseins suivis... Aux nones de décembre, quand il fit périr les complices de Catilina, il n'ignorait pas les vengeances auxquelles il s'exposait, et il prévoyait son exil : il eut donc ce jour-là, malgré les hésitations qu'on lui a reprochées, plus de courage qu'un autre qui, dans un moment d'exaltation, n'aurait pas vu le danger. Ce qui fut surtout pour lui une cause d'infériorité et de faiblesse, c'est qu'il était modéré, modéré par tempérament plus que par principes[1]... Ce fut un malheur pour Cicéron de n'avoir pas de ces résolutions franches qui engagent pour toujours un homme dans son opinion, et de vouloir flotter de l'une à l'autre, parce qu'il voyait trop le mal et le bien de toutes. Il faut être bien sûr de soi pour essayer de se passer de tout le monde. Cet isolement suppose une décision et une énergie qui manquaient à Cicéron[2]. »

* * *

Dès le début de cette biographie[3], en 1, 5, Plutarque souligne l'ambition juvénile de Cicéron, fils d'un chevalier romain[4], qui, en commençant sa carrière poli-

---

1. Comparer ci-dessous ce qu'écrit Plutarque en 19, 5 : δι' ἐπιείκειαν ἤθους.
2. G. Boissier, *Cic. et ses amis*, 38-40. On peut voir R. E. Smith, *Cicero the Statesman* (Cambridge, 1966), et le compte rendu de René Martin, *Rev. Ét. Anc.*, 69, 1967, 434-437.
3. Deux éditions séparées sont spécialement utiles : celles de Charles Graux (Hachette) et de Domenico Magnino (Florence, 1963).
4. Cf. Claude Nicolet, *L'ordre équestre*, 2, p. 1052 sq., n° 362.

tique à trente ans, se faisait fort, paraît-il, de rendre son *cognomen*, jugé ridicule par certains, de *Cicero* (pois chiche) « plus illustre que celui des Scaurus et des Catulus ». Plutarque confirme en 5, 3, ce trait fondamental de son caractère : φύσει φιλότιμος, puis, en 6, 3-5, après avoir conté d'après Cicéron lui-même une plaisante mésaventure qui lui était arrivée, il conclut : « Le plaisir extraordinaire qu'il prenait aux louanges et sa passion excessive pour la gloire lui restèrent jusqu'à la fin et troublèrent souvent en lui la droite raison. » En 45, 1, Plutarque parle encore de la nature, trop sensible aux honneurs, de Cicéron, mais c'est dans la Comparaison, en 51 (2), 1-3, qu'il se montre le plus sévère pour la vanité de celui « qu'on aurait pris pour un petit jeune homme voulant rivaliser avec les rhéteurs Isocrate et Anaximène. »

En 8, 4, est mentionnée avec éloge la simplicité du train de vie de Cicéron, qui menait ordinairement « une existence à la fois digne et sobre dans la société des lettrés grecs et romains ».

Comme questeur (chap. 6), édile (chap. 8) et préteur (chap. 9), Cicéron ne mérita, d'après Plutarque, que des louanges. Mais c'est comme consul (chap. 10-23) qu'il s'illustra surtout, par l'action courageuse et efficace qu'il mena contre Catilina et ses complices ; Cicéron sut se comporter à l'égard des conjurés restés à Rome « avec de la diligence, un jugement sobre et une sagacité supérieure ».[1] En 19, 5-7, Plutarque décrit assez longuement les hésitations de Cicéron au moment où il réfléchit au parti qu'il doit prendre à l'égard de Lentulus et de ses complices, qu'il a fait arrêter et garder à vue : ce qui le retient de les faire exécuter, c'est la modération de son caractère, et aussi la peur de se voir reprocher un abus de pouvoir à l'encontre d'hommes bien nés, si influents et entourés de tant d'amis ; ce qui, à l'in-

1. 18, 7 : πόνῳ καὶ λογισμῷ νήφοντι καὶ συνέσει περιττῇ.

verse, le pousse à décider leur mort, c'est une double crainte : celle de les laisser s'adonner de nouveau à des excès d'audace préjudiciables à l'État, et, en ce qui le concerne personnellement, « de passer pour un homme lâche et faible, d'autant qu'il n'avait pas déjà auprès du peuple une grande réputation de hardiesse ». Cette analyse des motifs contradictoires de Cicéron est, me semble-t-il, d'une grande finesse, et, même si elle ne fait que développer l'indication de Salluste, *Catil.*, 46, 2, elle la dépasse et la surclasse manifestement.

L'amour des honneurs et de la gloire (φιλοτιμία) conduit Cicéron, après son consulat, à se louer lui-même sans mesure et sans cesse, au point de se rendre insupportable à ses auditeurs et à ses lecteurs. C'était là, écrit Plutarque, comme une sorte de fatalité (τινὸς κηρός) attachée à sa personne, et, si puissant qu'il fût alors à Rome, il se fit beaucoup d'ennemis par son excessive vanité. Pourtant il n'était nullement jaloux ni avare de louanges à l'égard des autres, hommes du passé ou contemporains (24, 1-4).

De 24, 5 à 27, 6, Plutarque accumule les citations de remarques mordantes de Cicéron, de traits plus ou moins spirituels et même de simples calembours ; il veut montrer que son esprit sarcastique lui a attiré beaucoup d'inimitiés. Cette énumération très inégale peut paraître longue. Puis, en 38, 3-8, le biographe rapportera encore plusieurs plaisanteries (dont certaines ne nous paraissent pas très drôles) que Cicéron, après avoir rallié le camp de Pompée, aurait lancées contre ses compagnons et qui atteignaient indirectement le chef lui-même[1].

Son ennemi le plus acharné fut Clodius. Cicéron subit de sa part une véritable persécution. Alors il tergiverse, acceptant, puis refusant le poste de légat que César lui accordait dans l'armée des Gaules. Finalement, lui qui,

---

1. Voir Auguste Haury, *L'ironie et l'humour chez Cicéron*, *passim*.

en 63, avait été proclamé « père de la patrie », il est **aux** abois et s'exile volontairement.

La tristesse amère et le profond découragement de Cicéron pendant son exil déçoivent visiblement son biographe (32, 5-7) : tandis qu'il faisait profession de philosophie et n'entendait user de l'art oratoire que pour les besoins de la politique, Cicéron ne sut pas prendre alors une attitude ferme et patiente, seule digne du sage qu'il prétendait être et qu'en vérité il n'était pas. Plutarque conclut de là que l'homme d'État doit bien se garder de laisser contaminer sa raison par les passions de la foule, et ce passage ne serait pas déplacé dans un traité des *Moralia*.

Le récit saute brusquement de l'année 56 (chap. 34) à l'année 52 (chap. 35). Le biographe a-t-il délibérément « noyé dans l'ombre » ces quatre années au cours desquelles Cicéron aurait accompli « d'impudentes acrobaties »?[1] Comme Plutarque ailleurs ne ménage guère Cicéron, je pense que ce silence s'explique plus simplement par le fait que Plutarque n'a trouvé pour cette période rien qui fût intéressant de son point de vue.

Les hésitations de Cicéron atteignent leur point culminant lors de la guerre civile entre César et Pompée, à qui finalement il se rallie, mais sans illusions (chap. 37-38). César, après Pharsale, se montre clément à son égard, mais Cicéron, voyant s'effondrer l'essentiel des institutions républicaines auxquelles il tenait par toutes les fibres de son être, s'enfonce alors dans une semi-retraite, qu'il consacre à ses études philosophiques et historiques (chap. 40-41).

Après le meurtre de César, Cicéron, lié à Brutus par une profonde amitié, redoute Antoine, dont la puissance monte, et il songe à s'éloigner, mais finalement il renonce à ce voyage et regagne la ville (chap. 43). Une sorte de pacte d'alliance qui se conclut entre lui

1. J. Carcopino, *Les secrets de la correspondance de Cicéron*, 1, 343.

et Octave, « le jeune César », lui redonne confiance, et
c'est alors qu'il prononce contre Antoine ses quatorze
Philippiques qui causeront sa mort, quand Octave
l'aura trahi et livré à la vengeance de son collègue du
triumvirat.

Selon J. Carcopino, Plutarque aurait idéalisé Cicéron
et dissimulé ses défauts. Il est pourtant facile de cons-
tater que cette biographie n'a rien d'une hagiographie :
à Cicéron sont reprochés ses perpétuelles hésitations,
son manque de hardiesse et de bravoure, son amour
excessif des honneurs, son extrême et ridicule vanité,
la méchanceté de beaucoup de ses bons mots, enfin
son divorce d'avec Terentia et son éphémère mariage
avec Publilia, conclu en dépit de la différence d'âge
pour des raisons bassement financières (41, 5-6).

*   *
*

Sur les sources de la *Vie de Cicéron* ont été émis des
avis extrêmement divergents et contradictoires.

Selon Alfred Gudeman[1], p. 63, « Plutarque n'a consulté de première main aucune des œuvres de Cicéron
ni aucune autorité pré-augustéenne, comme Salluste,
Tiron ou Nepos, mais la *Vita Ciceronis* de Suétone a
constitué sa source principale ». Cette opinion me paraît
entièrement aberrante, et elle montre que la méthode de
la *Quellenforschung*, aujourd'hui tout à fait discréditée[2],
avait été importée d'Allemagne aux États-Unis au début
de ce siècle. Suétone, outre ses *Vies des douze Césars*
et celles de Térence et d'Horace, avait sans doute écrit
une *Vie de Cicéron*, qui est perdue, mais il est né au

---

1. Alfred Gudeman, *The sources of Plutarch's Life of Cicero* (Phila-
delphie, Publications de l'Université de Pennsylvanie, 1902), ouvrage
reproduit en « édition anastatique » (« L'Erma » di Bretschneider,
Roma, 1971).

2. Voir mon rapport : *État présent des études sur Plutarque*, dans les
Actes du VIII⁰ Congrès de l'Association Guillaume Budé, p. 493.

plus tôt en 69 après J.-C., donc vingt ou vingt-cinq ans après Plutarque. Il est douteux que celui-ci ait connu ses ouvrages ; en tout cas, *il ne les cite jamais*[1]. Suétone présentait donc tous les caractères requis pour être désigné par un adepte de la *Quellenforschung* comme auteur d'une œuvre que Plutarque se serait contenté de démarquer sans avouer son plagiat, et, cette œuvre de Suétone n'étant pas conservée, comment pourrait-on convaincre d'erreur A. Gudeman ?

La position de Hermann Peter[2], bien antérieure à celle d'A. Gudeman, était moins paradoxale, encore que difficile à tenir : « Que Plutarque ait lu lui-même les œuvres de Cicéron pour composer d'après elles une histoire authentique de l'orateur, on l'admettra d'autant plus difficilement qu'il connaissait et avait sous les yeux la biographie de Cicéron par Tullius Tiro, qui sans doute ne lui fournissait pas moins de matériaux que l'ouvrage *De jocis Ciceronis*, dont l'éditeur paraît avoir été justement le même Tiro », et H. Peter citait en note Macrobe, *Sat.*, 2, 1, 12 : « La supériorité de Cicéron en matière de plaisanteries n'est ignorée par aucun de ceux qui se sont même contentés de lire les livres que son affranchi a composés sur les mots d'esprit de son patron, livres que certains attribuent à Cicéron lui-même. »[3]

Que Plutarque ait largement puisé dans les ouvrages de Tiron (biographie de Cicéron et *De jocis*), c'est là un fait qui me paraît entièrement assuré, mais je ne puis croire qu'il n'ait lu directement aucune œuvre de Cicéron lui-même.

Beaucoup plus judicieuse me paraît l'opinion de Charles Graux, qui, dans son édition scolaire de la *Vie de Cicéron*,

1. Cf. W. C. Helmbold et E. N. O'Neil, *Plutarch's Quotations*, 68.
2. Hermann Peter, *Die Quellen Plutarchs in den Biographieen der Römer* (Halle, 1855), p. 129-135.
3. Cf. Quintilien, 6, 3, 5.

concluait ainsi, dans la Notice, p. 40, son étude des sources : « On entrevoit que la conspiration de Catilina a été retracée surtout d'après le propre Ὑπόμνημα de Cicéron sur son consulat ; pour le reste des événements politiques de la vie de Cicéron, et pour ce qui est des circonstances de sa mort, on ne sait trop où Plutarque a pris les éléments de son récit. Les bons mots viennent du recueil *De jocis* attribué à Tiron. Ce qui concerne la vie privée et le caractère de Cicéron, les traits de mœurs, aura été surtout tiré, à ce qu'on peut penser, de la biographie composée par le même Tiron. Beaucoup de détails sur ses études, sur ses sentiments, ses paroles et sa conduite dans maintes circonstances, quelques anecdotes, quelques mots de lui ou sur lui, ont été empruntés, tantôt directement, tantôt de seconde main, à la correspondance de Cicéron, au *Brutus*, à divers discours politiques ou plaidoyers civils, et à quelques écrits tant de contemporains de Cicéron que de personnages un peu moins anciens que lui : les seuls noms qu'on puisse citer à coup sûr, outre Tiron déjà nommé, sont César, Brutus, Antoine, Auguste. »

On va voir que mon propre examen ne fait guère que confirmer cette conclusion de Ch. Graux.

Ce que Plutarque écrit en 3, 7, sur la complexion et la santé délicate de Cicéron autour de sa vingt-cinquième année, est en accord avec le *Brutus*, 313-314, bien qu'à cet endroit Cicéron ne parle pas de la maladie d'estomac mentionnée par Plutarque, qui disposait donc aussi d'une autre source. Puis tout le chapitre 4 est presque constamment très proche du *Brutus*, 315-316.

En 6, 3-4, la plaisante mésaventure de Cicéron lors de son retour de Sicile semble rapportée d'après le *Pro Plancio*, 65. En 14, 5-8, plusieurs passages du *Pro Murena*, 51-52, sont cités presque littéralement. En 15, 1-3, le récit concernant la visite nocturne que firent à Cicéron Crassus et deux autres personnages est tiré du Περὶ τῆς ὑπατείας de Cicéron ; on en a la preuve dans la *Vie de Crassus*, 13, 4. En 17, 5, les prophéties annonçant à Lentulus Sura qu'il serait le troisième Cornelius, après Cinna et Sylla, à dominer Rome, paraissent provenir de la 3ᵉ *Catilinaire* de Cicéron, 9, de même que beaucoup d'autres détails, comme la perquisition de la maison de Cethegus (19, 2 = 3ᵉ *Catil.*, 8).

En 19, 5-7, les réflexions que fait Cicéron sur la conduite à tenir envers Lentulus et ses complices gardés à vue semblent développer librement les indications données par Salluste, *Catil.*, 46, 2.

En 20, 3, Plutarque parle du caractère de Terentia, qui, écrit-il, « avait de l'ambition et prenait part, comme le dit Cicéron lui-même, à ses soucis politiques plus qu'elle ne lui faisait part des affaires domestiques ». On ne peut donc écarter l'hypothèse que Plutarque a lu des lettres de Cicéron, comme par exemple celle qu'il adressa à sa femme en 58, *Ad famil.*, 14, 2.

Sans doute en connaissait-il beaucoup d'autres, et non pas seulement celles qui étaient écrites en grec et qu'il lisait donc plus facilement (24, 9). Plusieurs des lettres que mentionne Plutarque sont perdues, mais la correspondance conservée de Cicéron permet des recoupements qui confirment l'exactitude de sa documentation, notamment en ce qui concerne les études du fils de Cicéron à Athènes auprès du philosophe Cratippe et du rhéteur Gorgias (24, 7-9).

Au chapitre 29, le récit du procès de Clodius à propos du scandale de la *Bona Dea* semble dériver en droite ligne de la lettre de Cicéron, *Ad Att.*, 1, 16 : le mot de Catulus rapporté par Plutarque en 29, 7, figure dans cette lettre au paragraphe 5, et celui de Cicéron lui-même (29, 8) au paragraphe 10.

En 33, 8, l'expression de Cicéron disant qu'à son retour d'exil l'Italie l'a porté elle-même sur ses épaules est empruntée littéralement au discours que prononça l'orateur pour remercier le Sénat (voir la note à ce passage).

Au chapitre 36, à propos du proconsulat de Cilicie, la correspondance de Cicéron est certainement une des sources importantes de Plutarque, et de même, pour le chapitre 37, à propos des hésitations de Cicéron entre Pompée et César[1].

En 39, 5-6, il apparaît que Plutarque connaissait le *Caton* de Cicéron et l'*Anti-Caton* de César, dont il parle aussi d'ailleurs dans les *Vies* de César et de Caton le Jeune.

En 41, 6, Plutarque cite un discours que prononça Antoine pour répondre à l'une des *Philippiques* de Cicéron.

En 42, 3, à propos du discours de Cicéron au Sénat le 17 mars 44, on pourrait croire que c'est Plutarque qui ajoute la référence à l'amnistie athénienne de 403, mais il n'en est rien, puisque Cicéron a dit lui-même au début de la première *Philippique : Atheniensium renovavi vetus exemplum, graecum etiam verbum usurpavi...* De même, au chapitre 43, ce que raconte Plutarque du voyage écourté de Cicéron en direction de la Grèce et de son retour à Rome semble bien tiré de cette première *Philippique*, 7-9 et 11-12[2].

En 45, 2, sont citées des lettres de Brutus (Βροῦτος... ἐν ταῖς πρὸς Ἀττικὸν ἐπιστολαῖς) qui nous ont été conservées dans la correspondance de Cicéron, *Ad Brut.*, 1, 16, 7 et 17, 5, — et de même en 53 (4), 4.

Plutarque a consulté les Mémoires d'Auguste (*De vita sua*), dédiés à Agrippa et à Mécène, qu'il cite en

---

1. Voir les notes à 36, 2 ; 36, 6 ; 37, 3 et 37, 4.

2. Il y a pourtant une divergence, mais qui me semble mineure : en 43, 7, Plutarque dit qu'Antoine « envoya des *soldats* avec ordre d'amener Cicéron ou de *mettre le feu* à sa maison », tandis que, selon *Phil.*, 1, 12 (cf. *Phil.*, 5, 19), Antoine « menaça d'ordonner à des *ouvriers* de l'État de *démolir* sa maison ».

52 (3), 1, et auxquels il se réfère probablement en 45, 6[1].

En 41, 4, à propos du remariage avec Publilia, Plutarque cite la biographie de Cicéron écrite par son affranchi Tiron, et l'on ne peut douter que le récit des derniers jours de Cicéron (chap. 46-49) provienne de cette même biographie ; pourtant Plutarque, à cet endroit, utilise aussi d'autres sources, comme le prouve la mention, en 49, 4, de « quelques historiens » qui racontaient la trahison de Philologus, « dont Tiron ne souffle mot »[2].

Dans la Comparaison, en 50 (1), 4, Plutarque se réfère au *Pro Caelio*, 17, 41, mais la citation qu'il en donne doit être faite de mémoire, car elle n'est guère exacte. En revanche, c'est bien aux « paradoxes » stoïciens que s'en prend Cicéron dans le *Pro Murena* à propos de Caton, comme Plutarque l'écrit en 50 (1), 5.

En 51 (2), 1, se trouve cité le vers célèbre de Cicéron : *Cedant arma togae; concedat laurea laudi*, mais Plutarque, d'après la traduction qu'il en donne, lisait pour le dernier mot *linguae* au lieu de *laudi*.

Bien entendu, il est difficile de croire que Plutarque, dans chacun des cas énumérés, s'est toujours référé aux textes mêmes de Cicéron, de Salluste, de César, de Brutus, d'Antoine et d'Auguste ; plusieurs de ses citations peuvent être de seconde main, et nous avons vu qu'elles ne sont pas constamment exactes et fidèles. Néanmoins, il me paraît impossible de soutenir que le biographe ne s'est jamais reporté aux textes originaux.

* * *

Comme dans les autres *Vies* des Romains, Plutarque

---

1. Cf. Suétone, *Aug.*, 85. Ces Mémoires d'Auguste sont cités également dans la *Vie d'Antoine*, 22, 2 et 68, 2.

2. Cf. Helene Homeyer, *Die antiken Berichte über den Tod Ciceros und ihre Quellen*, et le compte rendu de cette étude par A. Haury, *Rev. Ét. Anc.*, 69, 1967, 432-434.

a commis ici un nombre assez élevé d'erreurs ou d'inexactitudes de détail : il travaillait vite, trop vite, et il n'avait
du latin qu'une connaissance incomplète, comme il le
reconnaît précisément dans la Préface de ce tome (*Démosth.*, 2, 2-3).

En 3, 4, il confond sesterces et deniers. Contrairement
à ce qu'il écrit en 3, 6, Cicéron n'a pas quitté Rome,
par crainte de Sylla, aussitôt après sa plaidoirie *Pro
Roscio*. En 7, 5, à propos de la première action contre
Verrès, Plutarque semble avoir confondu les préteurs
de l'année 70 avec ceux de 69. Le mot latin *verres* désigne
un porc entier, un verrat, et non pas, comme le dit Plutarque en 7, 6, un porc châtré. En 8, 1 et 3, l'estimation
de l'amende retenue par Cicéron à l'encontre de Verrès
et l'énumération de ses propriétés foncières paraissent
inexactes. En 13, 2, le passage sur Roscius et sa *lex
theatralis* contient quelques erreurs. Les noms des deux
conjurés chargés d'assassiner Cicéron n'étaient pas ceux
que donne Plutarque en 16, 1. En 18, 2, à propos de la
durée de la fête des Saturnales, Plutarque commet un
léger anachronisme. Si l'on compare 19, 4, à Salluste,
Catil., 47, 3-4, on s'aperçoit que les mots τοῖς στρατηγοῖς
ne conviennent pas (non plus que τῶν στρατηγῶν en 22, 1).
La chronologie sur laquelle repose le récit des chapitres 30 et 31 est fort sujette à caution[1]. En 32, 2, Plutarque place Hipponium-Vibo en Lucanie, alors que
cette ville est située dans le Bruttium. En 41, 3 et 7,
à propos de Tullia, fille de Cicéron, Plutarque accumule
en peu de lignes plusieurs inexactitudes.

La documentation de Plutarque n'est pas uniquement
livresque. L'anecdote rapportée en 49, 5, sur Auguste
rendant, en présence d'un de ses petits-fils, un hommage
tardif à Cicéron, paraît bien reposer sur une tradition
orale recueillie par Plutarque, comme le suggère le mot
πυνθάνομαι. Lorsqu'il écrit, en 16, 3, que « le temple de

---

1. Cf. P. Grimal, *Études sur la chronologie cicéronienne*, 41-42.

Jupiter Stator est situé à l'entrée de la Voie Sacrée quand on monte au Palatin », c'est évidemment pour l'avoir vu de ses yeux quand il séjournait à Rome et visitait la ville.

* * *

La culture de Plutarque était immense. A propos de l'aptitude que Cicéron, étant enfant, montrait pour toute espèce d'études, il se souvient d'un passage de la *République* de Platon affirmant que le philosophe ne doit négliger aucune partie du savoir (2, 3), puis, dans la Comparaison, en 52 (3), 3, il se réfère à un autre endroit de la *République* où Platon affirme que les États, pour être heureux, doivent être gouvernés par des philosophes. En 51 (2), 2, il cite un vers d'Eschyle, et, en 52 (3), 2, il doit faire allusion à un passage de l'*Antigone* de Sophocle.

La croyance de Plutarque au surnaturel apparaît à plusieurs reprises. En 2, 1-2, il semble ajouter foi à la révélation qu'aurait reçue la nourrice de Cicéron, selon quoi « l'enfant qu'elle allaitait serait d'une grande utilité pour tous les Romains ».

Prêtre d'Apollon Pythien, Plutarque n'omet pas de mentionner dans ses *Vies* les prophéties, vraies ou fausses, de la Pythie ; c'est ce qu'il fait ici, en 5, 1, où il rapporte que Cicéron, revenant de Rhodes en Italie, s'arrêta en Grèce et monta à Delphes pour consulter l'oracle. La Pythie lui conseilla de prendre pour guide de son existence, non pas l'opinion de la foule, mais sa propre nature. Cette réponse ne nous a été conservée, à ma connaissance, que par le seul Plutarque, et l'on peut se demander si elle est authentique.

Lorsque Cicéron, exilé, gagna Dyrrachium, il se serait produit un tremblement de terre et un raz de marée que les devins interprétèrent comme des signes que son exil serait de courte durée (32, 4).

Relatant l'amitié conclue entre Cicéron et Octave, Plutarque raconte en 44, 3-7, un songe de Cicéron, qui aurait vu Jupiter en personne annoncer l'ascension du futur Auguste, et il fait ce récit (dont on trouve des versions plus ou moins convergentes chez Suétone et chez Dion Cassius) sans exprimer le moindre doute. Or cette anecdote a certainement été forgée de toutes pièces, non certes par Plutarque, mais par certaines de ses sources[1].

La mort prochaine de Cicéron est annoncée par une nuée de corbeaux qui se jettent en croassant sur son navire au moment où il s'approche de la côte de Caïète, et dont certains pénètrent même ensuite dans la chambre de la villa où l'orateur se repose (47, 8-10).

* * *

Tout le récit relatif à la conjuration de Catilina (chap. 14-23) me paraît remarquable de clarté et de force. Il culmine au chapitre 22, où Plutarque nous montre Cicéron conduisant lui-même Lentulus à la mort, puis follement acclamé par la multitude délivrée grâce à lui d'une grande terreur.

A propos des proscriptions décidées en 43 par les triumvirs, dont Cicéron fut victime, Plutarque donne libre cours à son indignation de moraliste et de philosophe : « Tant la colère et la rage, écrit-il, leur avaient fait oublier la raison et les sentiments humains, ou plutôt, tant ils firent voir qu'il n'existe pas de bête plus sauvage que l'homme, quand il joint le pouvoir à la passion ! » (46, 6 ; cf. *Ant.*, 19, 4). Les biographies de Plutarque sont parsemées de réflexions de ce genre sur l'effet corrupteur et les dangers de la puissance.

Tragique enfin est le récit des derniers jours de Cicéron aux abois, sans cesse tergiversant et changeant

---

1. Cf. J. Carcopino, *Les secrets...*, 12, 141 sqq.

de projet dans son angoisse, puis tendant le cou hors de
sa litière au meurtrier qui va l'égorger[1].

La Comparaison entre Démosthène et Cicéron me
paraît supérieure à la plupart des morceaux de ce genre
que nous ont conservés les manuscrits de Plutarque.
Ici les ressemblances énumérées dans la Préface de ce
tome (*Démosth.*, 3, 3-5) servent vraiment de support à
la construction des deux biographies parallèles, et c'est
la *Synkrisis* qui, examinant les différences entre l'un et
l'autre orateurs, permet de souligner les traits indivi-
duels de chacun. Comme l'a écrit H. Erbse : « Ces deux
Vies ne reçoivent leur perfection artistique, ne deviennent
les images achevées de deux destinées uniques que par
la prise en considération de ces διαφοραί que Plutarque
classe systématiquement dans sa Comparaison. »[2]

---

1. Plutarque a pitié de son pauvre héros (cf. 54 (5), 1 : οἰκτίσαι τις
ἄν), mais cruel et impitoyable est le commentaire de J. Carcopino,
Les secrets..., 1, 398-399, reprochant à Cicéron promis au couteau
des assassins de « tituber comme un ataxique ». Évidemment Cicéron n'était ni Caton d'Utique ni Brutus.

2. H. Erbse, *Die Bedeutung der Synkrisis in den Parallelbiogra-
phieen Plutarchs*, *Hermes*, 84, 1956, 398-424 ; la phrase que je cite se
trouve à la page 410.

CICÉRON

Origine et formation. — **1**. 1 On dit que la mère de Cicéron, Helvia, fut d'une naissance et d'une conduite honorables*. Quant à son père[1], on n'a pu recueillir sur lui que des appréciations extrêmes : 2 les uns disent qu'il naquit et fut élevé dans l'atelier d'un foulon ; les autres font remonter l'origine de sa race à Tullius Attius, qui régna chez les Volsques avec éclat et mena contre les Romains une guerre vigoureuse*. 3 En tout cas, le premier de la famille qui fut surnommé Cicéron semble avoir été un homme remarquable ; c'est pour cette raison que ses descendants, au lieu de rejeter le surnom, s'y attachèrent, bien qu'il fût souvent un objet de raillerie*. 4 Le mot *cicer* désigne en latin le pois chiche, et sans doute le premier qui fut ainsi appelé avait-il au bout du nez une petite fente qui ressemblait au sillon d'un pois chiche et qui lui valut ce surnom*. 5 Au reste, Cicéron lui-même, celui qui est le sujet du présent livre, quand il brigua sa première charge et aborda les affaires publiques*, répondit fièrement à ses amis qui lui conseillaient de quitter ce nom et d'en prendre un autre, qu'il saurait lutter de façon à rendre le nom de Cicéron plus illustre que celui des Scaurus et des Catulus*. 6 En outre, quand il fut questeur en Sicile, il offrit aux dieux un ex-voto en argent sur lequel il fit inscrire les deux premiers de ses noms, Marcus et Tullius, mais, au lieu du troisième, il ordonna par plaisanterie à l'artiste de graver un pois chiche à la suite des lettres*. Voilà ce que l'on raconte à propos de son nom.

---

1. Le père de Cicéron s'appelait comme lui M. Tullius Cicero, et nous savons qu'il appartenait à l'ordre équestre.

ΚΙΚΕΡΩΝ

1. 1 Κικέρωνος δὲ τὴν μὲν μητέρα λέγουσιν 861 Ἑλβίαν καὶ γεγονέναι καλῶς καὶ βεβιωκέναι, περὶ δὲ τοῦ πατρὸς οὐδὲν ἦν πυθέσθαι μέτριον. 2 Οἱ μὲν γὰρ ἐν γναφείῳ τινὶ καὶ γενέσθαι καὶ τραφῆναι b τὸν ἄνδρα λέγουσιν, οἱ δ' εἰς Τύλλιον Ἄττιον ἀνά-γουσι τὴν ἀρχὴν τοῦ γένους, βασιλεύσαντα λαμπρῶς ἐν Οὐολούσκοις καὶ πολεμήσαντα Ῥωμαίοις οὐκ ἀδυνάτως. 3 Ὁ μέντοι πρῶτος ἐκ τοῦ γένους Κικέρων ἐπονομασθεὶς ἄξιος λόγου δοκεῖ γενέσθαι · διὸ τὴν ἐπίκλησιν οὐκ ἀπέρριψαν οἱ μετ' αὐτόν, ἀλλ' ἠσπάσαντο, καίπερ ὑπὸ πολλῶν χλευαζομένην. 4 Κίκερ γὰρ οἱ Λατῖνοι τὸν ἐρέβινθον καλοῦσι, κἀκεῖνος ἐν τῷ πέρατι τῆς ῥινὸς ὡς ἔοικεν διαστολὴν ἀμβλεῖαν εἶχεν, ὥσπερ ἐρεβίνθου διαφυήν, ἀφ' ἧς ἐκτήσατο τὴν ἐπωνυμίαν. 5 Αὐτός γε μὴν Κικέρων, ὑπὲρ οὗ τάδε γέγραπται, τῶν φίλων αὐτὸν οἰομένων c δεῖν, ὅτε πρῶτον ἀρχὴν μετῄει καὶ πολιτείας ἥπτετο, φυγεῖν τοὔνομα καὶ μεταθέσθαι, λέγεται νεανιευσά-μενος εἰπεῖν ὡς ἀγωνιεῖται τὸν Κικέρωνα τῶν Σκαύρων καὶ τῶν Κάτλων ἐνδοξότερον ἀποδεῖξαι. 6 Τα-μιεύων δ' ἐν Σικελίᾳ καὶ τοῖς θεοῖς ἀνάθημα ποιού-μενος ἀργυροῦν, τὰ μὲν πρῶτα δύο τῶν ὀνομάτων ἐπέγραψε, τόν τε Μᾶρκον καὶ τὸν Τύλλιον, ἀντὶ δὲ τοῦ τρίτου σκώπτων ἐρέβινθον ἐκέλευσε παρὰ τὰ γράμματα τὸν τεχνίτην ἐντορεῦσαι. Ταῦτα μὲν οὖν περὶ τοῦ ὀνόματος ἱστόρηται.

1. 1 ² καλῶς καὶ Ν : καὶ καλῶς ‖ 2 ³ Τύλλιον Υ : Τούλλιον Ν, cf. *Cor.* 22, 1 Τύλλος ‖ Ἄττιον Xyl. : Ἄππιον Υ Λατῖνον Ν ‖ 6 ³ δύο τῶν Ν : τῶν δύο τῶν ‖ ⁴ Τύλλιον : Τούλλιον Ν.

2. 1 On dit que la mère de Cicéron le mit au monde sans douleur et sans peine le troisième jour des calendes nouvelles*, jour auquel les magistrats font aujourd'hui des prières et des sacrifices pour le salut de l'empereur*. Il paraît que sa nourrice eut une apparition qui lui prédit que l'enfant qu'elle allaitait serait d'une grande utilité pour tous les Romains. 2 Ces présages passent ordinairement pour des songes vains et des sornettes, mais Cicéron prouva bientôt lui-même que la prophétie était vraie, car, lorsqu'il fut en âge d'apprendre, il montra les plus brillantes dispositions et acquit parmi les enfants tant de renom et de gloire que leurs pères venaient souvent à l'école pour voir de leurs yeux Cicéron et pour vérifier les éloges que l'on faisait de sa promptitude à s'instruire et de son intelligence, mais les plus grossiers se fâchaient contre leurs fils en voyant que, dans les rues, ils plaçaient Cicéron au centre de leur groupe pour lui faire honneur. 3 Cependant, bien qu'il eût les qualités que Platon exige d'une nature éprise de savoir et de sagesse, et qu'il fût capable d'embrasser toutes les connaissances sans dédaigner aucun genre d'instruction ni de culture*, c'est à la poésie qu'il s'adonna avec une ardeur particulière. On a conservé de lui un petit poème, *Pontius Glaucus*, qu'il composa étant encore enfant, en vers tétramètres*. 4 En avançant en âge, il aborda divers genres de poésie, et fut considéré comme le meilleur, non seulement des orateurs, mais aussi des poètes romains[1]. 5 Mais, si la gloire qu'il acquit par ses discours dure encore jusqu'à nos jours en dépit du grand changement qu'a subi l'éloquence, il arriva, en raison des nombreux poètes de grand talent qui parurent après lui, que sa poésie sombra entièrement dans l'oubli et le discrédit.

3. 1 Au sortir des études de l'enfance, il suivit les leçons de Philon, philosophe de l'Académie, celui des disciples de Clitomaque que les Romains admirèrent le

---

1. Cicéron avait composé un poème sur Marius, et un autre à la gloire de son propre consulat ; il avait aussi traduit en vers latins les *Phénomènes* d'Aratos. — Voir ci-dessous, 40, 3.

2. 1 Τεχθῆναι δὲ Κικέρωνα λέγουσιν ἀνωδύνως καὶ ἀπόνως λοχευθείσης αὐτοῦ τῆς μητρὸς ἡμέρᾳ τρίτῃ τῶν νέων Καλανδῶν, ἐν ᾗ νῦν οἱ ἄρχοντες εὔ- d χονται καὶ θύουσιν ὑπὲρ τοῦ ἡγεμόνος. Τῇ δὲ τίτθῃ φάσμα δοκεῖ γενέσθαι καὶ προειπεῖν ὡς ὄφελος μέγα πᾶσι Ῥωμαίοις ἐκτρεφούσῃ. 2 Ταῦτα δ' ἄλλως ὀνείρατα καὶ φλύαρον εἶναι δοκοῦντα ταχέως αὐτὸς ἀπέδειξε μαντείαν ἀληθινὴν ἐν ἡλικίᾳ τοῦ μανθάνειν γενόμενος, δι' εὐφυΐαν ἐκλάμψας καὶ λαβὼν ὄνομα καὶ δόξαν ἐν τοῖς παισίν, ὥστε τοὺς πατέρας αὐτῶν ἐπιφοιτᾶν τοῖς διδασκαλείοις ὄψει τε βουλομένους ἰδεῖν τὸν Κικέρωνα καὶ τὴν ὑμνουμένην αὐτοῦ περὶ τὰς μαθήσεις ὀξύτητα καὶ σύνεσιν ἱστορῆσαι, τοὺς δ' ἀγροικοτέρους ὀργίζεσθαι τοῖς υἱέσιν ὁρῶντας ἐν e ταῖς ὁδοῖς τὸν Κικέρωνα μέσον αὐτῶν ἐπὶ τιμῇ λαμβά- νοντας. 3 Γενόμενος δ', ὥσπερ ὁ Πλάτων ἀξιοῖ τὴν φιλομαθῆ καὶ φιλόσοφον φύσιν, οἷος ἀσπάζεσθαι πᾶν μάθημα καὶ μηδὲν λόγου μηδὲ παιδείας ἀτιμάζειν εἶδος, ἐρρύη πως προθυμότερον ἐπὶ ποιητικήν. Καί τι καὶ διασῴζεται ποιημάτιον ἔτι παιδὸς αὐτοῦ Πόν- τιος Γλαῦκος, ἐν τετραμέτρῳ πεποιημένον. 4 Προϊὼν δὲ τῷ χρόνῳ καὶ ποικιλώτερον ἁπτόμενος τῆς περὶ ταῦτα μούσης, ἔδοξεν οὐ μόνον ῥήτωρ, ἀλλὰ καὶ ποιητὴς ἄριστος εἶναι Ῥωμαίων. 5 Ἡ μὲν οὖν ἐπὶ τῇ ῥητορικῇ δόξα μέχρι νῦν διαμένει, καίπερ οὐ f μικρᾶς περὶ τοὺς λόγους γεγενημένης καινοτομίας, τὴν δὲ ποιητικὴν αὐτοῦ, πολλῶν εὐφυῶν ἐπιγενομένων, παντάπασιν ἀκλεῆ καὶ ἄτιμον ἔρρειν συμβέβηκεν.

3. 1 Ἀπαλλαγεὶς δὲ τῶν ἐν παισὶ διατριβῶν, Φίλωνος ἤκουσε τοῦ ἐξ Ἀκαδημείας, ὃν μάλιστα Ῥωμαῖοι τῶν Κλειτομάχου συνήθων καὶ διὰ τὸν

---

2. 1 ³ τῶν Υ : τῆς τῶν Ν ‖ 2 ³ ἀπέδειξε : ὑπέ- Ν ‖ ⁴ δι' Υ : καὶ δι' Ν ‖ 3 ⁶ Γλαῦκος : Γλαύκιος Ν.

plus pour son éloquence et aimèrent le mieux pour son caractère[1]. 2 En même temps il fréquentait Mucius, homme d'État qui tenait la première place au Sénat et qui le fit profiter de sa connaissance des lois*. Puis, pendant quelque temps, il prit part sous Sylla à la guerre contre les Marses*. 3 Ensuite, voyant la République tomber dans la dissension, et de la dissension dans une monarchie absolue, il revint à la vie studieuse et spéculative, fréquenta des lettrés grecs et s'appliqua à l'étude des sciences*, jusqu'au moment où, Sylla étant devenu le maître, la ville parut recouvrer une certaine stabilité*.

4 En ce temps-là*, Chrysogonus, affranchi de Sylla, ayant fait mettre en vente la fortune d'un homme dont on prétendait qu'il avait été tué comme proscrit, l'acheta lui-même pour deux mille drachmes*. 5 Mais Roscius, fils et héritier du mort, s'indigna et prouva que la valeur de cette fortune était de deux cent cinquante talents*. Sylla, irrité de voir ses actes mis en question, intenta à Roscius, à l'instigation de Chrysogonus, une accusation de parricide. Personne ne venait à l'aide de Roscius ; on se détournait de lui par crainte de la colère de Sylla. Ainsi abandonné, le jeune homme eut recours à Cicéron ; les amis de celui-ci le poussèrent tous à défendre Roscius, dans la pensée qu'il ne trouverait aucune autre occasion d'un début plus brillant et plus honorable pour établir sa réputation. 6 Il se chargea donc de la défense et gagna sa cause, ce qui lui valut d'être admiré. Mais, redoutant Sylla, il alla faire un séjour en Grèce, après avoir répandu le bruit qu'il avait besoin de soigner sa santé*. 7 Effectivement il était, de complexion, maigre et décharné. Malade de l'estomac, il ne prenait

1. C'est en 90, à seize ans, que Cicéron quitta la prétexte pour la toge virile. En 88, Philon de Larissa, qui avait succédé, comme scholarque de l'Académie, à Clitomaque de Carthage, lui-même successeur de Carnéade, vint à Rome, où Cicéron suivit ses leçons (qu'il donnait évidemment en grec), comme il le dit, *Brutus*, 306 : « Le chef de l'Académie, Philon, ayant fui Athènes, à cause de la guerre de Mithridate, avec les Athéniens de l'aristocratie, et étant venu à Rome, je me livrai à lui tout entier : je m'étais pris d'un amour admirable pour la philosophie... »

λόγον ἐθαύμασαν καὶ διὰ τὸν τρόπον ἠγάπησαν.
2 Ἅμα δὲ τοῖς περὶ Μούκιον ἀνδράσι πολιτικοῖς
καὶ πρωτεύουσι τῆς βουλῆς συνών, εἰς ἐμπειρίαν τῶν 862
νόμων ὠφελεῖτο · καί τινα χρόνον καὶ στρατείας
μετέσχεν ὑπὸ Σύλλᾳ περὶ τὸν Μαρσικὸν πόλεμον.
3 Εἶθ' ὁρῶν εἰς στάσιν, ἐκ δὲ τῆς στάσεως εἰς ἄκρα-
τον ἐμπίπτοντα τὰ πράγματα μοναρχίαν, ἐπὶ τὸν
σχολαστὴν καὶ θεωρητικὸν ἀνελθὼν βίον Ἕλλησί τε
συνὴν φιλολόγοις καὶ προσεῖχε τοῖς μαθήμασιν,
ἄχρι οὗ Σύλλας ἐκράτησε καὶ κατάστασίν τινα
λαμβάνειν ἔδοξεν ἡ πόλις.

4 Ἐν δὲ τῷ χρόνῳ τούτῳ Χρυσόγονος ἀπελεύθερος Σύλλα προσαγγείλας τινὸς οὐσίαν, ὡς ἐκ προγρα-
φῆς ἀναιρεθέντος, αὐτὸς ἐωνήσατο δισχιλίων δραχμῶν.
5 Ἐπεὶ δὲ Ῥώσκιος ὁ υἱὸς καὶ κληρονόμος τοῦ
τεθνηκότος ἠγανάκτει καὶ τὴν οὐσίαν ἐπεδείκνυε b
πεντήκοντα καὶ διακοσίων ταλάντων ἀξίαν οὖσαν,
ὅ τε Σύλλας ἐλεγχόμενος ἐχαλέπαινε καὶ δίκην
πατροκτονίας ἐπῆγε τῷ Ῥωσκίῳ, τοῦ Χρυσογόνου
κατασκευάσαντος, ἐβοήθει δ' οὐδείς, ἀλλ' ἀπετρέ-
ποντο τοῦ Σύλλα τὴν χαλεπότητα δεδοικότες, οὕτω
δὴ δι' ἐρημίαν τοῦ μειρακίου τῷ Κικέρωνι προσφυγόν-
τος οἱ φίλοι συμπαρώρμων, ὡς οὐκ ἂν αὐτῷ λαμπροτέραν αὖθις ἀρχὴν πρὸς δόξαν ἑτέραν οὐδὲ καλλίω
γενησομένην. 6 Ἀναδεξάμενος οὖν τὴν συνηγορίαν
καὶ κατορθώσας ἐθαυμάσθη · δεδιὼς δὲ τὸν Σύλλαν c
ἀπεδήμησεν εἰς τὴν Ἑλλάδα, διασπείρας λόγον ὡς
τοῦ σώματος αὐτῷ θεραπείας δεομένου. 7 Καὶ γὰρ
ἦν ὄντως τὴν ἕξιν ἰσχνὸς καὶ ἄσαρκος, ἀρρωστίᾳ

3. 2 [4] περὶ : ἐπὶ N ‖ 3 [3] ἀνελθὼν Bryan : ἀπελθὼν N ἐλθὼν Y ‖
4 [2] προσαγγείλας : -λαντος Y ‖ τινὸς : ⟨Ῥωσκίου⟩ τινὸς Zie. ‖ 5 [2] ἐπεδείκνυε : ἀπε- Y ‖ [5] Ῥωσκίῳ : Ῥωστικίῳ N ‖ [9-10] λαμπροτέραν : λαμ-
πρότερον N ‖ 7 [2] τὴν ἕξιν om. Y.

qu'à peine, et tard dans la journée, un repas mince et
léger. Sa voix était forte et bien timbrée, mais rude et
sans souplesse, et, comme elle s'élevait toujours aux
tons les plus hauts par suite de la passion et de la véhémence de son débit, elle faisait craindre pour sa santé*.

4. 1 Arrivé à Athènes, il suivit l'enseignement
d'Antiochos d'Ascalon : il était charmé par l'heureuse
abondance et la grâce de sa parole, bien qu'il n'approuvât
pas ses innovations en matière de doctrine. 2 En effet
Antiochos se détachait déjà de l'école qu'on appelle la
Nouvelle Académie et abandonnait le groupe de Carnéade, soit qu'il y fût porté par l'évidence et les certitudes
des sens*, soit que, selon quelques auteurs, il eût changé
de camp par esprit de rivalité et pour se distinguer de
l'entourage de Clitomaque et de Philon en adoptant sur
la plupart des questions le point de vue stoïcien[1]. 3 Cicéron aimait ce genre d'études et s'y appliquait de préférence à tout le reste. Il projetait même, s'il devait
rester définitivement à l'écart des affaires publiques,
de transférer sa résidence habituelle en ce lieu*, loin du
Forum et de la politique, pour mener une vie tranquille
au sein de la philosophie. 4 Mais, lorsqu'il apprit
la mort de Sylla*, comme son corps, fortifié par la
gymnastique, avait pris une robuste vigueur, et que
sa voix, mieux formée et plus souple, était devenue
agréable à entendre, pleine et suffisamment adaptée à
ses forces physiques*, étant sollicité d'un côté par les
lettres et les multiples instances de ses amis de Rome,
de l'autre par Antiochos, qui l'engageait vivement à
aborder les affaires publiques, il se mit de nouveau à

---

1. Sur Clitomaque et Philon, voir ci-dessus, 3, 1. Cicéron a écrit,
Brutus, 315 : « Arrivé à Athènes, je passai six mois avec Antiochos,
le plus renommé et le plus savant philosophe de la Vieille Académie. »
Cicéron lui-même considérait donc Antiochos d'Ascalon (Palestine)
comme ayant abandonné la doctrine de la Nouvelle Académie de
Carnéade pour revenir à celle de l'Ancienne. Quant aux tendances
stoïciennes d'Antiochos, voir Cic., *Académiques*, 2, 43. Pour l'attitude de Plutarque lui-même à l'égard d'Antiochos, voir D. Babut, *Plut. et le Stoïcisme*, 198-200.

τοῦ στομάχου μικρὰ καὶ γλίσχρα μόλις ὀψὲ τῆς
ὥρας προσφερόμενος · ἡ δὲ φωνὴ πολλὴ μὲν καὶ
ἀγαθή, σκληρὰ δὲ καὶ ἄπλαστος, ὑπὸ δὲ τοῦ λόγου
σφοδρότητα καὶ πάθος ἔχοντος ἀεὶ διὰ τῶν ἄνω
τόνων ἐλαυνομένη φόβον παρεῖχεν ὑπὲρ τοῦ σώματος.

4. 1 Ἀφικόμενος δ᾽ εἰς Ἀθήνας Ἀντιόχου τοῦ
Ἀσκαλωνίτου διήκουσε, τῇ μὲν εὐροίᾳ τῶν λόγων
αὐτοῦ καὶ τῇ χάριτι κηλούμενος, ἃ δ᾽ ἐν τοῖς δόγμα-
σιν ἐνεωτέριζεν, οὐκ ἐπαινῶν. 2 Ἤδη γὰρ ἐξίστατο
τῆς νέας λεγομένης Ἀκαδημείας ὁ Ἀντίοχος καὶ
τὴν Καρνεάδου στάσιν ἐγκατέλειπεν, εἴτε καμπτό-   d
μενος ὑπὸ τῆς ἐναργείας καὶ τῶν αἰσθήσεων, εἴθ᾽, ὥς
φασιν ἔνιοι, φιλοτιμίᾳ τινὶ καὶ διαφορᾷ πρὸς τοὺς
Κλειτομάχου καὶ Φίλωνος συνήθεις τὸν Στωικὸν ἐκ
μεταβολῆς θεραπεύων λόγον ἐν τοῖς πλείστοις.
3 Ὁ δὲ Κικέρων ἐκεῖν᾽ ἠγάπα κἀκείνοις προσεῖχε
μᾶλλον, διανοούμενος, εἰ παντάπασιν ἐκπέσοι τοῦ
τὰ κοινὰ πράσσειν, δεῦρο μετενεγκάμενος τὸν βίον
ἐκ τῆς ἀγορᾶς καὶ τῆς πολιτείας ἐν ἡσυχίᾳ μετὰ φιλοσοφίας καταζῆν. 4 Ἐπεὶ δ᾽ αὐτῷ Σύλλας τε   e
προσηγγέλθη τεθνηκώς, καὶ τὸ σῶμα τοῖς γυμνασίοις
ἀναρρωννύμενον εἰς ἕξιν ἐβάδιζε νεανικήν, ἥ τε
φωνὴ λαμβάνουσα πλάσιν ἡδεῖα μὲν πρὸς ἀκοὴν
ἐτέθραπτο καὶ πολλή, μετρίως δὲ πρὸς τὴν ἕξιν τοῦ
σώματος ἥρμοστο, πολλὰ μὲν τῶν ἀπὸ Ῥώμης
φίλων γραφόντων καὶ δεομένων, πολλὰ δ᾽ Ἀντιόχου
παρακελευομένου τοῖς κοινοῖς ἐπιβαλεῖν πράγμασιν,
αὖθις ὥσπερ ὄργανον ἐξηρτύετο τὸν ῥητορικὸν λόγον

3. 7 ³ μόλις N : μόγις || ⁴ μὲν : μὲν ⟨οὖσα⟩ Zie. || **4.** 2 ³ ἐγκα-
τέλειπεν Steph. : -λιπεν || ⁴ ἐναργείᾳ AB : ἐνερ- NCE || καὶ del.
Schaefer || 4 ⁵ πολλή : ποικίλη Hanov ἁπαλὴ Rei. Kron. || ⁸ ἐπιβαλεῖν :
-βάλλειν N || ⁹ ἐξηρτύετο Madvig : ἐξήρτυε.

préparer son instrument, je veux dire son talent d'orateur, et à ranimer ses aptitudes politiques en s'exerçant
à la déclamation et en fréquentant les rhéteurs en vogue.
5 Il s'embarqua pour l'Asie et Rhodes. Parmi les
rhéteurs asiatiques, c'est avec Xénoclès d'Adramyttion,
Denys de Magnésie et Ménippos le Carien qu'il travailla[1],
— à Rhodes, avec le rhéteur Apollonios, fils de Molon,
et le philosophe Posidonios*. 6 On dit qu'Apollonios,
qui ne savait pas le latin, le pria de déclamer en grec ;
Cicéron y consentit volontiers, pensant qu'ainsi ses
fautes seraient mieux corrigées*. 7 Quand il eut dé-
clamé, tous les assistants, frappés de son talent, riva-
lisèrent d'éloges ; seul, Apollonios ne s'était pas déridé
en l'écoutant, et, quand Cicéron eut fini, il resta longtemps songeur. Enfin, voyant que Cicéron était peiné
de son silence, il dit : « Je te loue et t'admire, Cicéron,
mais je m'afflige du sort de la Grèce, en constatant que
les seuls avantages qui nous restaient sont aussi, grâce
à toi, passés aux Romains, je veux dire : la culture et
l'éloquence. »

5. 1 Donc Cicéron, plein d'espérances, se portait
vers la politique, quand un oracle ralentit son élan.
Comme il avait demandé au dieu de Delphes le moyen
d'acquérir le plus de gloire possible, la Pythie lui enjoignit de prendre pour guide de sa vie sa propre nature,
et non pas l'opinion de la foule[2]. 2 Aussi, de retour
à Rome[3], il se conduisit dans les premiers temps avec
circonspection. Il hésitait à briguer les magistratures,
et l'on faisait peu de cas de lui : il s'entendait appeler
de ces noms de Grec[4] et d'écolier, que le bas peuple de
Rome a l'habitude d'employer si facilement. 3 Mais,

---

1. Cf. Cic., *Brut.*, 315-316 : « Ensuite je parcourus toute la province
d'Asie, accompagné des plus grands orateurs, qui dirigeaient mes
exercices avec complaisance. Le premier d'entre eux était Ménippos
de Stratonicée [Carie]... J'avais aussi auprès de moi Denys de Magnésie... et Xénoclès d'Adramyttion [Mysie]. »
2. Voir G. Daux, *Delphes au IIe et au Ier siècle*, 592.
3. En 77, dans sa trentième année.
4. Γραικός, et non pas Ἕλλην : *Graecus* et *Graeculus* étaient à Rome
des termes de mépris. Cf. Dion Cassius, 46, 18, 1.

καὶ ἀνεκίνει τὴν πολιτικὴν δύναμιν, αὐτόν τε ταῖς
μελέταις διαπονῶν καὶ τοὺς ἐπαινουμένους μετιὼν
ῥήτορας. 5 Ὅθεν εἰς Ἀσίαν καὶ Ῥόδον ἔπλευσε,
καὶ τῶν μὲν Ἀσιανῶν ῥητόρων Ξενοκλεῖ τῷ Ἀδρα-
μυττηνῷ καὶ Διονυσίῳ τῷ Μάγνητι καὶ Μενίππῳ τῷ f
Καρὶ συνεσχόλασεν, ἐν δὲ Ῥόδῳ ῥήτορι μὲν Ἀπολλω-
νίῳ τῷ Μόλωνος, φιλοσόφῳ δὲ Ποσειδωνίῳ. 6 Λέγεται δὲ τὸν Ἀπολλώνιον οὐ συνιέντα τὴν Ῥωμαϊκὴν
διάλεκτον δεηθῆναι τοῦ Κικέρωνος Ἑλληνιστὶ με-
λετῆσαι · τὸν δ' ὑπακοῦσαι προθύμως, οἰόμενον
οὕτως ἔσεσθαι βελτίονα τὴν ἐπανόρθωσιν · 7 ἐπεὶ
δ' ἐμελέτησε, τοὺς μὲν ἄλλους ἐκπεπλῆχθαι καὶ
διαμιλλᾶσθαι πρὸς ἀλλήλους τοῖς ἐπαίνοις, τὸν
δ' Ἀπολλώνιον οὔτ' ἀκροώμενον αὐτοῦ διαχυθῆναι,
καὶ παυσαμένου σύννουν καθέζεσθαι πολὺν χρόνον, 863
ἀχθομένου δὲ τοῦ Κικέρωνος εἰπεῖν · « Σὲ μέν, ὦ Κικέρων, ἐπαινῶ καὶ θαυμάζω, τῆς δ' Ἑλλάδος οἰκτίρω
τὴν τύχην, ὁρῶν, ἃ μόνα τῶν καλῶν ἡμῖν ὑπελείπετο,
καὶ ταῦτα Ῥωμαίοις διὰ σοῦ προσγινόμενα, παιδείαν
καὶ λόγον. »

5. 1 Ὁ δ' οὖν Κικέρων ἐλπίδων μεστὸς ἐπὶ τὴν
πολιτείαν φερόμενος ὑπὸ χρησμοῦ τινος ἀπημβλύνθη
τὴν ὁρμήν. Ἐρομένῳ γὰρ αὐτῷ τὸν ἐν Δελφοῖς θεὸν
ὅπως ἂν ἐνδοξότατος γένοιτο, προσέταξεν ἡ Πυθία
τὴν ἑαυτοῦ φύσιν, ἀλλὰ μὴ τὴν τῶν πολλῶν δόξαν
ἡγεμόνα ποιεῖσθαι τοῦ βίου. 2 Καὶ τόν γε πρῶτον
ἐν Ῥώμῃ χρόνον εὐλαβῶς διῆγε καὶ ταῖς ἀρχαῖς
ὀκνηρῶς προσῄει καὶ παρημελεῖτο, ταῦτα δὴ τὰ b
Ῥωμαίων τοῖς βαναυσοτάτοις πρόχειρα καὶ συνήθη
ῥήματα Γραικὸς καὶ σχολαστικὸς ἀκούων. 3 Ἐπεὶ

4. 5 ³ Μενίππῳ : Μελανίππῳ N ‖ 7 ² δ' : δ' οὕτως N ‖ ⁶ ἀχθομένου N : ἄρχομ- ‖ εἰπεῖν : εὐθὺς εἰπεῖν N ‖ ⁸ ὑπελείπετο : -λίπ- Y ‖ ⁹ προσγινόμενα : -γεν- Y ‖ 5. 1 ¹ ἐλπίδων : -δος N ‖ ⁴ ἂν om. Y ‖ 2 ¹ γε N : τε.

étant naturellement ambitieux, et, comme son père et ses
amis l'y encourageaient, il s'adonna à la profession
d'avocat, et il ne mit pas longtemps à s'approcher du
premier rang ; il acquit tout de suite une brillante réputation et surpassa de beaucoup ses rivaux au Forum.

4 On affirme que sa diction n'était pas moins défec-
tueuse que celle de Démosthène, et que, pour cette
raison, il s'appliqua à écouter attentivement le comédien
Roscius et le tragédien Æsopus[1]. 5 A propos d'Æsopus, on raconte que cet acteur, jouant au théâtre le rôle
d'Atrée au moment où celui-ci médite sa vengeance
contre Thyeste, et voyant tout à coup un serviteur
passer en courant devant lui, comme il avait perdu sous
l'empire de la passion le contrôle de lui-même, le frappa
de son sceptre et le tua[2]. 6 L'action de Cicéron
contribua grandement à sa force persuasive. Il se mo-
quait des orateurs qui ont recours aux grands éclats
de voix : « C'est par faiblesse, disait-il, qu'ils se mettent
à crier, comme les boiteux enfourchent un cheval. »*
Cette facilité qu'il avait pour le sarcasme et la plaisanterie était regardée comme un mérite et un agrément
de ses plaidoyers, mais il en usait à satiété, blessant ainsi
beaucoup de gens et s'attirant une réputation de méchanceté.

Questeur en Sicile (75). — 6. 1 Nommé questeur
à un moment où le blé manquait, et désigné par le sort
pour la Sicile*, il déplut d'abord aux habitants en les
forçant d'envoyer du blé à Rome. Mais ensuite, quand
ils eurent éprouvé son zèle, son équité et sa douceur, ils
l'honorèrent plus qu'ils n'avaient fait jusque-là aucun
magistrat. 2 Comme plusieurs jeunes Romains illustres
et de noble famille, accusés d'indiscipline et de mollesse
à la guerre, avaient été déférés devant le préteur de

---

1. Q. Roscius Gallus, grand acteur comique, et Clodius Æsopus,
grand acteur tragique, sont souvent cités par Cicéron, notamment
Pro Archia, 17, et *De divin.*, 1, 80. — Voir *Dém.*, chap. 7, l'importance
qu'auraient eu pour l'orateur athénien les leçons de l'acteur Satyros.
2. Cf. Cic., *Tusc.*, 4, 55, où il est également question d'Æsopus
jouant le rôle principal dans l'*Atrée* d'Accius.

δὲ καὶ φύσει φιλότιμος ὢν καὶ παροξυνόμενος ὑπὸ
τοῦ πατρὸς καὶ τῶν φίλων ἐπέδωκεν εἰς τὸ συνηγο-
ρεῖν ἑαυτόν, οὐκ ἠρέμα τῷ πρωτείῳ προσῆλθεν,
ἀλλ' εὐθὺς ἐξέλαμψε τῇ δόξῃ καὶ διέφερε πολὺ τῶν
ἀγωνιζομένων ἐπ' ἀγορᾶς.

4 Λέγεται δὲ καὶ αὐτὸς οὐδὲν ἧττον νοσήσας τοῦ c
Δημοσθένους περὶ τὴν ὑπόκρισιν, τοῦτο μὲν Ῥωσκίῳ
τῷ κωμῳδῷ, τοῦτο δ' Αἰσώπῳ τῷ τραγῳδῷ προσέχειν
ἐπιμελῶς. 5 Τὸν δ' Αἴσωπον τοῦτον ἱστοροῦσιν
ὑποκρινόμενον ἐν θεάτρῳ τὸν περὶ τῆς τιμωρίας τοῦ
Θυέστου βουλευόμενον Ἀτρέα, τῶν ὑπηρετῶν τινος
ἄφνω παραδραμόντος, ἔξω τῶν ἑαυτοῦ λογισμῶν
διὰ τὸ πάθος ὄντα τῷ σκήπτρῳ πατάξαι καὶ ἀνελεῖν. 6 Οὐ μικρὰ δὴ πρὸς τὸ πείθειν ὑπῆρχεν ἐκ
τοῦ ὑποκρίνεσθαι ῥοπὴ τῷ Κικέρωνι. Καὶ τούς γε
τῷ μέγα βοᾶν χρωμένους ῥήτορας ἐπισκώπτων, ἔλεγε
δι' ἀσθένειαν ἐπὶ τὴν κραυγὴν ὥσπερ χωλοὺς ἐφ' ἵππον
πηδᾶν. Ἡ δὲ περὶ τὰ σκώμματα καὶ τὴν παιδιὰν
ταύτην εὐτραπελία δικανικὸν μὲν ἐδόκει καὶ γλαφυ-
ρὸν εἶναι, χρώμενος δ' αὐτῇ κατακόρως πολλοὺς
ἐλύπει καὶ κακοηθείας ἐλάμβανε δόξαν.

6. 1 Ἀποδειχθεὶς δὲ ταμίας ἐν σιτοδείᾳ καὶ d
λαχὼν Σικελίαν, ἠνώχλησε τοῖς ἀνθρώποις ἐν ἀρχῇ
σῖτον εἰς Ῥώμην ἀποστέλλειν ἀναγκαζομένοις.
Ὕστερον δὲ τῆς ἐπιμελείας καὶ δικαιοσύνης καὶ
πραότητος αὐτοῦ πεῖραν λαμβάνοντες, ὡς οὐδένα
τῶν πώποθ' ἡγεμόνων ἐτίμησαν. 2 Ἐπεὶ δὲ πολλοὶ
τῶν ἀπὸ Ῥώμης νέων ἔνδοξοι καὶ γεγονότες καλῶς
αἰτίαν ἔχοντες ἀταξίας καὶ μαλακίας περὶ τὸν πόλεμον ἀνεπέμφθησαν ἐπὶ τὸν στρατηγὸν τῆς Σικε-

5. 3 ⁴ προσῆλθεν : προσῆγεν Υ ‖ 4 ¹ νοσήσας : νοήσας Gudeman ‖
² περὶ : πρὸς Υ ‖ 6 ¹ δὴ : δὲ Υ ‖ ⁵ παιδιὰν : παιδείαν Ν ‖ 6. 1 ³ ἀναγκαζομένοις U : -ζόμενος.

Sicile[1], Cicéron les défendit brillamment et les sauva.
3 Très fier de ces succès, il raconte qu'il lui advint en
retournant à Rome une aventure plaisante[2]. Il rencontra en Campanie[3] un grand personnage, qu'il considérait comme un ami, et lui demanda ce que l'on disait
et pensait à Rome de ce qu'il avait fait, car il s'imaginait
avoir rempli toute la ville du renom et de la gloire de ses
actions. 4 « Où donc étais-tu ces temps derniers,
Cicéron? » lui dit cet homme. Il se sentit alors tout à fait
découragé en constatant que le bruit de sa conduite
était tombé dans la ville comme dans l'abîme marin
sans produire sur sa réputation aucun effet visible. Plus
tard, dit-il, en se raisonnant il retrancha beaucoup de
son ambition et se convainquit que la gloire pour laquelle il luttait était chose infinie et sans terme accessible. 5 Cependant le plaisir extraordinaire qu'il prenait aux louanges et sa passion excessive pour la gloire
lui restèrent jusqu'à la fin et troublèrent souvent en lui
maints calculs de la droite raison.

7. 1 Comme il s'adonnait à la politique avec plus
d'ardeur, il pensa qu'il serait honteux, alors que les
artisans qui se servent d'instruments et d'outils inanimés
n'ignorent ni le nom, ni la place, ni l'usage d'aucun d'eux,
que l'homme d'État appelé par l'exercice de ses fonctions
publiques à manier les hommes se montrât négligent et
paresseux pour connaître les citoyens.[4] 2 En conséquence, il s'accoutuma non seulement à se rappeler leurs
noms, mais encore à savoir quelle demeure habitait
chacun des notables, quelles propriétés, quels amis et
quels voisins ils avaient, et, lorsqu'il voyageait en
Italie sur n'importe quelle route, il pouvait aisément

1. Il s'agit du propréteur Sex. Peducaeus : cf. Broughton, *The
magistr.*, 2, 98.
2. Cicéron raconte cela dans le *Pro Plancio*, 65 ; son spirituel récit
est très résumé par Plutarque.
3. Plus précisément à Pouzzoles (*Puteoli*) d'après le *Pro Planc., l. l.*
4. On peut rapprocher le passage du *Pro Murena*, 77, où Cicéron
blâme l'emploi du *nomenclator* : « Si saluer ses concitoyens par leur
nom est une marque d'honneur, c'est une honte qu'ils soient mieux
connus de ton esclave que de toi-même. »

λίας, συνεῖπεν αὐτοῖς ὁ Κικέρων ἐπιφανῶς καὶ περιε-
ποίησεν. 3 Ἐπὶ τούτοις οὖν μέγα φρονῶν, εἰς
Ῥώμην βαδίζων γελοῖόν τι παθεῖν φησι. Συντυχὼν e
γὰρ ἀνδρὶ τῶν ἐπιφανῶν φίλῳ δοκοῦντι περὶ Καμπα-
νίαν, ἐρέσθαι τίνα δὴ τῶν πεπραγμένων ὑπ᾽ αὐτοῦ
λόγον ἔχουσι Ῥωμαῖοι καὶ τί φρονοῦσιν, ὡς ὀνόματος
καὶ δόξης τῶν πεπραγμένων αὐτῷ τὴν πόλιν ἅπασαν
ἐμπεπληκώς· τὸν δ᾽ εἰπεῖν· 4 « Ποῦ γὰρ ἦς, ὦ
Κικέρων, τὸν χρόνον τοῦτον; » τότε μὲν οὖν ἐξαθυμῆσαι
παντάπασιν, εἴ γε καθάπερ εἰς πέλαγος ἀχανὲς τὴν
πόλιν ἐμπεσὼν ὁ περὶ αὐτοῦ λόγος οὐδὲν εἰς δόξαν
ἐπίδηλον πεποίηκεν· ὕστερον δὲ λογισμὸν αὐτῷ
διδοὺς πολὺ τῆς φιλοτιμίας ὑφελεῖν, ὡς πρὸς ἀόριστον
πρᾶγμα τὴν δόξαν ἁμιλλώμενος καὶ πέρας ἐφικτὸν
οὐκ ἔχουσαν. 5 Οὐ μὴν ἀλλὰ τό γε χαίρειν ἐπαι- f
νούμενον διαφερόντως καὶ πρὸς δόξαν ἐμπαθέστερον
ἔχειν ἄχρι παντὸς αὐτῷ παρέμεινε καὶ πολλοὺς
πολλάκις τῶν ὀρθῶν ἐπετάραξε λογισμῶν.

7. 1 Ἁπτόμενος δὲ τῆς πολιτείας προθυμότερον,
αἰσχρὸν ἡγεῖτο τοὺς μὲν βαναύσους ὀργάνοις καὶ
σκεύεσιν χρωμένους ἀψύχοις μηδενὸς ἀγνοεῖν ὄνομα
μηδὲ χώραν ἢ δύναμιν αὐτῶν, τὸν δὲ πολιτικόν, ᾧ 864
δι᾽ ἀνθρώπων αἱ κοιναὶ πράξεις περαίνονται, ῥᾳθύμως
καὶ ἀμελῶς ἔχειν περὶ τὴν τῶν πολιτῶν γνῶσιν.
2 Ὅθεν οὐ μόνον τῶν ὀνομάτων μνημονεύειν εἴθιζεν
ἑαυτόν, ἀλλὰ καὶ τὸν τόπον ἐν ᾧ τῶν γνωρίμων ἕκαστος
οἰκεῖ, καὶ χωρίον ὃ κέκτηται, καὶ φίλους οἷστισι
χρῆται καὶ γείτονας γινώσκειν· καὶ πᾶσαν ὁδὸν
τῆς Ἰταλίας διαπορευομένῳ Κικέρωνι πρόχειρον

6. 4 ² οὖν : οὖν αὐτὸν Ν ‖ ⁶ ὑφελεῖν Wytt. : ὑφεῖλεν ‖ 5 ² διαφερόντως : οὐ δεόντως Ν ‖ 7. 1 ⁴ χώραν : χρείαν Cor. ‖ ⁶ πολιτῶν : -τι-
κῶν Υ ‖ 2 ² τὸν om. Υ ‖ ³ οἰκεῖ : ᾤκει Ν ‖ ὃ C : οὗ cet. ‖ ⁴ γινώσκειν :
ἐγίνωσκε Υ.

nommer et montrer les terres et les fermes de ses amis.
3 Il possédait une fortune peu considérable, mais
suffisante pour satisfaire à ses dépenses[1]. Aussi s'éton-
nait-on qu'il ne voulût accepter comme avocat ni hono-
raires ni présents, surtout lorsqu'il se chargea du procès
contre Verrès. 4 Celui-ci avait été préteur de Sicile
et avait commis une foule de méfaits pour lesquels il
fut poursuivi par les Siciliens. Cicéron le fit condamner,
non pas en parlant, mais pour ainsi dire par le fait même
de s'abstenir de parler[2]. 5 Les préteurs qui favori-
saient Verrès avaient à force de délais et de remises
rejeté le procès jusqu'au dernier jour possible, parce qu'il
était évident que la durée d'une journée ne suffirait pas
aux débats et que le procès ne serait pas terminé*. Mais
Cicéron se leva et déclara qu'il n'était pas besoin de discours, puis il fit avancer les témoins, les interrogea et
pria les juges de porter leurs suffrages. 6 Cependant
on mentionne plusieurs bons mots de lui au cours de cette
affaire. *Verres*, en latin, désigne le porc châtré*. Or un
affranchi, nommé Caecilius, que l'on soupçonnait de
judaïsme, prétendait se substituer aux Siciliens pour
accuser Verrès*. « Quoi de commun entre un Juif et
un porc? » dit alors Cicéron. 7 Verrès avait un fils
déjà grand, qui passait pour prostituer honteusement
sa jeunesse. Cicéron, comme Verrès lui reprochait sa
mollesse, répliqua : « C'est là un reproche à faire à ses
fils, à huis clos. » 8 L'orateur Hortensius* n'avait
pas voulu défendre Verrès ouvertement, mais, quand on
en vint à la fixation de l'amende, il consentit à l'assister et

---

1. Cette appréciation de Plutarque (voir ci-dessous, 8, 3) a été contestée, notamment par J. Carcopino qui considère Cicéron comme
l'un « des gros capitalistes de la Rome » de son temps : *Les secrets de
la correspondance de Cicéron*, 1, 73, et tout ce chapitre (73-146) intitulé « Fortune et train de vie ».

2. C. Verrès, préteur urbain en 74, avait été ensuite pendant trois ans
propréteur en Sicile (73-71) : voir Broughton, *The magistr.*, 2, 102
et 112. Son procès eut lieu en 70 devant le préteur M'. Acilius Glabrio.
Lors de la première action contre Verrès, Cicéron eut en effet l'habileté de réduire sa plaidoirie au strict minimum, et, après une brève
introduction, de laisser parler les témoins dont les dépositions furent
accablantes pour l'accusé, qui préféra s'exiler avant la condamnation.

ἦν εἰπεῖν καὶ ἐπιδεῖξαι τοὺς τῶν φίλων ἀγροὺς καὶ
τὰς ἐπαύλεις. 3 Οὐσίαν δὲ μικρὰν μέν, ἱκανὴν δὲ καὶ
ταῖς δαπάναις ἐπαρκῆ κεκτημένος, ἐθαυμάζετο μήτε
μισθοὺς μήτε δῶρα προσιέμενος ἀπὸ τῆς συνηγορίας, μάλιστα δ᾽ ὅτε τὴν κατὰ Βέρρου δίκην ἀνέλαβε.   b
4 Τοῦτον γὰρ στρατηγὸν γεγονότα τῆς Σικελίας καὶ
πολλὰ πεπονηρευμένον τῶν Σικελιωτῶν διωκόντων
εἷλεν, οὐκ εἰπών, ἀλλ᾽ ἐξ αὐτοῦ τρόπον τινὰ τοῦ
μὴ εἰπεῖν. 5 Τῶν γὰρ στρατηγῶν τῷ Βέρρῃ χαριζο-
μένων καὶ τὴν κρίσιν ὑπερθέσεσι καὶ διακρούσεσι
πολλαῖς εἰς τὴν ὑστάτην ἐκβαλλόντων, ὡς ἦν πρόδηλον
ὅτι τοῖς λόγοις ὁ τῆς ἡμέρας οὐκ ἐξαρκέσει χρόνος
οὐδὲ λήψεται πέρας ἡ κρίσις, ἀναστὰς ὁ Κικέρων
ἔφη μὴ δεῖσθαι λόγων, ἀλλ᾽ ἐπαγαγὼν τοὺς μάρτυ-
ρας καὶ ἀνακρίνας ἐκέλευσε φέρειν τὴν ψῆφον τοὺς
δικαστάς. 6 Ὅμως δὲ πολλὰ χαρίεντα διαμνημο-   c
νεύεται καὶ περὶ ἐκείνην αὐτοῦ τὴν δίκην. Βέρρην γὰρ
οἱ Ῥωμαῖοι τὸν ἐκτετμημένον χοῖρον καλοῦσιν · ὡς
οὖν ἀπελευθερικὸς ἄνθρωπος ἔνοχος τῷ ἰουδαΐζειν
ὄνομα Κεκίλιος ἐβούλετο παρωσάμενος τοὺς Σικε-
λιώτας κατηγορεῖν τοῦ Βέρρου, « Τί Ἰουδαίῳ πρὸς
χοῖρον; » ἔφη ὁ Κικέρων. 7 Ἦν δὲ τῷ Βέρρῃ ἀντί-
παις υἱὸς οὐκ ἐλευθερίως δοκῶν προΐστασθαι τῆς
ὥρας · λοιδορηθεὶς οὖν ὁ Κικέρων εἰς μαλακίαν
ὑπὸ τοῦ Βέρρου, « Τοῖς υἱοῖς » εἶπεν « ἐντὸς θυρῶν δεῖ
λοιδορεῖσθαι. » 8 Τοῦ δὲ ῥήτορος Ὁρτησίου τὴν
μὲν εὐθεῖαν τῷ Βέρρῃ συνειπεῖν μὴ θελήσαντος, ἐν
δὲ τῷ τιμήματι πεισθέντος παραγενέσθαι καὶ λαβόν-   d
τος ἐλεφαντίνην Σφίγγα μισθόν, εἶπέ τι πλαγίως

7. 5 ² κρίσιν : δίκην Y ‖ ³ πολλαῖς : πολλάκις N ‖ ⁶ ἐπαγαγὼν :
ἐπάγων N ‖ ⁷ ἀνακρίνας : ἐπικ- Y ‖ ἐκέλευσε : -λευε N ‖ 6 ³ τὸν
ἐκτετμημένον : τὸν μὴ ἐκτ- Amyot ‖ ⁴ τῷ : τοῦ N ‖ ⁷ χοῖρον : χοί-
ρειον N ‖ 8 ¹ Ὁρτησίου : Ὁρτηνσίου N ‖ ² θελήσαντος : τολμή-
σαντος Y.

reçut de lui en récompense un sphinx d'ivoire*. Cicéron lui ayant alors lancé une phrase ambiguë, Hortensius rétorqua qu'il ne savait pas résoudre les énigmes : « Et pourtant, dit Cicéron, tu as à domicile le sphinx ! »

Édile (69). — **8.** 1 Verrès ayant été ainsi condamné, Cicéron qui avait estimé l'amende à sept cent cinquante mille drachmes fut accusé d'avoir touché de l'argent pour rabaisser son évaluation*. 2 Cependant les Siciliens reconnaissants lui amenèrent ou lui apportèrent de leur île, lors de son édilité, une grande quantité de présents. Il n'en tira aucun profit personnel et n'usa de leur libéralité que pour faire baisser le prix des vivres*.

3 Il avait un beau domaine à Arpinum*, une propriété près de Naples et une autre près de Pompéi, mais toutes deux petites*. A cela s'ajouta la dot de sa femme Terentia, qui se montait à cent vingt mille drachmes, et un héritage, qui s'élevait à quatre-vingt-dix mille deniers[1]. 4 Avec ces ressources il menait une vie à la fois digne et sobre dans la société des lettrés grecs et romains. Il était rare, si tant est que cela lui soit arrivé, qu'il se mît à table avant le coucher du soleil, non pas tellement à cause de ses occupations qu'en raison du mauvais état de son estomac*. 5 Il était également exact et minutieux dans tous les autres soins qu'il prenait de sa santé, à tel point qu'il s'imposait un nombre réglé de massages et de promenades. En ménageant ainsi sa constitution physique, il se garda à l'abri des maladies et acquit assez de force pour supporter les nombreuses et grandes luttes et tous les travaux qu'il eut à soutenir*. 6 Il céda la maison paternelle à son frère, et lui-même habitait au Palatin*, afin d'épargner le désagrément d'une longue marche à ses clients. Or, tous les jours sa porte était assiégée d'autant de visiteurs qu'en valait à Crassus la richesse et à Pompée le prestige militaire, ces deux per-

---

1. Cicéron avait épousé en premières noces Terentia, une femme de la *nobilitas,* en 80 (alors qu'il avait vingt-six ans), ou un peu plus tard. — Sur cet héritage, nous ne savons rien de sûr : cf. Drumann-Groebe[2], 6, 332, note 14, et J. Carcopino, *Les secrets...,* 1, 233.

ὁ Κικέρων πρὸς αὐτόν· τοῦ δὲ φήσαντος αἰνιγμάτων
λύσεως ἀπείρως ἔχειν· « Καὶ μὴν ἐπὶ τῆς οἰκίας »
ἔφη « τὴν Σφίγγα ἔχεις ».

8. 1 Οὕτω δὲ τοῦ Βέρρου καταδικασθέντος, ἑβδομή-
κοντα πέντε μυριάδων τιμησάμενος τὴν δίκην ὁ Κικέρων διαβολὴν ἔσχεν ὡς ἐπ' ἀργυρίῳ τὸ τίμημα καθ-
υφειμένος. 2 Οὐ μὴν ἀλλ' οἱ Σικελιῶται χάριν εἰ-
δότες ἀγορανομοῦντος αὐτοῦ πολλὰ μὲν ἄγοντες
ἀπὸ τῆς νήσου, πολλὰ δὲ φέροντες ἧκον, ὧν οὐδὲν
ἐποιήσατο κέρδος, ἀλλ' ὅσον ἐπευωνίσαι τὴν ἀγορὰν
ἀπεχρήσατο τῇ φιλοτιμίᾳ τῶν ἀνθρώπων.

3 Ἐκέκτητο δὲ χωρίον καλὸν ἐν Ἄρποις, καὶ e
περὶ Νέαν πόλιν ἦν ἀγρὸς καὶ περὶ Πομπηίους ἕτερος,
οὐ μεγάλοι· φερνή τε Τερεντίας τῆς γυναικὸς προσε-
γένετο μυριάδων δώδεκα, καὶ κληρονομία τις εἰς
ἐννέα συναχθεῖσα δηναρίων μυριάδας. 4 Ἀπὸ
τούτων ἐλευθερίως ἅμα καὶ σωφρόνως διῆγε μετὰ
τῶν συμβιούντων Ἑλλήνων καὶ Ῥωμαίων φιλολόγων,
σπάνιον εἴ ποτε πρὸ δυσμῶν ἡλίου κατακλινόμενος,
οὐχ οὕτω δι' ἀσχολίαν ὡς διὰ τὸ σῶμα τῷ στομάχῳ
μοχθηρῶς διακείμενον. 5 Ἦν δὲ καὶ τὴν ἄλλην
περὶ τὸ σῶμα θεραπείαν ἀκριβὴς καὶ περιττός, ὥστε
καὶ τρίψεσι καὶ περιπάτοις ἀριθμῷ τεταγμένοις f
χρῆσθαι. Τοῦτον τὸν τρόπον διαπαιδαγωγῶν τὴν
ἕξιν ἄνοσον καὶ διαρκῆ πρὸς πολλοὺς καὶ μεγάλους
ἀγῶνας καὶ πόνους συνεῖχεν. 6 Οἰκίαν δὲ τὴν μὲν
πατρῴαν τῷ ἀδελφῷ παρεχώρησεν, αὐτὸς δ' ᾤκει
περὶ τὸ Παλάτιον ὑπὲρ τοῦ μὴ μακρὰν βαδίζοντας
ἐνοχλεῖσθαι τοὺς θεραπεύοντας αὐτόν. Ἐθεράπευον
δὲ καθ' ἡμέραν ἐπὶ θύρας φοιτῶντες οὐκ ἐλάσσονες 865
ἢ Κράσσον ἐπὶ πλούτῳ καὶ Πομπήιον διὰ τὴν ἐν τοῖς

---

7. 8 ⁶ λύσεως N : -σεων ‖ 8. 2 ⁴ ἐπευωνίσαι : -ωνῆσαι N ‖ 3 ⁴ δώδεκα
N : δέκα ‖ 5 ⁴ Τοῦτον : Καὶ τοῦτον N.

sonnages étant les plus admirés et les plus grands des
Romains. 7 Pompée lui-même cultivait l'amitié de
Cicéron dont la politique contribua beaucoup à sa puis-
sance et à sa gloire[1].

Préteur (66). — 9.

1 Quand il brigua la préture,
bien qu'il eût de nombreux et nobles concurrents, il fut
élu le premier de tous[2]. Les jugements qu'il rendit alors
lui valurent la réputation d'un magistrat intègre et
équitable. 2 On raconte que Licinius Macer, homme
qui jouissait par lui-même d'un grand crédit dans la
ville et qui était soutenu par Crassus, fut accusé de mal-
versation devant Cicéron. Comptant sur sa puissance
et sur les efforts faits en sa faveur, il s'en retourna
chez lui au moment où les juges étaient encore en train
de voter, se fit couper les cheveux, prit en hâte une robe
blanche, comme s'il avait gagné son procès*, et sortit
pour rejoindre le Forum. Mais Crassus, étant venu à sa
rencontre, le trouva dans la cour de sa maison et lui
apprit qu'il avait été condamné par l'unanimité des
suffrages. Alors il rentra chez lui, se mit au lit et mourut.
Cette affaire fit honneur à Cicéron, qui avait scrupuleuse-
ment dirigé les débats*.

3 Vatinius, homme de manières rudes, sans égards
pour les magistrats dans ses plaidoiries, et dont le
cou était gonflé par un goître, vint trouver Cicéron
pour lui présenter une requête*. Comme Cicéron ne lui
donnait pas satisfaction et mettait beaucoup de temps à
délibérer, Vatinius lui dit que lui-même, s'il était préteur, n'hésiterait pas en pareille matière, à quoi Cicéron,
se tournant vers lui, répliqua : « Mais moi, je n'ai pas
une encolure comparable à la tienne ! »*

4 Alors que Cicéron n'avait plus que deux ou trois

---

1. En 66, Cicéron, dans son discours *Pro lege Manilia* (appelé aussi
De imperio Cn. Pompei), soutint la loi qui donnait à Pompée des
pouvoirs considérables pour achever la guerre contre Mithridate ;
cf. *Pomp.*, 30, 1.
2. Cf. Cic., *Brut.*, 321 : *praetor primus*, ce qui fit probablement de
lui le *praetor urbanus*, qui était à Rome le premier magistrat judiciaire. Cf. Broughton, *The magistr.*, 2, 173.

στρατεύμασι δύναμιν, θαυμαζομένους μάλιστα
Ῥωμαίων καὶ μεγίστους ὄντας. 7 Πομπήιος δὲ
καὶ Κικέρωνα ἐθεράπευε, καὶ μέγα πρὸς δύναμιν
αὐτῷ καὶ δόξαν ἡ Κικέρωνος συνέπραξε πολιτεία.

9. 1 Στρατηγίαν δὲ μετιόντων ἅμα σὺν αὐτῷ
πολλῶν καὶ γενναίων, πρῶτος ἁπάντων ἀνηγορεύθη ·
καὶ τὰς κρίσεις ἔδοξε καθαρῶς καὶ καλῶς βραβεῦσαι.
2 Λέγεται δὲ Λικίνιος Μάκερ, ἀνὴρ καὶ καθ' αὑτὸν
ἰσχύων ἐν τῇ πόλει μέγα καὶ Κράσσῳ χρώμενος
βοηθῷ, κρινόμενος κλοπῆς ἐπ' αὐτοῦ, τῇ δυνάμει
καὶ σπουδῇ πεποιθώς, ἔτι τὴν ψῆφον τῶν κριτῶν   b
διαφερόντων ἀπαλλαγεὶς οἴκαδε κείρασθαί τε τὴν
κεφαλὴν καὶ κατὰ τάχος καθαρὸν ἱμάτιον λαβὼν
ὡς νενικηκὼς αὖθις εἰς ἀγορὰν προιέναι · τοῦ δὲ
Κράσσου περὶ τὴν αὔλειον ἀπαντήσαντος αὐτῷ καὶ
φράσαντος ὅτι πάσαις ἑάλωκε ταῖς ψήφοις, ἀναστρέψας
καὶ κατακλινεὶς ἀποθανεῖν. Τὸ δὲ πρᾶγμα τῷ Κικέρωνι δόξαν ἤνεγκεν ὡς ἐπιμελῶς βραβεύσαντι τὸ
δικαστήριον.

3 Ἐπεὶ δὲ Οὐατίνιος, ἀνὴρ ἔχων τι τραχὺ καὶ πρὸς
τοὺς ἄρχοντας ὀλίγωρον ἐν ταῖς συνηγορίαις, χοι-
ράδων δὲ τὸν τράχηλον περίπλεως, ᾐτεῖτό τι καταστὰς
παρὰ τοῦ Κικέρωνος, καὶ μὴ διδόντος, ἀλλὰ βουλευο-
μένου πολὺν χρόνον, εἶπεν ὡς οὐκ ἂν αὐτός γε διστά-   c
σειε περὶ τούτου στρατηγῶν, ἐπιστραφεὶς ὁ Κικέρων
« Ἀλλ' ἔγωγε » εἶπεν « οὐκ ἔχω τηλικοῦτον τράχηλον ».

4 Ἔτι δ' ἡμέρας δύο ἢ τρεῖς ἔχοντι τῆς ἀρχῆς

---

8. 7 ² μέγα : μεγάλα Y ‖ 9. 1 ² γενναίων N : μεγάλων ‖ 2 ¹ Λικίνιος N : καὶ Λικ- ‖ ³ ἐπ' Cob. : ὑπ' ‖ ⁶ καὶ κατὰ τάχος N : κατὰ
τάχος καὶ ‖ 3 ¹ Οὐατίνιος Steph. : Σουατίνιος N Οὐατῖνος ‖ ³ τι
om. N ‖ ⁵ εἶπεν : εἰπεῖν Y ‖ ⁵⁻⁶ διστάσειε : νυστάσειε Sickinger Erbse ‖
⁷ ἔχω : ἐγὼ Y.

jours à exercer sa charge, Manilius fut amené devant lui
sous l'accusation de concussion. Celui-ci avait la sympathie et la faveur du peuple, qui croyait qu'on le poursuivait à cause de Pompée, dont il était l'ami[1]. 5 Manilius demanda quelques jours de délai, mais Cicéron ne
lui en accorda qu'un seul, le lendemain. Le peuple fut
indigné, parce que les préteurs, d'ordinaire, accordaient
au moins dix jours aux accusés. 6 Les tribuns firent
comparaître Cicéron et l'accusèrent ; il demanda à être
entendu. Il dit qu'ayant toujours traité les prévenus
avec douceur et humanité autant que les lois le permettaient, il jugerait indigne de ne pas se comporter de la
même façon à l'égard de Manilius, mais, comme il ne
disposait plus, comme préteur, que d'un seul jour, il
l'avait à dessein fixé pour le procès, car renvoyer cette
affaire à un autre magistrat n'eût pas été le fait d'un
homme disposé à soutenir l'accusé. 7 Ces paroles
produisirent un merveilleux changement dans les dispositions du peuple. Cicéron fut couvert d'éloges et prié
de se charger de la défense de Manilius. Il y consentit
volontiers, surtout par égard pour Pompée, qui était
absent, et, reprenant l'affaire à son origine, il parla
devant le peuple en attaquant vigoureusement les partisans de l'oligarchie et les ennemis de Pompée[2].

Consul (63). — **10**. 1 Il fut porté au consulat non
moins par les aristocrates que par le peuple, les deux
partis l'appuyant dans l'intérêt de l'État pour la raison
suivante. 2 Le changement introduit par Sylla dans
la constitution avait d'abord paru étrange, mais, avec le
temps et l'habitude, il semblait avoir acquis dès lors aux
yeux de la plupart des citoyens une stabilité qui n'était pas
à dédaigner ; cependant il y avait des gens qui cherchaient
à ébranler et à bouleverser l'état présent, en vue non

---

1. Voir ci-dessus la note à 8, 7. C. Manilius Crispus était tribun de
la plèbe. Sur ce procès, qui nous est très mal connu, cf. Dion Cassius,
36, 42-44.

2. Cf. Q. Cic., *Commentariolum petitionis*, 51 : « Déjà tu t'es acquis
la masse des électeurs urbains et la sympathie de ceux qui gouvernent
les assemblées populaires en faisant charger Pompée d'honneurs, en
acceptant de défendre Manilius... »

αὐτῷ προσήγαγέ τις Μανίλιον εὐθύνων κλοπῆς.
Ὁ δὲ Μανίλιος οὗτος εὔνοιαν εἶχε καὶ σπουδὴν ὑπὸ
τοῦ δήμου, δοκῶν ἐλαύνεσθαι διὰ Πομπήιον · ἐκείνου
γὰρ ἦν φίλος. 5 Αἰτουμένου δ' ἡμέρας αὐτοῦ,
μίαν ὁ Κικέρων μόνην τὴν ἐπιοῦσαν ἔδωκε · καὶ ὁ
δῆμος ἠγανάκτησεν, εἰθισμένων τῶν στρατηγῶν δέκα
τοὐλάχιστον ἡμέρας διδόναι τοῖς κινδυεύουσι. 6 Τῶν
δὲ δημάρχων ἀγαγόντων αὐτὸν ἐπὶ τὸ βῆμα καὶ   d
κατηγορούντων, ἀκουσθῆναι δεηθεὶς εἶπεν ὅτι τοῖς
κινδυνεύουσιν ἀεί, καθ' ὅσον οἱ νόμοι παρείκουσι,
κεχρημένος ἐπιεικῶς καὶ φιλανθρώπως δεινὸν ἡγεῖτο
τῷ Μανιλίῳ ταὐτὰ μὴ παρασχεῖν · ἧς οὖν ἔτι μόνης
κύριος ἦν ἡμέρας στρατηγῶν, ταύτην ἐπίτηδες ὁρίσαι ·
τὸ γὰρ εἰς ἄλλον ἄρχοντα τὴν κρίσιν ἐκβαλεῖν οὐκ
εἶναι βουλομένου βοηθεῖν. 7 Ταῦτα λεχθέντα θαυμαστὴν ἐποίησε τοῦ δήμου μεταβολήν · καὶ πολλὰ
κατευφημοῦντες αὐτόν, ἐδέοντο τὴν ὑπὲρ τοῦ Μανι-
λίου συνηγορίαν ἀναλαβεῖν. Ὁ δ' ὑπέστη προθύμως,
οὐχ ἥκιστα διὰ Πομπήιον ἀπόντα · καὶ καταστὰς   e
πάλιν ἐξ ὑπαρχῆς ἐδημηγόρησε, νεανικῶς τῶν ὀλιγαρ-
χικῶν καὶ τῶν Πομπηίῳ φθονούντων καθαπτόμενος.

10. 1 Ἐπὶ δὲ τὴν ὑπατείαν οὐχ ἧττον ὑπὸ τῶν
ἀριστοκρατικῶν ἢ τῶν πολλῶν προήχθη διὰ τὴν
πόλιν ἐξ αἰτίας αὐτῷ τοιᾶσδε συναγωνισαμένων.
2 Τῆς ὑπὸ Σύλλα γενομένης μεταβολῆς περὶ τὴν
πολιτείαν ἐν ἀρχῇ μὲν ἀτόπου φανείσης, τότε δὲ τοῖς
πολλοῖς ὑπὸ χρόνου καὶ συνηθείας ἤδη τινὰ κατάστασιν ἔχειν οὐ φαύλην δοκούσης, ἦσαν οἱ τὰ παρόντα
διασεῖσαι καὶ μεταθεῖναι ζητοῦντες ἰδίων ἕνεκα πλεο-

9. 5 ¹ ἡμέρας Y : -ραν ‖ 6 ⁶ ταῦτα Sol. : ταὖτα ‖ ἧς : ἣν N ‖ ⁹ βουλομένου : -νῳ Y ‖ 7 ³ αὐτόν om. N ‖ ⁷ τῶν : τῷ N ‖ **10.** 1 ³ τοιᾶσδε :
τοιαύτης Y ‖ 2 ²⁻³ τότε δὲ τοῖς πολλοῖς : τοῖς πολλοῖς, τότε δ' Zie.

pas du bien commun, mais de leurs intérêts particuliers. Pompée faisait encore la guerre aux rois du Pont et de l'Arménie[1], et aucune force à Rome n'était capable de s'opposer aux révolutionnaires. 3 Ceux-ci avaient pour coryphée un homme de caractère audacieux, entreprenant et rusé, Lucius Catilina, qui était soupçonné de plusieurs grands crimes, entre autres d'inceste avec sa fille et du meurtre de son frère[2]. Craignant d'être poursuivi à ce propos, il avait persuadé Sylla d'inscrire le nom de son frère, comme s'il était encore vivant, sur la liste des proscrits destinés à la mort. 4 Prenant donc cet homme pour chef, les factieux se donnèrent mutuellement différents gages, et ils immolèrent un homme dont ils goûtèrent les chairs[3]. Catilina avait corrompu une grande partie de la jeunesse de la ville, procurant sans cesse à chacun des plaisirs, des beuveries, des femmes, et fournissant l'argent sans compter pour faire face à ces dépenses. 5 D'autre part toute l'Étrurie et la plus grande partie de la Gaule cisalpine s'étaient soulevées, prêtes à faire défection, et Rome risquait fort de glisser à la révolution à cause de l'inégalité des fortunes : tandis que les hommes les plus renommés et les plus généreux s'étaient appauvris en frais de spectacles, de banquets, de campagnes électorales et de constructions, les richesses étaient tombées aux mains d'hommes sans noblesse et d'humble condition. Ainsi la plus légère impulsion pouvait suffire pour renverser le régime et faire passer tout le pouvoir à celui qui oserait abattre la République, minée par un mal qui venait d'elle-même.

11. 1 Cependant Catilina, voulant s'assurer d'abord une solide base d'opérations, briguait le consulat[4],

1. Mithridate et Tigrane ; cf. *Pomp.*, chap. 30-37.
2. L. Sergius Catilina ; cf. *Sylla*, 32, 3-4, et voir E. Manni, *L. Sergio Catilina* (Firenze, 1939).
3. Pour cette scène d'anthropophagie, cf. Salluste, *Catil.*, 22, et Dion Cassius, 37, 30, 3, et voir J. Heurgon, *Mél. Charles Picard*, 438-447 : Salluste et le serment sacrificiel de Catilina.
4. Catilina avait déjà brigué une première fois le consulat pour l'année 65.

νεξιῶν, οὐ πρὸς τὸ βέλτιον, Πομπηίου μὲν ἔτι τοῖς　f
βασιλεῦσιν ἐν Πόντῳ καὶ Ἀρμενίᾳ διαπολεμοῦντος,
ἐν δὲ τῇ Ῥώμῃ μηδεμιᾶς ὑφεστώσης πρὸς τοὺς
νεωτερίζοντας ἀξιομάχου δυνάμεως. 3 Οὗτοι κορυ-
φαῖον εἶχον ἄνδρα τολμητὴν καὶ μεγαλοπράγμονα
καὶ ποικίλον τὸ ἦθος, Λεύκιον Κατιλίναν, ὃς αἰτίαν
ποτὲ πρὸς ἄλλοις ἀδικήμασι μεγάλοις ἔλαβε παρθένῳ
θυγατρὶ συγγεγονέναι, κτεῖναι δ' ἀδελφὸν αὐτοῦ ·
καὶ δίκην ἐπὶ τούτῳ φοβούμενος, ἔπεισε Σύλλαν ὡς　866
ἔτι ζῶντα τὸν ἄνθρωπον ἐν τοῖς ἀποθανουμένοις
προγράψαι. 4 Τοῦτον οὖν προστάτην οἱ πονηροὶ
λαβόντες, ἄλλας τε πίστεις ἔδοσαν ἀλλήλοις καὶ
καταθύσαντες ἄνθρωπον ἐγεύσαντο τῶν σαρκῶν.
Διέφθαρτο δ' ὑπ' αὐτοῦ πολὺ μέρος τῆς ἐν τῇ πόλει
νεότητος, ἡδονὰς καὶ πότους καὶ γυναικῶν ἔρωτας
ἀεὶ προξενοῦντος ἑκάστῳ καὶ τὴν εἰς ταῦτα δαπάνην
ἀφειδῶς παρασκευάζοντος. 5 Ἐπῆρτο δ' ἥ τε
Τυρρηνία πρὸς ἀπόστασιν ὅλη καὶ τὰ πολλὰ τῆς
ἐντὸς Ἄλπεων Γαλατίας. Ἐπισφαλέστατα δ' ἡ
Ῥώμη πρὸς μεταβολὴν εἶχε διὰ τὴν ἐν ταῖς οὐσίαις　b
ἀνωμαλίαν, τῶν μὲν ἐν δόξῃ μάλιστα καὶ φρονήματι
κατεπτωχευμένων εἰς θέατρα καὶ δεῖπνα καὶ φιλαρχίας
καὶ οἰκοδομίας, τῶν δὲ πλούτων εἰς ἀγεννεῖς καὶ
ταπεινοὺς συνερρυηκότων ἀνθρώπους, ὥστε μικρᾶς
ῥοπῆς δεῖσθαι τὰ πράγματα καὶ πᾶν εἶναι τοῦ τολμή-
σαντος ἐκστῆσαι τὴν πολιτείαν, αὐτὴν ὑφ' αὑτῆς
νοσοῦσαν.

11. 1 Οὐ μὴν ἀλλὰ βουλόμενος ὁ Κατιλίνας
ἰσχυρόν τι προκαταλαβεῖν ὁρμητήριον, ὑπατείαν

---

10. 2 ⁶ βέλτιον N : βέλτιστον ‖ μὲν om. N ‖ ⁷ διαπολεμοῦντος :
πολ- Y ‖ 3 ⁵ κτεῖναι : κτείνας N ‖ ⁶ ὡς om. N ‖ 5 ⁷ οἰκοδομίας : οἰ-
κονομίας N ‖ ἀγεννεῖς : ἀγενεῖς N ‖ ⁹ πᾶν N : παντὸς Y τὸ πᾶν Zie. ‖
11. 1 ² τι om. N ‖ προκαταλαβεῖν : προσκ- N.

et il avait de brillants espoirs de le partager avec C. Antonius[1], homme par lui-même incapable de prendre
aucune initiative soit en bien, soit en mal, mais qui
devait renforcer le pouvoir de celui qui prendrait la
direction. 2 Pressentant ce danger, la plupart des
notables mirent en avant la candidature de Cicéron,
que le peuple accueillit avec empressement. Catilina
échoua ; Cicéron et C. Antonius furent élus. 3 Pourtant Cicéron était le seul de tous les candidats qui n'eût
pas pour père un sénateur, mais un chevalier[2].

12. 1 Les desseins de Catilina restaient encore
ignorés de la foule ; mais de grandes luttes préliminaires
marquèrent l'arrivée de Cicéron au consulat. 2 D'un
côté, ceux que les lois de Sylla avaient exclus des charges
publiques (ils étaient nombreux et puissants)[3] postu-
laient des magistratures, haranguaient le peuple et al-
léguaient contre la tyrannie de Sylla une foule de griefs
justes et fondés, mais ils tendaient ainsi à bouleverser,
sans nécessité ni à propos, la constitution. D'un autre
côté, les tribuns du peuple proposaient des lois dans le
même sens : ils voulaient établir une commission de décemvirs, investis de droits souverains, qui, partout en Italie,
en Syrie et dans toutes les provinces que Pompée venait
d'ajouter à l'Empire, pourraient adjuger les biens de
l'État, citer en justice les gens qu'ils voudraient et les
envoyer en exil, fonder des villes, prendre de l'argent
au Trésor public, enrôler enfin et entretenir tous les
soldats qu'il leur faudrait[4]. 3 Aussi plusieurs citoyens
en vue se prononçaient-ils en faveur de cette loi, Antonius tout le premier, collègue de Cicéron, qui comptait
être au nombre des décemvirs ; on croyait aussi qu'il
était au courant des desseins révolutionnaires de Cati-

---

1. C. Antonius Hybrida avait été préteur en 66 ; il était fils du
grand orateur M. Antonius et frère de M. Antonius Creticus.
2. Cf. Cl. Nicolet, *L'ordre équestre*, 2, 1052 sq., n° 362.
3. Il s'agit de la *lex Cornelia de proscriptione*, qui excluait à jamais
des hautes magistratures les enfants des proscrits.
4. Ces propositions de lois concernant les décemvirs furent présen-
tées par le tribun P. Servilius Rullus (peut-être à l'instigation de
César).

μετήει · καὶ λαμπρὸς ἦν ταῖς ἐλπίσιν ὡς Γαΐω Ἀντωνίω
συνυπατεύσων, ἀνδρὶ καθ' αὑτὸν μὲν οὔτε πρὸς τὸ
βέλτιον οὔτε πρὸς τὸ χεῖρον ἡγεμονικῷ, προσθήκῃ
δ' ἄγοντος ἑτέρου δυνάμεως ἐσομένῳ. 2 Ταῦτα δὴ
τῶν καλῶν καὶ ἀγαθῶν ἀνδρῶν οἱ πλεῖστοι προαισθό- c
μενοι τὸν Κικέρωνα προῆγον ἐπὶ τὴν ὑπατείαν · καὶ
τοῦ δήμου δεξαμένου προθύμως, ὁ μὲν Κατιλίνας
ἐξέπεσε, Κικέρων δὲ καὶ Γάιος Ἀντώνιος ᾑρέθησαν.
3 Καίτοι τῶν μετιόντων ὁ Κικέρων μόνος ἦν ἐξ
ἱππικοῦ πατρός, οὐ βουλευτοῦ, γεγονώς.

12. 1 Καὶ τὰ μὲν περὶ Κατιλίναν ἔμενεν ἔτι τοὺς
πολλοὺς λανθάνοντα, προάγωνες δὲ μεγάλοι τὴν
Κικέρωνος ὑπατείαν ἐξεδέξαντο. 2 Τοῦτο μὲν γὰρ
οἱ κεκωλυμένοι κατὰ τοὺς Σύλλα νόμους ἄρχειν,
οὔτ' ἀσθενεῖς ὄντες οὔτ' ὀλίγοι, μετιόντες ἀρχὰς
ἐδημαγώγουν, πολλὰ τῆς Σύλλα τυραννίδος ἀληθῆ
μὲν καὶ δίκαια κατηγοροῦντες, οὐ μὴν ἐν δέοντι τὴν d
πολιτείαν οὐδὲ σὺν καιρῷ κινοῦντες · τοῦτο δὲ νόμους
εἰσῆγον οἱ δήμαρχοι πρὸς τὴν αὐτὴν ὑπόθεσιν,
δεκαδαρχίαν καθιστάντες ἀνδρῶν αὐτοκρατόρων,
οἷς ἐφεῖτο πάσης μὲν Ἰταλίας, πάσης δὲ Συρίας καὶ
ὅσα διὰ Πομπηίου νεωστὶ προσώριστο κυρίους ὄντας
πωλεῖν τὰ δημόσια, κρίνειν οὓς δοκοίη, φυγάδας
ἐκβάλλειν, συνοικίζειν πόλεις, χρήματα λαμβάνειν
ἐκ τοῦ ταμείου, στρατιώτας τρέφειν καὶ καταλέγειν
ὁπόσων δέοιντο. 3 Διὸ καὶ τῷ νόμῳ προσεῖχον
ἄλλοι τε τῶν ἐπιφανῶν καὶ πρῶτος Ἀντώνιος, ὁ τοῦ
Κικέρωνος συνάρχων, ὡς τῶν δέκα γενησόμενος.
Ἐδόκει δὲ καὶ τὸν Κατιλίνα νεωτερισμὸν εἰδὼς οὐ e

11. 1 ⁵ προσθήκῃ Wytt. (προσθήκη D) : προσθήκην NY ‖ ⁶ ἐσομένῳ N : -νου ‖ 2 ³ προῆγον : ἦγον N ‖ 12. 1 ¹ ἔμενεν : ἔμελλεν
Sint. ‖ ³ ὑπατείαν : πολιτείαν N ‖ ἐξεδέξαντο : ἐδέξαντο N ‖ 2 ⁹ ἐφεῖτο : ἐφοβεῖτο N ‖ ¹⁰ ὅσα : ὅση N.

lina, et ne les voyait pas d'un mauvais œil parce qu'il avait d'énormes dettes. C'est là ce qui alarmait le plus l'aristocratie. 4 Pour parer d'abord à ce danger, Cicéron fit attribuer à Antonius le gouvernement de la Macédoine, et refusa pour lui-même la Gaule qu'on lui offrait[1]. Par cette faveur, il obtint d'Antonius qu'il jouât, comme un acteur rétribué, le second rôle dans l'intérêt de la patrie[2]. 5 Quand il eut gagné Antonius et l'eut rendu traitable, Cicéron dès lors se dressa plus hardiment contre les novateurs. Il attaqua délibérément la loi devant le Sénat et accabla tellement les auteurs mêmes du projet qu'aucun d'eux ne le contredit. 6 Mais ils revinrent à la charge et, après s'être bien préparés, ils citèrent les consuls devant le peuple. Cicéron ne se laissa pas intimider : ayant ordonné aux sénateurs de le suivre, il s'avança devant l'assemblée, et non seulement il fit rejeter le projet, mais encore il amena les tribuns à renoncer à leurs autres propositions, tant son éloquence les avait subjugués[3].

13. 1 Nul autre que Cicéron ne fit mieux sentir aux Romains combien l'éloquence ajoute d'attrait à ce qui est moralement beau, et ne leur montra que la justice est invincible quand elle trouve un exact interprète et que, pour gouverner droitement, il faut toujours dans ses actes préférer ce qui est beau à ce qui flatte, mais dans ses discours écarter ce que l'utile peut avoir de désagréable. 2 Une autre preuve de la séduction de son éloquence est celle qu'il donna sous son consulat à propos des spectacles. Jusqu'alors les chevaliers, au théâtre, avaient été mêlés à la foule et prenaient place au hasard dans les rangs du peuple pour assister aux

---

1. Antonius, en sortant de charge, deviendrait donc proconsul de Macédoine. Cicéron, jugeant sa présence nécessaire à Rome, refusa le proconsulat de la Gaule et le fit attribuer à Q. Metellus. Voir J. Carcopino, *Les secrets...*, 1, 208 sqq.

2. Le *deutéragoniste* devait seconder le *protagoniste*, qui, à certaines époques, recrutait lui-même et rétribuait toute la troupe.

3. Les trois discours de Cicéron *De lege agraria*, prononcés le premier au Sénat, les deux autres devant le peuple, sont conservés.

δυσχεραίνειν ὑπὸ πλήθους δανείων · ὃ μάλιστα
τοῖς ἀρίστοις φόβον παρεῖχε. 4 Καὶ τοῦτο πρῶτον
θεραπεύων ὁ Κικέρων, ἐκείνῳ μὲν ἐψηφίσατο τῶν
ἐπαρχιῶν Μακεδονίαν, ἑαυτῷ δὲ τὴν Γαλατίαν διδο-
μένην παρῃτήσατο, καὶ κατειργάσατο τῇ χάριτι
ταύτῃ τὸν Ἀντώνιον ὥσπερ ὑποκριτὴν ἔμμισθον
αὑτῷ τὰ δεύτερα λέγειν ὑπὲρ τῆς πατρίδος. 5 Ὡς
δ' οὗτος ἑαλώκει καὶ χειροήθης ἐγεγόνει, μᾶλλον
ἤδη θαρρῶν ὁ Κικέρων ἐνίστατο πρὸς τοὺς καινοτο-
μοῦντας. Ἐν μὲν οὖν τῇ βουλῇ κατηγορίαν τινὰ τοῦ
νόμου διαθέμενος, οὕτως ἐξέπληξεν αὐτοὺς τοὺς
εἰσφέροντας ὥστε μηδέν' ἀντιλέγειν. 6 Ἐπεὶ δ' αὖ- f
θις ἐπεχείρουν καὶ παρασκευασάμενοι προεκαλοῦντο
τοὺς ὑπάτους ἐπὶ τὸν δῆμον, οὐδὲν ὑποδείσας ὁ
Κικέρων, ἀλλὰ τὴν βουλὴν ἕπεσθαι κελεύσας καὶ
προελθών, οὐ μόνον ἐκεῖνον ἐξέβαλε τὸν νόμον,
ἀλλὰ καὶ τῶν ἄλλων ἀπογνῶναι τοὺς δημάρχους
ἐποίησε, παρὰ τοσοῦτον τῷ λόγῳ κρατηθέντας ὑπ' αὐτοῦ.

13. 1 Μάλιστα γὰρ οὗτος ὁ ἀνὴρ ἐπέδειξε Ῥω- 867
μαίοις ὅσον ἡδονῆς λόγος τῷ καλῷ προστίθησι, καὶ
ὅτι τὸ δίκαιον ἀήττητόν ἐστιν, ἂν ὀρθῶς λέγηται,
καὶ δεῖ τὸν ἐμμελῶς πολιτευόμενον ἀεὶ τῷ μὲν ἔργῳ
τὸ καλὸν ἀντὶ τοῦ κολακεύοντος αἱρεῖσθαι, τῷ δὲ
λόγῳ τὸ λυποῦν ἀφαιρεῖν τοῦ συμφέροντος. 2 Δεῖγμα
δ' αὐτοῦ τῆς περὶ τὸν λόγον χάριτος καὶ τὸ παρὰ
τὰς θέας ἐν τῇ ὑπατείᾳ γενόμενον · τῶν γὰρ ἱππικῶν
πρότερον ἐν τοῖς θεάτροις ἀναμεμειγμένων τοῖς
πολλοῖς καὶ μετὰ τοῦ δήμου θεωμένων ὡς ἔτυχε,
πρῶτος διέκρινεν ἐπὶ τιμῇ τοὺς ἱππέας ἀπὸ τῶν

12. 4 ¹ τοῦτο : τοῦτον N ‖ 5 ⁶ μηδέν' N : μηδὲν ‖ 6 ² παρασκευασάμενοι : παρεσκευασμένοι Υ ‖ 13. 2 ² παρὰ N : περὶ ‖ ⁵ θεωμένων : θεω-
ρουμένων N.

représentations. Le premier, Marcus Otho, étant préteur,
sépara de la masse des citoyens les chevaliers pour leur
faire honneur, et leur assigna une place particulière, qu'on
leur réserve encore aujourd'hui[1]. 3 Le peuple considéra cette mesure comme un affront, et, quand Otho
parut au théâtre, il fut injurié et sifflé. Les chevaliers
au contraire l'accueillirent et l'applaudirent avec enthousiasme. Le peuple siffla de plus belle ; les chevaliers, de
leur côté, redoublèrent leurs applaudissements. 4 Puis,
se tournant les uns contre les autres, ils s'insultèrent
mutuellement, et le théâtre fut en proie au désordre.
Cicéron, informé de l'incident, arriva ; il appela le peuple
à le suivre au sanctuaire de Bellone[2], où il le réprimanda
et l'admonesta. Après quoi le peuple, retournant au
théâtre, applaudit bruyamment Otho et rivalisa avec les
chevaliers pour lui marquer estime et honneur.

14. 1 Cependant Catilina et les autres conjurés,
d'abord intimidés et craintifs, reprenaient courage ;
ils se rassemblaient et s'exhortaient entre eux à mettre
la main à l'œuvre avec plus d'audace avant le retour de
Pompée qui, disait-on, revenait maintenant avec son
armée[3]. 2 Ceux qui excitaient le plus Catilina étaient
les anciens soldats de Sylla : ils étaient implantés à
travers toute l'Italie, mais les plus nombreux et les plus
belliqueux se trouvaient répartis entre les villes d'Étrurie
et ils rêvaient de reprendre leurs pillages et de se partager les richesses qui s'offraient à eux. 3 Ils avaient
pour chef Mallius, un de ceux qui avaient brillamment
servi sous Sylla[4], et, s'étant ligués avec Catilina, ils
vinrent à Rome appuyer sa candidature, car il briguait

---

1. Plusieurs erreurs sont ici à relever. Lucius (et non Marcus) Roscius Otho était tribun du peuple (et non préteur) en 67 lorsqu'il présenta la *lex Roscia theatralis* ; cette loi venait seulement d'être adoptée
en 63 (et peut-être cette année-là Otho était-il préteur) ; elle réser-
vait aux chevaliers les quatorze premiers gradins du théâtre.

2. Plutarque écrit : « d'Ényô », comme *Sylla*, 7, 12 ; 27, 12 et 30, 3.
Le temple de Bellone était situé près du Cirque Flaminius ; voir
Platner-Ashby, *Top. Dict., s. v. Bellona.*

3. De fait, Pompée rentrera à Rome l'année suivante.

4. C. Manlius, d'après Salluste, *Catil.*, 24, 2 ; 27, 1, 3, etc...

ἄλλων πολιτῶν Μᾶρκος Ὄθων στρατηγῶν, καὶ κατένειμεν ἐκείνοις ἰδίαν θέαν, ἣν ἔτι καὶ νῦν ἐξαίρετον b
ἔχουσι. 3 Τοῦτο πρὸς ἀτιμίαν ὁ δῆμος ἔλαβε,
καὶ φανέντος ἐν τῷ θεάτρῳ τοῦ Ὄθωνος ἐφυβρίζων
ἐσύριττεν, οἱ δ᾽ ἱππεῖς ὑπέλαβον κρότῳ τὸν ἄνδρα
λαμπρῶς. Αὖθις δ᾽ ὁ δῆμος ἐπέτεινε τὸν συριγμόν,
εἶτ᾽ ἐκεῖνοι τὸν κρότον. 4 Ἐκ δὲ τούτου τραπό-
μενοι πρὸς ἀλλήλους ἐχρῶντο λοιδορίαις, καὶ τὸ
θέατρον ἀκοσμία κατεῖχεν. Ἐπεὶ δ᾽ ὁ Κικέρων ἧκε
πυθόμενος καὶ τὸν δῆμον ἐκκαλέσας πρὸς τὸ τῆς
Ἐνυοῦς ἱερὸν ἐπετίμησε καὶ παρήνεσεν, ἀπελθόντες
αὖθις εἰς τὸ θέατρον ἐκρότουν τὸν Ὄθωνα λαμπρῶς
καὶ πρὸς τοὺς ἱππέας ἅμιλλαν ἐποιοῦντο περὶ τιμῶν
καὶ δόξης τοῦ ἀνδρός.

14. 1 Ἡ δὲ περὶ τὸν Κατιλίναν συνωμοσία, c
πτήξασα καὶ καταδείσασα τὴν ἀρχήν, αὖθις ἀνεθάρρει,
καὶ συνῆγον ἀλλήλους καὶ παρεκάλουν εὐτολμότερον
ἅπτεσθαι τῶν πραγμάτων πρὶν ἐπανελθεῖν Πομπήιον,
ἤδη λεγόμενον ὑποστρέφειν μετὰ τῆς δυνάμεως.
2 Μάλιστα δὲ τὸν Κατιλίναν ἐξηρέθιζον οἱ Σύλλα
πάλαι στρατιῶται, διαπεφυκότες μὲν ὅλης τῆς Ἰταλίας, πλεῖστοι δὲ καὶ μαχιμώτατοι ταῖς Τυρρηνίσιν
ἐγκατεσπαρμένοι πόλεσιν, ἁρπαγὰς πάλιν καὶ δια-
φορήσεις πλούτων ἑτοίμων ὀνειροπολοῦντες. 3 Οὗτοι γὰρ ἡγεμόνα Μάλλιον ἔχοντες, ἄνδρα τῶν ἐπιφανῶς ὑπὸ Σύλλᾳ στρατευσαμένων, συνίσταντο
τῷ Κατιλίνᾳ καὶ παρῆσαν εἰς Ῥώμην συναρχαιρεσιά- d
σοντες. Ὑπατείαν γὰρ αὖθις μετήει βεβουλευμένος

13. 2 ⁷⁻⁸ κατένειμεν N : διέν- ‖ 3 ¹ ἀτιμίαν : -ας Y ‖ ² τῷ om. Y ‖
⁴ ἐπέτεινε : ὑπέ- N ‖ 4 ⁵ ἀπελθόντες : οἱ δὲ ἀπελ- N ‖ 14. 1 ² καὶ
καταδείσασα om. N ‖ 2 ² διαπεφυκότες Wytt. : διαπεφευγότες ‖
³ Τυρρηνίσιν N : τυρρηνικαῖς vel τυραννικαῖς ‖ ⁴ ἁρπαγὰς Y : ἁρπ-
δὲ N ‖ 3 ³ στρατευσαμένων : συστρα- N.

de nouveau le consulat et il était résolu à tuer Cicéron dans le tumulte même des élections. 4 La divinité elle-même semblait présager ce qui se tramait par des tremblements de terre, des coups de tonnerre et des apparitions[1] ; quant aux dénonciations venant des hommes, elles étaient véridiques, mais encore insuffisantes pour confondre un homme en vue et très puissant comme l'était Catilina. 5 C'est pourquoi Cicéron fit reculer le jour des comices[2], cita Catilina devant le Sénat et l'interrogea sur les bruits qui couraient. 6 Catilina, pensant que beaucoup de sénateurs souhaitaient une révolution, et voulant du même coup se mettre en valeur aux yeux des conjurés, répondit à Cicéron avec fureur : « Que fais-je donc d'extraordinaire, si, voyant deux corps, l'un maigre et usé, mais avec une tête, l'autre sans tête, mais vigoureux et grand, je veux, moi, fournir une tête à ce dernier ? »[3] 7 Ces paroles énigmatiques qui faisaient allusion au Sénat et à la plèbe redoublèrent les craintes de Cicéron. Il revêtit une cuirasse, et tous les nobles et beaucoup de jeunes gens l'escortèrent tandis qu'il descendait de sa maison au Champ de Mars. 8 Il avait à dessein détaché sa toge de ses épaules pour laisser entrevoir sa cuirasse et montrer le danger à ceux qui le verraient[4]. Le peuple indigné se pressa autour de lui, et finalement, par son vote, rejeta de nouveau Catilina, en élisant consuls Silanus et Murena*.

15. 1 Peu de temps après, comme les soldats de Catilina se rassemblaient déjà en Étrurie et s'organisaient en cohortes*, et que le jour fixé pour l'attaque

1. Sur ces présages, voir Cic., 3e *Catilinaire*, 18 : *visas nocturno tempore ab occidente faces ardoremque caeli, ut fulminum jactus, terrae motus...*

2. Du 22 au 28 octobre 63.

3. Cf. Cic., *Pro Murena*, 51 : *Tum enim dixit duo corpora esse rei publicae, unum debile infirmo capite, alterum firmum sine capite ; huic si ita de se meritum esset, caput se vivo non defuturum.*

4. Cf. Cic., *Pro Mur.*, 52 : « Cette cuirasse large et fort apparente était destinée, non pas à me protéger, car je savais bien que ce n'était pas au flanc et au ventre, mais à la tête et au cou que visait toujours Catilina, mais à donner un avertissement aux gens de bien... »

ἀνελεῖν τὸν Κικέρωνα περὶ αὐτὸν τὸν τῶν ἀρχαιρεσιῶν
θόρυβον. 4 Ἐδόκει δὲ καὶ τὸ δαιμόνιον προσημαί-
νειν τὰ πρασσόμενα σεισμοῖς καὶ κεραυνοῖς καὶ
φάσμασιν. Αἱ δ' ἀπ' ἀνθρώπων μηνύσεις ἀληθεῖς
μὲν ἦσαν, οὔπω δ' εἰς ἔλεγχον ἀποχρῶσαι κατ' ἀνδρὸς
ἐνδόξου καὶ δυναμένου μέγα τοῦ Κατιλίνα. 5 Διὸ
τὴν ἡμέραν τῶν ἀρχαιρεσιῶν ὑπερθέμενος ὁ Κικέρων
ἐκάλει τὸν Κατιλίναν εἰς τὴν σύγκλητον καὶ περὶ
τῶν λεγομένων ἀνέκρινεν. 6 Ὁ δὲ πολλοὺς οἰόμε-
νος εἶναι τοὺς πραγμάτων καινῶν ἐφιεμένους ἐν τῇ
βουλῇ, καὶ ἅμα τοῖς συνωμόταις ἐνδεικνύμενος, e
ἀπεκρίνατο τῷ Κικέρωνι μανικὴν ἀπόκρισιν. « Τί
γὰρ » ἔφη « πράττω δεινόν, εἰ, δυοῖν σωμάτων ὄντων,
τοῦ μὲν ἰσχνοῦ καὶ κατεφθινηκότος, ἔχοντος δὲ κεφαλήν, τοῦ δ' ἀκεφάλου μέν, ἰσχυροῦ δὲ καὶ μεγάλου,
τούτῳ κεφαλὴν αὐτὸς ἐπιτίθημι; » 7 Τούτων εἷς τε
τὴν βουλὴν καὶ τὸν δῆμον ᾐνιγμένων ὑπ' αὐτοῦ,
μᾶλλον ὁ Κικέρων ἔδεισε, καὶ τεθωρακισμένον αὐτὸν
οἵ τε δυνατοὶ πάντες ἀπὸ τῆς οἰκίας καὶ τῶν νέων
πολλοὶ κατήγαγον εἰς τὸ πεδίον. 8 Τοῦ δὲ θώρακος
ἐπίτηδες ὑπέφαινέ τι παραλύσας ἐκ τῶν ὤμων τοῦ
χιτῶνος, ἐνδεικνύμενος τοῖς ὁρῶσι τὸν κίνδυνον. f
Οἱ δ' ἠγανάκτουν καὶ συνεστρέφοντο περὶ αὐτόν ·
καὶ τέλος ἐν ταῖς ψήφοις τὸν μὲν Κατιλίναν αὖθις
ἐξέβαλον, εἵλοντο δὲ Σιλανὸν ὕπατον καὶ Μουρήναν.

15. 1 Οὐ πολλῷ δ' ὕστερον τούτων ἤδη τῷ Κατιλίνᾳ τῶν ἐν Τυρρηνίᾳ στρατιωτῶν συνερχομένων
καὶ καταλοχιζομένων, καὶ τῆς ὡρισμένης πρὸς τὴν

---

14. 6 [4] ἀπόκρισιν : ὑπό- Y ǁ post ἀπόκρισιν add. ἐν τούτῳ N ǁ
[7-8] τοῦ... κεφαλὴν om. N ǁ [8] αὐτὸς : ἐμαυτὸν Wytt. αὐτὸν Schaefer ǁ
7 [5] κατήγαγον : κατήγον N ǁ 8 [2-3] τοῦ χιτῶνος : τοὺς χιτῶνας U ǁ
15. 1 [2] στρατιωτῶν P. de Nolhac, Graux (στρατευμάτων Zie.) :
πραγμάτων N om. Y.

était proche, des hommes qui comptaient parmi les premiers et les plus influents des Romains : Marcus Crassus, Marcus Marcellus et Scipion Metellus se rendirent vers minuit à la maison de Cicéron*. Ils frappent à la porte, appellent le portier et lui ordonnent d'éveiller Cicéron et de lui annoncer leur présence. 2 Voici ce dont il s'agissait : le portier de Crassus avait remis à son maître après le dîner des lettres apportées par un inconnu et adressées à divers personnages ; une seule était pour Crassus, et elle était anonyme ; 3 Crassus ne lut que celle-là ; comme elle lui annonçait qu'un grand massacre allait être commis par Catilina et qu'elle lui conseillait de s'échapper de la ville, il ne décacheta pas les autres, mais s'en vint aussitôt trouver Cicéron, car il était effrayé du danger et voulait aussi se laver des accusations dont il était l'objet à cause de son amitié avec Catilina*. 4 Cicéron, après en avoir délibéré, convoqua le Sénat au lever du jour et, ayant apporté les lettres, les remit à leurs destinataires en les priant de les lire tout haut. Toutes dénonçaient également le complot. 5 Aussi, lorsque Quintus Arrius, ancien préteur[1], annonça la formation de cohortes en Étrurie, et lorsqu'on apprit que Mallius menaçait avec des forces considérables les villes de cette région et n'attendait toujours pour agir que des nouvelles de Rome, le Sénat décréta de remettre les affaires aux mains des consuls, ceux-ci devant en prendre la charge et administrer du mieux qu'ils pourraient la ville pour la sauver[2]. Ce genre de décret est exceptionnel : le Sénat ne le prend que lorsqu'il redoute un péril extrême.

16. 1 Investi de ce pouvoir, Cicéron confia les affaires extérieures à Quintus Metellus[3], et garda en

1. Q. Arrius avait été préteur en 73 : Broughton, *The magistr.*, 2, 109.
2. C'est la formule du *senatus consultum ultimum : Caveant consules ne quid respublica detrimenti capiat.* Cf. Sall., *Catil.*, 29, 2-3.
3. Q. Caecilius Metellus Celer était alors préteur ; il sera consul en 60 : cf. Broughton, *The magistr.*, 2, 166. Voir Cic., 2e *Catil.*, 26 : *Q. Metellus, quem ego, hoc prospiciens, in agrum Gallicum Picenumque praemisi...*, et Sall., *Catil.*, 30, 3-5, où l'on voit que d'autres furent aussi envoyés à Faesulae, en Apulie et à Capoue.

ἐπίθεσιν ἡμέρας ἐγγὺς οὔσης, ἧκον ἐπὶ τὴν Κικέρωνος 868
οἰκίαν περὶ μέσας νύκτας ἄνδρες οἱ πρῶτοι καὶ δυ-
νατώτατοι Ῥωμαίων, Μᾶρκος τε Κράσσος καὶ Μᾶρκος
Μάρκελλος καὶ Σκιπίων Μέτελλος · κόψαντες δὲ τὰς
θύρας καὶ καλέσαντες τὸν θυρωρὸν ἐκέλευον ἐπεγεῖραι
καὶ φράσαι Κικέρωνι τὴν παρουσίαν αὐτῶν. 2 Ἦν
δὲ τοιόνδε · τῷ Κράσσῳ μετὰ δεῖπνον ἐπιστολὰς
ἀποδίδωσιν ὁ θυρωρός, ὑπὸ δή τινος ἀνθρώπου
κομισθείσας ἀγνῶτος, ἄλλας ἄλλοις ἐπιγεγραμμένας,
αὐτῷ δὲ Κράσσῳ μίαν ἀδέσποτον. 3 Ἦν μόνην
ἀναγνοὺς ὁ Κράσσος, ὡς ἔφραζε τὰ γράμματα φόνον
γενησόμενον πολὺν διὰ Κατιλίνα καὶ παρῄνει τῆς b
πόλεως ὑπεξελθεῖν, τὰς ἄλλας οὐκ ἔλυσεν, ἀλλ' ἧκεν
εὐθὺς πρὸς τὸν Κικέρωνα, πληγεὶς ὑπὸ τοῦ δεινοῦ καί
τι καὶ τῆς αἰτίας ἀπολυόμενος ἣν ἔσχε διὰ φιλίαν
τοῦ Κατιλίνα. 4 Βουλευσάμενος οὖν ὁ Κικέρων
ἅμ' ἡμέρᾳ βουλὴν συνήγαγε, καὶ τὰς ἐπιστολὰς κομίσας ἀπέδωκεν οἷς ἦσαν ἐπεσταλμέναι, κελεύσας
φανερῶς ἀναγνῶναι. Πᾶσαι δ' ὁμοίως τὴν ἐπιβουλὴν
ἔφραζον. 5 Ἐπεὶ δὲ καὶ Κόιντος Ἄρριος, ἀνὴρ
στρατηγικός, εἰσήγγελλε τοὺς ἐν Τυρρηνίᾳ κατα-
λοχισμούς, καὶ Μάλλιος ἀπηγγέλλετο σὺν χειρὶ
μεγάλῃ περὶ τὰς πόλεις ἐκείνας αἰωρούμενος ἀεί τι
προσδοκᾶν καινὸν ἀπὸ τῆς Ῥώμης, γίνεται δόγμα c
τῆς βουλῆς παρακαταθέσθαι τοῖς ὑπάτοις τὰ πράγματα, δεξαμένους δ' ἐκείνους ὡς ἐπίστανται διοικεῖν
καὶ σῴζειν τὴν πόλιν. Τοῦτο δ' οὐ πολλάκις, ἀλλ'
ὅταν τι μέγα δείσῃ, ποιεῖν εἴωθεν ἡ σύγκλητος.

16. 1 Ἐπεὶ δὲ ταύτην λαβὼν τὴν ἐξουσίαν ὁ
Κικέρων τὰ μὲν ἔξω πράγματα Κοΐντῳ Μετέλλῳ

---

15. 2 ⁴ ἀγνῶτος : ἀγνώστου Y ‖ 3 ³ Κατιλίνα Emp. : -ναν ‖ ⁶ ἀπολυόμενος Sol. : ἀποδυό- ‖ 4 ⁵ ἔφραζον : ἦσαν φράζουσαι Y ‖ 5 ² εἰσήγγελλε : ἀπηγ- Y ‖ ⁹ μέγα om. U ‖ δείσῃ : δέος ᾗ Naber.

main celles de la ville. Chaque jour il sortait escorté par un tel nombre d'hommes que ceux-ci occupaient une grande partie du Forum quand il y pénétrait ainsi accompagné. Catilina, qui ne pouvait plus supporter de retard, décida qu'il se rendrait en personne à l'armée de Mallius, mais il ordonna à Marcius et à Cethegus d'aller avec des épées frapper au petit jour à la porte de Cicéron, comme pour le saluer, de se jeter sur lui et de le tuer[1]. 2 Fulvia, femme de haut rang, vint de nuit dénoncer ce complot à Cicéron[2] et lui recommanda de se garder de Cethegus et de son complice. 3 Ceux-ci se présentèrent au point du jour ; comme on les empêchait d'entrer, ils s'indignèrent et poussèrent les hauts cris à la porte, ce qui les rendit encore plus suspects. Ensuite Cicéron sortit et réunit le Sénat dans le sanctuaire de Jupiter Stésios, ou Stator, comme l'appellent les Romains, sanctuaire situé à l'entrée de la Voie Sacrée quand on monte au Palatin[3]. 4 Catilina s'y rendit avec les autres dans l'intention de se défendre. Mais aucun sénateur ne voulut prendre place auprès de lui ; tous s'écartèrent de son siège*. 5 Dès qu'il commença à parler, il fut hué, et finalement Cicéron, s'étant levé, lui enjoignit de quitter la ville, en disant que, lui-même agissant par la parole et Catilina par les armes, il fallait mettre entre eux le rempart de Rome[4]. 6 Catilina sortit aussitôt de la ville avec trois cents hommes en armes et, s'entourant, comme s'il était magistrat, de faisceaux et de haches, il fit lever les enseignes et se mit en marche vers Mallius. Il rassembla environ vingt mille soldats et parcourut

---

1. Cf. Appien, *Bell. Civ.*, 2, 3, 11. Marcius est inconnu ; sur C. Cornelius Cethegus, cf. Sall., *Catil.*, 17, 3. Mais, d'après Cicéron, *Pro Sulla*, 18 et 52, et Salluste, *Catil.*, 28, 1, les deux hommes qui s'étaient chargés de l'assassiner étaient C. Cornelius, chevalier, et L. Vargunteius, sénateur.

2. Fulvia, *mulier nobilis*, est mentionnée par Salluste, *Catil.*, 23, 3-4, et 26, 3.

3. *Stator*, « qui arrête (les ennemis) », est glosé ici par Στήσιος, et *Rom.*, 18, 9, par Ἐπιστάσιος. Cf. Cic., 2ᵉ *Catil.*, 12 : ... *cum domi meae paene interfectus essem, senatum in aedem Jovis Statoris convocavi.*

4. Cf. Cic., 1ʳᵉ *Catil.*, 10 : *Magno me metu liberaveris, modo inter me atque te murus intersit.*

διεπίστευσε, τὴν δὲ πόλιν εἶχε διὰ χειρὸς καὶ καθ᾽
ἡμέραν προῄει δορυφορούμενος ὑπ᾽ ἀνδρῶν τοσούτων
τὸ πλῆθος ὥστε τῆς ἀγορᾶς πολὺ μέρος κατέχειν
ἐμβάλλοντος αὐτοῦ τοὺς παραπέμποντας, οὐκέτι
καρτερῶν τὴν μέλλησιν ὁ Κατιλίνας, αὐτὸς μὲν ἐκπη-
δᾶν ἔγνω πρὸς τὸν Μάλλιον ἐπὶ τὸ στράτευμα, [καὶ]   d
Μάρκιον δὲ καὶ Κέθηγον ἐκέλευσε ξίφη λαβόντας
ἐλθεῖν ἐπὶ τὰς θύρας ἕωθεν ὡς ἀσπασομένους τὸν
Κικέρωνα καὶ διαχρήσασθαι προσπεσόντας. 2 Τοῦτο
Φουλβία, γυνὴ τῶν ἐπιφανῶν, ἐξήγγειλε τῷ Κικέρωνι,
νυκτὸς ἐλθοῦσα καὶ διακελευσαμένη φυλάττεσθαι
τοὺς περὶ τὸν Κέθηγον. 3 Οἱ δ᾽ ἧκον ἅμ᾽ ἡμέρᾳ,
καὶ κωλυθέντες εἰσελθεῖν ἠγανάκτουν καὶ κατεβόων
ἐπὶ ταῖς θύραις, ὥσθ᾽ ὑποπτότεροι γενέσθαι. Προελθὼν
δ᾽ ὁ Κικέρων ἐκάλει τὴν σύγκλητον εἰς τὸ τοῦ Στησίου
Διὸς ἱερόν, ὃν Στάτορα Ῥωμαῖοι καλοῦσιν, ἱδρυμένον ἐν ἀρχῇ τῆς ἱερᾶς ὁδοῦ πρὸς τὸ Παλάτιον   e
ἀνιόντων. 4 Ἐνταῦθα καὶ τοῦ Κατιλίνα μετὰ τῶν
ἄλλων ἐλθόντος ὡς ἀπολογησομένου, συγκαθίσαι
μὲν οὐδεὶς ὑπέμεινε τῶν συγκλητικῶν, ἀλλὰ πάντες
ἀπὸ τοῦ βάθρου μετῆλθον. 5 Ἀρξάμενος δὲ λέγειν
ἐθορυβεῖτο, καὶ τέλος ἀναστὰς ὁ Κικέρων προσέταξεν
αὐτῷ τῆς πόλεως ἀπαλλάττεσθαι · δεῖν γὰρ αὐτοῦ
μὲν λόγοις, ἐκείνου δ᾽ ὅπλοις πολιτευομένου μέσον
εἶναι τὸ τεῖχος. 6 Ὁ μὲν οὖν Κατιλίνας εὐθὺς
ἐξελθὼν μετὰ τριακοσίων ὁπλοφόρων καὶ περιστησά-
μενος αὐτῷ ῥαβδουχίας ὡς ἄρχοντι καὶ πελέκεις καὶ
σημαίας ἐπαράμενος πρὸς τὸν Μάλλιον ἐχώρει · καὶ   f
δισμυρίων ὁμοῦ τι συνηθροισμένων ἐπῄει τὰς πόλεις ἀφιστὰς καὶ ἀναπείθων, ὥστε τοῦ πολέμου φανε-

16. 1 ⁸ καὶ del. Cor. ‖ 2 ² ἐξήγγειλε : ἐξαγγέλλει Υ ‖ 3 ⁵ Στάτορα : -τωρα Υ ‖ 4 ⁴ τοῦ : τῆς Ν ‖ 5 ⁴ λόγοις... ὅπλοις : ἐν λ-... ἐν ὅ- Ν ‖
6 ⁴ σημαίας : σημεία Ν ‖ ἐπαράμενος : -αιρο- Ν ‖ ⁵ τι om. Ν.

les cités pour les gagner à sa cause et les soulever. La guerre étant ainsi ouvertement engagée, Antonius fut envoyé pour lui livrer bataille[1].

17. 1 Les gens corrompus par Catilina qui étaient restés dans la ville furent assemblés et réconfortés par Cornelius Lentulus surnommé Sura. Celui-ci était d'une naissance illustre, mais sa vie honteuse et ses débauches l'avaient fait précédemment exclure du Sénat ; il était alors préteur pour la seconde fois, comme c'est l'usage pour ceux qui veulent à nouveau revêtir la dignité sénatoriale[2]. 2 Son surnom de Sura lui fut donné, dit-on, pour la cause suivante : comme il était questeur au temps de Sylla[3] et qu'il avait perdu et dilapidé une grande partie des fonds publics, 3 Sylla indigné lui en demanda compte au Sénat ; Lentulus se présenta d'un air désinvolte et hautain et déclara qu'il ne rendait pas de comptes, mais qu'il offrait sa jambe, comme c'est l'habitude des enfants quand ils ont fait une faute au jeu de la balle[4]. 4 C'est de là que lui vint le surnom de Sura, car *sura* en latin signifie la jambe. Une autre fois, étant poursuivi en justice, il avait acheté quelques-uns de ses juges ; il s'en tira à la majorité de deux voix seulement, et dit alors que ce qu'il avait donné à l'un des deux était de l'argent perdu, puisqu'il lui suffisait d'une voix pour être acquitté. 5 Tel était le caractère de cet homme. Séduit par Catilina, il fut corrompu en outre par de vaines espérances qu'éveillèrent en lui de faux prophètes et des charlatans : ceux-ci lui débitaient des vers et des oracles forgés par eux, qu'ils prétendaient tirés des prophéties de la Sibylle, et déclarant que le destin avait marqué trois Cornelius pour être monarques à Rome ; deux d'entre eux avaient déjà rempli leur destinée, à savoir Cinna et Sylla ; restait ce troisième Cornelius,

1. Antonius était l'autre consul, collègue de Cicéron : voir ci-dessus, 11, 1-2, et Sall., *Catil.*, 36, 3.
2. P. Cornelius Lentulus Sura avait été préteur une première fois en 74, puis consul en 71 ; c'est en 70 qu'il avait été exclu du Sénat lors d'une révision de la liste sénatoriale par les censeurs Cn. Lentulus Clodianus et L. Gellius Poplicola ; cf. Dion Cassius, 37, 30, 4.
3. En 81 ; cf. Cic., 2 *Verr.*, 1, 37, et voir Broughton, *The magistr.*, 2, 76.
4. Les enfants fautifs au jeu tendaient la jambe pour y recevoir un coup.

ροῦ γεγονότος τὸν Ἀντώνιον ἀποσταλῆναι διαμα-
χούμενον.

17. 1 Τοὺς δ᾽ ὑπολειφθέντας ἐν τῇ πόλει τῶν
διεφθαρμένων ὑπὸ τοῦ Κατιλίνα συνῆγε καὶ παρε-
θάρρυνε Κορνήλιος Λέντλος Σούρας ἐπίκλησιν,
ἀνὴρ γένους μὲν ἐνδόξου, βεβιωκὼς δὲ φαύλως καὶ
δι᾽ ἀσέλγειαν ἐξεληλαμένος τῆς βουλῆς πρότερον,
τότε δὲ στρατηγῶν τὸ δεύτερον, ὡς ἔθος ἐστὶ τοῖς
ἐξ ὑπαρχῆς ἀνακτωμένοις τὸ βουλευτικὸν ἀξίωμα. 869
2 Λέγεται δὲ καὶ τὴν ἐπίκλησιν αὐτῷ γενέσθαι τὸν
Σούραν ἐκ τοιαύτης αἰτίας. Ἐν τοῖς κατὰ Σύλλαν
χρόνοις ταμιεύων συχνὰ τῶν δημοσίων χρημάτων
ἀπώλεσε καὶ διέφθειρεν. 3 Ἀγανακτοῦντος δὲ τοῦ
Σύλλα καὶ λόγον ἀπαιτοῦντος ἐν τῇ συγκλήτῳ,
προελθὼν ὀλιγώρως πάνυ καὶ καταφρονητικῶς λόγον
μὲν οὐκ ἔφη διδόναι, παρεῖχε δὲ τὴν κνήμην, ὥσπερ
εἰώθασιν οἱ παῖδες ὅταν ἐν τῷ σφαιρίζειν διαμάρτωσιν.
4 Ἐκ τούτου Σούρας παρωνομάσθη · σούραν γὰρ
Ῥωμαῖοι τὴν κνήμην λέγουσι. Πάλιν δὲ δίκην ἔχων
καὶ διαφθείρας ἐνίους τῶν δικαστῶν, ἐπεὶ δυσὶ μόναις
ἀπέφυγε ψήφοις, ἔφη παρανάλωμα γεγονέναι τὸ
θατέρῳ κριτῇ δοθέν · ἀρκεῖν γὰρ εἰ καὶ μιᾷ ψήφῳ   b
μόνον ἀπελύθη. 5 Τοῦτον ὄντα τῇ φύσει τοιοῦτον
καὶ κεκινημένον ὑπὸ τοῦ Κατιλίνα προσδιέφθειραν
ἐλπίσι κεναῖς ψευδομάντεις καὶ γόητες, ἔπη πεπλασ-
μένα καὶ χρησμοὺς ᾄδοντες ὡς ἐκ τῶν Σιβυλλείων
προδηλοῦντας εἱμαρμένους εἶναι τῇ Ῥώμῃ Κορνη-
λίους τρεῖς μονάρχους, ὧν δύο μὲν ἤδη πεπληρωκέ-
ναι τὸ χρεών, Κίνναν τε καὶ Σύλλαν, τρίτῳ δὲ λοιπῷ
Κορνηλίῳ ἐκείνῳ φέροντα τὴν μοναρχίαν ἥκειν τὸν

---

17. 1 ³ Σούρας : -ρως N ‖ 2 ³ χρημάτων : πραγμάτων N ‖ 3 ⁴ παρεῖχε : παρέχειν Υ ‖ ⁵ εἰώθασιν : -θεισαν Υ ‖ 4 ² Ῥωμαῖοι : οἱ Ῥ- Υ ‖
⁶ μόνον om. N ‖ 5 ⁸ Κορνηλίῳ : -λίων Zie. (propter hiatum).

à qui la divinité venait offrir la monarchie ; il devait à tout prix l'accepter et ne pas laisser échapper les occasions par sa lenteur, comme le faisait Catilina*.

18. 1 En conséquence Lentulus projetait un crime absolument inexpiable : il avait résolu de massacrer le Sénat tout entier et tous les autres citoyens qu'ils pourraient, d'incendier complètement la ville et de n'épargner personne, sauf les enfants de Pompée, qu'ils enlèveraient et garderaient comme otages en vue d'un accommodement avec lui, car le bruit courait partout, et se confirmait, que Pompée revenait de sa grande expédition[1]. 2 Une nuit des Saturnales[2] avait été fixée pour l'exécution de l'attentat. Les conjurés avaient apporté et caché dans la maison de Cethegus[3] des épées, de l'étoupe et du soufre. 3 Ils avaient désigné cent hommes, divisé Rome en autant de secteurs et attribué par le sort un secteur à chacun*, afin qu'avec un tel nombre d'incendiaires la ville flambât de tous côtés en peu de temps. D'autres devaient obstruer les conduites d'eau et égorger ceux qui voudraient y puiser.

4 Pendant ces préparatifs il se trouva que séjournaient à Rome deux envoyés des Allobroges, peuple alors très misérable et qui supportait mal la domination romaine*. 5 Lentulus et ses complices, pensant que ces députés leur seraient utiles pour remuer et soulever la Gaule, les mirent dans la conspiration. Ils leur donnèrent une lettre pour le sénat de leur province, auquel ils promettaient la liberté, et une pour Catilina, où ils l'engageaient à affranchir les esclaves et à marcher sur Rome. 6 Ils envoyaient avec eux à Catilina un certain Titus de

---

1. Sur Pompée, voir ce qui a été dit déjà ci-dessus, 10, 2 et 14, 1. — Quant au projet de Lentulus, cf. Cic., 3e *Catil.*, 8 : *cum urbem ex omnibus partibus... incendissent caedemque infinitam civium fecissent...*

2. Cf. Cic., 3e *Catil.*, 10 : *Saturnalibus*. En écrivant μία τῶν Κρονιάδων, Plutarque commet un anachronisme, car, à l'époque de la conjuration de Catilina, cette fête ne durait qu'un seul jour (Macrob., *Sat.*, 1, 10, 2), le 17 décembre ; plusieurs journées furent ajoutées par la suite.

3. C. Cornelius Cethegus a été nommé plus haut en 16, 1 ; voir la note à cet endroit.

δαίμονα, καὶ δεῖν πάντως δέχεσθαι καὶ μὴ διαφθεί-
ρειν μέλλοντα τοὺς καιροὺς ὥσπερ Κατιλίναν.

18. 1 Οὐδὲν οὖν ἐπενόει κακὸν ὁ Λέντλος ἰάσιμον, ἀλλ' ἐδέδοκτο τὴν βουλὴν ἅπασαν ἀναιρεῖν   c
καὶ τῶν ἄλλων πολιτῶν ὅσους δύναιντο, τήν τε
πόλιν αὐτὴν καταπιμπράναι, φείδεσθαί τε μηδενὸς
ἢ τῶν Πομπηίου τέκνων · ταῦτα δ' ἐξαρπασαμένους
ἔχειν ὑφ' αὑτοῖς καὶ φυλάττειν ὅμηρα τῶν πρὸς
Πομπήιον διαλύσεων · ἤδη γὰρ ἐφοίτα πολὺς λόγος
καὶ βέβαιος ὑπὲρ αὐτοῦ κατιόντος ἀπὸ τῆς μεγάλης
στρατείας. 2 Καὶ νὺξ μὲν ὥριστο πρὸς τὴν ἐπίθεσιν μία τῶν Κρονιάδων, ξίφη δὲ καὶ στυππεῖον καὶ
θεῖον εἰς τὴν Κεθήγου φέροντες οἰκίαν ἀπέκρυψαν.
3 Ἄνδρας δὲ τάξαντες ἑκατὸν καὶ μέρη τοσαῦτα
τῆς Ῥώμης, ἕκαστον ἐφ' ἑκάστῳ διεκλήρωσαν, ὡς
δι' ὀλίγου πολλῶν ἀναψάντων φλέγοιτο πανταχόθεν
ἡ πόλις. Ἄλλοι δὲ τοὺς ὀχετοὺς ἔμελλον ἐμφρά-   d
ξαντες ἀποσφάττειν τοὺς ὑδρευομένους.

4 Πραττομένων δὲ τούτων ἔτυχον ἐπιδημοῦντες
Ἀλλοβρίγων δύο πρέσβεις, ἔθνους μάλιστα δὴ τότε
πονηρὰ πράττοντος καὶ βαρυνομένου τὴν ἡγεμονίαν.
5 Τούτους οἱ περὶ Λέντλον ὠφελίμους ἡγούμενοι
πρὸς τὸ κινῆσαι καὶ μεταβαλεῖν τὴν Γαλατίαν ἐποιή-
σαντο συνωμότας. Καὶ γράμματα μὲν αὐτοῖς πρὸς
τὴν ἐκεῖ βουλήν, γράμματα δὲ πρὸς Κατιλίναν ἔδοσαν, τῇ μὲν ὑπισχνούμενοι τὴν ἐλευθερίαν, τὸν δὲ
Κατιλίναν παρακαλοῦντες ἐλευθερώσαντα τοὺς δούλους ἐπὶ τὴν Ῥώμην ἐλαύνειν. 6 Συναπέστελλον
δὲ πρὸς Κατιλίναν μετ' αὐτῶν Τίτον τινὰ Κροτωνιά-   e

17. 5 ¹⁰ Κατιλίναν Schaefer : -νας ‖ 18. 1 ¹ κακὸν ΝΥ : μικρὸν
vulg. ‖ ¹⁻² ἰάσιμον Ν : ἢ ἄσημον ‖ ⁴ καταπιμπράναι : κατεμπιπρά-
ναι Ν ‖ τε : δὲ Ν ‖ 2 ² στυππεῖον Graux : στύππιον Ν στυππεῖα Υ ‖
4 ² Ἀλλοβρίγων : -θρή- Ν ‖ 5 ⁴ ἐκεῖ : ἐκείνου Ν ‖ 6 ² Τίτον : Τρί-
τον Ν.

Crotone, qui devait servir de courrier*. 7 Mais les
conjurés étaient des déséquilibrés qui se rencontraient
le plus souvent pour boire en compagnie de femmes,
tandis que Cicéron employait à pénétrer leurs desseins
de la diligence, un jugement sobre et une sagacité supérieure : il avait à son service beaucoup d'agents étran-
gers à la conspiration qui surveillaient leurs démarches
et l'aidaient à les dépister ; beaucoup d'autres aussi, que
l'on croyait être du nombre des conjurés, mais dont il
était sûr, lui faisaient des rapports secrets. C'est ainsi
qu'il eut connaissance de leurs relations avec les étran-
gers. En conséquence il fit tendre de nuit une embuscade
et s'empara ainsi du Crotoniate et de ses lettres, grâce à
la coopération secrète des Allobroges*.

19. 1 Au point du jour Cicéron assembla le Sénat
au sanctuaire de la Concorde[1], lut tout haut les lettres
et fit parler les dénonciateurs. De son côté, Junius Silanus déclara que l'on avait entendu dire à Cethegus
que trois consuls et quatre préteurs devaient être tués.
Le consulaire Pison rapporta lui aussi des propos du
même genre*. 2 Gaius Sulpicius, l'un des préteurs,
envoyé chez Cethegus, y trouva une grande quantité de
javelots et d'armes, et surtout des épées et des poignards,
tous fraîchement aiguisés*. 3 Enfin le Sénat ayant
voté l'impunité au Crotoniate à condition qu'il fît des
révélations, Lentulus, confondu, abdiqua sa charge (il
était alors préteur), quitta sa toge prétexte dans le Sénat
et prit un habit convenant à sa situation[2]. 4 Lui et ses
complices, pour être gardés à vue, furent alors remis
aux préteurs[3]. Déjà le soir était venu, et le peuple attendait, massé auprès du temple. Cicéron sortit et informa

1. Le 3 décembre 63. Cf. Sall., *Catil.*, 46, 5 : *in aedem Concordiae
venire jubet.* Ce temple se trouvait au fond du Forum, au pied du
Capitole ; cf. Platner-Ashby, *s. v. Concordia.*

2. Sur P. Cornelius Lentulus Sura, voir ci-dessus, 17, 1 sqq., et la
note. Cf. Cic., 3e *Catil.*, 15, et surtout Sall., *Catil.*, 47, où l'on trouve
plus de détails.

3. Non pas aux préteurs, d'après Salluste, *Catil.*, 47, 3-4, mais à un
édile et à différents sénateurs *in liberis custodiis* (= εἰς ἄδεσμον φυλακήν de Plutarque).

την κομίζοντα τὰς ἐπιστολάς. 7 Οἷα δ' ἀνθρώπων
ἀσταθμήτων καὶ μετ' οἴνου τὰ πολλὰ καὶ γυναικῶν
ἀλλήλοις ἐντυγχανόντων βουλεύματα πόνῳ καὶ λο-
γισμῷ νήφοντι καὶ συνέσει περιττῇ διώκων ὁ Κικέρων,
καὶ πολλοὺς μὲν ἔχων ἔξωθεν ἐπισκοποῦντας τὰ
πραττόμενα καὶ συνεξιχνεύοντας αὐτῷ, πολλοῖς δὲ
τῶν μετέχειν τῆς συνωμοσίας δοκούντων διαλεγόμενος κρύφα καὶ πιστεύων, ἔγνω τὴν πρὸς τοὺς
ξένους κοινολογίαν · καὶ νυκτὸς ἐνεδρεύσας ἔλαβε
τὸν Κροτωνιάτην καὶ τὰ γράμματα, συνεργούντων   f
ἀδήλως τῶν 'Αλλοβρίγων.

19. 1 Ἅμα δ' ἡμέρᾳ βουλὴν ἀθροίσας εἰς τὸ τῆς
Ὁμονοίας ἱερόν, ἐξανέγνω τὰ γράμματα καὶ τῶν
μηνυτῶν διήκουσεν. Ἔφη δὲ καὶ Σιλανὸς Ἰούνιος
ἀκηκοέναι τινὰς Κεθήγου λέγοντος ὡς ὕπατοί τε
τρεῖς καὶ στρατηγοὶ τέτταρες ἀναιρεῖσθαι μέλλουσι.
Τοιαῦτα δ' ἕτερα καὶ Πείσων, ἀνὴρ ὑπατικός, εἰσήγ-
γειλε. 2 Γάιος δὲ Σουλπίκιος, εἷς τῶν στρατηγῶν, 870
ἐπὶ τὴν οἰκίαν πεμφθεὶς τὴν Κεθήγου, πολλὰ μὲν
ἐν αὐτῇ βέλη καὶ ὅπλα, πλεῖστα δὲ ξίφη καὶ μαχαί-
ρας εὗρε νεοθήκτους ἁπάσας. 3 Τέλος δὲ τῷ
Κροτωνιάτῃ ψηφισαμένης ἄδειαν ἐπὶ μηνύσει τῆς
βουλῆς, ἐξελεγχθεὶς ὁ Λέντλος ἀπωμόσατο τὴν
ἀρχὴν (στρατηγῶν γὰρ ἐτύγχανε) καὶ τὴν περι-
πόρφυρον ἐν τῇ βουλῇ καταθέμενος, διήλλαξεν
ἐσθῆτα τῇ συμφορᾷ πρέπουσαν. 4 Οὗτος μὲν οὖν
καὶ οἱ σὺν αὐτῷ παρεδόθησαν εἰς ἄδεσμον φυλακὴν
τοῖς στρατηγοῖς. Ἤδη δ' ἑσπέρας οὔσης καὶ τοῦ
δήμου παραμένοντος ἀθρόως, προελθὼν ὁ Κικέρων

---

18. 7 ³ πόνῳ ⟨συνεχεῖ⟩ Rei. ⟨πολλῷ⟩ Zie. ‖ ⁸ πιστεύων : πιστοὺς
εὑρὼν Graux ἔχων Zie. ‖ ¹¹ ἀδήλως Bryan : ἀλλήλοις ἀδήλως Υ ἀλλήλοις Ν ‖ **19.** 2 ² τὴν Κεθήγου Ν : τοῦ Κε- ‖ 4 ⁴ παραμένοντος : πε-
ριμ- Υ ‖ ἀθρόως : ἀθρόου Υ.

de l'affaire les citoyens*. Puis, escorté par eux, il se rendit dans la maison d'un ami qui était son voisin, parce que la sienne était occupée par les femmes qui célébraient des cérémonies secrètes en l'honneur de la divinité appelée par les Romains la Bonne Déesse, et par les Grecs Gynaecéia. 5 Chaque année, dans la maison du consul, la femme ou la mère de celui-ci lui offre un sacrifice auquel assistent les Vestales*. Cicéron entra donc chez son ami et se prit à réfléchir en lui-même, en présence d'un très petit nombre de personnes, sur la conduite à tenir envers les conjurés. 6 Il reculait devant le dernier supplice, châtiment approprié à de si grands forfaits ; il hésitait à la fois parce qu'il était de caractère modéré et parce qu'il ne voulait pas paraître se porter à un excès de pouvoir et fouler aux pieds impitoyablement des hommes du premier rang par leur naissance et qui avaient dans la ville des amis puissants. Mais, s'il les traitait trop doucement, il avait des dangers à redouter de leur part, 7 car ils ne se résigneraient pas à leur sort s'ils subissaient une peine moindre que la mort ; au contraire, ils déchaîneraient toute leur audace si un nouveau sujet de ressentiment s'ajoutait à leur ancienne perversité, et lui-même passerait pour un homme lâche et faible, d'autant qu'il n'avait pas déjà auprès du peuple une grande réputation de hardiesse[1].

20. 1 Pendant que Cicéron était en proie à cette perplexité, un signe fut donné aux femmes qui offraient le sacrifice. Le feu de l'autel semblait déjà assoupi quand s'éleva, de la cendre et des écorces brûlées, l'éclat d'une immense flamme[2]. 2 La plupart des femmes furent saisies d'effroi, mais les vierges sacrées* engagèrent Terentia, épouse de Cicéron, à aller en toute hâte trouver son mari pour lui dire d'accomplir ce qu'il avait résolu pour le bien de la patrie, car la déesse lui envoyait une

---

1. Sur cette perplexité de Cicéron, cf. Sall., *Catil.*, 46, 2 : *Porro autem anxius erat, dubitans in maximo scelere tantis civibus deprehensis quid facto opus esset ; poenam illorum sibi oneri, impunitatem perdundae rei publicae fore credebat.* Voir ci-dessus la Notice, p. 53 et 59.

2. Pour ce présage, cf. Dion Cassius, 37, 35, 4.

καὶ φράσας τὸ πρᾶγμα τοῖς πολίταις καὶ προπεμφθεὶς b
παρῆλθεν εἰς οἰκίαν φίλου γειτνιῶντος, ἐπεὶ τὴν
ἐκείνου γυναῖκες κατεῖχον ἱεροῖς ἀπορρήτοις ὀργιά-
ζουσαι θεόν, ἣν Ῥωμαῖοι μὲν Ἀγαθήν, Ἕλληνες
δὲ Γυναικείαν ὀνομάζουσι. 5 Θύεται δ' αὐτῇ κατ'
ἐνιαυτὸν ἐν τῇ οἰκίᾳ τοῦ ὑπάτου διὰ γυναικὸς ἢ
μητρὸς αὐτοῦ, τῶν Ἑστιάδων παρθένων παρουσῶν.
Εἰσελθὼν οὖν ὁ Κικέρων καὶ γενόμενος καθ' αὑτόν,
ὀλίγων παντάπασιν αὐτῷ παρόντων, ἐφρόντιζεν
ὅπως χρήσαιτο τοῖς ἀνδράσι. 6 Τήν τε γὰρ ἄκραν
καὶ προσήκουσαν ἀδικήμασι τηλικούτοις τιμωρίαν
ἐξηυλαβεῖτο καὶ κατώκνει δι' ἐπιείκειαν ἤθους ἅμα
καὶ ὡς μὴ δοκοίη τῆς ἐξουσίας ἄγαν ἐμφορεῖσθαι καὶ c
πικρῶς ἐπεμβαίνειν ἀνδράσι γένει τε πρώτοις καὶ
φίλους δυνατοὺς ἐν τῇ πόλει κεκτημένοις · μαλακώ-
τερον δὲ χρησάμενος ὠρρώδει τὸν ἀπ' αὐτῶν κίνδυνον. 7 Οὐ γὰρ ἀγαπήσειν μετριώτερόν τι θανάτου
παθόντας, ἀλλ' εἰς ἅπαν ἀναρραγήσεσθαι τόλμης,
τῇ παλαιᾷ κακίᾳ νέαν ὀργὴν προσλαβόντας · αὐτός
τε δόξειν ἄνανδρος καὶ μαλακός, οὐδ' ἄλλως δοκῶν
εὐτολμότατος εἶναι τοῖς πολλοῖς.

20. 1 Ταῦτα τοῦ Κικέρωνος διαποροῦντος, γίνε-
ταί τι ταῖς γυναιξὶ θυούσαις σημεῖον. Ὁ γὰρ βωμός,
ἤδη τοῦ πυρὸς κατακεκοιμῆσθαι δοκοῦντος, ἐκ τῆς
τέφρας καὶ τῶν κατακεκαυμένων φλοιῶν φλόγα d
πολλὴν ἀνῆκε καὶ λαμπράν. 2 Ὑφ' ἧς αἱ μὲν
ἄλλαι διεπτοήθησαν, αἱ δ' ἱεραὶ παρθένοι τὴν τοῦ
Κικέρωνος γυναῖκα Τερεντίαν ἐκέλευσαν ᾗ τάχος
χωρεῖν πρὸς τὸν ἄνδρα καὶ κελεύειν οἷς ἔγνωκεν
ἐγχειρεῖν ὑπὲρ τῆς πατρίδος, ὡς μέγα πρός τε σωτη-

19. 4 ⁶ ἐπεὶ : ἐπειδὴ N ǁ 5 ¹ Θύεται : ἐθύετο N ǁ 6 ⁷ δὲ N : τε ǁ
7 ³ τῇ παλαιᾷ κακίᾳ : ἢ μετὰ τῆς πάλαι κακίας N ǁ ⁴ δόξειν Steph. :
δόξει ǁ ⁵ εὐτολμότατος : -μώ- N ǁ 20. 1 ² τι om. N.

grande lumière comme gage de salut et de gloire. 3 Terentia (qui n'était pas particulièrement douce ni timide de nature, mais qui avait de l'ambition et, comme le dit Cicéron lui-même, prenait part à ses soucis politiques plus qu'elle ne lui faisait part des affaires domestiques) lui rapporta les paroles des Vestales et l'excita contre les conjurés*. Il fut également pressé d'agir par son frère Quintus et par Publius Nigidius, un de ses compagnons dans l'étude de la philosophie, qui lui rendait de fréquents et très grands services pour ses actes politiques[1].

4 Le lendemain, le Sénat délibéra sur la punition à infliger aux conspirateurs. Le premier dont l'avis fut demandé, Silanus[2], dit qu'il fallait les conduire en prison et leur faire subir la peine suprême. 5 Tous les sénateurs se rangèrent successivement à cette opinion jusqu'à ce que vînt le tour de C. César, le futur dictateur. 6 En ce temps-là, il était encore jeune[3] et au tout début de son ascension, mais déjà, par sa politique et ses espérances, il était entré dans la voie qui devait le conduire à changer la république romaine en monarchie. Personne ne se doutait de ses desseins, sauf Cicéron, qui avait conçu bien des soupçons, mais sans que César lui eût donné prise pour le confondre. On pouvait même entendre dire que César, sur le point d'être pris, avait échappé au consul ; 7 d'autres prétendent que Cicéron négligea et laissa de côté volontairement les révélations faites contre César, par crainte de ses amis et de son crédit, car il était clair pour chacun que César, le cas échéant, sauverait les conjurés avec lui plutôt qu'il ne serait enveloppé dans leur châtiment[4].

21. 1 Donc César, quand son tour d'opiner fut venu, se leva et déclara qu'il n'était pas d'avis de mettre

---

1. Quintus, né en 102, avait quatre ans de moins que son frère Marcus : cf. Drumann-Groebe[2], 6, 637 sqq. — Sur P. Nigidius Figulus et son influence sur Cicéron, cf. *An seni...*, 797 D.
2. Sur D. Junius Silanus, voir ci-dessus, 14, 8 et 19, 1.
3. Né en 100, César, en 63, avait trente-sept ans.
4. Comparer *Cés.*, 7, 5-7.

ρίαν καὶ δόξαν αὐτῷ τῆς θεοῦ φῶς διδούσης. 3 Ἡ
δὲ Τερεντία (καὶ γὰρ οὐδ' ἄλλως ἦν πρᾳεῖά τις
οὐδ' ἄτολμος τὴν φύσιν, ἀλλὰ φιλότιμος γυνὴ καὶ
μᾶλλον, ὡς αὐτός φησιν ὁ Κικέρων, τῶν πολιτικῶν
μεταλαμβάνουσα παρ' ἐκείνου φροντίδων ἢ μετα-
διδοῦσα τῶν οἰκιακῶν ἐκείνῳ) ταῦτά τε πρὸς αὐτὸν ἔφρασε καὶ παρώξυνεν ἐπὶ τοὺς ἄνδρας · ὁμοίως   e
δὲ καὶ Κόιντος ὁ ἀδελφὸς καὶ τῶν ἀπὸ φιλοσοφίας
ἑταίρων Πόπλιος Νιγίδιος, ᾧ τὰ πλεῖστα καὶ μέγιστα
παρὰ τὰς πολιτικὰς ἐχρῆτο πράξεις.

4 Τῇ δ' ὑστεραίᾳ γιγνομένων ἐν συγκλήτῳ λόγων
περὶ τιμωρίας τῶν ἀνδρῶν, ὁ πρῶτος γνώμην ἐρωτηθεὶς Σιλανὸς εἶπε τὴν ἐσχάτην δίκην δοῦναι προσή-
κειν ἀχθέντας εἰς τὸ δεσμωτήριον. 4 Καὶ τούτῳ
προσετίθεντο πάντες ἐφεξῆς μέχρι Γαίου Καίσαρος
τοῦ μετὰ ταῦτα δικτάτορος γενομένου. 6 Τότε δὲ
νέος ὢν ἔτι καὶ τὰς πρώτας ἔχων τῆς αὐξήσεως ἀρχάς,
ἤδη δὲ τῇ πολιτείᾳ καὶ ταῖς ἐλπίσιν εἰς ἐκείνην τὴν
ὁδὸν ἐμβεβηκὼς ᾗ τὰ Ῥωμαίων εἰς μοναρχίαν   f
μετέστησε πράγματα, τοὺς μὲν ἄλλους ἐλάνθανε,
τῷ δὲ Κικέρωνι πολλὰς μὲν ὑποψίας, λαβὴν δ' εἰς
ἔλεγχον οὐδεμίαν παρέδωκεν, ἀλλὰ καὶ λεγόντων
ἦν ἐνίων ἀκούειν ὡς ἐγγὺς ἐλθὼν ἁλῶναι διεκφύγοι
τὸν ἄνδρα. 7 Τινὲς δέ φασι περιιδεῖν ἑκόντα καὶ
παραλιπεῖν τὴν κατ' ἐκείνου μήνυσιν φόβῳ τῶν
φίλων αὐτοῦ καὶ τῆς δυνάμεως · παντὶ γὰρ εἶναι
πρόδηλον ὅτι μᾶλλον ἂν ἐκεῖνοι γένοιντο προσθήκη
Καίσαρι σωτηρίας ἢ Καῖσαρ ἐκείνοις κολάσεως.   871

21. 1 Ἐπεὶ δ' οὖν ἡ γνώμη περιῆλθεν εἰς αὐτόν,
ἀναστὰς ἀπεφήνατο μὴ θανατοῦν τοὺς ἄνδρας, ἀλλὰ

---

20. 3 ⁴ ὁ om. N ‖ ⁶ οἰκιακῶν Cor. : -κειακ- ‖ 4 ¹ γιγνομένων :
γενομ- Υ ‖ 6 ³ δὲ : δὲ καὶ Ν ‖ 7 ¹ περιιδεῖν : παριδεῖν Υ ‖ ⁴ ὅτι
om. Ν.

à mort les conjurés, mais de confisquer leurs biens, de les reléguer eux-mêmes dans les villes d'Italie que désignerait Cicéron et de les tenir prisonniers jusqu'à la défaite de Catilina[1]. 2 A cette opinion indulgente soutenue par un homme très habile à parler, Cicéron ajouta un appoint considérable : 3 s'étant levé lui-même, il manœuvra en effet dans les deux sens, appuyant tantôt le premier avis, tantôt celui de César*. Tous les amis de Cicéron, pensant que la proposition de César était avantageuse pour lui (car il serait moins sujet aux accusations s'il ne faisait pas mettre à mort les conjurés) adoptèrent de préférence ce second avis, si bien que Silanus lui-même, revenant sur son opinion, s'excusa en disant que lui non plus n'avait pas voulu porter une sentence de mort, car il regardait la prison comme la peine suprême pour un sénateur romain*. 4 Cet avis une fois exprimé, Catulus Lutatius fut le premier à s'y opposer*. Caton, qui parla après lui, insista fortement dans son discours sur les soupçons que l'on avait contre César, et il inspira aux sénateurs tant de colère et de courage qu'ils votèrent la mort des conjurés[2]. 5 Quant à la confiscation de leurs biens, César voulut y faire obstacle en disant qu'il n'était pas juste qu'après avoir repoussé ce que son avis avait d'humain, on en adoptât uniquement la partie la plus sévère, et, comme de nombreux sénateurs s'opposaient violemment à lui, il en appela aux tribuns du peuple ; ceux-ci refusèrent d'écouter son appel, mais Cicéron céda et abandonna de lui-même la proposition de confiscation.

22. 1 Il se rendit ensuite avec le Sénat auprès des condamnés. Ils n'étaient pas tous au même endroit, mais différents préteurs les gardaient séparément[3]. 2 Il prit d'abord Lentulus au Palatin*, et l'emmena par la Voie Sacrée et à travers le Forum. Les personnages

1. Cf. *Cés.*, 7, 8-9, et voir le discours que Salluste, *Catil.*, 51, 1-43, fait prononcer à César en cette circonstance.
2. Pour cette intervention décisive de Caton d'Utique, voir *Cat. min.*, chap. 23 (où Plutarque rapporte que ce discours de Caton est le seul qui fut conservé, grâce aux scribes à qui Cicéron avait fait apprendre la tachygraphie), et aussi Salluste, *Catil.*, 52, 1-36.
3. Voir ci-dessus, 19, 4, et la note.

τὰς οὐσίας εἶναι δημοσίας, αὐτοὺς δ' ἀπαχθέντας
εἰς πόλεις τῆς Ἰταλίας ἃς ἂν δοκῇ Κικέρωνι, τηρεῖσθαι
δεδεμένους, ἄχρι ἂν οὗ καταπολεμηθῇ Κατιλίνας.
2 Οὔσης δὲ τῆς γνώμης ἐπιεικοῦς καὶ τοῦ λέγοντος
εἰπεῖν δυνατωτάτου, ῥοπὴν ὁ Κικέρων προσέθηκεν
οὐ μικράν. 3 Αὐτὸς γὰρ ἀναστὰς ἐνεχείρησεν εἰς
ἑκάτερον, τὰ μὲν τῇ προτέρᾳ, τὰ δὲ τῇ Καίσαρος
γνώμῃ συνειπών, οἵ τε φίλοι πάντες οἰόμενοι τῷ
Κικέρωνι λυσιτελεῖν τὴν Καίσαρος γνώμην (ἧττον b
γὰρ ἐν αἰτίαις ἔσεσθαι μὴ θανατώσαντα τοὺς ἄνδρας)
ᾑροῦντο τὴν δευτέραν μᾶλλον γνώμην, ὥστε καὶ
τὸν Σιλανὸν αὖθις μεταβαλλόμενον παραιτεῖσθαι
καὶ λέγειν ὡς οὐδ' αὐτὸς εἴποι θανατικὴν γνώμην·
ἐσχάτην γὰρ ἀνδρὶ βουλευτῇ Ῥωμαίων δίκην εἶναι
τὸ δεσμωτήριον· 4 εἰρημένης δὲ τῆς γνώμης,
πρῶτος ἀντέκρουσεν αὐτῇ Κάτλος Λουτάτιος, εἶτα
διαδεξάμενος Κάτων, καὶ τῷ λόγῳ σφοδρῶς συνεπερείσας ἐπὶ τὸν Καίσαρα τὴν ὑπόνοιαν, ἐνέπλησε
θυμοῦ καὶ φρονήματος τὴν σύγκλητον, ὥστε θάνατον καταψηφίσασθαι τῶν ἀνδρῶν. 5 Περὶ δὲ δημεύ-
σεως χρημάτων ἐνίστατο Καῖσαρ, οὐκ ἀξιῶν τὰ
φιλάνθρωπα τῆς ἑαυτοῦ γνώμης ἐκβαλόντας ἑνὶ c
χρήσασθαι τῷ σκυθρωποτάτῳ. Βιαζομένων δὲ πολλῶν ἐπεκαλεῖτο τοὺς δημάρχους. Οἱ δ' οὐχ ὑπήκουον,
ἀλλὰ Κικέρων αὐτὸς ἐνδοὺς ἀνῆκε τὴν περὶ δημεύ-
σεως γνώμην.

22. 1 Ἐχώρει δὲ μετὰ τῆς βουλῆς ἐπὶ τοὺς
ἄνδρας. Οὐκ ἐν ταὐτῷ δὲ πάντες ἦσαν, ἄλλος δ' ἄλλον
ἐφύλαττε τῶν στρατηγῶν. 2 Καὶ πρῶτον ἐκ Παλα-
τίου παραλαβὼν τὸν Λέντλον ἦγε διὰ τῆς ἱερᾶς

21. 1 ⁴ ἃς om. N ‖ 3 ⁴ λυσιτελεῖν N : συμφέρειν ‖ ⁶ γνώμην om. N ‖
⁷ μεταβαλλόμενον : -βαλό- Cor. ‖ 4 ³⁻⁴ συνεπερείσας Cor. : συναπ- ‖
5 ⁶ περὶ : περὶ τῆς N.

du plus haut rang l'entouraient et lui servaient de gardes du corps. Le peuple frissonnait en voyant ce qui s'accomplissait, et il suivait en silence. Les jeunes gens surtout avaient comme le sentiment d'être initiés, dans la crainte et le tremblement, aux mystères ancestraux d'un pouvoir aristocratique*. 3 Lorsque Cicéron eut traversé le Forum et atteint la prison[1], il mit Lentulus entre les mains du bourreau, avec ordre de le faire périr. Ce fut ensuite le tour de Cethegus, et chacun des autres fut de même amené et tué. 4 Voyant qu'il restait encore beaucoup de conjurés assemblés et massés au Forum, lesquels ignoraient l'exécution et attendaient la nuit dans la pensée que les prisonniers étaient encore en vie et qu'on pourrait les délivrer, Cicéron leur cria d'une voix forte : « Ils ont vécu. » C'est ainsi qu'à Rome on exprime la mort, quand on veut éviter des paroles de mauvais augure.

5 Le soir était venu lorsque Cicéron remonta chez lui à travers le Forum[2], non plus escorté en bon ordre par les citoyens silencieux, mais accueilli avec des acclamations et des applaudissements par ceux devant qui il passait, et salué des noms de sauveur et de fondateur de la patrie. Un grand nombre de lumières éclairaient les rues où l'on avait dressé des flambeaux et des torches devant les portes. 6 Les femmes aussi tendaient leurs lampes du haut des toits[3] pour lui faire honneur et pour le voir tandis qu'il remontait chez lui en grande pompe, entouré par les citoyens les plus nobles, dont la plupart avaient mené à bien des guerres importantes, étaient rentrés à Rome en triomphateurs et avaient ajouté à l'empire de vastes étendues de terre et de mer. Cependant, tout en marchant, ils reconnaissaient entre eux que, si beaucoup de chefs et de généraux d'alors avaient droit à la reconnaissance du peuple romain pour les richesses, les dépouilles et la puissance qu'ils lui avaient

---

1. Il s'agit du *carcer Tullianus* ; cf. Sall., *Catil.*, 55, 3 : *Est in carcere locus, quod Tullianum appellatur...*
2. Cicéron, à cette époque, avait sa maison sur le Palatin : voir ci-dessus, 8, 6, et la note.
3. Ces toits étaient bien sûr en terrasse.

ὁδοῦ καὶ τῆς ἀγορᾶς μέσης, τῶν μὲν ἡγεμονικωτάτων
ἀνδρῶν κύκλῳ περιεσπειραμένων καὶ δορυφορούντων,
τοῦ δὲ δήμου φρίττοντος τὰ δρώμενα καὶ παριόντος
σιωπῇ, μάλιστα δὲ τῶν νέων, ὥσπερ ἱεροῖς τισι d
πατρίοις ἀριστοκρατικῆς τινος ἐξουσίας τελεῖσθαι
μετὰ φόβου καὶ θάμβους δοκούντων. 3 Διελθὼν
δὲ τὴν ἀγορὰν καὶ γενόμενος πρὸς τῷ δεσμωτηρίῳ,
παρέδωκε τὸν Λέντλον τῷ δημίῳ καὶ προσέταξεν
ἀνελεῖν · εἶθ᾽ ἑξῆς τὸν Κέθηγον, καὶ οὕτω τῶν ἄλλων
ἕκαστον καταγαγὼν ἀπέκτεινεν. 4 Ὁρῶν δὲ πολλοὺς ἔτι τῶν ἀπὸ τῆς συνωμοσίας ἐν ἀγορᾷ συνεστῶτας ἀθρόους καὶ τὴν μὲν πρᾶξιν ἀγνοοῦντας, τὴν
δὲ νύκτα προσμένοντας, ὡς ἔτι ζώντων τῶν ἀνδρῶν
καὶ δυναμένων ἐξαρπαγῆναι, φθεγξάμενος μέγα πρὸς e
αὐτοὺς « ἔζησαν » εἶπεν · οὕτω δὲ Ῥωμαίων οἱ δυσφη-
μεῖν μὴ βουλόμενοι τὸ τεθνάναι σημαίνουσιν.

5 Ἤδη δ᾽ ἦν ἑσπέρα, καὶ δι᾽ ἀγορὰς ἀνέβαινεν εἰς
τὴν οἰκίαν, οὐκέτι σιωπῇ τῶν πολιτῶν οὐδὲ τάξει
προπεμπόντων αὐτόν, ἀλλὰ φωναῖς καὶ κρότοις
δεχομένων καθ᾽ οὓς γένοιτο, σωτῆρα καὶ κτίστην
ἀνακαλούντων τῆς πατρίδος. Τὰ δὲ φῶτα πολλὰ
κατέλαμπε τοὺς στενωπούς, λαμπάδια καὶ δᾷδας
ἱστάντων ἐπὶ ταῖς θύραις. 6 Αἱ δὲ γυναῖκες ἐκ
τῶν τεγῶν προὔφαινον ἐπὶ τιμῇ καὶ θέᾳ τοῦ ἀνδρός,
ὑπὸ πομπῇ τῶν ἀρίστων μάλα σεμνῶς ἀνιόντος ·
ὧν οἱ πλεῖστοι πολέμους τε κατειργασμένοι μεγάλους καὶ διὰ θριάμβων εἰσεληλακότες καὶ προσεκτη- f
μένοι γῆν καὶ θάλατταν οὐκ ὀλίγην ἐβάδιζον ἀν-
ομολογούμενοι πρὸς ἀλλήλους, πολλοῖς μὲν τῶν
τόθ᾽ ἡγεμόνων καὶ στρατηγῶν πλούτου καὶ λαφύρων
καὶ δυνάμεως χάριν ὀφείλειν τὸν Ῥωμαίων δῆμον,

22. 2 5 παριόντος : παριέντος Cor. Zie. ‖ 3 3 δημίῳ ed. Junt. Ald. :
δήμῳ codd. ‖ 4 2 τῶν ἀπὸ om. Y ‖ 5 ἐξαρπαγῆναι : -πασθῆναι Y ‖
6 3 πομπῇ : -πῆς N ‖ 5-6 προσεκτημένοι : προσκεκτη- Y.

procurées, ce peuple ne devait sa sûreté et son salut qu'à
Cicéron seul, qui l'avait tiré d'un si grand et si redou-
table danger. 7 Ce que l'on trouvait d'admirable
dans sa conduite, ce n'était pas tant d'avoir arrêté les
intrigues et puni les meneurs, c'était d'avoir étouffé
la plus terrible révolution qu'on eût jamais vue aux
moindres frais, sans troubles ni guerre civile. 8 Et en
effet ceux qui avaient rejoint Catilina n'eurent pas plus
tôt appris le sort de Lentulus et de Cethegus qu'ils
l'abandonnèrent et partirent. Avec ceux qui demeurèrent
auprès de lui, Catilina livra bataille à Antonius, et périt
lui-même avec son armée[1].

23. 1 Cependant il se trouvait des gens disposés à
dénigrer ces actes de Cicéron et à lui faire du mal. Ils
avaient pour chefs, parmi les magistrats désignés, d'une
part César, qui devait être préteur, d'autre part Metellus
et Bestia, tribuns du peuple[2]. 2 Ceux-ci étant entrés
en fonction alors que Cicéron avait encore quelques
jours à rester en charge, s'opposèrent à ce qu'il ha-
ranguât le peuple*. Ils placèrent des bancs sur les
rostres pour l'empêcher de passer, et ne lui permirent
pas de parler : ils exigeaient, s'il voulait le faire, qu'il
se contentât de prêter le serment usuel à l'expiration
de sa charge, après quoi il descendrait de la tribune.
3 Cicéron, acceptant ces conditions, s'avança pour jurer,
mais, quand il eut obtenu le silence, au lieu de prononcer
la formule traditionnelle, il fit un serment personnel et
inusité : il jura qu'il avait sauvé la patrie et maintenu
l'empire. Le peuple tout entier répéta ce serment*.
4 Cela fâcha davantage encore César et les tribuns. Ils
s'ingénièrent à susciter de nouveaux tracas à Cicéron : ils
proposèrent notamment une loi qui rappelait Pompée avec
son armée pour mettre fin au pouvoir absolu de Cicéron.
5 Mais Caton, alors tribun, fut d'un grand secours

1. Dans la seconde quinzaine de janvier 62, Catilina fut vaincu
et tué à Pistoria (Pistoia) : cf. J. Carcopino, *Hist. Rom.*, 2, 657-659.
2. Effectivement Jules César fut préteur en 62, année où figurèrent
parmi les tribuns de la plèbe Q. Caecilius Metellus Nepos et L. Calpurnius Bestia : cf. Broughton, *The magistr.*, 2, 173-174.

ἀσφαλείας δὲ καὶ σωτηρίας ἑνὶ μόνῳ Κικέρωνι, τηλικοῦτον ἀφελόντι καὶ τοσοῦτον αὐτοῦ κίνδυνον. 7 Οὐ γὰρ τὸ κωλῦσαι τὰ πραττόμενα καὶ κολάσαι τοὺς πράττοντας ἐδόκει θαυμαστόν, ἀλλ' ὅτι μέγιστον 872 τῶν πώποτε νεωτερισμῶν οὗτος ἐλαχίστοις κακοῖς ἄνευ στάσεως καὶ ταραχῆς κατέσβεσε. 8 Καὶ γὰρ τὸν Κατιλίναν οἱ πλεῖστοι τῶν συνερρυηκότων πρὸς αὐτὸν ἅμα τῷ πυθέσθαι τὰ περὶ Λέντλον καὶ Κέθηγον ἐγκαταλιπόντες ᾤχοντο · καὶ μετὰ τῶν συμμεμενη- κότων αὐτῷ διαγωνισάμενος πρὸς Ἀντώνιον αὐτός τε διεφθάρη καὶ τὸ στρατόπεδον.

23. 1 Οὐ μὴν ἀλλ' ἦσαν οἱ τὸν Κικέρωνα παρ- εσκευασμένοι καὶ λέγειν ἐπὶ τούτοις καὶ ποιεῖν κακῶς, ἔχοντες ἡγεμόνας τῶν εἰς τὸ μέλλον ἀρχόντων Καίσαρα μὲν στρατηγοῦντα, Μέτελλον δὲ καὶ Βησ- τίαν δημαρχοῦντας. 2 Οἳ τὴν ἀρχὴν παραλαβόντες,   b ἔτι τοῦ Κικέρωνος ὀλίγας ἡμέρας ἄρχοντος, οὐκ εἴων δημηγορεῖν αὐτόν, ἀλλ' ὑπὲρ τῶν ἐμβόλων βάθρα θέντες οὐ παρίεσαν οὐδ' ἐπέτρεπον λέγειν, ἀλλ' ἐκέ- λευον, εἰ βούλοιτο, μόνον περὶ τῆς ἀρχῆς ἀπομόσαντα καταβαίνειν, 3 κἀκεῖνος ἐπὶ τούτοις ὡς ὀμόσων προῆλθε · καὶ γενομένης αὐτῷ σιωπῆς, ὤμνυεν οὐ τὸν πάτριον, ἀλλ' ἴδιόν τινα καὶ καινὸν ὅρκον, ἦ μὴν σεσωκέναι τὴν πατρίδα καὶ διατετηρηκέναι τὴν ἡγεμονίαν. Ἐπώμνυε δὲ τὸν ὅρκον αὐτῷ σύμπας ὁ δῆμος. 4 Ἐφ' οἷς ἔτι μᾶλλον ὅ τε Καῖσαρ οἵ τε δήμαρχοι χαλεπαίνοντες ἄλλας τε τῷ Κικέρωνι ταραχὰς ἐμηχανῶντο, καὶ νόμος ὑπ' αὐτῶν εἰσήγετο   c καλεῖν Πομπήιον μετὰ τῆς στρατιᾶς, ὡς δὴ κατα- λύσοντα τὴν Κικέρωνος δυναστείαν. 5 Ἀλλ' ἦν

pour Cicéron et pour tout l'État[1] : il s'opposa aux menées de ses collègues, disposant d'une autorité égale à la leur et d'une plus grande renommée. 6 Il fit écarter facilement toutes leurs propositions, et, dans un discours adressé au peuple, il exalta si bien le consulat de Cicéron qu'on lui vota les plus grands honneurs jamais décernés et qu'on le proclama « père de la patrie ». Cicéron fut, semble-t-il, le premier qui reçut ce titre, et c'est Caton qui le lui conféra dans l'assemblée du peuple[2].

L'esprit de Cicéron. — **24.** 1 Étant alors très puissant dans l'État, Cicéron s'attira beaucoup d'inimitiés, non qu'il commît aucune mauvaise action, mais sa constante habitude de se louer et de se vanter indisposa beaucoup de gens. 2 Il n'y avait aucune assemblée du Sénat ou du peuple, aucun tribunal où l'on ne dût entendre ressasser les noms de Catilina et de Lentulus. 3 Il finit même par remplir de ses propres louanges ses livres et tous ses écrits, et, si attrayants et pleins de charme que fussent ses discours, il les rendit ainsi pénibles et insupportables à ses auditeurs, cet aspect déplaisant étant toujours comme une sorte de fatalité, inséparable de sa personne. 4 Pourtant, si excessif que fût son amour de la gloire, Cicéron était exempt de jalousie et prodiguait les éloges à ses prédécesseurs et à ses contemporains, comme on peut le voir par ses écrits. 5 On rapporte de lui beaucoup de louanges de cette sorte. Il disait par exemple d'Aristote que c'était un fleuve qui charrie de l'or[3], et des dialogues de Platon que, si Jupiter est doué du langage, c'est ainsi qu'il parle[4]. 6 Il avait aussi coutume d'appeler Théophraste « son

1. M. Porcius Cato fut en effet tribun en 62 : Broughton, *The magistr.*, 2, 174, et *Cato min.*, chap. 26-29.
2. Au Sénat, ce même titre de *pater patriae* fut décerné à Cicéron par Q. Lutatius Catulus (voir ci-dessus la note à 21, 4) : cf. Cic., *In Pisonem*, 6.
3. Cic., *Acad. pr.*, 2 (ce deuxième livre des *Académiques* forme le dialogue intitulé *Lucullus*), 38, 119 : *Flumen orationis aureum fundens Aristoteles.*
4. Cic., *Brut.*, 121 : *Quis enim uberior in dicendo Platone ? Jovem sic, aiunt philosophi, si Graece loquatur, loqui.*

ὄφελος μέγα τῷ Κικέρωνι καὶ πάσῃ τῇ πόλει δημαρχῶν
τότε Κάτων καὶ τοῖς ἐκείνων πολιτεύμασιν ἀπ' ἴσης
μὲν ἐξουσίας, μείζονος δὲ δόξης ἀντιτασσόμενος.
6 Τά τε γὰρ ἄλλα ῥᾳδίως ἔλυσε, καὶ τὴν Κικέρωνος
ὑπατείαν οὕτως ἦρε τῷ λόγῳ δημηγορήσας ὥστε
τιμὰς αὐτῷ τῶν πώποτε μεγίστας ψηφίσασθαι καὶ
προσαγορεῦσαι πατέρα πατρίδος. Πρώτῳ γὰρ ἐκείνῳ
δοκεῖ τοῦθ' ὑπάρξαι, Κάτωνος αὐτὸν οὕτως ἐν τῷ
δήμῳ προσαγορεύσαντος.

24. 1 Καὶ μέγιστον μὲν ἴσχυσεν ἐν τῇ πόλει τότε, d
πολλοῖς δ' ἐπίφθονον ἑαυτὸν ἐποίησεν ἀπ' οὐδενὸς
ἔργου πονηροῦ, τῷ δ' ἐπαινεῖν ἀεὶ καὶ μεγαλύνειν
αὐτὸς ἑαυτὸν ὑπὸ πολλῶν δυσχεραινόμενος. 2 Οὔτε
γὰρ βουλὴν οὔτε δῆμον οὔτε δικαστήριον ἦν συνελθεῖν, ἐν ᾧ μὴ Κατιλίναν ἔδει θρυλούμενον ἀκοῦσαι
καὶ Λέντλον. 3 Ἀλλὰ καὶ τὰ βιβλία τελευτῶν κατ-
έπλησε καὶ τὰ συγγράμματα τῶν ἐγκωμίων· καὶ
τὸν λόγον ἥδιστον ὄντα καὶ χάριν ἔχοντα πλείστην
ἐπαχθῆ καὶ φορτικὸν ἐποίησε τοῖς ἀκροωμένοις,
ὥσπερ τινὸς ἀεὶ κηρὸς αὐτῷ τῆς ἀηδίας ταύτης
προσούσης. 4 Ὅμως δέ, καίπερ οὕτως ἀκράτῳ φιλοτιμίᾳ συνών, ἀπήλλακτο τοῦ φθονεῖν ἑτέροις, e
ἀφθονώτατος ὢν ἐν τῷ τοὺς πρὸ αὐτοῦ καὶ τοὺς καθ'
αὑτὸν ἄνδρας ἐγκωμιάζειν, ὡς ἐκ τῶν συγγραμμάτων
λαβεῖν ἔστι. 5 Πολλὰ δ' αὐτοῦ καὶ ἀπομνημο-
νεύουσιν, οἷον περὶ Ἀριστοτέλους, ὅτι χρυσοῦ
ποταμὸς εἴη ῥέοντος, καὶ περὶ τῶν Πλάτωνος δια-
λόγων, ὡς τοῦ Διός, εἰ λόγῳ χρῆσθαι πέφυκεν,
οὕτω διαλεγομένου. 6 Τὸν δὲ Θεόφραστον εἰώθει

23. 6 ² ὑπατείαν : δυναστείαν N ‖ λόγῳ N : λόγῳ μεγάλην Υ,
unde μεγαληγορήσας Zie. ‖ ³ πώποτε : ποτὲ N ‖ ⁵ τοῦθ' ὑπάρξαι :
τοῦτο καθυπάρξαι Υ ‖ **24.** 1 ³ τῷ : τὸ N ‖ 5 ² χρυσοῦ Schaefer : -σίου ‖
⁵ οὕτως ⟨ἂν⟩ Naber.

délice personnel. »[1] Comme on lui demandait quel était
celui des discours de Démosthène qu'il trouvait le
plus beau, il répondit : « Le plus long. »[2] Cependant
quelques-uns de ceux qui font profession d'admirer Démosthène lui reprochent avec insistance un mot qu'il a
écrit dans une lettre à un de ses amis, à savoir que Démosthène dans ses discours sommeille parfois[3]. Ces
gens-là oublient les grandes et merveilleuses louanges
dont il comble souvent le grand orateur[4] ; ils oublient
aussi qu'il a donné à ceux de ses propres discours qu'il
a le plus travaillés, les discours contre Antoine, le titre
de *Philippiques**. 7 De tous ses contemporains renommés dans l'éloquence ou la philosophie, il n'en est
aucun dont il n'ait accru la réputation par ce qu'il dit ou
écrivit avec bienveillance à leur sujet. Pour Cratippe
le Péripatéticien, il obtint de César, alors au pouvoir,
le droit de cité romaine ; il obtint aussi de l'Aréopage
un décret qui priait ce philosophe de demeurer à Athènes
et de s'y entretenir avec les jeunes gens pour rehausser
le prestige de la ville. 8 On possède à ce sujet des
lettres de Cicéron à Hérodès, et d'autres à son fils, où il
le presse d'étudier la philosophie auprès de Cratippe*.
En revanche il reproche au rhéteur Gorgias d'inciter
le jeune homme à s'adonner aux plaisirs et à la boisson,
et il le bannit de la société de son fils*. 9 De ses lettres
rédigées en grec, il n'y a guère que celle-là, et une autre
adressée à Pélops de Byzance qui aient été écrites dans
un mouvement de colère. Pour Gorgias, il avait raison
de s'en prendre à lui, s'il était réellement dissolu et
méprisable comme il en avait la réputation ; au contraire,
il chicanait Pélops à propos de vétilles, en le blâmant

1. Cf. Cic., *Brut.*, 121 (immédiatement après les mots cités dans
la note précédente) : *Quis Aristotele nervosior, Theophrasto dulcior ?*
2. Le plus long des discours conservés de Démosthène est le plaidoyer *Sur la couronne.*
3. Cette lettre est perdue, mais Quintilien, 10, 1, 24, et 12, 1, 22, la
cite : *Demosthenes..., quem dormitare interim dicit (Cicero)*, et Quintilien rapproche ce mot de celui d'Horace : *Quandoque bonus dormitat
Homerus.*
4. Par exemple *Brut.*, 141 : *Demosthenes... oratorum princeps.*

τρυφὴν ἰδίαν ἀποκαλεῖν. Περὶ δὲ τῶν Δημοσθένους
λόγων ἐρωτηθεὶς τίνα δοκοίη κάλλιστον εἶναι, τὸν
μέγιστον εἶπε. Καίτοι τινὲς τῶν προσποιουμένων
δημοσθενίζειν ἐπιφύονται φωνῇ τοῦ Κικέρωνος, ἣν
πρός τινα τῶν ἑταίρων ἔθηκεν ἐν ἐπιστολῇ γράψας,   f
ἐνιαχοῦ τῶν λόγων ὑπονυστάζειν τὸν Δημοσθένην ·
τῶν δὲ μεγάλων καὶ θαυμαστῶν ἐπαίνων, οἷς πολλαχοῦ χρῆται περὶ τοῦ ἀνδρός, καὶ ὅτι περὶ οὓς
μάλιστα τῶν ἰδίων ἐσπούδασε λόγους, τοὺς κατ'
Ἀντωνίου, Φιλιππικοὺς ἐπέγραψεν, ἀμνημονοῦσι.
7 Τῶν δὲ κατ' αὐτὸν ἐνδόξων ἀπὸ λόγου καὶ φιλοσοφίας οὐκ ἔστιν οὐδεὶς ὃν οὐκ ἐποίησεν ἐνδοξότερον
ἢ τι λέγων ἢ γράφων εὐμενῶς περὶ ἑκάστου. Κρα-   873
τίππῳ δὲ τῷ περιπατητικῷ διεπράξατο μὲν Ῥωμαίῳ
γενέσθαι παρὰ Καίσαρος ἄρχοντος ἤδη, διεπράξατο
δὲ ⟨καὶ⟩ τὴν ἐξ Ἀρείου πάγου βουλὴν ψηφίσασθαι
[καὶ] δεηθῆναι μένειν αὐτὸν ἐν Ἀθήναις καὶ δια-
λέγεσθαι τοῖς νέοις ὡς κοσμοῦντα τὴν πόλιν.
8 Ἐπιστολαὶ δὲ περὶ τούτων Κικέρωνος εἰσὶ πρὸς
Ἡρώδην, ἕτεραι δὲ πρὸς τὸν υἱόν, ἐγκελευομένου
συμφιλοσοφεῖν Κρατίππῳ. Γοργίαν δὲ τὸν ῥητορικὸν αἰτιώμενος πρὸς ἡδονὰς προάγειν καὶ πότους
τὸ μειράκιον, ἀπελαύνει τῆς συνουσίας αὐτοῦ.
9 Καὶ σχεδὸν αὕτη γε τῶν Ἑλληνικῶν μία καὶ δευ-
τέρα πρὸς Πέλοπα τὸν Βυζάντιον ἐν ὀργῇ τινι γέγραπ-   b
ται, τὸν μὲν Γοργίαν αὐτοῦ προσηκόντως ἐπικόπτοντος, εἴπερ ἦν φαῦλος καὶ ἀκόλαστος ὥσπερ ἐδόκει,
πρὸς δὲ τὸν Πέλοπα μικρολογουμένου καὶ μεμψιμοι-

24. 6 ^{4} εἶπε : εἰπεῖν N ‖ ^{6} τινα : τινας Y ‖ ^{7} ὑπονυστάζειν Herwerden : ἀπον- ‖ ^{9} χρῆται : δεῖται N ‖ ^{10} λόγους : λόγων Y ‖ 7 $^{1-2}$ φιλοσοφίας : σοφίας Y ‖ ^{6} καὶ add. Rei. ‖ ^{7} καὶ del. Sint. ‖ 8 ^{1} περὶ τούτων : παρὰ τοῦ Y ‖ $^{3-4}$ ῥητορικὸν : ῥήτορα Y ‖ ^{4} πρὸς : εἰς Y ‖ 9 ^{1} γε :
τε Y ‖ ^{2} τινι : τινι γενέσθαι N ‖ $^{3-4}$ ἐπικόπτοντος Ruhnken : ἐπι-
σκώπτοντος ‖ ^{4} ὥσπερ : ᾗπερ Y.

parce qu'il avait négligé d'obtenir des Byzantins certains
décrets honorifiques en faveur de Cicéron.

25. 1 C'est la vanité qui lui inspirait ces plaintes,
et l'orgueil qu'il avait de son talent oratoire lui fit plus
d'une fois sacrifier les convenances. Par exemple, comme
il avait défendu Munatius, et que celui-ci, ayant ainsi
échappé à la condamnation, poursuivait Sabinus, ami
de Cicéron, il se laissa, paraît-il, emporter par la colère
au point de lui dire : « Est-ce donc à toi-même, Munatius,
que tu dois ton acquittement, et non pas à moi, qui ai
répandu en plein jour une nuit profonde devant le
tribunal ? »* 2 Un jour il fit du haut de la tribune
l'éloge de Marcus Crassus[1] et fut applaudi, mais quelques
jours après il parla de lui en mal, et comme Crassus lui
disait : « N'est-ce pas ici même que tu m'as loué l'autre
jour ? — Oui, repartit Cicéron, je voulais m'entraîner à
disserter sur un sujet ingrat. » 3 Une autre fois,
Crassus, après avoir dit qu'aucun des Crassus à Rome
n'avait dépassé la soixantaine, se rétracta ensuite et
ajouta : « Quelle idée avais-je donc pour m'exprimer
ainsi ? — Tu savais, dit Cicéron, que les Romains enten-
draient cela avec plaisir, et tu voulais ainsi te rendre
populaire. » 4 Le même Crassus ayant dit qu'il ap-
prouvait les Stoïciens de soutenir que l'homme de bien
est riche : « Prends garde, dit Cicéron, que ce ne soit
plutôt parce qu'ils affirment que tout appartient au
sage. » Or Crassus était décrié à cause de son amour de
l'argent[2]. 5 Un des deux fils de Crassus passait pour
ressembler à un certain Axius, ce qui faisait accuser sa
mère de relations honteuses avec ce personnage. Un jour
que le jeune homme s'était fait applaudir en prononçant
un discours au Sénat, on demanda à Cicéron ce qu'il en
pensait. « Il est digne (*axios*) de Crassus », répondit-il[3].

---

1. M. Licinius Crassus Dives, le triumvir, dont Plutarque nous
a laissé la biographie (tome VII de la présente édition).
2. Cf. *Crass.*, 2, 1 : « Pour les Romains les nombreuses qualités de
Crassus n'étaient obscurcies que par un défaut, l'amour de la richesse...»
3. Ce calembour de Cicéron fut dit évidemment en grec : Ἄξιος
Κράσσου signifie à la fois « Axius fils de Crassus » et « Il est digne
de Crassus ».

ρούντος ὥσπερ ἀμελήσαντα τιμάς τινας αὐτῷ καὶ
ψηφίσματα παρὰ Βυζαντίων γενέσθαι.

25. 1 Ταῦτά τε δὴ φιλότιμα, καὶ τὸ πολλάκις
ἐπαιρόμενον τοῦ λόγου τῇ δεινότητι τὸ πρέπον
προΐεσθαι. Μουνατίῳ μὲν γάρ ποτε συνηγορήσας,
ὡς ἀποφυγὼν τὴν δίκην ἐκεῖνος ἐδίωκεν ἑταῖρον
αὐτοῦ Σαβῖνον, οὕτω λέγεται προπεσεῖν ὑπ᾽ ὀργῆς
ὁ Κικέρων ὥστ᾽ εἰπεῖν · « Σὺ γὰρ ἐκείνην, ὦ Μου-
νάτιε, τὴν δίκην ἀπέφυγες διὰ σεαυτόν, οὐκ ἐμοῦ
πολὺ σκότος ἐν φωτὶ τῷ δικαστηρίῳ περιχέαντος; »
2 Μάρκον δὲ Κράσσον ἐγκωμιάζων ἀπὸ τοῦ βήμα-   c
τος εὐημέρησε, καὶ μεθ᾽ ἡμέρας αὖθις ὀλίγας λοιδορῶν αὐτόν, ὡς ἐκεῖνος εἶπεν « Οὐ γὰρ ἐνταῦθα
πρώην αὐτὸς ἡμᾶς ἐπῄνεις; » « Ναί » φησι « μελέτης
ἕνεκα γυμνάζων τὸν λόγον εἰς φαύλην ὑπόθεσιν. »
3 Εἰπόντος δέ ποτε τοῦ Κράσσου μηδένα Κράσσον
ἐν Ῥώμῃ βεβιωκέναι μακρότερον ἑξηκονταετίας,
εἶθ᾽ ὕστερον ἀρνουμένου καὶ λέγοντος « Τί δ᾽ ἂν
ἐγὼ παθὼν τοῦτ᾽ εἶπον; » « Ἤιδεις » ἔφη « Ῥωμαίους
ἡδέως ἀκουσομένους καὶ διὰ τοῦτ᾽ ἐδημαγώγεις ».
4 Ἀρέσκεσθαι δὲ τοῦ Κράσσου τοῖς Στωικοῖς
φήσαντος ὅτι πλούσιον εἶναι τὸν ἀγαθὸν ἀποφαί-
νουσιν, « Ὅρα μὴ μᾶλλον » εἶπεν « ὅτι πάντα τοῦ   d
σοφοῦ λέγουσιν εἶναι ». Διεβάλλετο δ᾽ εἰς φιλαργυ-
ρίαν ὁ Κράσσος. 5 Ἐπεὶ δὲ τοῦ Κράσσου τῶν
παίδων ὁ ἕτερος, Ἀξίῳ τινὶ δοκῶν ὅμοιος εἶναι καὶ
διὰ τοῦτο τῇ μητρὶ προστριβόμενος αἰσχρὰν ἐπὶ τῷ
Ἀξίῳ διαβολήν, εὐδοκίμησε λόγον ἐν βουλῇ διελ-
θών, ἐρωτηθεὶς ὁ Κικέρων τί φαίνεται αὐτῷ, « Ἄξιος »
εἶπε « Κράσσου ».

---

24. 9 ⁶ τινας om. N ‖ 25. 1 ¹ τὸ om. N ‖ ⁵ Σαβῖνον : Ῥουβῖνον N ‖
προπεσεῖν Rei : προσπ- ‖ 2 ⁴ φησι : φάναι N ‖ 3 ⁵ καὶ om. N.

26. 1 Crassus, sur le point de partir pour la Syrie[1], voulut avoir Cicéron pour ami plutôt que pour ennemi. Aussi lui dit-il avec amabilité qu'il désirait dîner chez lui. Cicéron le reçut avec empressement[2]. 2 Quelques jours plus tard des amis intervinrent auprès de lui en faveur de Vatinius[3], qui désirait, disaient-ils, se réconcilier avec lui (ils étaient brouillés) et devenir son ami. « Vatinius ne prétend pas, j'imagine, dîner lui aussi chez moi? » dit Cicéron. Voilà donc comment il en usait avec Crassus. 3 Ce Vatinius avait au cou un goître ; comme il plaidait dans un procès, Cicéron le qualifia d'orateur enflé. Ayant entendu dire que Vatinius était mort, puis, quelque temps après, apprenant de source sûre qu'il était vivant, il s'écria : « Puisse-t-il mourir misérablement, ce misérable qui nous a frustrés ! » 4 Lorsque César fit décréter que le territoire de la Campanie serait réparti entre les soldats[4], plusieurs sénateurs manifestèrent leur indignation, et Lucius Gellius, qui était à peu de chose près le doyen de l'assemblée*, déclara que cela ne se ferait pas tant qu'il vivrait : « Patientons, dit Cicéron, car Gellius ne demande pas un long délai. » 5 Il y avait un certain Octavius que l'on soupçonnait d'être originaire de Libye ; un jour que Cicéron plaidait, il dit qu'il ne l'entendait pas : « Ce n'est pourtant pas faute, dit Cicéron, d'avoir les oreilles percées*. » 6 Metellus Nepos* reprochant à Cicéron d'avoir fait périr plus de gens en témoignant contre eux qu'il n'en avait sauvé en les défendant : « J'avoue, en effet, dit-il, que ma bonne foi est plus grande que mon habileté. » 7 Un jeune homme qu'on accusait d'avoir donné du poison à son père dans un gâteau, prenait des airs insolents et menaçait de l'accabler d'injures : « De ta part, dit Cicéron, j'aime mieux cela

---

1. Crassus partit pour la Syrie après son consulat de l'année 55 (où il avait eu Pompée pour collègue) : cf. *Crass.*, 15, 7-16, 1.

2. Cf. Cic., *Ad Famil.*, 1, 9, 20 : « Ce fut pour ainsi dire de mon foyer que Crassus partit pour sa province : s'étant invité lui-même à dîner, il fut mon hôte dans les jardins de mon gendre Crassipes. »

3. Sur P. Vatinius, voir ci-dessus, 9, 3, et la note.

4. Il s'agit de la *lex Julia agraria* de 59, appelée aussi *de agro Campano*.

26. 1 Μέλλων δ' ὁ Κράσσος εἰς Συρίαν ἀπαί-
ρειν ἐβούλετο τὸν Κικέρωνα φίλον αὐτῷ μᾶλλον
ἢ ἐχθρὸν εἶναι · καὶ φιλοφρονούμενος ἔφη βούλεσθαι
δειπνῆσαι παρ' αὐτῷ · κἀκεῖνος ὑπεδέξατο προθύμως. 2 Ὀλίγαις δ' ὕστερον ἡμέραις περὶ Βατι-
νίου φίλων τινῶν ἐντυγχανόντων ὡς μνωμένου διαλύσεις καὶ φιλίαν (ἦν γὰρ ἐχθρός) « Οὐ δήπου καὶ
Βατίνιος » εἶπε « δειπνῆσαι παρ' ἐμοὶ βούλε-
ται; » Πρὸς μὲν οὖν Κράσσον τοιοῦτος. 3 Αὐτὸν
δὲ τὸν Βατίνιον ἔχοντα χοιράδας ἐν τῷ τραχήλῳ
καὶ λέγοντα δίκην οἰδοῦντα ῥήτορα προσεῖπεν.
Ἀκούσας δ' ὅτι τέθνηκεν, εἶτα μετὰ μικρὸν πυθόμενος σαφῶς ὅτι ζῇ · « Κακὸς τοίνυν ἀπόλοιτο κακῶς
ὁ ψευσάμενος ». 4 Ἐπεὶ δὲ Καίσαρι ψηφισαμένῳ
τὴν ἐν Καμπανίᾳ χώραν κατανεμηθῆναι τοῖς στρατιώταις πολλοὶ μὲν ἐδυσχέραινον ἐν τῇ βουλῇ,
Λεύκιος δὲ Γέλλιος ὁμοῦ τι πρεσβύτατος ὢν εἶπεν
ὡς οὐ γενήσεται τοῦτο ζῶντος αὐτοῦ, « Περιμείνω-
μεν » ὁ Κικέρων ἔφη · « μακρὰν γὰρ οὐκ αἰτεῖται
Γέλλιος ὑπέρθεσιν ». 5 Ἦν δέ τις Ὀκταούιος αἰτίαν
ἔχων ἐκ Λιβύης γεγονέναι · πρὸς τοῦτον ἔν τινι
δίκῃ λέγοντα τοῦ Κικέρωνος μὴ ἐξακούειν « Καὶ
μὴν οὐκ ἔχεις » εἶπε « τὸ οὖς ἀτρύπητον ». 6 Μετέλλου δὲ Νέπωτος εἰπόντος ὅτι πλείονας καταμαρτυ-
ρῶν ἀνῄρηκεν ἢ συνηγορῶν σέσωκεν, « Ὁμολογῶ
γὰρ » ἔφη « πίστεως ἐν ἐμοὶ πλέον ἢ δεινότητος
εἶναι ». 7 Νεανίσκου δέ τινος αἰτίαν ἔχοντος ἐν
πλακοῦντι φάρμακον τῷ πατρὶ δεδωκέναι θρασυνο-
μένου καὶ λέγοντος ὅτι λοιδορήσει τὸν Κικέρωνα,
« Τοῦτο παρὰ σοῦ » ἔφη « βούλομαι μᾶλλον ἢ πλα-

26. 1 ¹ ὁ om. Y ‖ 2 ⁴ εἶπε : εἰπεῖν Y ‖ ⁵ Κράσσον : Κράσσον
αὐτὸν N ‖ 4 ⁶ γὰρ om. N ‖ 6 ⁴ ἐν ἐμοὶ : ἔνεκά μοι N ‖ 7 ⁴ παρὰ σοῦ
ἔφη N : ἔφη παρὰ σοῦ.

qu'un gâteau. » 8 Publius Sestius, ayant un procès, avait pris Cicéron avec d'autres orateurs pour le défendre, mais il voulait tout dire lui-même sans permettre à personne de parler. Comme il était clair qu'il allait être acquitté par les juges, qui déjà portaient leurs suffrages : « Profite de l'occasion aujourd'hui, Sestius, lui dit Cicéron, car demain tu ne seras plus qu'un homme quelconque. »* 9 Il avait cité comme témoin dans un procès Publius Costa, qui voulait être juriste, mais était dénué à la fois d'intelligence et de savoir. Ce Publius déclara qu'il ne savait rien. « Tu crois sans doute, dit Cicéron, que l'on te questionne sur un point de droit ? »* Metellus Nepos[1], se disputant avec lui, lui demanda à plusieurs reprises : « Qui est ton père, Cicéron ? — A toi, répondit Cicéron, ta mère t'a rendu la réponse plus difficile qu'à moi. » La mère de Nepos passait pour avoir de mauvaises mœurs. Metellus lui-même avait la réputation d'être un homme changeant : 10 un jour il abandonna brusquement sa charge de tribun du peuple pour prendre la mer et rejoindre Pompée en Syrie[2], puis il en revint avec moins de raison encore. 11 Il ensevelit avec un soin particulier son maître Philagros et plaça sur son tombeau un corbeau de marbre, ce qui fit dire à Cicéron : « En cela tu as été très sage, car il t'a enseigné à voler plutôt qu'à parler. »* 12 Comme Marcus Appius commençait un plaidoyer en disant que son ami l'avait prié d'apporter à sa défense du soin, de l'éloquence et de la bonne foi, « Et ainsi, lui dit Cicéron, as-tu donc un cœur de pierre, toi qui n'as rien apporté à ton ami de tout ce qu'il te demandait ? »

27. 1 Les railleries assez mordantes contre des ennemis ou des adversaires semblent faire partie de l'arsenal de la rhétorique* ; mais, en heurtant les premiers venus pour provoquer le rire, Cicéron amassa contre lui beaucoup de haine. 2 J'en citerai aussi quelques

---

1. Voir ci-dessus, 23, 1 et 26, 6.
2. Le départ de Metellus Nepos pour la Syrie eut lieu en 62 : **cf.** *Cato minor*, 29, 1-4.

κοῦντα ». 8 Ποπλίου δὲ Σηστίου συνήγορον μὲν
αὐτὸν ἔν τινι δίκῃ μεθ' ἑτέρων παραλαβόντος, αὐτοῦ
δὲ πάντα βουλομένου λέγειν καὶ μηδενὶ παριέντος
εἰπεῖν, ὡς δῆλος ἦν ἀφιέμενος ὑπὸ τῶν δικαστῶν
ἤδη τῆς ψήφου φερομένης, « Χρῶ σήμερον » ἔφη
« τῷ καιρῷ, Σήστιε· μέλλεις γὰρ αὔριον ἰδιώτης
εἶναι ». 9 Πόπλιον δὲ Κώσταν νομικὸν εἶναι βουλόμενον, ὄντα δ' ἀφυῆ καὶ ἀμαθῆ, πρός τινα δίκην
ἐκάλεσε μάρτυρα. Τοῦ δὲ μηδὲν εἰδέναι φάσκοντος,
« Ἴσως » ἔφη « δοκεῖς περὶ τῶν νομικῶν ἐρωτᾶσθαι ». b
Μετέλλου δὲ Νέπωτος ἐν διαφορᾷ τινι πολλάκις
λέγοντος « Τίς σοῦ πατήρ ἐστιν, ὦ Κικέρων; — Σοὶ
ταύτην » ἔφη « τὴν ἀπόκρισιν ἡ μήτηρ χαλεπωτέραν
πεποίηκεν ». Ἐδόκει δ' ἀκόλαστος ἡ μήτηρ εἶναι
τοῦ Νέπωτος, αὐτὸς δέ τις εὐμετάβολος. 10 Καί
ποτε τὴν δημαρχίαν ἀπολιπὼν ἄφνω πρὸς Πομπήιον
ἐξέπλευσεν εἰς Συρίαν, εἶτ' ἐκεῖθεν ἐπανῆλθεν ἀλογώ-
τερον. 11 Θάψας δὲ Φίλαγρον τὸν καθηγητὴν
ἐπιμελέστερον ἐπέστησεν αὐτοῦ τῷ τάφῳ κόρακα
λίθινον, καὶ ὁ Κικέρων « Τοῦτο » ἔφη « σοφώτατον
ἐποίησας· πέτεσθαι γάρ σε μᾶλλον ἢ λέγειν ἐδί-
δαξεν ». 12 Ἐπεὶ δὲ Μᾶρκος Ἄππιος ἔν τινι δίκῃ
προοιμιαζόμενος εἶπε φίλον αὐτοῦ δεδεῆσθαι πα-   c
ρασχεῖν ἐπιμέλειαν καὶ λογιότητα καὶ πίστιν, « Εἶθ'
οὕτως » ἔφη « σιδηροῦς γέγονας ἄνθρωπος ὥστε
μηδὲν ἐκ τοσούτων ὧν ᾐτήσατο φίλῳ παρασχεῖν; »

27. 1 Τὸ μὲν οὖν πρὸς ἐχθροὺς ἢ πρὸς ἀντιδίκους σκώμμασι χρῆσθαι πικροτέροις δοκεῖ ῥητορικὸν εἶναι· τὸ δ' οἷς ἔτυχε προσκρούειν ἕνεκα τοῦ
γελοίου πολὺ συνῆγε μῖσος αὐτῷ. 2 Γράψω δὲ

26. 9 ¹ Πόπλιον... Κώσταν *U* : Πό- Κώσταν NY (Κότταν Xyl.
Wytt.) Κάστον... Ποπίλ(λ)ιον *Mor.* 205 B ‖ 11 ³ σοφώτατον Rei. :
-τερον ‖ 12 ⁵ φίλῳ : φίλος Y ‖ 27. 1 ¹ πρὸς om. Y ante ἀντιδίκους.

exemples. Marcus Aquilius avait deux gendres en exil ; Cicéron l'appelait Adraste[1]. 3 Lucius Cotta, qui remplissait la fonction de censeur[2], aimait fort le vin ; Cicéron, alors candidat au consulat, eut soif et, au milieu des amis qui l'entouraient, il se mit à boire en disant : « Vous avez raison de craindre que le censeur ne se fâche contre moi, parce que je bois de l'eau. » 4 Ayant rencontré Voconius accompagné de ses trois filles qui étaient très laides, il récita ce vers :

« En dépit de Phoebos cet homme eut des enfants. »[3]

5 Marcus Gellius passait pour n'être pas né de parents libres ; comme il venait de lire une lettre au Sénat d'une voix haute et éclatante : « Ne vous étonnez pas, dit Cicéron, il est de ceux qui ont crié pour leur liberté. »*
6 Faustus* était le fils de ce Sylla qui avait exercé à Rome le pouvoir absolu et avait fait périr tant de proscrits dont les noms étaient affichés ; Faustus s'étant endetté et ayant dissipé une grande partie de sa fortune, fit afficher la vente des biens qui lui restaient : « J'aime mieux cette affiche-là, dit Cicéron, que celle de son père. »

Du consulat à l'exil (62-58). — 28. 1 Tout cela valut à Cicéron de nombreuses inimitiés, et les partisans de Clodius se liguèrent contre lui pour la raison suivante. Clodius était un jeune noble, de caractère hardi et présomptueux*. 2 Étant épris de Pompeia, femme de César, il pénétra secrètement dans sa maison avec le costume et l'attirail d'une joueuse de lyre. Les femmes y célébraient le sacrifice secret dont la vue est interdite à l'autre sexe, et aucun homme ne se trouvait là*. Mais Clodius, étant tout jeune et encore

1. Adraste, roi d'Argos, maria ses filles, selon la légende, à Polynice, fils d'Œdipe, chassé de Thèbes, et à Tydée, fils d'Oineus, roi de Calydon, également exilé de son pays.
2. L. Aurelius Cotta, consul en 65, devint censeur en 64 : cf. Broughton, *The magistr.*, 2, 161.
3. Cf. *Reg. et Imp. Apopht.*, 205 C. Ce trimètre iambique d'une tragédie perdue appartenait peut-être à l'*Œdipe* d'Euripide ; en tout cas, il s'appliquait à Laïos qui avait engendré Œdipe en dépit d'un oracle d'Apollon Pythien.

καὶ τούτων ὀλίγα. Μᾶρκον Ἀκύλλιον ἔχοντα δύο
γαμβροὺς φυγάδας Ἄδραστον ἐκάλει. 3 Λευκίου
δὲ Κόττα τὴν τιμητικὴν ἔχοντος ἀρχήν, φιλοινοτά-
του δ' ὄντος, ὑπατείαν μετιὼν ὁ Κικέρων ἐδίψησε,
καὶ τῶν φίλων κύκλῳ περιστάντων ὡς ἔπινεν, « Ὀρθῶς   d
φοβεῖσθε » ἔφη « μή μοι γένηται χαλεπὸς ὁ τιμητὴς
ὅτι ὕδωρ πίνω ». 4 Βωκωνίῳ δ' ἀπαντήσας ἄγοντι
μεθ' ἑαυτοῦ τρεῖς ἀμορφοτάτας θυγατέρας, ἀνεφθέγ-
ξατο ·

       Φοίβου ποτ' οὐκ ἐῶντος ἔσπειρεν τέκνα.

5 Μάρκου δὲ Γελλίου δοκοῦντος οὐκ ἐξ ἐλευθέρων
γεγονέναι, λαμπρᾷ δὲ τῇ φωνῇ καὶ μεγάλῃ γράμματα πρὸς τὴν σύγκλητον ἐξαναγνόντος, « Μὴ θαυμάζετε » εἶπε, « καὶ αὐτὸς εἷς ἐστι τῶν ἀναπεφωνηκό-
των. » 6 Ἐπεὶ δὲ Φαῦστος ὁ Σύλλα τοῦ μοναρχή-
σαντος ἐν Ῥώμῃ καὶ πολλοὺς ἐπὶ θανάτῳ προγράψαν-
τος, ἐν δανείοις γενόμενος καὶ πολλὰ τῆς οὐσίας
διασπαθήσας ἀπαρτίαν προέγραψε, ταύτην ἔφη μᾶλ-   e
λον αὐτῷ τὴν προγραφὴν ἀρέσκειν ἢ τὴν πατρῴαν.

28. 1 Ἐκ τούτων ἐγίνετο πολλοῖς ἐπαχθής · καὶ
οἱ μετὰ Κλωδίου συνέστησαν ἐπ' αὐτόν, ἀρχὴν
τοιαύτην λαβόντες. Ἦν Κλώδιος ἀνὴρ εὐγενής,
τῇ μὲν ἡλικίᾳ νέος, τῷ δὲ φρονήματι θρασὺς καὶ
αὐθάδης. 2 Οὗτος ἐρῶν Πομπηίας τῆς Καίσαρος
γυναικὸς εἰς τὴν οἰκίαν αὐτοῦ παρεισῆλθε κρύφα,
λαβὼν ἐσθῆτα καὶ σκευὴν ψαλτρίας · ἔθυον γὰρ ἐν
τῇ Καίσαρος οἰκίᾳ τὴν ἀπόρρητον ἐκείνην καὶ ἀθέα-
τον ἀνδράσι θυσίαν αἱ γυναῖκες, καὶ παρῆν ἀνὴρ
οὐδείς · ἀλλὰ μειράκιον ὢν ἔτι καὶ μήπω γενειῶν ὁ

27. 2 ² Ἀκύλλιον Xyl. : Ἀκυλῖνον N Ἀκυίνιον Y ‖ 3 ² δὲ : δὲ
καὶ N ‖ τὴν om. Y ‖ 4 ¹ Βωκωνίῳ : Βοκ- N ‖ ² τρεῖς om. N ‖ 6 ⁴ διασπαθήσας : διασπασθείσας N ‖ ἀπαρτίαν : ἁμαρτίαν N.

imberbe, espérait se glisser avec les femmes chez Pompeia sans être reconnu. 3 Cependant, comme il était entré de nuit et que la maison était grande, il ne savait par où passer. Tandis qu'il errait ici et là, une servante d'Aurelia, mère de César, l'aperçut et lui demanda son nom. Contraint de parler, il dit qu'il cherchait une suivante de Pompeia, du nom d'Habra[1]. La servante s'aperçut que sa voix n'était pas une voix féminine ; elle poussa un cri et appela les femmes. 4 Celles-ci ferment les portes, fouillent toute la maison et surprennent Clodius réfugié dans la chambre de la jeune esclave qui l'avait fait entrer. L'affaire s'ébruita ; César répudia Pompeia, et Clodius se vit intenter une action d'impiété[2].

29. 1 Cicéron était ami de Clodius, et dans l'affaire de Catilina il avait trouvé en lui un auxiliaire très zélé et un garde du corps. Clodius se défendit contre ses accusateurs en affirmant qu'il ne se trouvait même pas à Rome à ce moment-là et séjournait très loin de la ville sur ses terres*. Mais Cicéron déposa contre lui et déclara que Clodius était venu dans sa maison et l'avait entretenu de certaines affaires. Cela était vrai[3] ; 2 néanmoins l'on crut que ce n'était pas par amour de la vérité que Cicéron faisait cette déposition, mais pour se justifier aux yeux de sa femme Terentia*. 3 Elle détestait Clodius parce qu'elle s'imaginait que sa sœur Clodia* voulait épouser Cicéron et machinait ce mariage par l'entremise d'un certain Tullus de Tarente, un des amis les plus intimes de Cicéron*. Comme ce Tullus fréquentait assidûment chez Clodia, qui habitait dans son voisi-

---

1. Cf. *Cés.*, 10, 3, où il semble y avoir un jeu de mots entre ἄβρα, « servante favorite », et le nom de cette esclave, qui peut être aussi la transcription du latin *Aura* ; une affranchie est appelée Habra dans une inscription de Minturnes (*C. I. L.*[2], 2708). — Toute cette histoire est racontée avec plus de détails, *Cés.*, 10, 1-5.

2. Cf. *Cés.*, 10, 6 : Ἐγράψατο μὲν οὖν τὸν Κλώδιον εἷς τῶν δημάρχων ἀσεβείας, mais c'est le préteur Q. Cornificius, et non pas un tribun, qui introduisit l'affaire (Cic., *Ad Att.*, 1, 13, 3), et le principal accusateur fut L. Cornelius Lentulus Crus, qui n'était pas tribun.

3. Cf. Cic., *Ad Att.*, 1, 16 (lettre de juin ou juillet 61, qui raconte tout le procès de Clodius), 2. Voir aussi Valère Maxime, 8, 5, 5.

Κλώδιος ἤλπιζε λήσεσθαι διαδὺς πρὸς τὴν Πομπηίαν
μετὰ τῶν γυναικῶν. 3 Ὡς δ' εἰσῆλθε νυκτὸς εἰς ſ
οἰκίαν μεγάλην, ἠπόρει τῶν διόδων · καὶ πλανώμε-
νον αὐτὸν ἰδοῦσα θεραπαινὶς Αὐρηλίας τῆς Καίσαρος μητρὸς ᾔτησεν ὄνομα. Φθέγξασθαι δ' ἀναγκασ-
θέντος αὐτοῦ καὶ φήσαντος ἀκόλουθον Πομπηίας
ζητεῖν Ἄβραν τοὔνομα, συνεῖσα τὴν φωνὴν οὐ γυναικείαν οὖσαν ἀνέκραγε καὶ συνεκάλει τὰς γυναῖκας.
4 Αἱ δ' ἀποκλείσασαι τὰς θύρας καὶ πάντα δι-
ερευνώμεναι λαμβάνουσι τὸν Κλώδιον εἰς οἴκημα
παιδίσκης ᾗ συνεισῆλθε καταπεφευγότα. Τοῦ δὲ
πράγματος περιβοήτου γενομένου, Καῖσάρ τε τὴν
Πομπηίαν ἀφῆκε καὶ δίκην τις ἀσεβείας ἐγράψατο 875
τῷ Κλωδίῳ.

29. 1 Κικέρων δ' ἦν μὲν αὐτοῦ φίλος, καὶ τῶν
περὶ Κατιλίναν πραττομένων ἐκέχρητο προθυμοτάτῳ
συνεργῷ καὶ φύλακι τοῦ σώματος, ἰσχυριζομένου
δὲ πρὸς τὸ ἔγκλημα τῷ μηδὲ γεγονέναι κατ' ἐκεῖνον
ἐν Ῥώμῃ τὸν χρόνον, ἀλλ' ἐν τοῖς πορρωτάτω
χωρίοις διατρίβειν, κατεμαρτύρησεν ὡς ἀφιγμένου
τε πρὸς αὐτὸν οἴκαδε καὶ διειλεγμένου περί τινων ·
ὅπερ ἦν ἀληθές. 2 Οὐ μὴν ἐδόκει μαρτυρεῖν ὁ
Κικέρων διὰ τὴν ἀλήθειαν, ἀλλὰ πρὸς τὴν αὐτοῦ
γυναῖκα Τερεντίαν ἀπολογούμενος. 3 Ἦν γὰρ
αὐτῇ πρὸς τὸν Κλώδιον ἀπέχθεια διὰ τὴν ἀδελφὴν b
τὴν ἐκείνου Κλωδίαν, ὡς τῷ Κικέρωνι βουλομένην
γαμηθῆναι καὶ τοῦτο διὰ Τύλλου τινὸς Ταραντίνου
πράττουσαν, ὃς ἑταῖρος μὲν ἦν καὶ συνήθης ἐν τοῖς
μάλιστα Κικέρωνος, ἀεὶ δὲ πρὸς τὴν Κλωδίαν φοι-

28. 2 ⁸ μετὰ : διὰ N ‖ 3 ⁶ Ἄβραν scripsi coll. *Caes.* 10, 3 :
Ἄβραν N Αὔραν Y ‖ 4 ³ συνεισῆλθε : συνῆλθε Y ‖ ⁴ τε : τότε N ‖
⁵ τις ⟨τῶν δημάρχων⟩ Barton, coll. *Caes.* 10, 6 ‖ 29. 1 ² ἐκέχρητο :
ἐχρῆτο Y ‖ 3 ⁴ Τύλλου : Θύλλου N Κατύλλου Gudeman ‖ Ταραντίνου om. Y.

nage et qu'il était empressé auprès d'elle, il éveilla les
soupçons de Terentia. 4 Celle-ci, de caractère difficile
et habituée à gouverner Cicéron, l'excita à se joindre à
ceux qui attaquaient Clodius et à témoigner contre lui.
Beaucoup de notables aussi attestèrent que Clodius était
un parjure et un fourbe, qu'il avait acheté des foules de
citoyens et débauché des femmes. Lucullus produisit
même des servantes qui déposèrent que Clodius avait eu
des relations intimes avec la plus jeune de ses sœurs, au
temps où elle était la femme de Lucullus*. 5 On croyait
généralement aussi que Clodius avait eu des rapports
avec ses deux autres sœurs, dont l'une, Tertia, était la
femme de Marcius Rex, et l'autre, Clodia, celle de Metellus Celer[1]. Cette dernière était surnommée *Quadrantaria*,
parce qu'un de ses amants avait mis dans une bourse
des pièces de bronze et les lui avait envoyées au lieu d'argent (*quadrans* est le nom que donnent les Romains à la
plus petite des pièces de monnaie de bronze)[2]. C'était
surtout à propos de cette dernière sœur que de mauvais
bruits couraient sur Clodius. 6 Cependant, comme le
peuple en cette occasion prenait parti contre ceux qui,
d'un commun accord, témoignaient contre lui*, les juges
prirent peur, s'entourèrent d'une garde et la plupart
d'entre eux mirent dans l'urne des tablettes sur lesquelles
ils avaient brouillé les lettres*. Toutefois ceux qui
étaient pour l'acquittement parurent être les plus nombreux. La corruption aussi, dit-on, joua un rôle, 7 ce
qui fit dire à Catulus, quand il rencontra ces juges :
« On ne peut nier que ce soit pour votre sûreté que vous
avez réclamé une garde : vous avez craint qu'on ne vous
enlevât l'argent. »* 8 De son côté, Cicéron, comme
Clodius lui disait que son témoignage n'avait pas eu de
crédit auprès des juges, répondit : « Vingt-cinq juges ont
eu confiance en moi, c'est le nombre exact de ceux qui

1. Q. Marcius Rex fut consul en 68 ; Q. Caecilius Metellus Celer, en
60. Sur ce dernier, voir ci-dessus, 16, 1, et la note. Clodia épousa Metellus Celer en 63, et elle fut soupçonnée d'avoir empoisonné son mari,
qui mourut en 59.

2. Le *quadrans* valait le quart de l'as, c'est-à-dire du « sou ». Pour
Quadrantaria, cf. Cic., *Pro Caelio*, 62 ; Quint., 8, 6, 53.

τῶν καὶ θεραπεύων ἐγγὺς οἰκοῦσαν ὑποψίαν τῇ
Τερεντίᾳ παρέσχε. 4 Χαλεπὴ δὲ τὸν τρόπον οὖσα
καὶ τοῦ Κικέρωνος ἄρχουσα, παρώξυνε τῷ Κλωδίῳ
συνεπιθέσθαι καὶ καταμαρτυρῆσαι. Κατεμαρτύρουν
δὲ τοῦ Κλωδίου πολλοὶ τῶν καλῶν καὶ ἀγαθῶν ἀνδρῶν ἐπιορκίας, ῥᾳδιουργίας, ὄχλων δεκασμούς,
φθορὰς γυναικῶν. Λεύκολλος δὲ καὶ θεραπαινίδας
παρεῖχεν ὡς συγγένοιτο τῇ νεωτάτῃ τῶν ἀδελφῶν   c
ὁ Κλώδιος, ὅτε Λευκόλλῳ συνῴκει. 5 Πολλὴ δ' ἦν
δόξα καὶ ταῖς ἄλλαις δυσὶν ἀδελφαῖς πλη-
σιάζειν τὸν Κλώδιον, ὧν Τερτίαν μὲν Μάρκιος
ὁ Ῥήξ, Κλωδίαν δὲ Μέτελλος ὁ Κέλερ εἶχεν, ἣν
Κουαδρανταρίαν ἐκάλουν, ὅτι τῶν ἐραστῶν τις αὐτῇ
χαλκοῦς ἐμβαλὼν εἰς βαλάντιον ὡς ἀργύριον εἰσ-
έπεμψε (τὸ δὲ λεπτότατον τοῦ χαλκοῦ νομίσματος
Ῥωμαῖοι κουαδράντην καλοῦσιν). Ἐπὶ ταύτῃ μάλιστα
τῶν ἀδελφῶν κακῶς ἤκουσεν ὁ Κλώδιος. 6 Οὐ
μὴν ἀλλὰ τότε τοῦ δήμου πρὸς τοὺς καταμαρτυ-
ροῦντας αὐτοῦ καὶ συνεστῶτας ἀντιτατταμένου,
φοβηθέντες οἱ δικασταὶ φυλακὴν περιεστήσαντο,   d
καὶ τὰς δέλτους οἱ πλεῖστοι συγκεχυμένοις τοῖς
γράμμασιν ἤνεγκαν. Ὅμως δὲ πλείονες ἔδοξαν οἱ
ἀπολύοντες γενέσθαι · καί τις ἐλέχθη καὶ δεκασμὸς
διελθεῖν. 7 Ὅθεν ὁ μὲν Κάτλος ἀπαντήσας τοῖς
δικασταῖς, « Ὑμεῖς » εἶπεν « ὡς ἀληθῶς ὑπὲρ ἀσφαλείας ᾐτήσασθε τὴν φυλακήν, φοβούμενοι μή τις
ὑμῶν ἀφέληται τὸ ἀργύριον. » 8 Κικέρων δὲ τοῦ
Κλωδίου πρὸς αὐτὸν λέγοντος ὅτι μαρτυρῶν οὐκ
ἔσχε πίστιν παρὰ τοῖς δικασταῖς, « Ἀλλ' ἐμοὶ μὲν »
εἶπεν « οἱ πέντε καὶ εἴκοσι τῶν δικαστῶν ἐπίστευσαν ·

29. 5 ³ Τερτίαν Amyot : Τερεντίαν ‖ ⁴ ὁ Ῥήξ D : Ῥήξ ‖ ⁵ Κουαδρανταρίαν : Κουαδραντίαν Y ‖ 6 ³ ἀντιτατταμένου : ἀντιπραττο- N ‖
7 ² δικασταῖς N : κριταῖς.

ont voté contre toi ; quant aux trente autres, ils n'ont
pas eu confiance en toi, car ils ne t'ont pas acquitté
avant d'avoir reçu ton argent. »* 9 Cependant César,
cité au tribunal, refusa de témoigner contre Clodius : il
déclara qu'il n'accusait pas sa femme d'adultère et que,
s'il l'avait répudiée, c'était parce que la femme de César
devait être à l'abri de la honte, non seulement dans sa
conduite, mais aussi dans sa réputation ».*

30. 1 Clodius, ayant échappé au péril, fut élu
tribun du peuple*. Il s'acharna aussitôt sur Cicéron,
lui suscitant toute sorte de tracas, liguant et ameutant
tout le monde contre lui. 2 Il s'attacha le peuple par
des lois humanitaires[1] et fit attribuer à chacun des deux
consuls des provinces importantes : à Pison la Macédoine,
à Gabinius la Syrie[2]. Il procura à un grand nombre
d'indigents l'entrée dans le corps politique, et se fit
escorter par des esclaves armés. 3 Des trois hommes
alors les plus puissants, Crassus était ouvertement ennemi
de Cicéron, Pompée était en coquetterie avec les deux
autres, et César allait partir pour la Gaule avec une armée[3].
Cicéron s'insinua auprès de César, bien qu'il ne fût pas
son ami et qu'il le tînt pour suspect depuis l'affaire de
Catilina[4], et demanda à l'accompagner dans son expédition en qualité de légat*. 4 César donna son accord,
mais Clodius, voyant Cicéron échapper à sa puissance
tribunicienne, feignit d'être disposé à la conciliation :
rejetant sur Terentia la principale responsabilité, il ne
parlait plus de Cicéron qu'en termes modérés, tenait
sur son compte des propos bienveillants, comme un
homme sans haine et sans rancune ; il ne se plaignait
de lui qu'avec mesure et sur le ton de l'amitié, si bien
qu'il dissipa entièrement les craintes de Cicéron, qui
renonça à la lieutenance de César et se remit à la poli-

1. Ces lois sont énumérées par Broughton, *The magistr.*, 2, p. 196.
2. Les consuls de 58 étaient L. Calpurnius Piso Caesoninus, et A. Gabinius. Ce dernier reçut d'abord la Cilicie, à laquelle fut ensuite
substituée la Syrie : cf. Broughton, *The magistr.*, 2, p. 193.
3. Sur la formation du triumvirat en 60, cf. *Cés.*, 13, 3-6.
4. Voir ci-dessus, 20, 6-7.

τοσοῦτοι γὰρ σου κατεψηφίσαντο · σοὶ δ' οἱ τριά-   e
κοντα οὐκ ἐπίστευσαν · οὐ γὰρ πρότερον ἀπέλυσαν
ἢ ἔλαβον τὸ ἀργύριον. » 9 Ὁ μέντοι Καῖσαρ οὐ
κατεμαρτύρησε κληθεὶς ἐπὶ τὸν Κλώδιον, οὐδ' ἔφη
μοιχείαν κατεγνωκέναι τῆς γυναικός, ἀφεικέναι
δ' αὐτὴν ὅτι τὸν Καίσαρος ἔδει γάμον οὐ πράξεως
αἰσχρᾶς μόνον, ἀλλὰ καὶ φήμης καθαρὸν εἶναι.

30. 1 Διαφυγὼν δὲ τὸν κίνδυνον ὁ Κλώδιος καὶ
δήμαρχος αἱρεθεὶς εὐθὺς εἴχετο τοῦ Κικέρωνος,
πάνθ' ὁμοῦ πράγματα καὶ πάντας ἀνθρώπους συν-
άγων καὶ ταράττων ἐπ' αὐτόν. 2 Τόν τε γὰρ
δῆμον ᾠκειώσατο νόμοις φιλανθρώποις, καὶ τῶν
ὑπάτων ἑκατέρῳ μεγάλας ἐπαρχίας ἐψηφίσατο,
Πείσωνι μὲν Μακεδονίαν, Γαβινίῳ δὲ Συρίαν, πολλοὺς δὲ καὶ τῶν ἀπόρων συνέτασσεν εἰς τὸ πολί-   f
τευμα, καὶ δούλους ὡπλισμένους περὶ αὐτὸν εἶχε.
3 Τῶν δὲ πλεῖστον δυναμένων τότε τριῶν ἀνδρῶν,
Κράσσου μὲν ἄντικρυς Κικέρωνι πολεμοῦντος, Πομπηίου δὲ θρυπτομένου πρὸς ἀμφοτέρους, Καίσαρος
δὲ μέλλοντος εἰς Γαλατίαν ἐξιέναι μετὰ στρατεύ-
ματος, ὑπὸ τοῦτον ὑποδὺς ὁ Κικέρων, καίπερ οὐκ ὄντα
φίλον, ἀλλ' ὕποπτον ἐκ τῶν περὶ Κατιλίναν, ἠξίωσε 876
πρεσβευτὴς αὐτῷ συστρατεύειν. 4 Δεξαμένου δὲ
τοῦ Καίσαρος, ὁ Κλώδιος ὁρῶν ἐκφεύγοντα τὴν
δημαρχίαν αὐτοῦ τὸν Κικέρωνα, προσεποιεῖτο συμ-
βατικῶς ἔχειν, καὶ τῇ Τερεντίᾳ τὴν πλείστην αἰτίαν
ἀνατιθείς, ἐκείνου δὲ μεμνημένος ἐπιεικῶς ἀεὶ καὶ
λόγους εὐγνώμονας ἐνδιδούς, ὡς ἄν τις οὐ μισῶν
οὐδὲ χαλεπαίνων, ἀλλ' ἐγκαλῶν μέτρια καὶ φιλικά,
παντάπασιν αὐτοῦ τὸν φόβον ἀνῆκεν, ὥστ' ἀπει-
πεῖν τῷ Καίσαρι τὴν πρεσβείαν καὶ πάλιν ἔχεσθαι

29. 8 ⁵ δ' οἱ N : δὲ ‖ 30. 1 ² εἴχετο : εἶχε τὰ N ‖ 2 ⁵ καὶ om. Y.

tique. 5 César, exaspéré de ce revirement, encouragea Clodius contre Cicéron et lui aliéna totalement Pompée, tandis qu'il attestait lui-même devant le peuple qu'il ne trouvait ni juste ni légal qu'on eût mis à mort sans jugement Lentulus, Cethegus et leurs complices. 6 Telle était l'accusation portée contre Cicéron, et c'est pour ce motif qu'il fut cité en justice[1]. Se voyant poursuivi et en danger, il changea de vêtement, laissa ses cheveux en désordre[2] et parcourut la ville en suppliant le peuple. 7 Clodius se portait à sa rencontre partout dans les rues, avec une bande d'hommes effrontés et violents, qui le harcelaient de moqueries insolentes sur son changement d'habit et de tenue, souvent même lui jetaient de la boue et des pierres, et faisaient obstacle à ses supplications*.

31. 1 Cependant ce fut d'abord presque tout l'ordre des chevaliers qui prit le deuil avec Cicéron, et non moins de vingt mille jeunes gens l'accompagnèrent, les cheveux en désordre, et supplièrent le peuple de concert avec lui ; puis le Sénat se réunit pour décréter que le peuple changerait de costume, comme pour un deuil* ; mais les consuls s'y opposèrent et, comme Clodius faisait entourer d'hommes armés la salle des séances, plusieurs sénateurs s'élancèrent au dehors en déchirant leurs toges et en poussant des cris*. 2 Ce spectacle pourtant ne suscita ni pitié ni honte, et Cicéron se vit contraint ou de s'exiler ou de trancher entre Clodius et lui par la violence et par le fer. Il demanda alors le secours de Pompée, qui s'était retiré volontairement à l'écart et séjournait dans sa campagne d'Albe*. Tout d'abord Cicéron y envoya son gendre Pison* intercéder

---

1. Cf. Velleius Paterc., 2, 45, 1 : « Clodius fit voter une loi par laquelle tout homme ayant fait périr un citoyen romain qui n'avait pas été condamné se voyait interdire l'eau et le feu. Ce texte ne nommait pas Cicéron, mais il était seul visé. »

2. Comparer ci-dessus, 9, 2, où Licinius Macer, croyant avoir gagné son procès, « se fit couper les cheveux et prit en hâte une robe blanche ». Voir ci-dessous, 35, 5, et Cic., *Ad Att.*, 3, 15, 5 : « Oui, aveugle je fus, aveugle de prendre des habits de deuil, de m'adresser au peuple. »

τῆς πολιτείας. 5 Ἐφ' ᾧ παροξυνθεὶς ὁ Καῖσαρ τόν
τε Κλώδιον ἐπέρρωσε καὶ Πομπήιον ἀπέστρεψε
κομιδῇ τοῦ Κικέρωνος, αὐτός τε κατεμαρτύρησεν ἐν b
τῷ δήμῳ μὴ δοκεῖν αὐτῷ καλῶς μηδὲ νομίμως ἄνδρας
ἀκρίτους ἀνῃρῆσθαι τοὺς περὶ Λέντλον καὶ Κέθηγον.
6 Αὕτη γὰρ ἦν ἡ κατηγορία καὶ ἐπὶ τούτῳ ὁ Κικέρων
ἐνεκαλεῖτο. Κινδυνεύων οὖν καὶ διωκόμενος ἐσθῆτά
τε μετήλλαξε καὶ κόμης ἀνάπλεως περιιὼν ἱκέτευε
τὸν δῆμον. 7 Πανταχοῦ δ' ὁ Κλώδιος ἀπήντα
κατὰ τοὺς στενωπούς, ἀνθρώπους ἔχων ὑβριστὰς
περὶ αὐτὸν καὶ θρασεῖς, οἳ πολλὰ μὲν χλευάζοντες
ἀκολάστως εἰς τὴν μεταβολὴν καὶ τὸ σχῆμα τοῦ
Κικέρωνος, πολλαχοῦ δὲ πηλῷ καὶ λίθοις βάλλοντες
ἐνίσταντο ταῖς ἱκεσίαις.

31. 1 Οὐ μὴν ἀλλὰ τῷ Κικέρωνι πρῶτον μὲν
ὀλίγου δεῖν σύμπαν τὸ τῶν ἱππικῶν πλῆθος συμ- c
μετέβαλε τὴν ἐσθῆτα, καὶ δισμυρίων οὐκ ἐλάττους
νέων παρηκολούθουν κομῶντες καὶ συνικετεύοντες ·
ἔπειτα τῆς βουλῆς συνελθούσης, ὅπως ψηφίσαιτο
τὸν δῆμον ὡς ἐπὶ πένθει συμμεταβαλεῖν τὰ ἱμάτια,
καὶ τῶν ὑπάτων ἐναντιωθέντων, Κλωδίου δὲ σιδηρο-
φορουμένου περὶ τὸ βουλευτήριον, ἐξέδραμον οὐκ
ὀλίγοι τῶν συγκλητικῶν καταρρηγνύμενοι τοὺς χιτῶνας καὶ βοῶντες. 2 Ὡς δ' ἦν οὔτ' οἶκτος οὔτε τις
αἰδὼς πρὸς τὴν ὄψιν, ἀλλ' ἔδει τὸν Κικέρωνα φεύγειν
ἢ βίᾳ καὶ σιδήρῳ διακριθῆναι πρὸς τὸν Κλώδιον,
ἐδεῖτο Πομπηίου βοηθεῖν ἐπίτηδες ἐκποδὼν γεγονότος καὶ διατρίβοντος ἐν ἀγροῖς περὶ τὸ Ἀλβανόν. d

30. 6 ¹ ἡ om. N ‖ τούτῳ : τοῦθ' Y ‖ ὁ del. Sint. (propter hiatum) ‖
² ἐνεκαλεῖτο : ἐκαλεῖτο Y ‖ **31**. 1 ⁶ ὡς om. N ‖ πένθει συμμεταβαλεῖν Cor. : πένθεσι μεταβαλεῖν (-βάλλειν N) ‖ ⁹ συγκλητικῶν : βου-
λευτικῶν Y ‖ 2 ⁵ ἐν : ἐπ' N ‖ περὶ : παρὰ N ‖ τὸ : τὸν Y.

pour lui, puis il monta en personne. 3 Pompée, informé de sa venue, n'osa pas soutenir sa vue, car il avait terriblement honte devant l'homme qui avait mené pour lui de grands combats et fait adopter tant de mesures politiques en sa faveur, mais, étant le gendre de César, à la demande de celui-ci, il sacrifia ses anciennes obligations et, s'échappant par une autre porte, il évita l'entrevue*. 4 Ainsi trahi par lui et resté seul, Cicéron eut recours aux consuls. Gabinius le traitait toujours avec rudesse, mais Pison[1] s'entretint plus doucement avec lui ; il lui conseilla de se retirer en cédant à la violence de Clodius, de se résigner à ce changement de Fortune et d'être encore une fois le sauveur de la patrie, que Clodius plongeait dans les séditions et les malheurs. 5 Ayant reçu une telle réponse, Cicéron délibéra avec ses amis. Lucullus lui conseilla de rester, disant qu'il aurait le dessus[2] ; d'autres l'engagèrent à s'exiler, persuadés que le peuple ne tarderait pas à le regretter, quand il serait rassasié de la fureur et de la folie de Clodius. 6 C'est le parti auquel Cicéron se rangea. Il prit la statue de Minerve qu'il conservait depuis longtemps dans sa maison et entourait d'une vénération particulière, et la porta au Capitole, où il la consacra avec cette inscription : « A Minerve, gardienne de Rome. »[3] Puis il accepta de ses amis une escorte et s'échappa de la ville au milieu de la nuit. Il prit par voie de terre le chemin de la Lucanie, dans l'intention de gagner la Sicile.

32. 1 Lorsqu'il fut manifeste que Cicéron s'était enfui, Clodius fit voter son bannissement, et un décret fut affiché qui lui interdisait le feu et l'eau et défendait

---

1. L. Calpurnius Piso Caesoninus ; voir ci-dessus la note à 30, 2.
2. Cf. P. Grimal, *Études de chronologie cicéronienne*, 47, note 1 : « Ce Lucullus est probablement M. Terentius Varro Lucullus, frère du « grand » Lucullus. »
3. Cf. Cic., *Ad Famil.*, 12, 25, 1 : « ... *Minerva nostra, custos urbis* », et *De leg.*, 2, 17, 42. — Sur la chronologie de ces deux chapitres 30 et 31, voir les remarques de P. Grimal, *Études de chronologie cicéronienne*, 41-42.

Καὶ πρῶτον μὲν ἔπεμψε Πείσωνα τὸν γαμβρὸν δεησό-
μενον · ἔπειτα καὶ αὐτὸς ἀνέβη. 3 Πυθόμενος δ' ὁ
Πομπήιος οὐχ ὑπέμεινεν εἰς ὄψιν ἐλθεῖν, δεινὴ
γὰρ αὐτὸν αἰδὼς εἶχε πρὸς τὸν ἄνδρα, μεγάλους
ἠγωνισμένον ἀγῶνας ὑπὲρ αὐτοῦ καὶ πολλὰ πρὸς
χάριν ἐκείνῳ πεπολιτευμένον, ἀλλὰ Καίσαρι γαμ-
βρὸς ὢν δεομένῳ προὔδωκε τὰς παλαιὰς χάρι-
τας, καὶ κατὰ θύρας ἄλλας ὑπεξελθὼν ἀπεδίδρασκε
τὴν ἔντευξιν. 4 Οὕτω δὴ προδοθεὶς ὁ Κικέρων ὑπ'
αὐτοῦ καὶ γεγονὼς ἔρημος, ἐπὶ τοὺς ὑπάτους κατ-
έφυγε. Καὶ Γαβίνιος μὲν ἦν χαλεπὸς ἀεί, Πείσων δὲ
διελέχθη πραότερον αὐτῷ, παραινῶν ἐκστῆναι καὶ e
ὑποχωρῆσαι τῇ τοῦ Κλωδίου ρύμῃ καὶ τὴν μεταβολὴν τῶν καιρῶν ἐνεγκεῖν καὶ γενέσθαι πάλιν
σωτῆρα τῆς πατρίδος, ἐν στάσεσι καὶ κακοῖς δι' ἐκεῖνον οὔσης. 5 Τοιαύτης τυχὼν ἀποκρίσεως ὁ Κικέρων ἐβουλεύετο σὺν τοῖς φίλοις · καὶ Λεύκολλος μὲν
ἐκέλευε μένειν ὡς περιεσόμενον, ἄλλοι δὲ φεύγειν,
ὡς ταχὺ τοῦ δήμου ποθήσοντος αὐτόν, ὅταν ἐμπλησθῇ
τῆς Κλωδίου μανίας καὶ ἀπονοίας. 6 Ταῦτ' ἔδοξε
Κικέρωνι · καὶ τὸ μὲν ἄγαλμα τῆς Ἀθηνᾶς, ὃ πολὺν
χρόνον ἔχων ἐπὶ τῆς οἰκίας ἱδρυμένον ἐτίμα δια- f
φερόντως, εἰς Καπιτώλιον κομίσας ἀνέθηκεν, ἐπιγρά-
ψας « Ἀθηνᾷ Ῥώμης φύλακι », πομποὺς δὲ παρὰ
τῶν φίλων λαβὼν περὶ μέσας νύκτας ὑπεξῆλθε τῆς
πόλεως καὶ πεζῇ διὰ Λευκανίας ἐπορεύετο λαβέσθαι
Σικελίας βουλόμενος.

32. 1 Ὡς δ' ἦν φανερὸς ἤδη πεφευγώς, ἐπήγαγεν
αὐτῷ φυγῆς ψῆφον ὁ Κλώδιος, καὶ διάγραμμα προὔ-
θηκεν εἴργειν πυρὸς καὶ ὕδατος τὸν ἄνδρα καὶ μὴ

31. 2 ⁶ ἔπεμψε : ἔπεισε Ν ‖ 4 ² γεγονὼς : γενόμενος Ν ‖ ⁷ ἐν : ἔν
τε Ν ‖ 5 ¹ Τοιαύτης : Τοιαύτη δὲ Ν ‖ 6 ⁶ ὑπεξῆλθε : ἐξῆλθε Ν‖
⁷ Λευκανίας : -κω- Ν.

de le recevoir sous un toit à moins de cinq cents milles
de l'Italie*. 2 On tint généralement très peu compte
de cette décision parce qu'on respectait Cicéron ; on
l'escortait à son passage en lui prodiguant les marques
d'attachement. Mais à Hipponium, ville de Lucanie qu'on
appelle aujourd'hui Vibo*, Vibius Sicca, un homme qui
avait retiré de l'amitié de Cicéron une quantité de profits
et qui notamment était devenu sous son consulat préfet
des ouvriers, refusa de l'accueillir dans sa maison et lui envoya dire qu'il lui assignait pour résidence son domaine à
la campagne*. Quant à Caïus Vergilius, préteur de Sicile,
qui avait été l'un des principaux obligés de Cicéron,
il lui écrivit d'avoir à se tenir à l'écart de la Sicile[1].
3 Alors Cicéron, découragé, partit pour Brindes, et
de là il s'embarqua par un temps favorable pour passer
à Dyrrachium, mais, un vent contraire s'étant élevé en
pleine mer, il dut le lendemain rebrousser chemin,
puis il s'embarqua de nouveau. 4 On raconte que,
alors qu'il avait fait la traversée en direction de Dyrrachium et qu'il était sur le point d'aborder, il se produisit
un tremblement de terre et un raz de marée, qui firent
conjecturer aux devins que son exil ne durerait pas, car
c'étaient là des signes de changement. 5 Beaucoup de
gens venaient le voir par sympathie, et sans cesse les
villes grecques lui adressaient à l'envi des députations.
Cependant, plein de tristesse et d'abattement, il passait
la plus grande partie du temps à regarder vers l'Italie,
comme les amants malheureux en direction de l'objet
de leur amour. L'infortune avait considérablement
rabaissé sa fierté, en l'humiliant et le déprimant plus
qu'on ne s'y serait attendu chez un homme dont une
si grande culture avait rempli la vie[2]. 6 Il priait
souvent ses amis de ne pas l'appeler orateur, mais

---

1. Sur le propréteur C. Vergilius (Balbus ? Cf. Broughton, *The magistr.*, 2, 198) et son refus de laisser venir Cicéron en Sicile, voir
Cic., *Pro Plancio*, 95-96.

2. Les sentiments de Cicéron pendant son exil apparaissent dans sa
correspondance avec Atticus, livre 3, lettres 8 à 21. Il écrit par exemple,
de Thessalonique, dans la lettre 17, 1 : « J'éprouve, dans l'état d'abattement complet où me plongent mes malheurs, une grande inquiétude... »

παρέχειν στέγην ἐντὸς μιλίων πεντακοσίων Ἰταλίας.

2 Τοῖς μὲν οὖν ἄλλοις ἐλάχιστος ἦν τοῦ διαγράμ- 877
ματος τούτου λόγος αἰδουμένοις τὸν Κικέρωνα, καὶ
πᾶσαν ἐνδεικνύμενοι φιλοφροσύνην παρέπεμπον αὐτόν · ἐν δ' Ἱππωνίῳ, πόλει τῆς Λευκανίας ἣν Οὐιβῶνα
νῦν καλοῦσιν, Οὐίβιος Σίκκας, ἀνὴρ ἄλλα τε πολλὰ
τῆς Κικέρωνος φιλίας ἀπολελαυκὼς καὶ γεγονὼς
ὑπατεύοντος αὐτοῦ τεκτόνων ἔπαρχος, οἰκίᾳ μὲν
οὐκ ἐδέξατο, τὸ χωρίον δὲ καταγράψειν ἐπηγγέλλετο,
καὶ Γάιος Οὐεργίλιος ὁ τῆς Σικελίας στρατηγός,
ἀνὴρ ἐν τοῖς μάλιστα Κικέρωνι κεχρημένος, ἔγραψεν
ἀπέχεσθαι τῆς Σικελίας. 3 Ἐφ' οἷς ἀθυμήσας ὥρμη-
σεν ἐπὶ Βρεντέσιον, κἀκεῖθεν εἰς Δυρράχιον ἀνέμῳ φορῷ b
περαιούμενος, ἀντιπνεύσαντος πελαγίου μεθ' ἡμέραν
ἐπαλινδρόμησεν, εἶτ' αὖθις ἀνήχθη. 4 Λέγεται δὲ
καὶ καταπλεύσαντος εἰς Δυρράχιον αὐτοῦ καὶ μέλλοντος ἀποβαίνειν, σεισμόν τε τῆς γῆς καὶ σπασμὸν
ἅμα γενέσθαι τῆς θαλάσσης. Ἀφ' ὧν συνέβαλον
οἱ μαντικοὶ μὴ μόνιμον αὐτῷ τὴν φυγὴν ἔσεσθαι ·
μεταβολῆς γὰρ εἶναι ταῦτα σημεῖα. 5 Πολλῶν δὲ
φοιτώντων ἀνδρῶν ὑπ' εὐνοίας καὶ τῶν Ἑλληνίδων
πόλεων διαμιλλωμένων ἀεὶ ταῖς πρεσβείαις πρὸς
αὐτόν, ὅμως ἀθυμῶν καὶ περίλυπος διῆγε τὰ πολλά,
πρὸς τὴν Ἰταλίαν ὥσπερ οἱ δυσέρωτες ἀφορῶν,
καὶ τῷ φρονήματι μικρὸς ἄγαν καὶ ταπεινὸς ὑπὸ c
τῆς συμφορᾶς γεγονὼς καὶ συνεσταλμένος, ὡς οὐκ
ἄν τις ἄνδρα παιδείᾳ συμβεβιωκότα τοσαύτῃ προσ-
εδόκησε. 6 Καίτοι πολλάκις αὐτὸς ἠξίου τοὺς φί-

32. 1 [4] πεντακοσίων : ὀκτακοσίων scr. supra A ‖ 2 [1-2] διαγράμματος :
διατάγματος N ‖ [2] τούτου λόγος : τοῦ λόγου N ‖ [4] Οὐιβῶνα Y : Οὐιβι-
δωνίαν N ‖ [5] Σίκκας Graux, Münzer, cl. Cic. Att. 3, 2-4 : Σίκελος Y
om. N ‖ [8] τὸ del. Cor. ‖ [9] Οὐεργίλιος Xyl. : Οὐεργῖνος vel -γίνιος
codd. ‖ [10] ἀνὴρ om. Y ‖ [11] τῆς om. N ‖ 3 [2] Βρεντέσιον edd. : Βρεντή-
σιον Y ρεντίους N ‖ 4 [6] ταῦτα : τὰ N ‖ 5 [3] ἀεὶ om. Y ‖ ταῖς πρεσβείαις
om. Y ‖ [5] πρὸς Steph. : περί.

philosophe, disant qu'il avait choisi comme profession
la philosophie et ne se servait de l'art oratoire que comme
d'un instrument, pour les besoins de la politique*. 7 Mais
l'opinion a une grande force pour effacer la raison,
comme un vernis, de l'âme d'un homme et, pour imprimer,
chez ceux qui dirigent l'État, les passions de la foule par
l'effet de la fréquentation habituelle des citoyens, sauf
si l'on est bien sur ses gardes et si l'on se comporte envers
les autres avec la résolution de prendre part aux affaires
toutes seules, et non aux passions qu'elles suscitent*.

Retour à Rome (57). — 33. 1 Après avoir chassé
Cicéron, Clodius incendia ses villas et incendia sa maison,
sur l'emplacement de laquelle il bâtit un temple de la
Liberté*. Il mit en vente ses autres biens et renouvelait
tous les jours la mise aux enchères, car personne ne
voulait rien acheter. 2 Clodius, devenu ainsi redou-
table à l'aristocratie et entraînant après lui le peuple
qui se laissait aller à des actes de violence et d'excessive
audace, s'attaqua à Pompée lui-même et voulut faire an-
nuler certaines des mesures qu'il avait prises au cours de
son expédition*. 3 Voyant sa réputation ébranlée par
ces manœuvres, Pompée se reprocha d'avoir abandonné
Cicéron[1], et, changeant d'attitude, il mit tout en œuvre
avec ses amis pour obtenir son rappel. Comme Clodius
s'y opposait, le Sénat décida de ne ratifier dans l'intervalle aucune mesure et de ne traiter aucune affaire
publique tant que Cicéron ne serait pas rappelé. 4 Sous
le consulat de Lentulus[2], le désordre alla si loin que des
tribuns furent blessés au Forum et que Quintus, le
frère de Cicéron, fut par mégarde laissé pour mort au
milieu des cadavres[3]. Alors le peuple commença à
changer d'avis ; le tribun Annius Milon[4] osa le premier

1. Cf. *Pomp.*, 49, 1 : « Pompée était chagriné de savoir que le Sénat
se réjouissait de le voir bafoué et puni pour avoir sacrifié Cicéron. »
2. Les consuls de l'année 57 étaient P. Cornelius Lentulus Spinther
et Q. Caecilius Metellus Nepos.
3. Cf. *Pomp.*, 49, 5, et Cic., *Pro Sestio*, 76.
4. Sur le tribunat de T. Annius Milo (Papianus), voir Broughton,
The magistr., 2, 201.

λους μὴ ῥήτορα καλεῖν αὐτόν, ἀλλὰ φιλόσοφον ·
φιλοσοφίαν γὰρ ὡς ἔργον ᾑρῆσθαι, ῥητορικῇ δ'
ὀργάνῳ χρῆσθαι πολιτευόμενος ἐπὶ τὰς χρείας.
7 Ἀλλ' ἡ δόξα δεινὴ τὸν λόγον ὥσπερ βαφὴν
ἀποκλύσαι τῆς ψυχῆς καὶ τὰ τῶν πολλῶν ἐνομόρξασθαι
πάθη δι' ὁμιλίαν καὶ συνήθειαν τοῖς πολιτευομέ-
νοις, ἂν μή τις εὖ μάλα φυλαττόμενος οὕτω συμφέρηται τοῖς ἐκτός, ὡς τῶν πραγμάτων αὐτῶν, οὐ τῶν
ἐπὶ τοῖς πράγμασι παθῶν συμμεθέξων.   d

33. 1 Ὁ δὲ Κλώδιος ἐξελάσας αὐτὸν κατέπρησε
μὲν αὐτοῦ τὰς ἐπαύλεις, κατέπρησε δὲ τὴν οἰκίαν
καὶ τῷ τόπῳ ναὸν Ἐλευθερίας ἐπῳκοδόμησε · τὴν
δ' ἄλλην οὐσίαν ἐπώλει καὶ διεκήρυττε καθ' ἡμέραν,
μηδὲν ὠνουμένου μηδενός. 2 Ἐκ δὲ τούτου φοβερὸς ὢν τοῖς ἀριστοκρατικοῖς καὶ τὸν δῆμον ἀνει-
μένον εἰς ὕβριν πολλὴν καὶ θρασύτητα συνεφελκό-
μενος, ἐπεχείρει Πομπηίῳ, τῶν διῳκημένων αὐτῷ
κατὰ τὴν στρατείαν ἔνια σπαράττων. 3 Ἐφ' οἷς
ὁ Πομπήιος ἀδοξῶν ἐκάκιζεν αὐτὸς ἑαυτὸν προέμενος τὸν Κικέρωνα · καὶ πάλιν ἐκ μεταβολῆς παν-
τοῖος ἐγένετο, πράττων κάθοδον αὐτῷ μετὰ τῶν   e
φίλων. Ἐνισταμένου δὲ τοῦ Κλωδίου, συνέδοξε τῇ
βουλῇ μηδὲν διὰ μέσου πρᾶγμα κυροῦν μηδὲ πράττειν δημόσιον, εἰ μὴ Κικέρωνι κάθοδος γένοιτο.
4 Τῶν δὲ περὶ Λέντλον ὑπατευόντων καὶ τῆς στάσεως πρόσω βαδιζούσης, ὥστε τρωθῆναι μὲν ἐν
ἀγορᾷ δημάρχους, Κόιντον δὲ τὸν Κικέρωνος ἀδελφὸν ἐν τοῖς νεκροῖς ὡς τεθνηκότα κείμενον διαλα-
θεῖν, ὅ τε δῆμος ἤρχετο τρέπεσθαι τῇ γνώμῃ, καὶ
τῶν δημάρχων Ἄννιος Μίλων πρῶτος ἐτόλμησε

32. 7 ⁴⁻⁵ οὕτω συμφέρηται : οὕτως ἐμφορῆται N ‖ 33. 1 ¹ αὐτὸν N :
τὸν Κικέρωνα ‖ ⁵ μηδὲν : μὴ N ‖ 2 ⁴ διῳκημένων : δεδιω- N ‖ αὐτῷ
N : ὑπ' αὐτοῦ ‖ ⁵ σπαράττων : παρατάττων N.

citer Clodius en justice pour violences, et beaucoup de
gens du peuple de Rome et des villes environnantes se
joignirent à Pompée. 5 Celui-ci, s'avançant à leur
tête, refoula Clodius hors du Forum et appela les citoyens
à voter. On dit que jamais encore une décision n'avait
été prise avec une telle unanimité. 6 Le Sénat, riva-
lisant avec le peuple, décréta que des éloges seraient
décernés aux villes qui avaient témoigné des égards à
Cicéron pendant son exil, et que sa maison et ses villas,
détruites par Clodius, seraient relevées aux frais de
l'État[1].

7 Cicéron revint à Rome le seizième mois qui suivit
son exil[2], et telle fut la joie des villes et la hâte des gens
à se porter à sa rencontre que ce qu'il en dit par la suite
est encore au-dessous de la vérité. 8 Il déclara en effet
qu'il était revenu à Rome porté sur les épaules de l'Italie[3].
Dans la ville, Crassus lui-même, qui était son ennemi
avant son exil, s'empressa alors de venir à sa rencontre
et se réconcilia avec lui, pour faire plaisir, comme il
disait, à son fils Publius, partisan zélé de Cicéron[4].

34. 1 Peu de temps après[5], Cicéron, ayant attendu
un moment où Clodius était absent, se rendit avec
beaucoup de monde au Capitole, et là il arracha et dé-
truisit les tablettes tribuniciennes où étaient inscrits les
actes de l'administration de Clodius*. 2 Celui-ci l'ayant
attaqué à ce sujet, Cicéron répondit qu'il était passé illégalement des rangs des patriciens au tribunat de la plèbe
et qu'aucun des actes accomplis par lui n'était valide*.
Mais Caton, indigné, s'éleva contre Cicéron : ce n'était
pas qu'il approuvât Clodius, mais, si hostile qu'il fût à
sa politique, il exprimait l'opinion que le Sénat commet-

---

1. Cf. Cic., *Ad Att.*, 4, 1, 3-6, et *In Pisonem*, 52 : *Pecunia publica aedificandum domum censuerunt.*

2. L'exil de Cicéron avait duré de la fin de mars 58 au 4 août 57,
date du décret de rappel. Mais en fait Cicéron fut absent de Rome
pendant dix-sept mois pleins.

3. Renvoi à Cic., *Post red.*, *in Sen.*, 39 : *cum me… Italia cuncta poene
suis umeris reportarit…*

4. Cf. *Crass.*, 13, 5, et voir la note à 31, 1.

5. Au cours de l'année 56.

τὸν Κλώδιον εἰς δίκην ὑπάγειν βιαίων, καὶ Πομπηίῳ
πολλοὶ συνῆλθον ἔκ τε τοῦ δήμου καὶ τῶν πέριξ   f
πόλεων. 5 Μεθ' ὧν προελθὼν καὶ τὸν Κλώδιον ἀναστείλας ἐκ τῆς ἀγορᾶς, ἐπὶ τὴν ψῆφον ἐκάλει τοὺς
πολίτας. Καὶ λέγεται μηδέποτε μηδὲν ἐκ τοσαύτης
ὁμοφροσύνης ἐπιψηφίσασθαι τὸν δῆμον. 6 Ἡ δὲ
σύγκλητος ἁμιλλωμένη πρὸς τὸν δῆμον ἔγραψεν
ἐπαινεθῆναι τὰς πόλεις ὅσαι τὸν Κικέρωνα παρὰ
τὴν φυγὴν ἐθεράπευσαν, καὶ τὴν οἰκίαν αὐτῷ καὶ
τὰς ἐπαύλεις, ἃς Κλώδιος διεφθάρκει, τέλεσι δημοσίοις ἀνασταθῆναι.

7 Κατῄει δὲ Κικέρων ἑκκαιδεκάτῳ μηνὶ μετὰ 878
τὴν φυγήν · καὶ τοσαύτη τὰς πόλεις χαρὰ καὶ σπουδὴ
τοὺς ἀνθρώπους περὶ τὴν ἀπάντησιν εἶχεν ὥστε
τὸ ῥηθὲν ὑπὸ τοῦ Κικέρωνος ὕστερον ἐνδεέστερον
εἶναι τῆς ἀληθείας. 8 Ἔφη γὰρ αὐτὸν ἐπὶ τῶν
ὤμων τὴν Ἰταλίαν φέρουσαν εἰς τὴν Ῥώμην εἰσενεγ-
κεῖν. Ὅπου καὶ Κράσσος, ἐχθρὸς ὢν αὐτῷ πρὸ τῆς
φυγῆς, τότε προθύμως ἀπήντα καὶ διελύετο, τῷ
παιδὶ Ποπλίῳ χαριζόμενος, ὡς ἔλεγε, ζηλωτῇ τοῦ
Κικέρωνος ὄντι.

34. 1 Χρόνον δ' οὐ πολὺν διαλιπὼν καὶ παρα-
φυλάξας ἀποδημοῦντα τὸν Κλώδιον, ἐπῆλθε μετὰ
πολλῶν τῷ Καπιτωλίῳ, καὶ τὰς δημαρχικὰς δέλτους,   b
ἐν αἷς ἀναγραφαὶ τῶν διῳκημένων ἦσαν, ἀπέσπασε
καὶ διέφθειρε. 2 Ἐγκαλοῦντος δὲ περὶ τούτων
τοῦ Κλωδίου, τοῦ δὲ Κικέρωνος λέγοντος ὡς παρα-
νόμως ἐκ πατρικίων εἰς δημαρχίαν παρέλθοι, καὶ
κύριον οὐδὲν εἴη τῶν πεπραγμένων ὑπ' αὐτοῦ, Κάτων
ἠγανάκτησε καὶ ἀντεῖπε, τὸν μὲν Κλώδιον οὐκ ἐπαινῶν, ἀλλὰ καὶ δυσχεραίνων τοῖς πεπολιτευμένοις,

33. 4 ⁷ ὑπάγειν Madvig : ἀπά- ‖ 5 ¹⁻² ἀναστείλας : ἀναστήσας Υ ‖
7 ³ τοὺς : περὶ τοὺς Ν ‖ 34. 2 ¹ τούτων : τούτου Υ ‖ ⁴ εἴη Ν : εἶναι.

tait un étrange abus de pouvoir en abrogeant tant d'actes
et d'édits, parmi lesquels figurait sa propre administration
à Chypre et à Byzance[1].   3 Il s'ensuivit un froissement
entre Cicéron et Caton, qui n'apparut nullement au
grand jour, mais qui refroidit leur mutuelle amitié[2].

Procès de Milon (52). — **35.** 1 Après ces événements

Milon tua Clodius, et, poursuivi pour meurtre, il prit
comme défenseur Cicéron[3]. Mais le Sénat, craignant
que le procès d'un accusé renommé et impétueux
comme l'était Milon n'occasionnât des troubles, chargea
Pompée de présider à cette affaire et aux autres en assurant la sécurité dans la ville et dans les tribunaux.
2 Alors que la nuit durait encore, Pompée fit donc entourer de soldats le Forum à partir des collines[4]. Milon,
craignant que Cicéron, troublé à la vue de ce dispositif
inaccoutumé, ne plaidât moins bien, lui persuada de
se faire porter en litière au Forum et d'y rester tranquille-
ment jusqu'au moment où les juges seraient réunis et
le tribunal au complet. 3 Cicéron, paraît-il, n'était
pas seulement timoré sous les armes, mais il éprouvait
de la crainte même quand il devait parler, et, dans
beaucoup de procès, il cessait à peine d'être ému et de
trembler lorsque son éloquence atteignait tout son éclat
et toute sa fermeté*. 4 Lorsqu'il avait défendu Licinius Murena, poursuivi par Caton, Cicéron, mettant
son point d'honneur à surpasser Hortensius, qui avait
eu du succès, ne s'était accordé aucun repos de toute
la nuit, si bien qu'exténué par l'excès de méditation et
de veille, il avait paru inférieur à lui-même*. 5 Cette
fois, au procès de Milon, quand Cicéron, sortant de

1. Cf. *Cato min.*, 34-36.
2. Cf. *Cato min.*, 40, 2-4.
3. Ce meurtre eut lieu le 18 janvier 52, cf. Cic., *Pro Milone*, 27 : *ante
diem XIII Kalendas Februarias*. Outre Cicéron, Milon avait plusieurs
autres défenseurs, parmi lesquels Hortensius.
4. Pompée, qui était alors seul consul, fit occuper militairement les
collines du Capitole et du Palatin, qui dominaient le Forum ; cf. Asconius, Commentaire du *Pro Milone*, p. 36 (Stangl) : *praesidia in foro
et circa omnes fori aditus Pompeius disposuit*.

δεινὸν δὲ καὶ βίαιον ἀποφαίνων ἀναίρεσιν ψηφίσασθαι
δογμάτων καὶ πράξεων τοσούτων τὴν σύγκλητον,
ἐν αἷς εἶναι καὶ τὴν ἑαυτοῦ τῶν περὶ Κύπρον καὶ
Βυζάντιον διοίκησιν. 3 Ἐκ τούτου προσέκρουσεν
ὁ Κικέρων αὐτῷ πρόσκρουσιν εἰς οὐδὲν ἐμφανὲς
προελθοῦσαν, ἀλλ' ὥστε τῇ φιλοφροσύνῃ χρῆσθαι c
πρὸς ἀλλήλους ἀμαυρότερον.

35. 1 Μετὰ ταῦτα Κλώδιον μὲν ἀποκτίννυσι
Μίλων · καὶ διωκόμενος φόνου Κικέρωνα παρεστήσατο
συνήγορον. Ἡ δὲ βουλὴ φοβηθεῖσα μὴ κινδυνεύον-
τος ἀνδρὸς ἐνδόξου καὶ θυμοειδοῦς τοῦ Μίλωνος
ταραχὴ γένηται περὶ τὴν δίκην, ἐπέτρεψε Πομπηίῳ
ταύτην τε καὶ τὰς ἄλλας κρίσεις βραβεῦσαι, παρ-
έχοντα τῇ πόλει καὶ τοῖς δικαστηρίοις ἀσφάλειαν.
2 Ἐκείνου δὲ τὴν ἀγορὰν ἔτι νυκτὸς ἀπὸ τῶν ἄκρων
στρατιώταις ἐμπεριλαβόντος, ὁ Μίλων τὸν Κικέρωνα d
δείσας μὴ πρὸς τὴν ὄψιν ἀηθείᾳ διαταραχθεὶς χεῖρον
ἀγωνίσηται, συνέπεισεν ἐν φορείῳ κομισθέντα πρὸς
τὴν ἀγορὰν ἡσυχάζειν, ἄχρι οὗ συνίασιν οἱ κριταὶ
καὶ πληροῦται τὸ δικαστήριον. 3 Ὁ δ' οὐ μόνον
ἦν ὡς ἔοικεν ἐν ὅπλοις ἀθαρσής, ἀλλὰ καὶ τῷ λέγειν
μετὰ φόβου προσῄει, καὶ μόλις ἂν ἐπαύσατο παλ-
λόμενος καὶ τρέμων ἐπὶ πολλῶν ἀγώνων ἀκμὴν τοῦ
λόγου καὶ κατάστασιν λαβόντος. 4 Λικινίῳ δὲ
Μουρήνᾳ φεύγοντι δίκην ὑπὸ Κάτωνος βοηθῶν,
καὶ φιλοτιμούμενος Ὁρτήσιον ὑπερβαλεῖν εὐημερή-
σαντα, μέρος οὐδὲν ἀνεπαύσατο τῆς νυκτός, ὥσθ' ὑπὸ
τοῦ σφόδρα φροντίσαι καὶ διαγρυπνῆσαι κακωθεὶς e
ἐνδεέστερος αὐτοῦ φανῆναι. 5 Τότε δ' οὖν ἐπὶ
τὴν τοῦ Μίλωνος δίκην ἐκ τοῦ φορείου προελθὼν

35. 1 ⁵ περὶ Y : μετὰ N κατὰ Graux παρὰ Blass ‖ δίκην N : πόλιν ‖
2 ⁴ ἀγωνίσηται : διαγ- Y ‖ ἐν om. N ‖ ⁵ συνίασιν : συνέλθωσιν N ‖
3 ³ ἂν ἐπαύσατο : ἀνεπ- N ἐπαύσατο Y ἐπαύετο Cor. ‖ 4 ⁴ ὥσθ' N : ὡς.

sa litière, vit Pompée assis tout en haut, comme au milieu d'un camp, et les armes qui étincelaient tout autour du Forum, il se troubla et eut de la peine à commencer son discours. Il frissonnait et sa voix s'étranglait, alors que Milon lui-même assistait aux débats plein de hardiesse et d'assurance, et avait jugé indigne de lui de laisser croître ses cheveux et de prendre un habit de couleur sombre. Cette attitude semble avoir été d'ailleurs la principale cause de sa condamnation*. Quant à Cicéron, on attribua son émotion à la chaleur de son amitié plutôt qu'à la crainte.

Proconsulat en Cilicie (51-50). — **36**. 1 Il fut aussi au nombre des prêtres que les Romains appellent augures, à la place de Crassus le Jeune, après la mort de celui-ci chez les Parthes*. Puis le sort le désigna pour gouverner la province de Cilicie*. On lui donna une armée de douze mille fantassins et de mille six cents cavaliers[1]. Il s'embarqua, ayant pour instructions d'assurer au roi Ariobarzane l'amitié et l'obéissance de la Cappadoce. 2 Il accomplit cette mission et arrangea tout à la perfection sans recourir à la guerre[2], et voyant les Ciliciens excités par l'échec des Romains chez les Parthes et la tentative de révolution en Syrie*, il les calma par la douceur de son gouvernement. 3 Il n'accepta pas de présents, même quand c'étaient des rois qui lui en offraient, et il dispensa les gens de sa province d'organiser des banquets, tandis que lui-même recevait chaque jour à sa table les Ciliciens distingués, non pas somptueusement, mais libéralement. 4 Sa maison n'avait pas de portier, et personne jamais ne le vit au lit : debout au point du jour ou se promenant devant son domicile, il accueillait ceux qui venaient le saluer. 5 On dit qu'il ne fit donner les verges ni déchirer les habits à qui que ce fût, que la colère ne lui arrachait pas d'in-

1. Cf. M. Rambaud, *Rev. Ét. Lat.*, 1968, 134 sq.
2. Cf. Cic., *Ad Famil.*, 15, 4, 6 : *regem Ariobarzanem, cujus salutem a senatu te auctore* (à savoir Caton) *commendatam habebam, praesentibus insidiis necopinantem liberavi, neque solum ei saluti fui, sed etiam curavi ut cum auctoritate regnaret.*

καὶ θεασάμενος τὸν Πομπήιον ἄνω καθεζόμενον
ὥσπερ ἐν στρατοπέδῳ καὶ κύκλῳ τὰ ὅπλα περιλάμ-
ποντα τὴν ἀγοράν, συνεχύθη καὶ μόλις ἐνήρξατο
τοῦ λόγου, κραδαινόμενος τὸ σῶμα καὶ τὴν φωνὴν
ἐπεχόμενος, αὐτοῦ τοῦ Μίλωνος εὐθαρσῶς καὶ ἀδεῶς
παρισταμένου τῷ ἀγῶνι καὶ κόμην θρέψαι καὶ μεταβαλεῖν ἐσθῆτα φαιὰν ἀπαξιώσαντος · ὅπερ οὐχ
ἥκιστα δοκεῖ συναίτιον αὐτῷ γενέσθαι τῆς καταδίκης. Ἀλλ' ὅ γε Κικέρων διὰ ταῦτα φιλέταιρος   f
μᾶλλον ἢ δειλὸς ἔδοξεν εἶναι.

36. 1 Γίνεται δὲ καὶ τῶν ἱερέων οὓς αὔγουρας
Ῥωμαῖοι καλοῦσιν, ἀντὶ Κράσσου τοῦ νέου μετὰ
τὴν ἐν Πάρθοις αὐτοῦ τελευτήν. Εἶτα κλήρῳ λαχὼν
τῶν ἐπαρχιῶν Κιλικίαν καὶ στρατὸν ὁπλιτῶν μυρίων
καὶ δισχιλίων, ἱππέων δὲ χιλίων καὶ ἑξακοσίων,
ἔπλευσε, προσταχθὲν αὐτῷ καὶ τὰ περὶ Καππαδοκίαν Ἀριοβαρζάνῃ τῷ βασιλεῖ φίλα καὶ πειθήνια
παρασχεῖν. 2 Ταῦτά τε δὴ παρεστήσατο καὶ συνήρ-
μοσεν ἀμέμπτως ἄνευ πολέμου, τούς τε Κίλικας
ὁρῶν πρὸς τὸ Παρθικὸν πταῖσμα Ῥωμαίων καὶ τὸν 879
ἐν Συρίᾳ νεωτερισμὸν ἐπηρμένους κατεπράυνεν
ἡμέρως ἄρχων. 3 Καὶ δῶρα μὲν οὐδὲ τῶν βασιλέων διδόντων ἔλαβε, δείπνων δὲ τοὺς ἐπαρχικοὺς
ἀνῆκεν · αὐτὸς δὲ τοὺς χαρίεντας ἀνελάμβανε
καθ' ἡμέραν ἑστιάσεσιν οὐ πολυτελῶς, ἀλλ' ἐλευθερίως. 4 Ἡ δ' οἰκία θυρωρὸν οὐκ εἶχεν, οὐδ' αὐτὸς ὤφθη κατακείμενος ὑπ' οὐδενός, ἀλλ' ἕωθεν
ἑστὼς ἢ περιπατῶν πρὸ τοῦ δωματίου τοὺς ἀσπα-
ζομένους ἐδεξιοῦτο. 5 Λέγεται δὲ μήτε ῥάβδοις
αἰκίσασθαί τινα μήτ' ἐσθῆτα περισχίσαι μήτε βλασφη-
μίαν ὑπ' ὀργῆς ἢ ζημίαν προσβαλεῖν μεθ' ὕβρεως.

35. 5 [7] ἐπεχόμενος : ἐνισχόμενος Y ‖ ἀδεῶς : ἀνδρείως Y ‖
36. 1 [5] χιλίων : δισχιλίων Y ‖ 2 [1] τε om. N ‖ [2] ἄνευ : ἄτερ Y ‖ 3 [3] αὐτὸς :
-τοὺς N ‖ 5 [3] ζημίαν : -ίας Y ‖ ὕβρεως : -εων Y.

jures et qu'il ne joignait jamais à une pénalité des pro-
cédés violents. Ayant découvert qu'une grande partie
des fonds publics avait été détournée, il rendit aux villes
leur prospérité en obligeant les coupables à restituer,
mais sans leur infliger d'autre châtiment ni les noter
d'infamie.* 6 Il fit aussi la guerre et mit en déroute
les brigands qui habitaient autour de l'Amanus*, et il
fut même à cette occasion proclamé *imperator* par ses
soldats. Comme l'orateur Caelius l'avait prié de lui envoyer de Cilicie à Rome des panthères pour un spectacle qu'il voulait donner, Cicéron lui écrivit en faisant
valoir ses succès : « Il n'y a point de panthères en Cilicie,
car elles ont fui en Carie, indignées d'être seules en butte
à la guerre quand tout est en paix. »* 7 En revenant
de sa province, il commença par aborder à Rhodes, puis
il fit à Athènes un séjour qu'enchantait le souvenir
de ses anciennes études. Il y fréquenta les hommes qui
tenaient le premier rang par leur culture, salua ses amis
et connaissances, et après avoir reçu de la Grèce de justes
tributs d'admiration, il rentra à Rome, où les affaires,
comme sous l'effet d'une inflammation, tournaient déjà
à la guerre civile[1].

Entre Pompée et César (49-46). — **37.** 1 On décida
au Sénat de lui décerner le triomphe. Il déclara qu'il aurait
plus de plaisir à suivre le triomphe de César, si un accord
était conclu avec lui. Il multipliait les conseils à titre
personnel par ses lettres à César et, d'autre part, par
ses démarches auprès de Pompée, tâchait de les adoucir
et de les calmer l'un et l'autre[2]. 2 Quand la crise
devint irrémédiable et que César marcha sur la ville,
Pompée, au lieu de l'attendre, quitta Rome, accompagné
d'un grand nombre de notables*. Cicéron ne participa
pas à cette fuite* et parut ainsi se joindre à César. Sa

---

1. Cicéron arriva à Rome le 4 janvier 49 ; cf. Cic., *Ad Famil.*, 16, 11,
2 : *In ipsam flammam civilis discordiae incidi.*
2. Sur la situation à ce moment, voir *Cés.*, 28-30, et 31, 1-2 : « Cicéron, l'orateur, récemment arrivé de Cilicie, essaya de réconcilier les
deux partis et d'adoucir Pompée…, puis il conseilla aux amis de
César de faire des concessions… »

Ἀνευρὼν δὲ πάμπολλα τῶν δημοσίων κεκλεμμένα,
τάς τε πόλεις εὐπόρους ἐποίησε, καὶ τοὺς ἀποτί- b
νοντας οὐδὲν πλέον τούτου παθόντας ἐπιτίμους
διεφύλαξεν. 6 Ἥψατο δὲ καὶ πολέμου, λῃστὰς
τῶν περὶ τὸν Ἀμανὸν οἰκούντων τρεψάμενος · ἐφ᾽ ᾧ
καὶ αὐτοκράτωρ ὑπὸ τῶν στρατιωτῶν ἀνηγορεύθη.
Καιλίου δὲ τοῦ ῥήτορος δεομένου παρδάλεις αὐτῷ
πρός τινα θέαν εἰς Ῥώμην ἐκ Κιλικίας ἀποστεῖλαι,
καλλωπιζόμενος ἐπὶ τοῖς πεπραγμένοις γράφει πρὸς
αὐτὸν οὐκ εἶναι παρδάλεις ἐν Κιλικίᾳ · πεφευγέναι
γὰρ εἰς Καρίαν ἀγανακτούσας ὅτι μόναι πολεμοῦν-
ται, πάντων εἰρήνην ἐχόντων. 7 Πλέων δ᾽ ἀπὸ
τῆς ἐπαρχίας τοῦτο μὲν Ῥόδῳ προσέσχε, τοῦτο c
δ᾽ Ἀθήναις ἐνδιέτριψεν ἄσμενος πόθῳ τῶν πάλαι
διατριβῶν. Ἀνδράσι δὲ τοῖς πρώτοις ἀπὸ παιδείας
συγγενόμενος καὶ τούς τε φίλους καὶ συνήθεις ἀσπα-
σάμενος καὶ τὰ πρέποντα θαυμασθεὶς ὑπὸ τῆς Ἑλλάδος, εἰς τὴν πόλιν ἐπανῆλθεν, ἤδη τῶν πραγμάτων
ὥσπερ ὑπὸ φλεγμονῆς ἀφισταμένων ἐπὶ τὸν ἐμφύλιον
πόλεμον.

37. 1 Ἐν μὲν οὖν τῇ βουλῇ ψηφιζομένων αὐτῷ
θρίαμβον, ἥδιον ἂν ἔφη παρακολουθῆσαι Καίσαρι
θριαμβεύοντι συμβάσεων γενομένων · ἰδίᾳ δὲ συνεβούλευε πολλὰ μὲν Καίσαρι γράφων, πολλὰ δ᾽ αὖ τοῦ
Πομπηίου δεόμενος, πραΰνων ἑκάτερον καὶ παραμυ- d
θούμενος. 2 Ὡς δ᾽ ἦν ἀνήκεστα, καὶ Καίσαρος ἐπερ-
χομένου Πομπήιος οὐκ ἔμεινεν, ἀλλὰ μετὰ πολλῶν
καὶ ἀγαθῶν ἀνδρῶν τὴν πόλιν ἐξέλιπε, ταύτης μὲν
ἀπελείφθη τῆς φυγῆς ὁ Κικέρων, ἔδοξε δὲ Καίσαρι

36. 6 ² Ἀμανὸν Ald. ed. : Ἀλβανὸν ‖ οἰκούντων : -κοῦντας Ν ‖
⁴ Καιλίου Xyl. : καὶ κιλίου Ν κεκιλίου Υ ‖ 7 ⁵ τε Cor. : τότε ‖ ⁷ τὴν
πόλιν : Ῥώμην Ν ‖ ⁸ ἀφισταμένων : διισ- Zie. ‖ ἐπὶ Cor. : περὶ ‖
37. 1 ³⁻⁴ συνεβούλευε : -λευσε Ν ‖ ⁴ αὖ τοῦ Sol. : αὐτοῦ.

volonté était manifestement tiraillée dans les deux sens,
et il ne parvenait pas à se décider. 3 Il écrit en effet
dans ses lettres qu'il ne sait vers quel parti se tourner,
parce que, d'un côté, Pompée a pour faire la guerre un
motif honorable et glorieux, et que, d'autre part, César
conduit mieux ses affaires et est plus capable d'assurer
son salut et celui de ses amis, en sorte qu'il voit bien
lequel il faut fuir, mais ne sait auprès duquel fuir[1].
4 Un certain Trebatius, ami de César, lui écrivit que
César pensait que le devoir de Cicéron était avant tout de
se ranger à son côté et de partager ses espérances, mais
que, s'il s'y dérobait en raison de son âge[2], il ferait
bien de se rendre en Grèce et de s'y tenir tranquille à
l'écart des deux partis. Cicéron, étonné que César ne
lui eût pas écrit lui-même, répondit dans un mouvement
de colère qu'il ne ferait rien qui fût indigne de sa carrière
politique. C'est du moins ce que l'on trouve écrit dans
ses lettres*.

38. 1 César étant parti pour l'Espagne, Cicéron
s'embarqua aussitôt pour rejoindre le camp de Pompée[3].
Tous l'accueillirent avec plaisir, sauf Caton qui, dans
le privé, le blâma vivement d'avoir embrassé le parti de
Pompée : lui-même, Caton, disait-il, ne pouvait honora-
blement déserter la position politique qu'il avait choisie
dès le début, mais Cicéron aurait été plus utile à sa
patrie et à ses amis si, restant neutre, il se fût adapté
là-bas aux événements, et c'était sans raison et sans
nécessité qu'il s'était fait ennemi de César et qu'il était
venu prendre ici sa part d'un si grand danger. 2 Ces
propos retournèrent les dispositions de Cicéron, d'autant
plus que Pompée ne lui confiait aucun emploi important.
La faute en était à lui seul, car il ne niait pas qu'il re-

---

1. Cf. Cic., *Ad Att.*, 8, 7, 2 : *Ego vero quem fugiam habeo, quem sequar
non habeo.* Voir *Reg. et Imp. Apopht.*, 205 C (14).

2. En 49, Cicéron avait cinquante-sept ans.

3. César partit pour l'Espagne en avril 49 : cf. *Cés.*, 36, 1 ; Cicéron
s'embarqua pour la Grèce le 7 juin afin de rejoindre Pompée : cf.
Pomp., 64, 6. Le départ de Cicéron ne suivit donc pas aussitôt (εὐθύς)
celui de César.

προστίθεσθαι. Καὶ δῆλός ἐστι τῇ γνώμῃ πολλὰ
ῥιπτασθεὶς ἐπ' ἀμφότερα καὶ διστάσας. 3 Γράφει
γὰρ ἐν ταῖς ἐπιστολαῖς διαπορεῖν ποτέρωσε χρὴ
τραπέσθαι, Πομπηίου μὲν ἔνδοξον καὶ καλὴν ὑπόθεσιν πρὸς τὸ πολεμεῖν ἔχοντος, Καίσαρος δ' ἄμεινον τοῖς πράγμασι χρωμένου καὶ μᾶλλον ἑαυτὸν καὶ
τοὺς φίλους σῴζοντος, ὥστ' ἔχειν μὲν ὃν φύγῃ, μὴ
ἔχειν δὲ πρὸς ὃν φύγῃ. 4 Τρεβατίου δέ τινος τῶν e
Καίσαρος ἑταίρων γράψαντος ἐπιστολήν, ὅτι Καῖσαρ
οἴεται δεῖν μάλιστα μὲν αὐτὸν ἐξετάζεσθαι μεθ' αὑτοῦ καὶ τῶν ἐλπίδων μετέχειν, εἰ δ' ἀναδύεται διὰ
γῆρας, εἰς τὴν Ἑλλάδα βαδίζειν κἀκεῖ καθήμενον
ἡσυχίαν ἄγειν ἐκποδὼν ἀμφοτέροις γενόμενον, θαυ-
μάσας ὁ Κικέρων ὅτι Καῖσαρ αὐτὸς οὐκ ἔγραψεν,
ἀπεκρίνατο πρὸς ὀργὴν ὡς οὐδὲν ἀνάξιον πράξει τῶν
πεπολιτευμένων. Τὰ μὲν οὖν ἐν ταῖς ἐπιστολαῖς
γεγραμμένα τοιαῦτά ἐστι.

38. 1 Τοῦ δὲ Καίσαρος εἰς Ἰβηρίαν ἀπάραντος,
εὐθὺς πρὸς Πομπήιον ἔπλευσε · καὶ τοῖς μὲν ἄλλοις
ἀσμένοις ὤφθη, Κάτων δ' αὐτὸν ἰδίᾳ πολλὰ κατ- f
εμέμψατο Πομπηίῳ προσθέμενον · αὐτῷ μὲν γὰρ
οὐχὶ καλῶς ἔχειν ἐγκαταλιπεῖν ἣν ἀπ' ἀρχῆς εἵλετο
τῆς πολιτείας τάξιν, ἐκεῖνον δὲ χρησιμώτερον ὄντα
τῇ πατρίδι καὶ τοῖς φίλοις, εἰ μένων ἴσος ἐκεῖ πρὸς
τὸ ἀποβαῖνον ἡρμόζετο, κατ' οὐδένα λογισμὸν οὐδ' ἐξ
ἀνάγκης πολέμιον γεγονέναι Καίσαρι καὶ τοσούτου
μεθέξοντα κινδύνου δεῦρ' ἥκειν. 2 Οὗτοί τε δὴ
τοῦ Κικέρωνος ἀνέστρεφον οἱ λόγοι τὴν γνώμην,
καὶ τὸ μέγα μηδὲν αὐτῷ χρῆσθαι Πομπήιον. Αἴτιος 880

37. 2 ⁶ διστάσας Graux : διστατήσας N δυσπαθήσας Y ‖ 3 ⁴ τὸ πολεμεῖν : τὸν πόλεμον Y ‖ 4 ¹ Τρεβατίου C : Τρεβεντίου cet. ‖
38. 1 ¹ ἀπάραντος : ἀπαίροντος N ‖ ² πρὸς N : ὡς ‖ ³ ἀσμένοις Wytt. :
ἄσμενος ‖ ἰδίᾳ : ἰδὼν ἰδίᾳ Y ‖ ⁵ οὐχὶ : οὐ N ‖ ⁶ ⟨ἂν⟩ ὄντα Richards ‖
⁷ ἴσος corr. ant. : ἴσως ‖ 2 ¹ τε δὴ Cor. : δὲ δὴ Y δὲ N.

grettait d'être venu[1] ; il dépréciait les préparatifs de
Pompée, désapprouvait en secret ses décisions et ne
pouvait se retenir de railler et de faire sans cesse de
l'esprit aux dépens de ses compagnons d'armes ; il se
promenait sans cesse dans le camp sans rire lui-même
et en gardant un air sombre, mais il faisait rire les autres
bien qu'ils n'en eussent aucune envie. 3 Il convient
de citer aussi quelques exemples. Comme Domitius[2]
voulait donner un commandement à un homme dépourvu de qualités militaires et disait qu'il était doux
de caractère et prudent : « Pourquoi donc, demanda
Cicéron, ne le gardes-tu pas pour être le précepteur de
tes enfants? » 4 On louait Théophane de Lesbos[3],
qui était dans le camp préfet des pionniers, d'avoir bien
su consoler les Rhodiens de la perte de leur flotte[4] :
« Quel bonheur, dit Cicéron, d'avoir un Grec pour préfet ! »
5 César avait presque toujours l'avantage et tenait en
quelque sorte ses adversaires assiégés[5] ; Lentulus dit
qu'il avait été informé que les amis de César étaient
tristes : « Veux-tu dire, répliqua Cicéron, qu'ils en
veulent à César? »[6] 6 Un certain Marcius[7], qui
venait d'arriver d'Italie, dit que le bruit prévalait à
Rome que Pompée était assiégé : « Alors, s'écria Cicéron,
tu as pris la mer pour t'en assurer de tes yeux? » 7 Après
la défaite, Nonius ayant dit qu'il fallait garder bon espoir
puisqu'il restait sept aigles dans le camp de Pompée :
« Tu nous donnerais là un bel encouragement, remarqua
Cicéron, si nous faisions la guerre à des geais. »* 8 Labienus affirmait en s'appuyant sur certains oracles que

---

1. Cf. Cic., *Ad Famil.*, 7, 3, 2, etc... ; Macrobe, *Saturn.*, 2, 3, 7.
2. Sur L. Domitius Ahenobarbus, qui avait été consul en 54, cf.
Cés., 34, 6-8.
3. Sur Théophane de Mytilène, ami et historiographe de Pompée,
voir L. Robert, *C. R. Acad. Inscr.*, 1969, 42-64, et ma Notice à la
Vie de Pompée (dans le tome VIII de la présente édition), p. 154-156.
4. La flotte rhodienne avait été détruite par une tempête alors
qu'elle allait rejoindre Pompée à Dyrrachium.
5. Sur cette situation, cf. *Cés.*, 39, 1-11.
6. L. Cornelius Lentulus Crus était consul cette année-là (49). Ce
« mot » de Cicéron est rapporté aussi *Reg. et Imp. Apopht.*, 205 D (18).
7. Ce nom, qui résulte d'une correction d'Amyot, est des plus in-
certains : voir l'apparat.

δ' ἦν αὐτὸς οὐκ ἀρνούμενος μεταμέλεσθαι, φλαυρίζων
δὲ τοῦ Πομπηίου τὴν παρασκευὴν καὶ πρὸς τὰ βουλεύματα δυσχεραίνων ὑπούλως, καὶ τοῦ παρασκώπ-
τειν τι καὶ λέγειν ἀεὶ χαρίεν εἰς τοὺς συμμάχους
οὐκ ἀπεχόμενος, ἀλλ' αὐτὸς μὲν ἀγέλαστος ἀεὶ
περιιὼν ἐν τῷ στρατοπέδῳ καὶ σκυθρωπός, ἑτέροις
δὲ παρέχων γέλωτα μηδὲν δεομένοις. 3 Βέλτιον
δὲ καὶ τούτων ὀλίγα παραθέσθαι. Δομιτίου τοίνυν
ἄνθρωπον εἰς τάξιν ἡγεμονικὴν ἄγοντος οὐ πολε-
μικόν, καὶ λέγοντος ὡς ἐπιεικὴς τὸν τρόπον ἐστὶ b
καὶ σώφρων, « Τί οὖν » εἶπεν « οὐκ ἐπίτροπον αὐτὸν
τοῖς τέκνοις φυλάσσεις; » 4 Ἐπαινούντων δέ τινων
Θεοφάνην τὸν Λέσβιον, ὃς ἦν ἐν τῷ στρατοπέδῳ
τεκτόνων ἔπαρχος, ὡς εὖ παραμυθήσαιτο Ῥοδίους
τὸν στόλον ἀποβαλόντας, « Ἡλίκον » εἶπεν « ἀγαθόν
ἐστι Γραικὸν ἔχειν ἔπαρχον ». 5 Καίσαρος δὲ κατορ-
θοῦντος τὰ πλεῖστα καὶ τρόπον τινὰ πολιορκοῦντος
αὐτούς, Λέντλῳ μὲν εἰπόντι πυνθάνεσθαι στυγνοὺς
εἶναι τοὺς Καίσαρος φίλους ἀπεκρίνατο « Λέγεις
αὐτοὺς δυσνοεῖν Καίσαρι; » 6 Μαρκίου δέ τινος
ἥκοντος ἐξ Ἰταλίας νεωστὶ καὶ λέγοντος ἐν Ῥώμῃ
φήμην ἐπικρατεῖν ὡς πολιορκοῖτο Πομπήιος, « Εἶτ'
ἐξέπλευσας » εἶπεν « ἵνα τοῦτο πιστεύσῃς αὐτὸς c
θεασάμενος; » 7 Μετὰ δὲ τὴν ἧτταν Νωνίου μὲν
εἰπόντος ὅτι δεῖ χρηστὰς ἐλπίδας ἔχειν, ἑπτὰ γὰρ
ἀετοὺς ἐν τῷ στρατοπέδῳ τοῦ Πομπηίου λελεῖφθαι,
« Καλῶς ἂν » ἔφη « παρῄνεις, εἰ κολοιοῖς ἐπολε-
μοῦμεν ». 8 Λαβιηνοῦ δὲ μαντείαις τισὶν ἰσχυριζομένου καὶ λέγοντος ὡς δεῖ περιγενέσθαι Πομπήιον,

38. 2 ⁶ δυσχεραίνων : δυσκολαίνων Y ‖ ⁷ ἀεὶ om. Y ‖ 4 ⁵ ἐστι :
ἐστι τὸ Y ‖ 5 ⁵ δυσνοεῖν : εὐνοεῖν Xyl. συννοεῖν Wytt. ‖ 6 ¹ Μαρκίου Amyot : Μορίκκου N Μαρίκου Y ‖ 7 ¹ Νωνίου N : Νοννίου.

Pompée devait l'emporter : « C'est donc, dit Cicéron, une ruse de guerre que la perte de notre camp ? »*

39. 1 Après la bataille de Pharsale[1], à laquelle Cicéron ne participa point parce qu'il était malade, Pompée s'enfuit. Caton, qui avait à Dyrrachium une armée nombreuse et une flotte considérable[2], pria Cicéron d'en prendre le commandement selon la loi comme étant au-dessus des autres par sa dignité consulaire. 2 Cicéron repoussa l'offre, et, comme il refusait absolument de prendre part à la lutte, il faillit être tué par le jeune Pompée et ses amis, qui l'appelèrent traître et tirèrent l'épée contre lui ; Caton s'interposa et, non sans peine, l'emmena et le fit sortir du camp[3]. 3 Cicéron aborda à Brindes et y séjourna en attendant César, que retenaient les affaires d'Asie et d'Égypte*. 4 Quand on lui annonça que César avait abordé à Tarente et qu'il gagnait Brindes par terre, Cicéron partit à sa rencontre, n'étant sans doute pas sans espoir, mais ressentant quelque honte d'avoir à éprouver en présence de nombreux témoins les dispositions d'un ennemi vainqueur*. 5 Cependant il n'eut besoin de faire ni de dire rien d'indigne de lui : dès que César l'aperçut qui s'avançait loin en avant des autres, il descendit de cheval, l'embrassa et fit un grand nombre de stades en causant seul à seul avec lui. A partir de ce moment il ne cessa de lui témoigner honneur et amitié. C'est ainsi que, Cicéron ayant écrit un traité à l'éloge de Caton, il rédigea une réplique où il louait l'éloquence et la vie de Cicéron, qu'il trouvait tout à fait comparables à celles de Périclès et de Théramène[4]. 6 Le traité de Cicéron est intitulé *Caton*, et celui de César *Anti-Caton*[5]. Quintus Ligarius, poursuivi en justice

1. La bataille de Pharsale eut lieu le 9 août 48.
2. Cf. *Pomp.*, 67, 3 ; *Cato min.*, 55, 1-2.
3. Cf. *Cato min.*, 55, 4-6.
4. La comparaison de Cicéron avec Théramène, homme politique que les Athéniens surnommaient le « cothurne » à cause de sa versatilité, n'était pas sans malice.
5. Voir *Cés.*, 3, 4 ; 54, 3 et 6.

« Οὐκοῦν » ἔφη « στρατηγήματι τούτῳ χρώμενοι νῦν ἀποβεβλήκαμεν τὸ στρατόπεδον ; ».

39. 1 Ἀλλὰ γὰρ γενομένης τῆς κατὰ Φάρσαλον μάχης, ἧς οὐ μετέσχε δι' ἀρρωστίαν, καὶ Πομπηίου φυγόντος, ὁ μὲν Κάτων καὶ στράτευμα συχνὸν ἐν Δυρραχίῳ καὶ στόλον ἔχων μέγαν ἐκεῖνον ἠξίου στρατη- d γεῖν κατὰ νόμον ὡς τῷ τῆς ὑπατείας ἀξιώματι προὔ- χοντα. 2 Διωθούμενος δὲ τὴν ἀρχὴν ὁ Κικέρων καὶ ὅλως φεύγων τὸ συστρατεύεσθαι, παρ' οὐδὲν ἦλθεν ἀναιρεθῆναι, Πομπηίου τοῦ νέου καὶ τῶν φίλων προδότην ἀποκαλούντων καὶ τὰ ξίφη σπασαμένων, εἰ μὴ Κάτων ἐνστὰς μόλις ἀφείλετο καὶ διῆκεν αὐ- τὸν ἐκ τοῦ στρατοπέδου. 3 Καταχθεὶς δ' εἰς Βρεν- τέσιον ἐνταῦθα διέτριβε, Καίσαρα περιμένων βραδύ- νοντα διὰ τὰς ἐν Ἀσίᾳ καὶ περὶ Αἴγυπτον ἀσχολίας. 4 Ἐπεὶ δ' εἰς Τάραντα καθωρμισμένος ἀπηγγέλλετο καὶ πεζῇ παριὼν ἐκεῖθεν εἰς Βρεντέσιον, ὥρμησε πρὸς αὐτόν, οὐ πάνυ μὲν ὢν δύσελπις, αἰδούμενος e δὲ πολλῶν παρόντων ἀνδρὸς ἐχθροῦ καὶ κρατοῦντος λαμβάνειν πεῖραν. 5 Οὐ μὴν ἐδέησεν αὐτῷ πρᾶξαί τι παρ' ἀξίαν ἢ εἰπεῖν. Ὁ γὰρ Καῖσαρ ὡς εἶδεν αὐ- τὸν πολὺ πρὸ τῶν ἄλλων ἀπαντῶντα κατέβη καὶ ἠσπάσατο καὶ διαλεγόμενος μόνῳ συχνῶν σταδίων ὁδὸν προῆλθεν. Ἐκ δὲ τούτου διετέλει τιμῶν καὶ φιλοφρονούμενος, ὥστε καὶ γράψαντι λόγον ἐγκώμιον Κάτωνος ἀντιγράφων τόν τε λόγον αὐτοῦ καὶ τὸν βίον ὡς μάλιστα τῷ Περικλέους ἐοικότα καὶ Θηραμέ- νους ἐπαινεῖν. 6 Ὁ μὲν οὖν Κικέρωνος λόγος Κάτων, ὁ δὲ Καίσαρος Ἀντικάτων ἐπιγέγραπται. Λέγεται f

---

38. 8 [3] τούτῳ om. N ‖ **39**. 1 [2] οὐ : οὐδὲ N ‖ [5] ὡς Emp. : καὶ ‖ τῷ... ἀξιώματι : τὸ... ἀξίωμα Y ‖ 2 [5] μόλις om. N ‖ 3 [1] Καταχθεὶς : κα- τασχὼν Y ‖ 4 [2] παριὼν Cor. : περιιὼν ‖ 5 [3] ἀπαντῶντα : ἀπάντων N ‖ [4] ⟨μόνος⟩ μόνῳ Naber.

parce qu'il avait été l'un des ennemis de César, fut défendu par Cicéron. On rapporte que César dit alors à ses amis : « Qu'est-ce qui nous empêche d'écouter parler Cicéron, que nous n'avons pas entendu depuis un long intervalle, puisqu'il y a longtemps que son client est jugé comme un méchant homme et un ennemi? » 7 Mais, lorsque Cicéron eut commencé son discours, il émut singulièrement César, et, en avançant, ses paroles furent d'un pathétique si varié et d'un charme si admirable que le visage de César changea plusieurs fois de couleur et qu'il ne put cacher les divers sentiments qui se partageaient son âme. Enfin, quand l'orateur en vint à parler de l'affrontement de Pharsale, César, hors de lui, se mit à trembler de tout son corps et laissa échapper de sa main quelques-uns des écrits qu'il tenait. En tout cas, c'est contraint par ce discours qu'il acquitta l'accusé[1].

Retraite. — 40. 1 A partir de ce moment Cicéron, voyant que l'État s'était transformé en monarchie, renonça à s'occuper des affaires publiques et consacra ses loisirs à ceux des jeunes gens qui voulaient étudier la philosophie ; on peut dire que par ses relations avec eux, qui étaient les plus nobles et les premiers de la ville, il acquit à nouveau une influence considérable. 2 Il se donna alors pour tâche de composer et de traduire des dialogues philosophiques et de faire passer en latin les différents termes du vocabulaire de la dialectique et de la physique[2]. C'est lui, dit-on, qui rendit le premier en latin les notions d'imagination, de suspension du jugement, d'assentiment et de compréhension, et aussi celles d'atome, d'indivisible, de vide, et beaucoup d'autres du même genre, et qui s'ingénia le plus à les rendre intelligibles et familières aux Romains, soit par des

1. Le procès de Quintus Ligarius eut lieu à la fin de septembre ou au début d'octobre 46 : cf. Drumann-Grœbe, 6, 230 sq. Le *Pro Ligario* est conservé. — Ligarius resta l'ennemi de César et s'attacha à Brutus : cf. *Brut.*, 11, 1.

2. C'est alors que Cicéron écrit les *Académiques*, et le *De finibus bonorum et malorum*, et aussi qu'il traduit en latin des dialogues de Platon comme le *Timée* et le *Protagoras*.

δὲ καὶ Κοΐντου Λιγαρίου δίκην φεύγοντος, ὅτι τῶν
Καίσαρος πολεμίων εἷς ἐγεγόνει, καὶ Κικέρωνος
αὐτῷ βοηθοῦντος, εἰπεῖν τὸν Καίσαρα πρὸς τοὺς
φίλους · « Τί κωλύει διὰ χρόνου Κικέρωνος ἀκοῦσαι
λέγοντος, ἐπεὶ πάλαι γε κέκριται πονηρὸς ἄνθρωπος
καὶ πολέμιος; » 7 Ἐπεὶ δ' ἀρξάμενος λέγειν ὁ
Κικέρων ὑπερφυῶς ἐκίνει, καὶ προὔβαινεν αὐτῷ πάθει 881
τε ποικίλος καὶ χάριτι θαυμαστὸς ὁ λόγος, πολλὰς
μὲν ἱέναι χρόας ἐπὶ τοῦ προσώπου τὸν Καίσαρα,
πάσας δὲ τῆς ψυχῆς τρεπόμενον τροπὰς κατάδηλον
εἶναι, τέλος δὲ τῶν κατὰ Φάρσαλον ἁψαμένου τοῦ
ῥήτορος ἀγώνων, ἐκπαθῆ γενόμενον τιναχθῆναι τῷ
σώματι καὶ τῆς χειρὸς ἐκβαλεῖν ἔνια τῶν γραμμα-
τείων. Τὸν δ' οὖν ἄνθρωπον ἀπέλυσε τῆς αἰτίας
βεβιασμένος.

40. 1 Ἐκ τούτου Κικέρων, εἰς μοναρχίαν τῆς
πολιτείας μεθεστώσης, ἀφέμενος τοῦ τὰ κοινὰ πράττειν ἐσχόλαζε τοῖς βουλομένοις φιλοσοφεῖν τῶν
νέων, καὶ σχεδὸν ἐκ τῆς πρὸς τούτους συνηθείας,
εὐγενεστάτους καὶ πρώτους ὄντας, αὖθις ἴσχυεν b
ἐν τῇ πόλει μέγιστον. 2 Αὐτῷ δ' ἔργον μὲν ἦν
τότε τοὺς φιλοσόφους συντελεῖν διαλόγους καὶ
μεταφράζειν, καὶ τῶν διαλεκτικῶν ἢ φυσικῶν ὀνομάτων ἕκαστον εἰς τὴν Ῥωμαϊκὴν μεταβάλλειν
διάλεκτον · ἐκεῖνος γάρ ἐστιν, ὥς φασιν, ὁ καὶ τὴν
φαντασίαν καὶ τὴν ἐποχὴν καὶ τὴν συγκατάθεσιν
καὶ τὴν κατάληψιν, ἔτι δὲ τὴν ἄτομον, τὸ ἀμερές,
τὸ κενὸν καὶ ἄλλα πολλὰ τῶν τοιούτων ἐξονομάσας
πρῶτος ἢ μάλιστα Ῥωμαίοις, τὰ μὲν μεταφοραῖς,

39. 6 ⁷ γε om. Y ‖ ἄνθρωπος Graux : ἄνθρωπος N ἀνὴρ Y ‖ 7 ⁵ τῆς
ψυχῆς : τῇ ψυχῇ N ‖ ⁹ δ' οὖν : γοῦν Y ‖ **40**. 1 ² ἀφέμενος : ἀφε-
λόμενος N ‖ ⁵ ἴσχυεν : ἴσχυσεν N ‖ 2 ² τότε N : τὸ Y ‖ ³ post μεταφράζειν add. Πλάτωνος NAᵐ (unde τοὺς Πλάτωνος Graux Hude) ‖
⁷ δὲ τὴν N : δὲ τό.

métaphores, soit autrement par des termes propres*.
3 Il usait aussi par jeu de sa facilité pour la poésie :
on dit que, lorsqu'il s'adonnait à une telle occupation,
il composait cinq cents vers en une nuit[1]. Il passa la
plus grande partie de cette période dans son domaine de
Tusculum, d'où il écrivait à ses amis qu'il menait la vie
de Laërte, soit qu'il plaisantât comme il en avait l'habitude, soit que, tout en restant plein d'ambition et de
goût pour la politique, il fût découragé par l'état des
affaires[2]. 4 Il descendait rarement à la ville, et
seulement pour faire sa cour à César ; quand il s'agissait
de lui décerner des honneurs, il était le premier de ceux
qui prenaient la parole et qui se piquaient de dire toujours quelque chose de nouveau à la gloire du grand
homme et de ses actions. Tel est le mot qu'il prononça à
propos des statues de Pompée, qu'on avait abattues et
enlevées, mais que César ordonna de relever, et qui le
furent en effet ; 5 Cicéron dit à cette occasion :
« Par cet acte de générosité, César redresse les statues
de Pompée et consolide les siennes. »*

41. 1 Il avait, dit-on, l'intention d'écrire toute
l'histoire de sa patrie, d'y mêler une bonne partie de
l'histoire grecque et d'y rapporter en masse les traditions et les mythes qu'il avait rassemblés[3]. Il en fut
empêché par un grand nombre d'affaires, tant privées
que publiques, où sa volonté n'avait aucune part, et
aussi par des malheurs dont il fut responsable dans une
large mesure. 2 En premier lieu, il répudia sa femme
Terentia* parce qu'elle l'avait négligé pendant la guerre
à tel point qu'à son départ il manquait même du nécessaire
pour le voyage et qu'à son retour en Italie il ne trouva
pas chez elle que de bons sentiments à son égard : 3 elle

---

1. Voir ci-dessus, 2, 3-5.
2. Cicéron a donné le nom de son domaine de Tusculum (dans le
Latium, au sud-est de Rome) à ses *Tusculanae disputationes*.
3. Sur ce projet, cf. Cic., *De legibus*, 1, 5-6 et 8-9 ; voir M. Rambaud,
Cicéron et l'histoire romaine (Collection d'études latines, t. 28, 1953),
et P. Boyancé, *Études sur l'humanisme cicéronien*, 135-139 : Sur Cicéron et l'histoire (*Brutus*, 41-43).

τὰ δ' οἰκειότησιν ἄλλαις γνώριμα καὶ προσήγορα
μηχανησάμενος · 3 τῇ δὲ πρὸς τὴν ποίησιν εὐκο-
λίᾳ παίζων ἐχρῆτο. Λέγεται γάρ, ὁπηνίκα ῥυείη   c
πρὸς τὸ τοιοῦτον, τῆς νυκτὸς ἔπη ποιεῖν πεντακόσια.
Τὸν μὲν οὖν πλεῖστον τοῦ χρόνου τούτου περὶ Τοῦσκλον ἐν χωρίοις αὑτοῦ διάγων, ἔγραφε πρὸς τοὺς φίλους Λαέρτου βίον ζῆν, εἴτε παίζων ὡς ἔθος εἶχεν,
εἴθ' ὑπὸ φιλοτιμίας σπαργῶν πρὸς τὴν πολιτείαν
καὶ ἀθυμῶν τοῖς καθεστῶσι. 4 Σπάνιον δ' εἰς ἄστυ
θεραπείας ἕνεκα τοῦ Καίσαρος κατῄει, καὶ πρῶτος
ἦν τῶν συναγορευόντων ταῖς τιμαῖς καὶ λέγειν ἀεί
τι καινὸν εἰς τὸν ἄνδρα καὶ τὰ πραττόμενα φιλοτι-
μουμένων. Οἷόν ἐστι καὶ τὸ περὶ τῶν Πομπηίου λεχθὲν
εἰκόνων, ἃς ἀνῃρημένας καὶ καταβεβλημένας ὁ   d
Καῖσαρ ἐκέλευσεν ἀνασταθῆναι · καὶ ἀνεστάθησαν.
5 Ἔφη γὰρ ὁ Κικέρων ὅτι ταύτῃ τῇ φιλανθρωπίᾳ
Καῖσαρ τοὺς μὲν Πομπηίου ἵστησι, τοὺς δ' αὑτοῦ
πήγνυσιν ἀνδριάντας.

41. 1 Διανοούμενος δ' ὡς λέγεται τὴν πάτριον
ἱστορίαν γραφῇ περιλαβεῖν καὶ πολλὰ συμμεῖξαι
τῶν Ἑλληνικῶν καὶ ὅλως τοὺς συνηγμένους λόγους
αὐτῷ καὶ μύθους ἐνταῦθα γράψαι, πολλοῖς μὲν ἰδίοις,
πολλοῖς δὲ δημοσίοις κατελήφθη πράγμασιν ἀβουλή-
τοις καὶ πάθεσιν, ὧν αὐθαίρετα δοκεῖ τὰ πλεῖστα
συμβῆναι. 2 Πρῶτον μὲν γὰρ ἀπεπέμψατο τὴν
γυναῖκα Τερεντίαν, ἀμεληθεὶς ὑπ' αὐτῆς παρὰ τὸν
πόλεμον, ὥστε καὶ τῶν ἀναγκαίων ἐφοδίων ἐνδεὴς   e
ἀποσταλῆναι καὶ μηδ' ὅτε κατῆρεν αὖθις εἰς Ἰταλίαν
τυχεῖν εὐγνώμονος. 3 Αὐτὴ μὲν γὰρ οὐκ ἦλθεν,

40. 3 ² ῥυείη : ἐρρύη N ‖ ⁴ Τὸν N : τὸ ‖ ⁸ ἀθυμῶν Υ : ἀδημονῶν ‖
4 ¹ Σπάνιον : σπανίως Υ ‖ 41. 1 ³ ὅλως : ὅλους N ‖ συνηγμένους :
εἰρημένους Υ ‖ ⁴ γράψαι Υ : τρέψαι ‖ ⁴⁻⁵ πολλοῖς μὲν ἰδίοις, πολλοῖς
δὲ δημοσίοις N : πολλοῖς μὲν δημοσίοις, πολλοῖς δὲ ἰδίοις ‖ 3 ¹ Αὐτὴ
Wytt. : αὕτη.

n'était pas venue à Brindes, où il faisait un long séjour[1], et, quand sa fille, encore toute jeune, entreprit un voyage si considérable, elle ne lui avait donné ni une escorte convenable ni suffisamment d'argent[2]. Elle avait même dépouillé et vidé la maison de Cicéron de tout ce qu'elle contenait, et fait en outre beaucoup de dettes importantes. Telles sont les raisons les plus convenables que l'on donne de leur divorce. 4 Mais Terentia les niait, et Cicéron lui-même lui fournit une éclatante justification en épousant peu après une jeune fille, soit à cause de sa beauté dont il s'était épris, au dire de Terentia, soit à cause de sa fortune pour avoir le moyen de payer ses dettes, selon ce qu'a écrit Tiron, l'affranchi de Cicéron* ; 5 car la jeune fille était fort riche, et Cicéron, désigné comme héritier fiduciaire, en eut la garde*. Comme il devait plusieurs dizaines de milliers de drachmes, il se laissa persuader par ses amis et ses proches d'épouser cette adolescente, malgré la différence d'âge, et de se servir des biens de celle-ci pour désintéresser ses créanciers. 6 Antoine, qui fait mention de ce mariage dans ses répliques aux *Philippiques*, dit que Cicéron chassa une femme auprès de laquelle il avait vieilli ; il raille finement et du même coup la vie sédentaire de Cicéron en le présentant comme un oisif et un homme impropre à la guerre. 7 Il était remarié depuis peu quand sa fille mourut en couches chez Lentulus, qu'elle avait épousé après la mort de Pison, son précédent mari*. 8 Les amis de Cicéron vinrent de toutes parts pour le consoler, car ce malheur lui causa un chagrin si excessif qu'il renvoya sa seconde femme parce qu'elle avait paru se réjouir de la mort de Tullia*.

Après la mort de César (15 Mars 44). — **42.** 1 Telles étaient les affaires domestiques de Cicéron. Il ne parti-

---

1. Après Pharsale, Cicéron attendit César à Brindes : voir ci-dessus, 39, 3. Mais il avait lui-même dissuadé sa femme de venir le rejoindre : cf. Cic., *Ad Famil.*, 14, 12, et voir J. Carcopino, *Les secrets...*, 1, 238-239.
2. Tullia n'était plus alors une παιδίσκη νέα, mais devait avoir une trentaine d'années, et elle avait été mariée trois fois : voir J. Carcopino, *Les secrets...*, 1, 254-257.

ἐν Βρεντεσίῳ διατρίβοντος αὐτοῦ πολὺν χρόνον,
ἐρχομένη δὲ τῇ θυγατρί, παιδίσκῃ νέᾳ, τοσαύτην
ὁδὸν οὐ πομπὴν πρέπουσαν, οὐ χορηγίαν παρέσχεν,
ἀλλὰ καὶ τὴν οἰκίαν τῷ Κικέρωνι πάντων ἔρημον
καὶ κενὴν ἀπέδειξεν ἐπὶ πολλοῖς ὀφλήμασι καὶ μεγάλοις. Αὗται γάρ εἰσιν αἱ λεγόμεναι τῆς διαστάσεως
εὐπρεπέσταται προφάσεις. 4 Τῇ δὲ Τερεντίᾳ καὶ
ταύτας ἀρνουμένῃ λαμπρὰν ἐποίησε τὴν ἀπολογίαν
αὐτὸς ἐκεῖνος μετ' οὐ πολὺν χρόνον γήμας παρθένον,   ſ
ὡς μὲν ἡ Τερεντία κατεφήμιζεν, ἔρωτι τῆς ὥρας,
ὡς δὲ Τίρων ὁ τοῦ Κικέρωνος ἀπελεύθερος γέγραφεν,
εὐπορίας ἕνεκα πρὸς διάλυσιν δανείων. 5 Ἦν γὰρ
ἡ παῖς πλουσία σφόδρα, καὶ τὴν οὐσίαν αὐτῆς ὁ
Κικέρων ἐν πίστει κληρονόμος ἀπολειφθεὶς διεφύ-
λαττεν. Ὀφείλων δὲ πολλὰς μυριάδας, ὑπὸ τῶν
φίλων καὶ οἰκείων ἐπείσθη τὴν παῖδα γῆμαι παρ'
ἡλικίαν καὶ τοὺς δανειστὰς ἀπαλλάξαι τοῖς ἐκείνης 882
χρησάμενος. 6 Ἀντώνιος δὲ τοῦ γάμου μνησθεὶς
ἐν ταῖς πρὸς τοὺς Φιλιππικοὺς ἀντιγραφαῖς ἐκβαλεῖν
φησιν αὐτὸν γυναῖκα παρ' ἣν ἐγήρασε, χαριέντως
ἅμα τὴν οἰκουρίαν ὡς ἀπράκτου καὶ ἀστρατεύτου
παρασκώπτων τοῦ Κικέρωνος. 7 Γήμαντι δ' αὐτῷ
μετ' οὐ πολὺν χρόνον ἡ θυγάτηρ ἀπέθανε τίκτουσα
παρὰ Λέντλῳ · τούτῳ γὰρ ἐγαμήθη μετὰ τὴν Πείσω-
νος τοῦ προτέρου ἀνδρὸς τελευτήν. 8 Καὶ συνῆλθον
μὲν ἐπὶ τὴν παραμυθίαν τῷ Κικέρωνι πανταχόθεν οἱ
φίλοι · βαρέως γὰρ ἄγαν ἤνεγκε τὸ συμβεβηκός,
ὥστε καὶ τὴν γαμηθεῖσαν ἀποπέμψασθαι, δόξασαν
ἡσθῆναι τῇ τελευτῇ τῆς Τυλλίας.

42. 1 Τὰ μὲν οὖν κατ' οἶκον οὕτως εἶχε τῷ Κικέ-   b

41. 4 ⁵ Τίρων Schaefer : τήρων ‖ 6 ³ ἦν : ἢ Υ ‖ 8 ³ φίλοι Volk-
mann : φιλόσοφοι ‖ γὰρ Ν : δ' ‖ ⁵ Τυλλίας : Τουλ- Ν.

cipa point à la conjuration qui se formait contre César,
bien qu'il fût un des meilleurs amis de Brutus*, et qu'il
parût, plus que personne, être mécontent de la situation
présente et regretter l'ancien ordre de choses ; 2 mais
les conjurés se défièrent de son caractère, qu'ils jugeaient
timide, et de son âge, auquel les natures les mieux trem-
pées manquent d'audace*. 3 Quoi qu'il en soit,
quand Brutus, Cassius et les autres eurent accompli leur
acte, les amis de César se liguèrent contre les meurtriers,
et l'on put craindre à nouveau que la ville ne retombât
dans les guerres civiles. Antoine, alors consul, assembla
le Sénat, et parla brièvement de concorde, mais Cicéron
fit un long discours approprié aux circonstances*, et
persuada le Sénat d'imiter les Athéniens en votant une
amnistie pour l'attentat contre César[1] et en assignant
des provinces à Brutus, à Cassius et à leurs amis[2].
4 Cependant aucune de ces décisions ne fut appliquée,
car le peuple, déjà enclin de lui-même à la compassion
pour la victime, quand il vit le corps de César porté à
travers le Forum et qu'Antoine lui eut montré le vêtement du mort plein de sang et partout percé de coups
d'épée, fut transporté de colère, se mit à rechercher les
conjurés au Forum et courut à leurs maisons avec des
torches enflammées pour y mettre le feu. 5 Mais les
meurtriers, qui avaient pris à l'avance leurs précautions,
échappèrent au danger, et, comme ils s'attendaient
à beaucoup d'autres grands périls, ils quittèrent la ville[3].

43. 1 Aussitôt Antoine dressa la tête, et tout le
monde le craignait, et Cicéron plus que personne, comme
le futur seul maître de l'État[4]. De son côté, Antoine,
voyant renaître l'autorité de Cicéron dans la politique
et le sachant ami de Brutus, supportait mal sa présence

1. Cf. Cic., *Phil.*, 1, 1, 1 : il s'agit de l'amnistie votée à Athènes en
403 après le renversement des Trente en vue de rétablir la concorde
dans la démocratie renaissante.
2. Cf. *Brut.*, 19, 5 : « On attribua par un vote à Brutus la Crète,
à Cassius la Libye... »
3. Cf. *Cés.*, 68, 1-7 ; *Brut.*, 1-7 ; *Ant.*, 14, 5-8.
4. Cf. *Ant.*, 15, 1-5.

ρωνι. Τῆς δ' ἐπὶ Καίσαρα συνισταμένης πράξεως οὐ
μετέσχε, καίπερ ὢν ἑταῖρος ἐν τοῖς μάλιστα Βρού-
του καὶ βαρύνεσθαι τὰ παρόντα καὶ τὰ πάλαι ποθεῖν
πράγματα δοκῶν ὡς ἕτερος οὐδείς. 2 Ἀλλ' ἔδεισαν
οἱ ἄνδρες αὐτοῦ τήν τε φύσιν ὡς ἐνδεᾶ τόλμης τόν τε
χρόνον ἐν ᾧ καὶ ταῖς ἐρρωμενεστάταις φύσεσιν ἐπι-
λείπει τὸ θαρρεῖν. 3 Ὡς δ' οὖν ἐπέπρακτο τοῖς
περὶ Βροῦτον καὶ Κάσσιον τὸ ἔργον, καὶ τῶν Καίσαρος φίλων συνισταμένων ἐπὶ τοὺς ἄνδρας αὖθις ἦν
δέος ἐμφυλίοις πολέμοις περιπετῆ γενέσθαι τὴν
πόλιν, Ἀντώνιος μὲν ὑπατεύων τὴν βουλὴν συνήγαγε
καὶ βραχέα διελέχθη περὶ ὁμονοίας, Κικέρων δὲ πολλὰ   c
πρὸς τὸν καιρὸν οἰκείως διελθὼν ἔπεισε τὴν σύγκλητον Ἀθηναίους μιμησαμένην ἀμνηστίαν τῶν ἐπὶ
Καίσαρι ψηφίσασθαι, νεῖμαι δὲ τοῖς περὶ Κάσσιον
καὶ Βροῦτον ἐπαρχίας. 4 Ἔσχε δὲ τούτων τέλος
οὐδέν. Ὁ γὰρ δῆμος αὐτὸς μὲν ἀφ' ἑαυτοῦ πρὸς
οἶκτον ἐξαχθείς, ὡς εἶδε τὸν νεκρὸν ἐκκομιζόμενον
δι' ἀγορᾶς, Ἀντωνίου δὲ καὶ τὴν ἐσθῆτα δείξαντος
αὐτοῖς αἵματος κατάπλεων καὶ κεκομμένην πάντῃ
τοῖς ξίφεσιν, ἐκμανέντες ὑπ' ὀργῆς ἐν ἀγορᾷ ζήτησιν
ἐποιοῦντο τῶν ἀνδρῶν, καὶ πῦρ ἔχοντες ἐπὶ τὰς
οἰκίας ἔθεον ὡς ὑφάψοντες. 5 Οἱ δὲ τοῦτον μὲν
τῷ προπεφυλάχθαι διέφυγον τὸν κίνδυνον, ἑτέρους   d
δὲ πολλοὺς καὶ μεγάλους προσδοκῶντες ἐξέλιπον
τὴν πόλιν.

43. 1 Εὐθὺς οὖν ὁ Ἀντώνιος ἐπῆρτο, καὶ πᾶσι
μὲν ἦν φοβερὸς ὡς μοναρχήσων, τῷ δὲ Κικέρωνι
φοβερώτατος. Ἀναρρωννυμένην τε γὰρ αὐτῷ πάλιν
ὁρῶν τὴν δύναμιν ἐν τῇ πολιτείᾳ καὶ τοῖς περὶ Βροῦ-

à Rome. 2 Déjà auparavant d'ailleurs ils se suspec-
taient l'un l'autre en raison de la différence et du con-
traste de leurs mœurs*. 3 Redoutant donc cette
antipathie, Cicéron projeta d'abord de prendre la mer
pour se rendre en Syrie comme légat de Dolabella*.
Mais les consuls élus pour succéder à Antoine, Hirtius
et Pansa, hommes de bien et chauds partisans de Cicéron*, le prièrent de ne pas les abandonner, se char-
geant d'abattre Antoine pourvu que Cicéron restât
auprès d'eux. Alors, sans douter entièrement de leur
promesse ni s'y fier complètement, il renonça à suivre
Dolabella, et convint avec Hirtius et Pansa qu'il passerait l'été à Athènes, puis reviendrait quand ils seraient
entrés en charge, et il s'embarqua tout seul. 4 Mais
la traversée subit des retards[1], et des bruits nouveaux,
comme il s'en répand souvent, arrivèrent de Rome et
lui apprirent qu'Antoine avait étonnamment changé,
qu'il agissait en tout et gouvernait d'accord avec le
Sénat, et que les affaires ne réclamaient que sa présence
à lui Cicéron pour aller au mieux. Alors il se reprocha
son excès de circonspection et retourna à Rome. 5 Au
début ses espérances ne furent pas déçues : une immense
foule, qui avait regretté son absence et se réjouissait de
son retour, accourut à sa rencontre, et il passa presque
toute la journée à recevoir saluts et félicitations à la
porte de la ville et à l'entrée de sa maison[2]. 6 Le lendemain Antoine réunit le Sénat et convoqua Cicéron qui ne
vint pas et resta couché sous prétexte qu'il était affaibli
par la fatigue du voyage ; la vérité était, paraît-il, qu'il
craignait un guet-apens que lui faisait soupçonner une
dénonciation reçue en cours de route. 7 Antoine, irrité

---

1. En raison des vents contraires : cf. Cic., *Ad Famil.*, 12, 25, 3, et
surtout *Phil.*, 1, 7-9. Cicéron avait quitté Rome furtivement le
7 avril pour s'établir à Pouzzoles, puis il s'embarqua à Pompéi le
17 juillet, fit escale à Syracuse le 1er août ; ensuite, de Leucopetra,
il reprit la mer le 6 en direction de la Grèce, mais, refoulé du large par
le vent du midi, il fit demi-tour le jour même, et les nouvelles qu'il
reçut de Rome par des habitants de Rhégion le décidèrent à rebrousser
chemin.

2. Cicéron rentra à Rome le 31 août : cf. Cic., *Phil.*, 2, 76.

τον ἐπιτήδειον εἰδὼς ἤχθετο παρόντι. 2 Καί πού
τι καὶ προϋπῆρχεν ὑποψίας αὐτοῖς πρὸς ἀλλήλους
κατὰ τὴν τῶν βίων ἀναμοιότητα καὶ διαφοράν.
3 Ταῦτα δὴ δείσας ὁ Κικέρων πρῶτον μὲν ὥρμησε
πρεσβευτὴς Δολοβέλλᾳ συνεκπλεῦσαι εἰς Συρίαν ·
ἐπεὶ δ᾽ οἱ μέλλοντες ὑπατεύειν μετ᾽ Ἀντώνιον,   e
Ἵρτιος καὶ Πάνσας, ἄνδρες ἀγαθοὶ καὶ ζηλωταὶ τοῦ
Κικέρωνος, ἐδέοντο μὴ σφᾶς ἐγκαταλιπεῖν, ἀναδε-
χόμενοι καταλύσειν τὸν Ἀντώνιον ἐκείνου παρόντος,
ὁ δ᾽ οὔτ᾽ ἀπιστῶν παντάπασιν οὔτε πιστεύων Δολο-
βέλλαν μὲν εἴασε χαίρειν, ὁμολογήσας δὲ τοῖς περὶ
τὸν Ἵρτιον τὸ θέρος ἐν Ἀθήναις διάξειν, ὅταν δ᾽ ἐκεῖνοι παραλάβωσι τὴν ἀρχήν, ἀφίξεσθαι πάλιν, αὐτὸς
καθ᾽ ἑαυτὸν ἐξέπλευσε. 4 Γενομένης δὲ περὶ τὸν
πλοῦν διατριβῆς καὶ λόγων ἀπὸ Ῥώμης οἷα φιλεῖ
καινῶν προσπεσόντων, μεταβεβλῆσθαι μὲν Ἀντώνιον θαυμαστὴν μεταβολὴν καὶ πάντα πράττειν
καὶ πολιτεύεσθαι πρὸς τὴν σύγκλητον, ἐνδεῖν δὲ τῆς   f
ἐκείνου παρουσίας τὰ πράγματα μὴ τὴν ἀρίστην
ἔχειν διάθεσιν, καταμεμψάμενος αὐτὸς αὑτοῦ τὴν
πολλὴν εὐλάβειαν ἀνέστρεψεν αὖθις εἰς Ῥώμην.
5 Καὶ τῶν πρώτων οὐ διήμαρτεν ἐλπίδων · τοσοῦτο
πλῆθος ἀνθρώπων ὑπὸ χαρᾶς καὶ πόθου πρὸς τὴν
ἀπάντησιν ἐξεχύθη, καὶ σχεδὸν ἡμερήσιον ἀνήλωσαν
χρόνον αἱ περὶ τὰς πύλας καὶ τὴν εἴσοδον αὐτοῦ
δεξιώσεις καὶ φιλοφροσύναι. 6 Τῇ δ᾽ ὑστεραίᾳ
βουλὴν συναγαγόντος Ἀντωνίου καὶ καλοῦντος 883
αὐτόν, οὐκ ἦλθεν, ἀλλὰ κατέκειτο, μαλακῶς ἔχειν
ἐκ τοῦ κόπου σκηπτόμενος. Ἐδόκει δὲ τὸ ἀληθὲς
ἐπιβουλῆς εἶναι φόβος ἔκ τινος ὑποψίας καὶ μηνύ-
σεως καθ᾽ ὁδὸν αὐτῷ προσπεσούσης. 7 Ἀντώνιος

---

43. 3 ² Δολοβέλλα : -λῳ N ‖ ⁴ Πάνσας : Πάσσας Y ‖ ⁵⁻⁶ ἀναδεχόμε-
νοι : ὑποδ- Y ‖ 5 ³ ἀνήλωσαν Y : ἀνά-.

d'être calomnié, envoya des soldats avec ordre de l'amener ou de mettre le feu à sa maison ; mais plusieurs sénateurs s'interposèrent, et, sur leurs prières, il se contenta de prendre des gages*. 8 Désormais ils ne cessèrent plus de se harceler mutuellement, mais sans faire d'éclat, et de se surveiller l'un l'autre, jusqu'au jour où le jeune César, arrivé d'Apollonie*, revendiqua l'héritage du grand César, et entra en contestation avec Antoine au sujet des vingt-cinq millions de drachmes que celui-ci retenait de la succession[1].

44. 1 Là-dessus, Philippus, qui avait épousé la mère du jeune César, et Marcellus, qui était le mari de sa sœur[2], allèrent avec le jeune homme trouver Cicéron, et ils convinrent entre eux que Cicéron lui prêterait au Sénat et devant le peuple l'influence qu'il devait à son éloquence et à sa carrière politique, et que lui, de son côté, garantirait la sécurité de Cicéron par ses richesses et par ses armes ; car déjà le jeune homme avait autour de lui un bon nombre des soldats qui avaient servi sous César*. 2 Il y eut aussi, croyait-on, une cause plus importante pour que Cicéron acceptât volontiers l'amitié du jeune César. 3 Il paraît qu'au temps où Pompée et César étaient encore vivants*, Cicéron avait eu un songe ; il rêva qu'on appelait les fils des sénateurs au Capitole, où Jupiter devait désigner l'un d'eux comme chef des Romains, que les citoyens s'empressèrent d'y courir et se rangèrent autour du temple, tandis que les enfants, vêtus de la robe prétexte, s'asseyaient en silence. 4 Soudain la porte du temple s'ouvrit, les enfants, un à un, se levèrent et passèrent autour de la statue du dieu, qui les

1. Cf. *Ant.*, 15, 1 : Calpurnia, l'épouse de César, avait remis à Antoine la plus grande partie de l'argent qu'elle avait chez elle, soit une somme de 4.000 talents. Plutarque, là, a arrondi les chiffres, car 25 millions de drachmes font 4.166 talents athéniens.

2. La mère d'Octave, Attia, d'abord mariée à C. Octavius, dont le futur Auguste était le fils, avait épousé en secondes noces L. Marcius Philippus. Quant à C. Claudius Marcellus, il était le mari d'Octavie, sœur d'Octave ; il fut le père de celui dont Virgile, *En.*, 6, 883, écrira : *Tu Marcellus eris*. Cf. *Ant.*, 31, 2 et 87, 3.

δὲ χαλεπῶς μὲν ἔσχεν ἐπὶ τῇ διαβολῇ καὶ στρατιώτας
ἔπεμψεν ἄγειν αὐτὸν ἢ καταπρῆσαι τὴν οἰκίαν κελεύσας, ἐνστάντων δὲ πολλῶν καὶ δεηθέντων ἐνέχυρα
λαβὼν μόνον ἐπαύσατο. 8 Καὶ τὸ λοιπὸν οὕτως
ἀντιπαρεξιόντες ἀτρέμα καὶ φυλαττόμενοι διετέλουν,
ἄχρι οὗ Καῖσαρ ὁ νέος ἐξ Ἀπολλωνίας παραγενό-
μενος τόν τε κλῆρον ἀνεδέξατο τοῦ Καίσαρος ἐκεί- b
νου καὶ περὶ τῶν δισχιλίων πεντακοσίων μυριάδων,
ἃς ὁ Ἀντώνιος ἐκ τῆς οὐσίας κατεῖχεν, εἰς διαφορὰν
κατέστη πρὸς αὐτόν.

44. 1 Ἐκ δὲ τούτου Φίλιππος ὁ τὴν μητέρα τοῦ
νέου Καίσαρος ἔχων καὶ Μάρκελλος ὁ τὴν ἀδελφὴν
ἀφικόμενοι μετὰ τοῦ νεανίσκου πρὸς Κικέρωνα
συνέθεντο, Κικέρωνα μὲν ἐκείνῳ τὴν ἀπὸ τοῦ λόγου
καὶ τῆς πολιτείας δύναμιν ἔν τε τῇ βουλῇ καὶ τῷ
δήμῳ παρέχειν, ἐκεῖνον δὲ Κικέρωνι τὴν ἀπὸ τῶν
χρημάτων καὶ τῶν ὅπλων ἀσφάλειαν. Ἤδη γὰρ
οὐκ ὀλίγους τῶν ὑπὸ Καίσαρι στρατευσαμένων περὶ
αὐτὸν εἶχε τὸ μειράκιον. 2 Ἐδόκει δὲ καὶ μείζων
τις αἰτία γεγονέναι τοῦ τὸν Κικέρωνα δέξασθαι
προθύμως τὴν Καίσαρος φιλίαν. 3 Ἔτι γάρ, ὡς c
ἔοικε, Πομπηίου ζῶντος καὶ Καίσαρος, ἔδοξε κατὰ
τοὺς ὕπνους ὁ Κικέρων καλεῖν τινα τοὺς τῶν συγκλητικῶν παῖδας εἰς τὸ Καπιτώλιον, ὡς μέλλοντος ἐξ
αὐτῶν ἕνα τοῦ Διὸς ἀποδεικνύναι τῆς Ῥώμης ἡγεμόνα · τοὺς δὲ πολίτας ὑπὸ σπουδῆς θέοντας ἵστασθαι
περὶ τὸν νεὼν καὶ τοὺς παῖδας ἐν ταῖς περιπορφύ-
ροις καθέζεσθαι σιωπὴν ἔχοντας. 4 Ἐξαίφνης δὲ
τῶν θυρῶν ἀνοιχθεισῶν, καθ' ἕνα τῶν παίδων ἀνιστάμενον κύκλῳ περὶ τὸν θεὸν παραπορεύεσθαι, τὸν

43. 7 ² ἔσχεν : εἶχεν Y ‖ **44.** 1 ³ πρὸς N : πρὸς τὸν ‖ ⁵ καὶ τῆς N :
καὶ τὴν ἀπὸ τῆς ‖ ⁸ Καίσαρι : τοῦ Καίσαρος N ‖ 3 ³ τινα : τινας Y ‖
4 ²⁻³ ἀνιστάμενον : -ταμένων Y ‖ ³ περὶ : παρὰ N.

examinait tous et les renvoyait affligés. Mais lorsque
le jeune César s'approcha de lui, Jupiter étendit le bras
droit et dit : « Romains, vous verrez la fin des guerres
civiles quand celui-ci sera devenu votre chef. » 5 Ce
songe, dit-on, laissa gravée dans l'esprit de Cicéron
l'image de cet enfant et il en garda un souvenir très net,
alors qu'il ne le connaissait pas. Le lendemain, comme il
descendait au Champ de Mars, les enfants revenaient à
ce moment de leurs exercices physiques, et le premier
qu'il aperçut fut le jeune César, tel qu'il l'avait vu en
songe. Frappé de surprise, il lui demanda qui étaient ses
parents*. 6 Il avait pour père Octavius, qui n'était
pas un homme très en vue, et pour mère Attia, nièce de
César[1]. C'est pourquoi César, qui n'avait pas d'enfants
à lui, lui laissa par testament sa fortune et son nom[2].
7 Depuis ce jour, dit-on, Cicéron n'omit jamais de
s'entretenir avec l'enfant chaque fois qu'il le rencontrait,
et celui-ci accueillait gentiment ces marques d'amitié.
De plus, le destin l'avait fait naître sous le consulat
de Cicéron[3].

45. 1 Telles étaient sans doute les raisons que l'on
donnait, mais c'est avant tout la haine de Cicéron pour
Antoine, puis sa nature sensible aux honneurs qui lui
firent prendre le parti de César, sur le pouvoir de qui il
comptait pour accroître son autorité dans l'État. 2 Le
fait est que le jeune homme s'insinuait dans sa faveur
au point de l'appeler son père*. Tout cela révoltait
Brutus, qui, dans ses lettres à Atticus, a vivement cri-
tiqué Cicéron : « En faisant sa cour à César par crainte
d'Antoine, écrit-il, il montre bien qu'au lieu de travailler
à la liberté de la patrie, il recherche pour lui-même la

1. Octavius, né dans l'ordre équestre, fut le premier de sa famille à
accéder au Sénat ; il fut préteur en 61 et gouverneur de Macédoine ;
il mourut en 58 avant d'avoir pu déclarer sa candidature au consulat. — Attia était fille de M. Attius Balbus et de Julia, sœur de César.
2. César légua à Octave les trois quarts de sa fortune, le quart restant devant être partagé entre deux autres héritiers : cf. Suét., *Cés.*,
83, 3. Il fit aussi de lui son fils adoptif.
3. Octave était né le 23 septembre 63, d'après Suétone, *Aug.*, 5, 1.

δὲ πάντας ἐπισκοπεῖν καὶ ἀποπέμπειν ἀχθομένους.
Ὡς δ' οὗτος ἦν προσιὼν κατ' αὐτόν, ἐκτεῖναι τὴν
δεξιὰν καὶ εἰπεῖν « Ὦ Ῥωμαῖοι, πέρας ὑμῖν ἐμφυ-
λίων πολέμων οὗτος ἡγεμὼν γενόμενος. » 5 Τοιοῦτό d
φασιν ἐνύπνιον ἰδόντα τὸν Κικέρωνα τὴν μὲν ἰδέαν
τοῦ παιδὸς ἐκμεμάχθαι καὶ κατέχειν ἐναργῶς, αὐτὸν δ' οὐκ ἐπίστασθαι. Μεθ' ἡμέραν δὲ καταβαίνον-
τος εἰς τὸ πεδίον τὸ Ἄρειον αὐτοῦ, τοὺς παῖδας
ἤδη γεγυμνασμένους ἀπέρχεσθαι, κἀκεῖνον ὀφθῆναι
τῷ Κικέρωνι πρῶτον οἷος ὤφθη καθ' ὕπνον · ἐκπλαγέντα δὲ πυνθάνεσθαι τίνων εἴη γονέων. 6 Ἦν
δὲ πατρὸς μὲν Ὀκταουίου τῶν οὐκ ἄγαν ἐπιφανῶν,
Ἀττίας δὲ μητρός, ἀδελφιδῆς Καίσαρος. Ὅθεν
Καῖσαρ αὐτῷ παῖδας οὐκ ἔχων ἰδίους τὴν οὐσίαν
ἑαυτοῦ καὶ τὸν οἶκον ἐν ταῖς διαθήκαις ἔδωκεν.
7 Ἐκ τούτου φασὶ τὸν Κικέρωνα τῷ παιδὶ κατὰ e
τὰς ἀπαντήσεις ἐντυγχάνειν ἐπιμελῶς, κἀκεῖνον
οἰκείως δέχεσθαι τὰς φιλοφροσύνας · καὶ γὰρ ἐκ
τύχης αὐτὸν γεγονέναι συμβεβήκει Κικέρωνος ὑπατεύοντος.

45. 1 Αὗται μὲν οὖν ἴσως προφάσεις ἦσαν λεγόμεναι · τὸ δὲ πρὸς Ἀντώνιον μῖσος Κικέρωνα πρῶτον, εἶθ' ἡ φύσις ἥττων οὖσα τιμῆς προσεποίησε
Καίσαρι, νομίζοντα προσλαμβάνειν τῇ πολιτείᾳ
τὴν ἐκείνου δύναμιν. 2 Οὕτω γὰρ ὑπῄει τὸ μειράκιον αὐτὸν ὥστε καὶ πατέρα προσαγορεύειν. Ἐφ' ᾧ
σφόδρα Βροῦτος ἀγανακτῶν ἐν ταῖς πρὸς Ἀττικὸν
ἐπιστολαῖς καθήψατο τοῦ Κικέρωνος, ὅτι διὰ φόβον f
Ἀντωνίου θεραπεύων Καίσαρα δῆλός ἐστιν οὐκ
ἐλευθερίαν τῇ πατρίδι πράττων, ἀλλὰ δεσπότην

---

44. 4 ^{6} δεξιὰν : δεξιὰν αὐτῷ N ‖ 5 ^{5} αὐτοῦ : αὐτοῦ που N ‖
6 ^{3} Ἀττίας : ἀστείας N ‖ 7 ^{4} αὐτὸν N : αὐτῷ ‖ **45.** 2 ^{1} τὸ N :
πρὸς τὸ.

bienveillance d'un maître. »* 3 Cependant Brutus
voulut bien prendre avec lui le fils de Cicéron, qui étudiait la philosophie à Athènes[1] ; il lui confia des comman-
dements et remporta grâce à lui des succès[2]. 4 La
puissance de Cicéron dans la ville atteignit alors son
apogée : disposant du pouvoir à sa guise, il évinça Antoine, forma un parti contre lui, envoya pour le combattre les deux consuls, Hirtius et Pansa, et fit voter
par le Sénat l'attribution de licteurs et des ornements de
la préture à César sous prétexte qu'il combattait pour
la patrie[3]. 5 Mais après qu'Antoine eut été défait
et que la bataille eut causé la mort des deux consuls*,
comme les armées s'étaient réunies autour de César, le
Sénat, redoutant un jeune homme dont la chance était
si éclatante, essaya par des honneurs et des gratifications
de débaucher ses troupes et de lui retirer sa puissance :
le Sénat pensait n'avoir plus besoin de défenseurs depuis
qu'Antoine s'était enfui. Alors César prit peur et envoya
secrètement à Cicéron des émissaires chargés de le prier et
de le persuader de briguer le consulat à la fois pour eux
deux, en l'assurant qu'il disposerait du pouvoir à son gré
dès qu'il aurait revêtu cette charge, et qu'il gouvernerait
le jeune homme, qui n'ambitionnait du consulat que le
titre et l'honneur.* 6 César reconnaît lui-même que
c'est parce qu'il craignait le licenciement de ses troupes
et risquait d'être abandonné, qu'il avait profité à propos
de la soif de Cicéron pour le pouvoir et l'avait poussé
à briguer le consulat tandis que lui-même le seconderait
et soutiendrait sa candidature*.

La mort. — **46**. 1 C'est en cette occasion surtout
que Cicéron se laissa mener et duper, lui un vieillard,
par un jeune homme*, dont il appuya la candidature

1. Voir ci-dessus, 24, 8.
2. Voir *Brut.*, 24, 2-3, et 26, 4, où on lit : τούτῳ γὰρ ὁ Βροῦτος
ἐχρῆτο στρατηγῷ καὶ πολλὰ δι' αὐτοῦ κατώρθωσε. Voir aussi Appien, *Bell. Civ.*, 4, 51.
3. Ces mesures furent proposées au Sénat par Cicéron dans sa cinquième *Philippique*, prononcée tout au début de janvier 43. — Octave accompagna les deux consuls dans la campagne contre Antoine.

φιλάνθρωπον αὐτῷ μνώμενος. 3 Οὐ μὴν ἀλλὰ
τόν γε παῖδα τοῦ Κικέρωνος ὁ Βροῦτος ἐν Ἀθήναις
διατρίβοντα παρὰ τοῖς φιλοσόφοις ἀναλαβὼν ἔσχεν
ἐφ᾽ ἡγεμονίαις καὶ πολλὰ χρώμενος αὐτῷ κατώρθου.
4 Τοῦ δὲ Κικέρωνος ἀκμὴν ἔσχεν ἡ δύναμις ἐν τῇ
πόλει τότε μεγίστην, καὶ κρατῶν ὅσον ἐβούλετο 884
τὸν μὲν Ἀντώνιον ἐξέκρουσε καὶ κατεστασίασε, καὶ
πολεμήσοντας αὐτῷ τοὺς δύο ὑπάτους, Ἴρτιον καὶ
Πάνσαν, ἐξέπεμψε, Καίσαρι δὲ ῥαβδούχους καὶ
στρατηγικὸν κόσμον, ὡς δὴ προπολεμοῦντι τῆς
πατρίδος, ἔπεισε ψηφίσασθαι τὴν σύγκλητον.
5 Ἐπεὶ δ᾽ Ἀντώνιος μὲν ἥττητο, τῶν δ᾽ ὑπάτων
ἀμφοτέρων ἐκ τῆς μάχης ἀποθανόντων πρὸς Καίσαρα
συνέστησαν αἱ δυνάμεις, δείσασα δ᾽ ἡ βουλὴ νέον
ἄνδρα καὶ τύχῃ λαμπρᾷ κεχρημένον ἐπειρᾶτο τιμαῖς
καὶ δωρεαῖς ἀποκαλεῖν αὐτοῦ τὰ στρατεύματα καὶ
περισπᾶν τὴν δύναμιν, ὡς μὴ δεομένη τῶν προπολε-
μούντων Ἀντωνίου πεφευγότος, οὕτως ὁ Καῖσαρ b
φοβηθεὶς ὑπέπεμπε τῷ Κικέρωνι τοὺς δεομένους
καὶ πείθοντας ὑπατείαν μὲν ἀμφοτέροις ὁμοῦ πράττειν, χρῆσθαι δὲ τοῖς πράγμασιν ὅπως αὐτὸς ἔγνωκε,
παραλαβόντα τὴν ἀρχήν, καὶ τὸ μειράκιον διοικεῖν
ὀνόματος καὶ δόξης γλιχόμενον. 6 Ὁμολογεῖ δ᾽ ὁ
Καῖσαρ αὐτὸς ὡς δεδιὼς κατάλυσιν καὶ κινδυνεύων
ἔρημος γενέσθαι χρήσαιτο τῇ Κικέρωνος ἐν δέοντι
φιλαρχίᾳ, προτρεψάμενος αὐτὸν ὑπατείαν μετιέναι
συμπράττοντος αὐτοῦ καὶ συναρχαιρεσιάζοντος.

46. 1 Ἐνταῦθα μέντοι μάλιστα Κικέρων ἐπαρθεὶς
ὑπὸ νέου γέρων καὶ φενακισθεὶς καὶ συναρχαιρεσιά-
σας καὶ παρασχὼν αὐτῷ τὴν σύγκλητον, εὐθὺς μὲν c

45. 3 ⁴ ἡγεμονίαις Rei. : -νίας ‖ 4 ² ὅσον : ὅσων Y ‖ 5 ³ δ᾽ om. Y ‖
⁹ ἀμφοτέροις : -ρους N ‖ 6 ¹ Ὁμολογεῖ Madvig : ὡμολόγει ‖ δ᾽ ὁ
Graux : δὲ ὃν N δὲ ὢν U δὲ Y δ᾽ οὖν ὁ Zie. ‖ 46. 1 ²⁻³ συναρχαιρε-
σιάσας : -ρεσίας N.

et à qui il concilia la faveur du Sénat. Aussitôt il fut blâmé par ses amis, et il ne tarda pas à s'apercevoir qu'il s'était perdu lui-même et avait sacrifié la liberté du peuple. 2 Le jeune homme, devenu puissant et nommé consul[1], laissa de côté Cicéron, se lia d'amitié avec Antoine et Lépide[2], et, après avoir réuni ses forces aux leurs, partagea l'empire avec eux, comme s'il s'agissait d'une propriété quelconque[3]. Ils firent une liste des gens qui devaient être mis à mort, au nombre de plus de deux cents. 3 Dans leurs débats, ce fut la proscription de Cicéron qui donna lieu à la contestation la plus vive : Antoine se refusait à tout accommodement si l'orateur ne périssait pas le premier ; Lépide se joignit à Antoine ; César leur tenait tête à tous les deux. 4 Pendant trois jours ils restèrent réunis secrètement entre eux seuls près de la ville de Bononia ; les entrevues avaient lieu en avant des camps dans un endroit entouré d'une rivière*. 5 On dit que César, après avoir bataillé en faveur de Cicéron les deux premiers jours, céda le troisième jour et l'abandonna. Ils se firent mutuellement les concessions suivantes : César devait livrer Cicéron ; Lépide, son frère Paulus ; et Antoine, Lucius César, qui était son oncle maternel*, 6 tant la colère et la rage leur avaient fait oublier la raison et les sentiments humains, ou plutôt tant ils firent voir qu'il n'y a pas de bête plus sauvage que l'homme quand il joint le pouvoir à la passion !*

47. 1 Pendant que ces décisions étaient prises, Cicéron se trouvait dans son domaine campagnard de Tusculum*, et il avait son frère avec lui. Informés des proscriptions, ils projetèrent de se rendre à Astura, où Cicéron avait une propriété au bord de la mer*, et de

1. Le 19 août 43, alors qu'Octave n'avait pas encore vingt ans (voir ci-dessus, 44, 7, et la note). Il eut pour collègue, non pas Cicéron, mais Q. Pedius.
2. M. Æmilius Lepidus, qui avait été consul avec Jules César en 46, était maître de la cavalerie.
3. Ce fut le second triumvirat : les trois hommes étaient *triumviri rei publicae constituendae*, à dater du 27 novembre 43. Cf. *Ant.*, 19, 1 sqq.

ὑπὸ τῶν φίλων αἰτίαν ἔσχεν, ὀλίγῳ δ' ὕστερον αὐτὸν
ἀπολωλεκὼς ᾔσθετο καὶ τοῦ δήμου προέμενος τὴν
ἐλευθερίαν. 2 Αὐξηθεὶς γὰρ ὁ νεανίας καὶ τὴν
ὑπατείαν λαβών, Κικέρωνα μὲν εἴασε χαίρειν, Ἀντωνίῳ δὲ καὶ Λεπίδῳ φίλος γενόμενος καὶ τὴν δύναμιν
εἰς τὸ αὐτὸ συνενεγκών, ὥσπερ ἄλλο τι κτῆμα τὴν
ἡγεμονίαν ἐνείματο πρὸς αὐτούς. Καὶ κατεγράφησαν
ἄνδρες οὓς ἔδει θνήσκειν ὑπὲρ διακοσίους. 3 Πλείστην δὲ τῶν ἀμφισβητημάτων αὐτοῖς ἔριν ἡ Κικέρωνος
προγραφὴ παρέσχεν, Ἀντωνίου μὲν ἀσυμβάτως
ἔχοντος εἰ μὴ πρῶτος ἐκεῖνος ἀποθνήσκοι, Λεπίδου   d
δ' Ἀντωνίῳ προστιθεμένου, Καίσαρος δὲ πρὸς ἀμφοτέρους ἀντέχοντος. 4 Ἐγίνοντο δ' αἱ σύνοδοι μό-
νοις ἀπόρρητοι περὶ πόλιν Βονωνίαν ἐφ' ἡμέρας
τρεῖς, καὶ συνῇεσαν εἰς τόπον τινὰ πρόσω τῶν στρατοπέδων ποταμῷ περιρρεόμενον. 5 Λέγεται δὲ τὰς
πρώτας ἡμέρας διαγωνισάμενος ὑπὲρ τοῦ Κικέρωνος
ὁ Καῖσαρ ἐνδοῦναι τῇ τρίτῃ καὶ προέσθαι τὸν ἄνδρα.
Τὰ δὲ τῆς ἀντιδόσεως οὕτως εἶχεν. Ἔδει Κικέρωνος
μὲν ἐκστῆναι Καίσαρα, Παύλου δὲ τἀδελφοῦ Λέπι-
δον, Λευκίου δὲ Καίσαρος Ἀντώνιον, ὃς ἦν θεῖος αὐτῷ
πρὸς μητρός. 6 Οὕτως ἐξέπεσον ὑπὸ θυμοῦ καὶ   e
λύσσης τῶν ἀνθρωπίνων λογισμῶν, μᾶλλον δ' ἀπέ-
δειξαν ὡς οὐδὲν ἀνθρώπου θηρίον ἐστὶν ἀγριώτερον
ἐξουσίαν πάθει προσλαβόντος.

47. 1 Πραττομένων δὲ τούτων ὁ Κικέρων ἦν μὲν
ἐν ἀγροῖς ἰδίοις περὶ Τοῦσκλον ἔχων τὸν ἀδελφὸν
σὺν αὐτῷ · πυθόμενοι δὲ τὰς προγραφάς, ἔγνωσαν
εἰς Ἄστυρα μεταβῆναι, χωρίον παράλιον τοῦ Κικέρωνος · ἐκεῖθεν δὲ πλεῖν εἰς Μακεδονίαν πρὸς Βροῦ-

46. 1 4 ἔσχεν : εἶχεν Υ ‖ 5 προέμενος C : προιέ- ΝΥ ‖ 5 5 μὲν add.
Photius ‖ τἀδελφοῦ : τοῦ ἀδελφιδοῦ Ν ‖ 47. 1 3 σὺν αὐτῷ : μεθ'
αὑτοῦ Υ.

passer de là en Macédoine, auprès de Brutus, car déjà
le bruit courait qu'il y était en force*. 2 Ils se firent
porter dans des litières, accablés de chagrin. Ils s'arrê-
taient en chemin, et, rapprochant leurs litières, ils mê-
laient leurs gémissements. 3 Quintus était le plus
abattu : il était tracassé par l'idée de son dénuement,
car il n'avait pas eu le temps de rien emporter de chez
lui, et Cicéron lui-même n'avait que de maigres provi-
sions pour le voyage. Il valait donc mieux, pensèrent-ils,
que Cicéron prît les devants dans leur fuite, et que Quintus
courût après lui, quand il se serait pourvu du nécessaire dans sa maison. 4 Ils en décidèrent ainsi, puis
ils s'embrassèrent en pleurant et se séparèrent. Quelques
jours après, Quintus, livré par ses serviteurs aux hommes
qui le recherchaient, fut tué avec son fils. Cicéron, arrivé
à Astura, y trouva un navire, s'embarqua aussitôt, et,
favorisé par le vent, il longea le rivage jusqu'au Cir-
caeum[1]. 5 Les pilotes voulaient en repartir immédiatement, mais Cicéron, soit qu'il craignît la mer, soit
qu'il n'eût pas encore perdu toute confiance en César,
débarqua et longea la côte par terre sur un espace de
cent stades, en direction de Rome. 6 Cependant l'inquiétude le reprit, et, changeant d'intention, il
descendit vers la mer à Astura. Il y passa la nuit en proie
à des réflexions terribles et désespérées ; il songea même
à se glisser secrètement dans la maison de César et à
se tuer à son foyer pour attacher à sa personne un démon vengeur. 7 Mais la crainte des tortures le fit
encore renoncer à ce projet. Roulant en son esprit
maints desseins confus et contradictoires, il se remit
entre les mains de ses serviteurs pour le conduire par
mer à Caïète, où il avait une propriété et un refuge
agréables pendant l'été, quand les vents étésiens sont
le plus rafraîchissants[2]. 8 Il y a aussi en cet endroit un

1. Il s'agit du promontoire de Circé, près duquel se trouvait la ville
de *Circei*, à peu près à mi-distance, sur la côte de la mer Tyrrhénienne,
entre Astura et Caïète (Gaète) dont il sera question un peu plus bas.
2. Sur Caïète, voir ci-dessus la note précédente. La villa de Cicéron se trouvait entre Caïète et Formiae, et est appelée dans ses
lettres *Formianum* : cf. J. Carcopino, *Les secrets...*, 1, 82-83.

τον · ἤδη γὰρ ὑπὲρ αὐτοῦ λόγος ἐφοίτα κρατοῦντος.
2 Ἐκομίζοντο δ' ἐν φορείοις, ἀπειρηκότες ὑπὸ
λύπης · καὶ κατὰ τὴν ὁδὸν ἐφιστάμενοι καὶ τὰ φορεῖα
παραβάλλοντες ἀλλήλοις προσωλοφύροντο. 3 Μᾶλλον δ' ὁ Κόιντος ἠθύμει, καὶ λογισμὸς αὐτὸν εἰσῄει   f
τῆς ἀπορίας · οὐδὲν γὰρ ἔφθη λαβεῖν οἴκοθεν, ἀλλὰ
καὶ τῷ Κικέρωνι γλίσχρον ἦν ἐφόδιον · ἄμεινον οὖν
εἶναι τὸν μὲν Κικέρωνα προλαμβάνειν τῆς φυγῆς,
αὐτὸν δὲ μεταθεῖν οἴκοθεν συσκευασάμενον. 4 Ταῦτ'
ἔδοξε · καὶ περιβαλόντες ἀλλήλους καὶ ἀνακλαυσά-
μενοι διελύθησαν. Ὁ μὲν οὖν Κόιντος οὐ πολλαῖς
ὕστερον ἡμέραις ὑπὸ τῶν οἰκετῶν προδοθεὶς τοῖς
ζητοῦσιν ἀνῃρέθη μετὰ τοῦ παιδός. Ὁ δὲ Κικέρων
εἰς Ἄστυρα κομισθεὶς καὶ πλοῖον εὑρὼν εὐθὺς ἐνέβη
καὶ παρέπλευσεν ἄχρι Κιρκαίου πνεύματι χρώμενος. 885
5 Ἐκεῖθεν δὲ βουλομένων εὐθὺς αἴρειν τῶν κυ-
βερνητῶν, εἴτε δείσας τὴν θάλασσαν, εἴτ' οὔπω
παντάπασι τὴν Καίσαρος ἀπεγνωκὼς πίστιν, ἀπέβη
καὶ παρῆλθε πεζῇ σταδίους ἑκατὸν ὡς εἰς Ῥώμην
πορευόμενος. 6 Αὖθις δ' ἀλύων καὶ μεταβαλλόμε-
νος κατῄει πρὸς θάλασσαν εἰς Ἄστυρα. Κἀκεῖ
διενυκτέρευσεν ἐπὶ δεινῶν καὶ ἀπόρων λογισμῶν,
ὅς γε καὶ παρελθεῖν εἰς τὴν Καίσαρος οἰκίαν διενοήθη
κρύφα καὶ σφάξας ἑαυτὸν ἐπὶ τῆς ἑστίας ἀλάστορα
προσβαλεῖν. 7 Ἀλλὰ καὶ ταύτης αὐτὸν ἀπέκρουσε
τῆς ὁδοῦ δέος βασάνων · καὶ πολλὰ ταραχώδη καὶ   b
παλίντροπα βουλεύματα τῇ γνώμῃ μεταλαμβάνων
παρέδωκε τοῖς οἰκέταις ἑαυτὸν εἰς Καιήτας κατὰ
πλοῦν κομίζειν, ἔχων ἐκεῖ χωρία καὶ καταφυγὴν ὥρᾳ
θέρους φιλάνθρωπον, ὅταν ἥδιστον οἱ ἐτησίαι κατα-
πνέωσιν. 8 Ἔχει δ' ὁ τόπος καὶ ναὸν Ἀπόλλωνος

petit temple d'Apollon, un peu au-dessus de la mer. Une
nuée de corbeaux s'en éleva pour se porter à grand bruit
vers le vaisseau de Cicéron, dont l'équipage ramait vers
la terre. Les oiseaux se posèrent de chaque côté de la
vergue, les uns croassant, les autres becquetant les
bouts des cordages. Tout le monde vit là un mauvais
présage. 9 Cicéron débarqua, et, une fois entré dans
sa villa, il se coucha pour prendre du repos. Alors la
plupart des corbeaux se perchèrent à la fenêtre en poussant des cris tumultueux ; l'un d'eux même s'abattit
sur son lit et avec son bec écarta peu à peu le manteau
dont Cicéron s'était voilé le visage*. 10 A ce spectacle, les serviteurs se reprochèrent d'attendre tranquille-
ment d'être les témoins du meurtre de leur maître et de
ne pas le protéger, alors que des bêtes venaient à son
secours et prenaient soin de lui dans son malheur immérité : usant à la fois de persuasion et de violence, ils
l'emportèrent en litière vers la mer.

48. 1 A ce moment survinrent les meurtriers.
C'étaient le centurion Herennius et le tribun militaire
Popillius, que Cicéron avait autrefois défendu dans
une accusation de parricide, et avec eux une troupe de
satellites[1]. 2 Voyant les portes fermées, ils les en-
foncèrent, mais ils ne trouvèrent pas Cicéron, et les gens
de la maison affirmaient ne pas savoir où il était. Alors,
dit-on, un adolescent, instruit par Cicéron dans les
belles-lettres et dans les sciences, nommé Philologus,
affranchi de Quintus, son frère[2], dit au tribun qu'on
portait sa litière par les allées boisées et ombragées vers
la mer. 3 Le tribun, prenant quelques hommes avec
lui, se précipita en faisant un détour pour gagner l'issue
des allées, tandis qu'Herennius parcourait celles-ci au

---

1. C. Popillius Laenas était originaire du Picenum : cf. Val.-Max., 5,
3, 4 ; Appien, *Bell. Civ.*, 4, 19-20 (Λαίνας ὁ λοχαγός) ; Tite-Live, *Per.*,
120 ; Sénèque, *Suas.*, 6, 20, et *Controv.*, 7, 2, 8, où il est dit que
Cicéron avait défendu en justice ce Popillius.
2. Voir une lettre de Cicéron à son frère Quintus, 1, 3, 4, où on lit :
Scripsi et dedi litteras ad te Philogono, liberto tuo. Cependant il est
douteux qu'il faille corriger ici Φιλόλογον en Φιλόγονον. Sur ce nom
de Φιλόλογος, voir L. Robert, *Hellenica*, XIII, 47-53 (notamment
p. 47, note 4).

μικρὸν ὑπὲρ τῆς θαλάσσης. Ἐντεῦθεν ἀρθέντες ἀθρόοι
κόρακες ὑπὸ κλαγγῆς προσεφέροντο τῷ πλοίῳ τοῦ
Κικέρωνος ἐπὶ γῆν ἐρεσσομένῳ· καὶ κατασχόντες
ἐπὶ τὴν κεραίαν ἑκατέρωθεν οἱ μὲν ἐβόων, οἱ δ' ἔκοπ-
τον τὰς τῶν μηρυμάτων ἀρχάς, καὶ πᾶσιν ἐδόκει τὸ
σημεῖον εἶναι πονηρόν. 9 Ἀπέβη δ' οὖν ὁ Κικέρων, καὶ παρελθὼν εἰς τὴν ἔπαυλιν ὡς ἀναπαυσόμενος   c
κατεκλίθη. Τῶν δὲ κοράκων οἱ πολλοὶ μὲν ἐπὶ τῆς
θυρίδος διεκάθηντο φθεγγόμενοι θορυβῶδες, εἷς δὲ
καταβὰς ἐπὶ τὸ κλινίδιον ἐγκεκαλυμμένου τοῦ Κικέρωνος ἀπῆγε τῷ στόματι κατὰ μικρὸν ἀπὸ τοῦ προσώπου τὸ ἱμάτιον. 10 Οἱ δ' οἰκέται ταῦθ' ὁρῶντες
καὶ κακίσαντες αὑτούς, εἰ περιμένουσι τοῦ δεσπότου
φονευομένου θεαταὶ γενέσθαι, θηρία δ' αὐτῷ βοηθεῖ
καὶ προκήδεται παρ' ἀξίαν πράττοντος, αὐτοὶ δ' οὐκ
ἀμύνουσι, τὰ μὲν δεόμενοι, τὰ δὲ βίᾳ λαβόντες ἐκό-
μιζον ἐν τῷ φορείῳ πρὸς τὴν θάλασσαν.

48. 1 Ἐν τούτῳ δ' οἱ σφαγεῖς ἐπῆλθον, ἑκατον-
τάρχης Ἑρέννιος καὶ Ποπίλλιος χιλίαρχος, ᾧ πατροκτο-   d
νίας ποτὲ δίκην φεύγοντι συνεῖπεν ὁ Κικέρων, ἔχοντες
ὑπηρέτας. 2 Ἐπεὶ δὲ τὰς θύρας κεκλεισμένας
εὑρόντες ἐξέκοψαν, οὐ φαινομένου τοῦ Κικέρωνος
οὐδὲ τῶν ἔνδον εἰδέναι φασκόντων, λέγεται νεα-
νίσκον τινά, τεθραμμένον μὲν ὑπὸ τοῦ Κικέρωνος
ἐν γράμμασιν ἐλευθερίοις καὶ μαθήμασιν, ἀπελεύθε-
ρον δὲ Κοΐντου τοῦ ἀδελφοῦ, Φιλόλογον τοὔνομα,
φράσαι τῷ χιλιάρχῳ τὸ φορεῖον κομιζόμενον διὰ τῶν
καταφύτων καὶ συσκίων περιπάτων ἐπὶ τὴν θάλασσαν.
3 Ὁ μὲν οὖν χιλίαρχος ὀλίγους ἀναλαβὼν μεθ' ἑαυτοῦ περιέθει πρὸς τὴν ἔξοδον, τοῦ δ' Ἑρεννίου δρόμῳ

47. 8 ⁴ κατασχόντες N : καθίσαντες ‖ 9 ⁵ καταβὰς : καταπτὰς
Wytt. ‖ 48. 1 ² Ποπίλλιος Xyl. : πίλλιος vel πίλιος codd. ‖ 2 ⁶ Φιλόλογον : *Philogonus* Cic. *Ad Quint.* 1, 3, 4 ‖ 3 ² περιέθει : -έθεε N.

pas de course. Cicéron l'entendit arriver et ordonna à ses
serviteurs de déposer là sa litière. 4 Lui-même, portant, d'un geste qui lui était familier, la main gauche à son
menton, regarda fixement les meurtriers. Il était couvert
de poussière, avait les cheveux en désordre et le visage
contracté par l'angoisse, en sorte que la plupart des
soldats se voilèrent les yeux tandis qu'Herennius l'égor-
geait[1]. 5 Il tendit le cou à l'assassin hors de la litière.
Il était âgé de soixante-quatre ans[2]. 6 Suivant l'ordre
d'Antoine, on lui coupa la tête et les mains[3], ces mains
avec lesquelles il avait écrit les *Philippiques*, car c'est
ainsi que Cicéron avait intitulé ses discours contre
Antoine, qui ont gardé jusqu'à maintenant le même
titre[4].

49. 1 Lorsque la tête et les mains de Cicéron furent
apportées à Rome, il se trouva qu'Antoine procédait
à des élections. Ayant appris que ces trophées étaient là,
et les ayant vus, il s'écria : « Les proscriptions ont maintenant atteint leur terme. » 2 Il ordonna de placer la
tête et les mains sur les Rostres au-dessus de la tribune.
Ce spectacle fit frissonner les Romains, qui croyaient
voir, non pas le visage de Cicéron, mais l'image de l'âme
d'Antoine*. Cependant il accomplit en cette occasion un
acte louable, un seul : il livra Philologus à Pomponia,
femme de Quintus. 3 Celle-ci, devenue maîtresse de
la personne de l'adolescent, lui infligea de terribles
châtiments et l'obligea notamment à se couper les
chairs morceau par morceau, à les faire rôtir, puis à les
manger. 4 C'est là ce que racontent quelques historiens, mais Tiron, l'affranchi de Cicéron lui-même, ne
mentionne même pas du tout la trahison de Philologus[5].

1. Selon d'autres sources, c'est Popillius, et non pas Herennius,
qui égorgea Cicéron.
2. Il était dans sa soixante-quatrième année, mais, lorsqu'il mourut
le 7 décembre 43 (cf. Tac., *Dial. de orat.*, 17), il s'en fallait de près d'un
mois pour qu'il eût soixante-quatre ans accomplis, puisqu'il était
né le 3 janvier (ci-dessus, 2, 1) de l'année 106.
3. La tête et la main droite, d'après *Ant.*, 20, 3, et Appien, *Civ.*, 4,
20.
4. Cf. ci-dessus, 24, 6.
5. Sur l'ouvrage de Tiron, voir ci-dessus la Notice, p. 57-61.

φερομένου διὰ τῶν περιπάτων ὁ Κικέρων ᾔσθετο,
καὶ τοὺς οἰκέτας ἐκέλευσεν ἐνταῦθα καταθέσθαι τὸ   e
φορεῖον. 4 Αὐτὸς δ' ὥσπερ εἰώθει τῇ ἀριστερᾷ
χειρὶ τῶν γενείων ἁπτόμενος, ἀτενὲς ἐνεώρα τοῖς
σφαγεῦσιν, αὐχμοῦ καὶ κόμης ἀνάπλεως καὶ συντετη-
κὼς ὑπὸ φροντίδων τὸ πρόσωπον, ὥστε τοὺς πλείστους
ἐγκαλύψασθαι τοῦ Ἑρεννίου σφάζοντος αὐτόν.
5 Ἐσφάγη δὲ τὸν τράχηλον ἐκ τοῦ φορείου προτεί-
νας, ἔτος ἐκεῖνο γεγονὼς ἐξηκοστὸν καὶ τέταρτον.
6 Τὴν δὲ κεφαλὴν ἀπέκοψαν αὐτοῦ καὶ τὰς χεῖρας,
Ἀντωνίου κελεύσαντος, αἷς τοὺς Φιλιππικοὺς ἔγραψεν. Οὕτως γὰρ ὁ Κικέρων τοὺς κατ' Ἀντωνίου λόγους ἐπέγραψε, καὶ μέχρι νῦν Φιλιππικοὶ καλοῦν-   f
ται.

49. 1 Τῶν δ' ἀκρωτηρίων εἰς Ῥώμην κομισθέντων,
ἔτυχε μὲν ἀρχαιρεσίας συντελῶν ὁ Ἀντώνιος, ἀκούσας δὲ καὶ ἰδὼν ἀνεβόησεν ὡς νῦν αἱ προγραφαὶ
τέλος ἔχοιεν. 2 Τὴν δὲ κεφαλὴν καὶ τὰς χεῖρας
ἐκέλευσεν ὑπὲρ τῶν ἐμβόλων ἐπὶ τοῦ βήματος θεῖναι,
θέαμα Ῥωμαίοις φρικτόν, οὐ τὸ Κικέρωνος ὁρᾶν
πρόσωπον οἰομένοις, ἀλλὰ τῆς Ἀντωνίου ψυχῆς
εἰκόνα. Πλὴν ἕν γέ τι φρονήσας μέτριον ἐν τούτοις
Πομπωνίᾳ τῇ Κοΐντου γυναικὶ τὸν Φιλόλογον παρέδω- 886
κεν. 3 Ἡ δὲ κυρία γενομένη τοῦ σώματος ἄλλαις
τε δειναῖς ἐχρήσατο τιμωρίαις, καὶ τὰς σάρκας ἀπο-
τέμνοντα τὰς αὐτοῦ κατὰ μικρὸν ὀπτᾶν, εἶτ' ἐσθίειν
ἠνάγκασεν. 4 Οὕτω γὰρ ἔνιοι τῶν συγγραφέων ἱστορή-
κασιν · ὁ δ' αὐτοῦ τοῦ Κικέρωνος ἀπελεύθερος Τίρων
τὸ παράπαν οὐδὲ μέμνηται τῆς Φιλολόγου προδοσίας.

48. 4 ² ἐνεώρα Sol. : ἑώρα ‖ 6 ¹ ἀπέκοψαν : -ψεν Y ‖ ³ Οὕτως
γὰρ : Αὐτός τε γὰρ Y ‖ ³⁻⁴ λόγους N : λόγους Φιλιππικοὺς ‖ ⁴ νῦν Herw. :
νῦν τὰ βιβλία codd. ‖ **49.** 1 ² συντελῶν : τελῶν Y ‖ 2 ⁶ Πομπωνίᾳ :
Πομπηίᾳ U ‖ 4 ³ τῆς N : τῆς τοῦ.

5 On m'a rapporté que longtemps après, César étant entré chez un de ses petits-fils, celui-ci, qui avait en main un livre de Cicéron, fut saisi de peur et le cacha sous son vêtement ; mais César avait vu le livre, il le prit et en lut debout un long passage, puis le rendit au jeune homme en disant : « C'était un homme éloquent, mon enfant, éloquent et patriote. »[1] 6 Dès qu'il eut définitivement vaincu Antoine[2], étant lui-même consul, il prit pour collègue le fils de Cicéron[3], et c'est pendant ce consulat que le Sénat fit enlever les statues d'Antoine, abolit tous ses autres honneurs et décréta en outre qu'aucun des *Antonii* ne pourrait porter le prénom de *Marcus*[4]. C'est ainsi que la divinité réserva à la descendance de Cicéron l'achèvement de la punition d'Antoine.

COMPARAISON DE DÉMOSTHÈNE ET DE CICÉRON

50 (1). 1 Voilà les faits dignes de mémoire, entre tous ceux que rapportent les historiens au sujet de Démosthène et de Cicéron, qui sont parvenus à ma connaissance. 2 J'ai renoncé à comparer leur style d'éloquence[5], mais il est une chose que je ne crois pas devoir taire, c'est que Démosthène consacra à l'art de la parole tous les dons oratoires qu'il tenait de la nature ou de l'exercice et qu'il surpassa par l'expressivité et la véhémence de ses discours tous ses émules dans les débats politiques et judiciaires, l'emportant en éclat et en magnificence sur les orateurs d'apparat, en précision et en habileté sur les rhéteurs, 3 tandis que Cicéron qui, en s'adonnant à l'étude des lettres, avait acquis une foule de connaissances très variées, a laissé un bon nombre de traités proprement philosophiques à la façon de l'Académie, et que, même dans ses discours écrits pour

1. Il s'agit évidemment d'une tradition orale (πυνθάνομαι) ; voir ci-dessus la Notice, p. 62.
2. A la bataille d'Actium, le 2 septembre 31 avant J.-C.
3. Le fils de Cicéron fut consul *suffectus* en l'année 30.
4. Cf. Dion Cassius, 51, 19, 1-5.
5. Voir ci-dessus, *Démosth.*, 3, 1-2.

5 Πυνθάνομαι δὲ Καίσαρα χρόνοις πολλοῖς ὕστερον εἰσελθεῖν πρὸς ἕνα τῶν θυγατριδῶν · τὸν δὲ
βιβλίον ἔχοντα Κικέρωνος ἐν ταῖς χερσὶν ἐκπλαγέντα
τῷ ἱματίῳ περικαλύπτειν · ἰδόντα δὲ τὸν Καίσαρα
λαβεῖν καὶ διελθεῖν ἑστῶτα μέρος πολὺ τοῦ βιβλίου,
πάλιν δ' ἀποδιδόντα τῷ μειρακίῳ φάναι « Λόγιος b
ἀνήρ, ὦ παῖ, λόγιος καὶ φιλόπατρις. » 6 Ἐπεὶ
μέντοι τάχιστα κατεπολέμησεν ὁ Καῖσαρ Ἀντώνιον,
ὑπατεύων αὐτὸς εἵλετο συνάρχοντα τοῦ Κικέρωνος
τὸν υἱόν, ἐφ' οὗ τάς τ' εἰκόνας ἡ βουλὴ ἀνεῖλεν
Ἀντωνίου καὶ τὰς ἄλλας ἁπάσας ἠκύρωσε τιμὰς
καὶ προσεψηφίσατο μηδενὶ τῶν Ἀντωνίων ὄνομα
Μᾶρκον εἶναι. Οὕτω τὸ δαιμόνιον εἰς τὸν Κικέρωνος
οἶκον ἐπανήνεγκε τὸ τέλος τῆς Ἀντωνίου κολάσεως.

ΔΗΜΟΣΘΕΝΟΥΣ ΚΑΙ ΚΙΚΕΡΩΝΟΣ ΣΥΓΚΡΙΣΙΣ

50 (1). 1 Ἃ μὲν οὖν ἄξια μνήμης τῶν περὶ
Δημοσθένους καὶ Κικέρωνος ἱστορουμένων εἰς τὴν c
ἡμετέραν ἀφῖκται γνῶσιν, ταῦτ' ἐστίν. 2 Ἀφεικὼς
δὲ τὸ συγκρίνειν τὴν ἐν τοῖς λόγοις ἕξιν αὐτῶν,
ἐκεῖνό μοι δοκῶ μὴ παρήσειν ἄρρητον, ὅτι Δημοσθένης
μὲν εἰς τὸ ῥητορικὸν ἐνέτεινε πᾶν ὅσον εἶχεν ἐκ
φύσεως ἢ ἀσκήσεως λόγιον, ὑπερβαλλόμενος ἐναρ-
γείᾳ μὲν καὶ δεινότητι τοὺς ἐπὶ τῶν ἀγώνων καὶ τῶν
δικῶν συνεξεταζομένους, ὄγκῳ δὲ καὶ μεγαλοπρεπείᾳ
τοὺς ἐπιδεικτικούς, ἀκριβείᾳ δὲ καὶ τέχνῃ τοὺς σο-
φιστάς · 3 Κικέρων δὲ καὶ πολυμαθὴς καὶ ποικίλος
τῇ περὶ τοὺς λόγους σπουδῇ γενόμενος, συντάξεις
μὲν ἰδίας φιλοσόφους ἀπολέλοιπεν οὐκ ὀλίγας εἰς d
τὸν Ἀκαδημαϊκὸν τρόπον, οὐ μὴν ἀλλὰ καὶ διὰ

---

49. 5 ⁴ τὸν om. Y ‖ ⁷ ἀνήρ Schaefer : ἀ- ‖ 6 ⁴ ἀνεῖλεν : καθεῖλεν
Sint. ‖ ⁵ ἁπάσας om. Y ‖ ⁸ ἐπανήνεγκε : ἐπενήνεγκε N ἐπήνεγκε U.

les procès et pour la tribune, on voit qu'il tient à étaler
à l'occasion une certaine connaissance des belles-lettres.
4 On peut aussi apercevoir dans leurs discours le caractère de chacun d'eux. Le style de Démosthène, éloigné
de tout enjolivement et de toute plaisanterie, concentré
en vue de la véhémence et de la gravité, ne sent pas la
mèche de lampe, comme le disait Pythéas en se moquant [1],
mais bien le buveur d'eau, les méditations et ce caractère
sombre et amer qu'on lui reconnaît. [2] Au contraire, Cicéron, doué pour la raillerie, se laisse aller fréquemment jusqu'à la bouffonnerie ; dans les procès, pour
arriver à ses fins, il arrive qu'il traite ironiquement, en
riant et badinant, des affaires dignes d'être prises au
sérieux, et qu'il s'écarte de la bienséance. Ainsi, dans
son plaidoyer pour Caelius, il dit : « Il n'est nullement
étonnant que cet homme, vivant dans le luxe et la pro-
digalité, s'abandonne aux plaisirs, car c'est folie de ne
pas profiter des biens dont il est permis de jouir, d'autant plus que les philosophes les plus illustres font consis-
ter le bonheur dans le plaisir. » [3] 5 On raconte encore
ceci : lorsque Caton poursuivit Murena, Cicéron, qui
était consul, le défendit, et, visant Caton, il prodigua les
railleries à l'école stoïcienne à propos de l'extravagance
de ces opinions que l'on appelle paradoxes [4] ; comme
les éclats de rire passaient de l'assistance jusqu'aux
juges, Caton, souriant sans s'émouvoir, dit à ses voisins :
« En vérité, citoyens, nous avons un consul bien plai-
sant ! » 6 Il semble que Cicéron était naturellement
porté au rire et enclin à la moquerie, et son visage offrait
un aspect souriant et serein. Celui de Démosthène en

---

1. Cf. ci-dessus, *Démosth*, 8, 4.

2. Plutarque pense au passage de la IIe *Philippique* de Démosthène,
qu'il va citer un peu plus bas : voir la note à 50 (1), 6.

3. Plutarque doit citer de mémoire, car, dans le *Pro M. Caelio*, 17,
41, Cicéron ne dit pas exactement cela.

4. On lit par exemple dans le *Pro Murena*, 61 : « Seul le sage,
fût-il le plus contrefait des hommes, est beau ; fût-il le dernier des
gueux, il est riche ; fût-il de condition servile, il est roi... Toutes les
fautes sont égales ; tout délit, un horrible forfait. Le crime est aussi
grand de tuer un coq sans nécessité que d'étrangler son père. » Cf.
Cato min., 21, 7-8.

τῶν πρὸς τὰς δίκας καὶ τοὺς ἀγῶνας γραφομένων
λόγων δῆλός ἐστιν ἐμπειρίαν τινὰ γραμμάτων παρενδείκνυσθαι βουλόμενος. 4 Ἔστι δέ τις καὶ τοῦ
ἤθους ἐν τοῖς λόγοις ἑκατέρου δίοψις. Ὁ μὲν γὰρ
Δημοσθένους ἔξω παντὸς ὡραϊσμοῦ καὶ παιδιᾶς
εἰς δεινότητα καὶ σπουδὴν συνηγμένος οὐκ ἐλλυχνίων
ὄδωδεν, ὥσπερ ὁ Πυθέας ἔσκωπτεν, ἀλλ' ὑδροποσίας
καὶ φροντίδων καὶ τῆς λεγομένης πικρίας τοῦ τρό-
που καὶ στυγνότητος, Κικέρων δὲ πολλαχοῦ τῷ
σκωπτικῷ πρὸς τὸ βωμολόχον ἐκφερόμενος καὶ
πράγματα σπουδῆς ἄξια γέλωτι καὶ παιδιᾷ κατειρω-   e
νευόμενος ἐν ταῖς δίκαις εἰς τὸ χρειῶδες ἠφείδει
τοῦ πρέποντος, ὥσπερ ἐν τῇ Καιλίου συνηγορίᾳ ·
« μηδὲν ἄτοπον ποιεῖν αὐτὸν ἐν τοσαύτῃ τρυφῇ καὶ
πολυτελείᾳ ταῖς ἡδοναῖς χρώμενον · τὸ γὰρ ὧν
ἔξεστι μὴ μετέχειν, μανικὸν εἶναι, καὶ ταῦτ' ἐν ἡδονῇ
τὸ εὐδαιμονοῦν τῶν ἐπιφανεστάτων φιλοσόφων τιθε-
μένων ». 5 Λέγεται δὲ καὶ Κάτωνος Μουρήναν
διώκοντος ὑπατεύων ἀπολογεῖσθαι καὶ πολλὰ διὰ
τὸν Κάτωνα κωμῳδεῖν τὴν Στωικὴν αἵρεσιν ἐπὶ ταῖς
ἀτοπίαις τῶν παραδόξων λεγομένων δογμάτων ·
γέλωτος δὲ λαμπροῦ κατιόντος ἐκ τῶν περιεστώτων
εἰς τοὺς δικαστάς, ἡσυχῆ διαμειδιάσας ⟨ὁ Κάτων⟩   f
πρὸς τοὺς παρακαθημένους εἰπεῖν · « Ὡς γελοῖον,
ὦ ἄνδρες, ἔχομεν ὕπατον. » 6 Δοκεῖ δὲ καὶ γέλωτος
οἰκεῖος ὁ Κικέρων γεγονέναι καὶ φιλοσκώπτης, τό
τε πρόσωπον αὐτοῦ μειδίαμα καὶ γαλήνην παρεῖχε ·
τῷ δὲ Δημοσθένους ἀεί τις ἐπῆν σπουδή, καὶ τὸ

50 (1). 3 [6-7] παρενδείκνυσθαι : παρεπιδ- Y ‖ 4 [3] Δημοσθένους
Zie. : Δημοσθένης Ν -θενικὸς Y ‖ [11] Καιλίου Wytt. : Κεκιλίου libri ‖
[12] τρυφῇ : τροφῇ Ν ‖ [15] εὐδαιμονοῦν Ν : εὔδαιμον ‖ τῶν ἐπιφανεστάτων Y : ἐμφανέστατα τῶν ‖ 5 [6] εἰς Ν : πρὸς ‖ ὁ Κάτων add. Sol. ‖
6 [3] γαλήνην παρεῖχε (εἶχε Ν) : γαλήνη κατεῖχε Zie.

revanche exprimait toujours la gravité, et ne quittait
pas facilement son air pensif et réfléchi ; de là vient que
ses ennemis, comme il le dit lui-même[1], le déclaraient
ouvertement acariâtre et morose.

51 (2). 1 On peut voir encore dans leurs ouvrages
que l'un n'entamait son propre éloge qu'avec mesure
et sans que l'on pût s'en choquer, lorsqu'il lui fallait le
faire en vue d'une fin supérieure ; il était partout ailleurs
modeste et réservé ; au contraire, Cicéron parlait de
lui-même avec une intempérance qui décelait un amour
sans borne de la gloire, lui qui s'écriait : « Les armes
doivent céder à la toge, et le laurier triomphal à l'éloquence. »[2] 2 Finalement, ce n'étaient plus seulement
ses travaux et ses actes qu'il vantait, mais encore les
discours qu'il avait prononcés ou écrits. On aurait dit un
adolescent qui veut rivaliser avec les rhéteurs Isocrate
et Anaximène[3], et non pas un homme qui prétendait
conduire et relever le peuple romain,

  « Ce guerrier écrasant et pesamment armé, terrible
aux ennemis. »*
3 Sans doute est-il nécessaire que l'éloquence apporte
de la force à l'homme d'État, mais il est indigne de lui
de rechercher et de convoiter ardemment la renommée
que procure la parole. Aussi Démosthène, à ce point de
vue, le dépasse-t-il en gravité et en grandeur quand il
déclare que son talent oratoire lui vient de l'expérience
et exige des auditeurs beaucoup de bienveillance*, et
quand il considère comme bas et vulgaires (ce qu'ils
sont en effet) ceux que leur éloquence enfle d'orgueil.

52 (3). 1 Ils eurent tous deux un talent égal pour
les harangues et pour la politique, au point que ceux-là
mêmes qui disposaient des armes et des camps avaient

---

1. Démosthène, IIe *Phil.*, 30 : … λέγοντας ὡς ἐγὼ μὲν ὕδωρ πίνων
εἰκότως δύστροπος καὶ δύσκολός εἰμί τις ἄνθρωπος.
2. *Cedant arma togae ; concedat laurea linguae,* vers célèbre de Cicéron, mais qui se terminait en réalité, non par *linguae*, mais par
laudi : cf. Cic., *In L. Pisonem,* 72, 75 ; Quint., 9, 4, 41 et 11, 1, 24.
3. Sur Anaximène de Lampsaque, voir ci-dessus la note à *Démosth.*,
28, 3.

φροντιστικὸν τοῦτο καὶ σύννουν οὐ ῥᾳδίως ἀπέλειπεν · ὅθεν καὶ δύσκολον αὐτὸν οἱ ἐχθροὶ καὶ δύστρο-
πον, ὡς αὐτὸς εἴρηκεν, ἀπεκάλουν προδήλως.

51 (2). 1 Ἔτι τοίνυν ἐν τοῖς συγγράμμασι κατι- 887
δεῖν ἔστι τὸν μὲν ἐμμελῶς καὶ ἀνεπαχθῶς τῶν εἰς
ἑαυτὸν ἁπτόμενον ἐγκωμίων, ὅτε τούτου δεῆσαι
πρὸς ἕτερόν τι μεῖζον, τἆλλα δ' εὐλαβῆ καὶ μέτριον ·
ἡ δὲ Κικέρωνος ἐν τοῖς λόγοις ἀμετρία τῆς περιαυτο-
λογίας ἀκρασίαν τινὰ κατηγόρει πρὸς δόξαν, βοῶντος
ὡς τὰ ὅπλα δεῖ τῇ τηβέννῳ καὶ τῇ γλώττῃ τὴν θριαμ-
βικὴν ὑπείκειν δάφνην. 2 Τελευτῶν δ' οὐ τὰ ἔργα
καὶ τὰς πράξεις μόνον, ἀλλὰ καὶ τοὺς λόγους ἐπήνει
τοὺς εἰρημένους ὑφ' αὑτοῦ καὶ γεγραμμένους, ὥσπερ
Ἰσοκράτει καὶ Ἀναξιμένει τοῖς σοφισταῖς διαμειρακιευόμενος, οὐ τὸν Ῥωμαίων δῆμον ἄγειν ἀξιῶν   b
καὶ ὀρθοῦν,

βριθύν, ὁπλιτοπάλαν, δάιον ἀντιπάλοις.

3 Ἰσχύειν μὲν γὰρ διὰ λόγου τὸν πολιτευόμενον
ἀναγκαῖον, ἀγαπᾶν δ' ἀγεννὲς καὶ λιχνεύειν τὴν
ἀπὸ τοῦ λόγου δόξαν. Ὅθεν ἐμβριθέστερος ταύτῃ
καὶ μεγαλοπρεπέστερος ὁ Δημοσθένης, τὴν μὲν
αὑτοῦ δύναμιν ἐμπειρίαν τινὰ πολλῆς δεομένην
τῆς παρὰ τῶν ἀκροωμένων εὐνοίας ἀποφαινόμενος,
ἀνελευθέρους δὲ καὶ βαναύσους (ὥσπερ εἰσί), τοὺς ἐπὶ
τούτῳ φυσωμένους ἡγούμενος.

52 (3). 1 Ἡ μὲν οὖν ἐν τῷ δημηγορεῖν καὶ
πολιτεύεσθαι δύναμις ὁμαλῶς ἀμφοτέροις ὑπῆρξεν,
ὥστε καὶ τοὺς τῶν ὅπλων καὶ στρατοπέδων κυρίους   c

---

50 (1). 6 ⁵ φροντιστικὸν N : πεφροντικὸς ‖ ⁵⁻⁶ ἀπέλειπεν Cor. :
-λιπ- ‖ ⁷ εἴρηκεν N : φησιν ‖ προδήλως om. Y ‖ 51 (2). 1 ⁴ δ' Υ : δὲ καὶ ‖
⁷ δεῖ : ἔδει Υ ‖ 2 ⁴ Ἰσοκράτει καὶ Ἀναξιμένει : Ἀναξιμένει καὶ
Σωκράτει N ‖ ⁴⁻⁵ διαμειρακιευόμενος Bekker : -κευό- ‖ 52 (3). 1 ³ καὶ
post ὅπλων : καὶ τοὺς τῶν N.

besoin d'eux : Charès, Diopeithès et Léosthénès eurent
besoin de Démosthène*, Pompée et le jeune César, de
Cicéron, comme César lui-même le dit dans ses Mémoires
dédiés à Agrippa et à Mécène[1].   2 Mais ce qui, comme
on le croit et comme on le dit, est le plus propre à faire
connaître et à éprouver le caractère d'un homme, à
savoir l'exercice du pouvoir et de l'autorité, qui met en
branle toutes les passions et découvre tous les défauts*,
cela a manqué à Démosthène : il ne put donner sa mesure
à cet égard, n'ayant exercé aucune charge importante,
lui qui ne commanda même pas l'armée rassemblée
par lui contre Philippe.   3 Au contraire, Cicéron fut
envoyé comme questeur en Sicile et comme proconsul
en Cilicie et en Cappadoce[2]; dans un temps où l'amour
des richesses connaissait un paroxysme, où ceux que l'on
envoyait comme préteurs et gouverneurs, jugeant le vol
mesquin, s'adonnaient au pillage, où le fait de prendre ne
paraissait pas grave, et où l'on appréciait ceux qui ne le
faisaient qu'avec modération, Cicéron donna maintes
preuves de son mépris de l'argent, maintes preuves aussi
de son humanité et de sa bonté.   4 A Rome même
où, sous le titre de consul, il fut investi d'un pouvoir
autocratique et dictatorial contre Catilina et ses complices, il rendit témoignage à la prophétie de Platon
disant : « Les États ne verront la fin de leurs maux que
lorsque la puissance souveraine et la sagesse accom-
pagnée de la justice se rencontreront ensemble par une
heureuse chance. »*   5 On reproche à Démosthène
d'avoir trafiqué de son éloquence en écrivant secrètement
des plaidoyers pour Phormion et pour Apollodore, les
deux parties adverses d'un procès*; il fut aussi accusé
d'avoir reçu de l'argent du grand roi, et condamné pour
en avoir reçu d'Harpale.   6 Même si nous disions que
ceux qui écrivent cela (et ils ne sont pas peu nombreux)

1. Cf. Suétone, *Aug.*, 85 : « Auguste écrivit en prose plusieurs ouvrages..., notamment des Mémoires sur sa vie (*De vita sua*), qu'il
rédigea en treize livres jusqu'à la guerre des Cantabres » (c'est-à-dire
jusqu'à l'an 25 avant J.-C.).
2. Voir ci-dessus, 36, 1 : Cicéron, proconsul de Cilicie, eut mission « d'assurer au roi Ariobarzane l'obéissance de la Cappadoce ».

δεῖσθαι, Δημοσθένους μὲν Χάρητα καὶ Διοπείθη
καὶ Λεωσθένην, Κικέρωνος δὲ Πομπήιον καὶ Καίσαρα τὸν νέον, ὡς αὐτὸς ὁ Καῖσαρ ἐν τοῖς πρὸς
᾿Αγρίππαν καὶ Μαικήναν ῾Υπομνήμασιν εἴρηκεν. 2 ῝Ο δὲ δοκεῖ μάλιστα καὶ λέγεται τρόπον
ἀνδρὸς ἐπιδεικνύναι καὶ βασανίζειν, ἐξουσία καὶ
ἀρχὴ πᾶν πάθος κινοῦσα καὶ πᾶσαν ἀποκαλύπτουσα
κακίαν, Δημοσθένει μὲν οὐχ ὑπῆρξεν, οὐδ᾿ ἔδωκε
τοιαύτην διάπειραν αὑτοῦ, μηδεμίαν ἀρχὴν τῶν ἐπιφανῶν ἄρξας, ὃς οὐδὲ τῆς ὑφ᾿ αὑτοῦ συντεταγμένης
ἐπὶ Φίλιππον ἐστρατήγησε δυνάμεως· 3 Κικέρων   d
δὲ ταμίας εἰς Σικελίαν καὶ ἀνθύπατος εἰς Κιλικίαν
καὶ Καππαδοκίαν ἀποσταλείς, ἐν ᾧ καιρῷ τῆς φιλο-
πλουτίας ἀκμαζούσης καὶ τῶν πεμπομένων στρατηγῶν
καὶ ἡγεμόνων, ὡς τοῦ κλέπτειν ἀγεννοῦς ὄντος,
ἐπὶ τὸ ἁρπάζειν τρεπομένων, οὐ τὸ λαμβάνειν ἐδόκει
δεινόν, ἀλλ᾿ ὁ μετρίως τοῦτο ποιῶν ἠγαπᾶτο, πολλὴν
μὲν ἐπίδειξιν ὑπεροψίας χρημάτων ἐποιήσατο, πολλὴν
δὲ φιλανθρωπίας καὶ χρηστότητος. 4 ᾿Εν αὐτῇ δὲ
τῇ ῾Ρώμῃ λόγῳ μὲν ἀποδειχθεὶς ὕπατος, ἐξουσίαν
δὲ λαβὼν αὐτοκράτορος καὶ δικτάτορος ἐπὶ τοὺς
περὶ Κατιλίναν, ἐμαρτύρησε τῷ Πλάτωνι μαντευο-
μένῳ παῦλαν ἕξειν κακῶν τὰς πόλεις, ὅταν εἰς ταὐτὸ   e
δύναμίς τε μεγάλη καὶ φρόνησις ἔκ τινος τύχης
χρηστῆς ἀπαντήσῃ μετὰ δικαιοσύνης. 5 Χρημα-
τίσασθαι τοίνυν ἀπὸ τοῦ λόγου Δημοσθένης μὲν
ἐπιψόγως λέγεται, λογογραφῶν κρύφα τοῖς περὶ
Φορμίωνα καὶ ᾿Απολλόδωρον ἀντιδίκοις, καὶ δια-
βληθεὶς μὲν ἐπὶ τοῖς βασιλικοῖς χρήμασιν, ὀφλὼν
δὲ τῶν ῾Αρπαλείων. 6 Εἰ δὲ ταῦτα τοὺς γράφοντας
(οὐκ ὀλίγοι δ᾿ εἰσί) ψεύδεσθαι φαίημεν, ἀλλ᾿ ὅτι

52 (8). 3 ² ταμίας : ταμιεύσας μὲν Ν ‖ 4 ⁴ τῷ : ἅμα τῷ Υ ‖
6 ² εἰσί Ν : εἰσὶν οὗτοι.

mentent, il reste en tout cas impossible de nier que Démosthène n'aurait pas su résister à l'attrait des présents que des rois lui offraient pour lui plaire et l'honorer (ce dédain n'étant pas le propre d'un homme qui faisait des prêts à la grosse aventure[1]). 7 Mais Cicéron, lui, nous l'avons dit, lorsque les Siciliens, pendant son édilité, le roi de Cappadoce, pendant son proconsulat, et enfin ses amis de Rome, lorsqu'il fut banni de la ville, lui offrirent des dons considérables en le priant de les accepter, opposa à tous un refus[2].

53 (4). 1 En outre, l'exil de l'un fut honteux, puisqu'il suivit une condamnation pour vol, tandis que l'exil de l'autre lui fit grand honneur, la cause en étant qu'il avait débarrassé de scélérats sa patrie. 2 Aussi le départ de l'un resta-t-il sans conséquence, tandis que pour le second le Sénat changea d'habit, prit le deuil et ne consentit à émettre d'avis sur rien avant d'avoir voté son rappel. Il est vrai que Cicéron passa tout le temps de son exil dans l'inaction en Macédoine, alors que, pour Démosthène, l'exil même constitua une partie importante de sa carrière politique, 3 puisque, comme je l'ai dit, il parcourut les villes, luttant aux côtés des Grecs et chassant les ambassadeurs macédoniens : en cela il se montra bien meilleur citoyen que Thémistocle et Alcibiade dans les mêmes circonstances ; de plus, revenu dans sa patrie, il continua de mener cette même politique et ne cessa pas de combattre Antipatros et les Macédoniens. 4 Cicéron, lui, s'entendit reprocher en plein Sénat par Laelius[3] d'être resté assis en silence lorsque le jeune César, encore imberbe, briguait illégalement le consulat, et Brutus aussi, dans une de ses lettres, l'accuse d'avoir favorisé la croissance d'une tyrannie plus grande et plus lourde que celle que lui-même avait détruite[4].

1. Δανείζειν ἐπὶ ναυτικοῖς : prêter sur des navires de commerce qui servaient de gage à la créance, c'était se livrer à une spéculation qui rapportait de gros intérêts.

2. Au sujet des présents refusés par Cicéron lorsqu'il était édile, voir ci-dessus, 8, 2 — et lorsqu'il était proconsul, 36, 3.

3. D. Laelius avait été tribun de la plèbe en 54, et lieutenant de Pompée en 49 : cf. Broughton, *The magistr.*, 2, p. 223, 265, 270.

4. Voir, dans la correspondance de Cicéron, *Ad Brut.*, 1, 16 et 17.

γε πρὸς δωρεὰς βασιλέων σὺν χάριτι καὶ τιμῇ διδο-
μένας ἀντιβλέψαι Δημοσθένης οὐκ ἂν ἐτόλμησεν
(οὐδ' ἦν τοῦτ' ἔργον ἀνθρώπου δανείζοντος ἐπὶ ναυ- f
τικοῖς) ἀμήχανον ἀντειπεῖν · 7 περὶ δὲ Κικέρωνος,
ὅτι καὶ Σικελιωτῶν ἀγορανομοῦντι καὶ βασιλέως
τοῦ Καππαδοκῶν ἀνθυπατεύοντι καὶ τῶν ἐν Ῥώμῃ
φίλων, ὅτε τῆς πόλεως ἐξέπιπτε, δωρουμένων πολλὰ
καὶ δεομένων λαβεῖν ἀντέσχεν, εἴρηται.

53 (4). 1 Καὶ μὴν ἥ γε φυγὴ τῷ μὲν αἰσχρὰ
κλοπῆς ἁλόντι συνέπεσε, τῷ δὲ διὰ κάλλιστον ἔργον,
ἀνθρώπους ἀλιτηρίους τῆς πατρίδος ἐκκόψαντι. 888
2 Διὸ τοῦ μὲν οὐδεὶς λόγος ἐκπίπτοντος, ἐφ' ᾧ
δ' ἡ σύγκλητος ἐσθῆτά τε διήλλαξε καὶ πένθος
ἔσχε καὶ γνώμην ὑπὲρ οὐδενὸς εἰπεῖν ἐπείσθη πρότερον ἢ Κικέρωνι κάθοδον ψηφίσασθαι. Τὴν μέντοι
φυγὴν ἀργῶς ὁ Κικέρων διήνεγκεν ἐν Μακεδονίᾳ
καθήμενος, τῷ δὲ Δημοσθένει καὶ ἡ φυγὴ μέρος
μέγα τῆς πολιτείας γέγονε. 3 Συναγωνιζόμενος
γάρ, ὡς εἴρηται, τοῖς Ἕλλησι καὶ τοὺς Μακεδόνων
πρέσβεις ἐξελαύνων ἐπήρχετο τὰς πόλεις, πολὺ
βελτίων Θεμιστοκλέους καὶ Ἀλκιβιάδου παρὰ τὰς
αὐτὰς τύχας διαφανεὶς πολίτης · καὶ μέντοι καὶ κατ-
ελθὼν αὖθις αὐτὸν ἐπέδωκεν εἰς τὴν αὐτὴν ταύτην b
πολιτείαν καὶ διετέλει πολεμῶν πρὸς Ἀντίπατρον
καὶ Μακεδόνας. 4 Κικέρωνα δ' ὠνείδισεν ἐν τῇ
βουλῇ Λαίλιος, αἰτουμένου Καίσαρος ὑπατείαν
μετιέναι παρὰ νόμον οὔπω γενειῶντος, σιωπῇ καθήμενον. Ἔγραφε δὲ καὶ Βροῦτος ἐγκαλῶν ὡς μείζονα
καὶ βαρυτέραν πεπαιδοτριβηκότι τυραννίδα τῆς ὑφ'
αὑτοῦ καταλυθείσης.

52 (3). 6 ⁵ τοῦτ' : τοῦτο τὸ Υ ‖ 53 (4). 1 ¹ γε : τε Ν ‖ αἰσχρὰ :
-ρᾶς Ν ‖ 3 ⁵ διαφανεὶς : φανεὶς Υ ‖ 4 ³ μετιέναι om. Ν, delebat
jam Wytt. ‖ ⁵ βαρυτέραν : βαθυ- Ν.

54 (5). 1 Tout compte fait, si l'on considère leur fin, on peut avoir pitié d'un vieillard sans énergie, qui se fait porter çà et là par ses domestiques, qui fuit devant la mort, cherche à se cacher de ceux qui la lui apportent en devançant de peu la nature, et finalement est égorgé ; 2 quant à Démosthène, bien qu'il se soit abaissé un peu au rôle de suppliant[1], admirable est la précaution qu'il avait prise de préparer et de conserver du poison, et admirable aussi l'usage qu'il en fit : le dieu ne lui assurant pas un asile inviolable, il se réfugia pour ainsi dire auprès d'un autel plus grand, et il disparut en s'échappant du milieu des armes et des gardes, narguant ainsi la cruauté d'Antipatros.

1. Suppliant de Poséidon au sanctuaire de Calaurie : *Démosth.*, 29, 1.

54 (5). 1 Ἐπὶ πᾶσι δὲ τῆς τελευτῆς τὸν μὲν
οἰκτίσαι τις ⟨ἄν⟩, ἄνδρα πρεσβύτην δι' ἀγένvειαν
ὑπ' οἰκετῶν ἄνω καὶ κάτω περιφερόμενον καὶ φεύ-
γοντα τὸν θάνατον καὶ ἀποκρυπτόμενον τοὺς οὐ
πολὺ πρὸ τῆς φύσεως ἥκοντας ἐπ' αὐτόν, εἶτ' ἀποσφα-
γέντα · 2 τοῦ δ', εἰ καὶ μικρὰ πρὸς τὴν ἱκεσίαν   c
ἐνέδωκεν, ἀγαστὴ μὲν ἡ παρασκευὴ τοῦ φαρμάκου
καὶ τήρησις, ἀγαστὴ δ' ἡ χρῆσις, ὅτι τοῦ θεοῦ μὴ
παρέχοντος αὐτῷ τὴν ἀσυλίαν, ὥσπερ ἐπὶ μείζονα
βωμὸν καταφυγών, ἐκ τῶν ὅπλων καὶ τῶν δορυφόρων
λαβὼν ἑαυτὸν ᾤχετο, τῆς Ἀντιπάτρου καταγελάσας
ὠμότητος.

54 (5). 1 ² οἰκτίσαι : οἰκτείραι Υ ‖ ἄν add. Sint. ‖ ἀγένvειαν corr.
ant. : εὐγένειαν ‖ 2 ¹ ἱκεσίαν : ἱκετείαν Υ ‖ ⁴ παρέχοντος : παρασχόν-
τος Υ.

NOTES COMPLÉMENTAIRES

Page 16 :   *Démosth.*, 1, 1

Sur la triple victoire d'Alcibiade à la course des chars d'Olympie en 416 avant J.-C., voir Thuc., 6, 16, 2 ; Isocr., *Sur l'attelage*, 34 ; Plut., *Alc.*, 11, 1-3. A cet endroit, Plutarque cite plusieurs vers de l'ᾆσμα d'Euripide consacré à cette victoire : Σὲ δ' ἀείσομαι, ὦ Κλεινίου παῖ, κ. τ. λ., et il n'émet là aucun doute sur l'attribution à Euripide de ce poème, qui est certainement identique à l'ἐγκώμιον ici mentionné.

Page 16 :   *Démosth.*, 1, 2

Les îles de Céos et d'Égine sont voisines de l'Attique. Ioulis fut la patrie de deux poètes lyriques, le grand Simonide et son neveu Bacchylide. Sur le mot de Périclès relatif à Égine, cf. *Pér.*, 8, 7 ; *Praec. ger. reipubl.*, 803 A ; Aristote, *Rhét.*, 3, 10 (1411 a 14), etc... Les parents d'Aristophane étaient au nombre des clérouques qui s'établirent à Égine vers 430 (voir *Acharn.*, v. 653-655 et la scholie), et le grand acteur Pôlos était originaire d'Égine : voir ci-dessous, 28, 3, et la note à cet endroit.

Page 16 :   *Démosth.*, 1, 4

Chéronée, en Béotie.

Page 17 :   *Démosth.*, 2, 1

La « ville célèbre », pour Plutarque, c'est Rome, comme le montre la suite, mais aussi Athènes : voir à ce propos *De E delph.*, 384 E (cf. ci-dessus, Notice, p. 11).

Page 17 :   *Démosth.*, 2, 2

A Rome, où il fit plusieurs séjours sous les règnes de Vespasien (69-79) et de Domitien (81-96), Plutarque s'acquitta donc de certaines missions officielles dont Chéronée et sans doute d'autres cités grecques l'avaient chargé auprès des autorités romaines, mais son temps était surtout pris par les cours de philosophie qu'il donnait en langue grecque ; c'est probablement vers l'âge de quarante-cinq ans (il était né autour de l'année 46) qu'il revint se fixer à Chéronée, d'où il ne s'éloigna plus que pour de courts déplacements en Grèce, surtout à Delphes : voir, dans le premier volume de la présente édition des *Vies*, l'Introduction, p. XII-XIV.

Page 18 :   *Démosth.*, 3, 2

Ion de Chios, poète lyrique et tragique, et aussi prosateur du Vᵉ siècle avant J.-C. ; il vint jeune à Athènes, où il fut l'ami de Cimon.

Page 18 :   *Démosth.*, 3, 2

Caecilius de Caléactè (Καλὴ ἀκτή, en Sicile), qui s'appela d'abord Archagathos, vint à Rome où il fut l'ami de Denys d'Halicarnasse et y professa la rhétorique grecque sous Auguste. Il est cité plusieurs fois dans les *Vitae decem oratorum*, traité qui nous est parvenu dans la collection des *Moralia*, mais qui n'est pas de Plutarque. Caecilius avait beaucoup écrit, notamment donc une Σύγκρισις τοῦ Δημοσθένους λόγου καὶ Κικέρωνος : voir M. Croiset, *Hist. Litt. Gr.*, 5, 374-378.

Page 18 :   *Démosth.*, 4, 1

Sur l'historien Théopompe de Chios, voir ci-dessus la Notice, p. 8.

Page 19 :   *Démosth.*, 4, 1

Cf. Dém., *Contre Aphobos*, I, 9 : « Mon père a laissé deux ateliers, qui n'étaient pas de la petite industrie : l'un était de trente μαχαιροποιοί, dont deux ou trois valaient chacun 5 ou 6 mines, et les autres pas moins de 3, et il rapportait annuellement 30 mines net ; l'autre, de vingt κλινοποιοί (fabricants de lits)..., qui rapportait 12 mines net. » Plutarque ne mentionne que l'atelier le plus important.

Page 19 :   *Démosth.*, 4, 2

Plutarque renvoie à Eschine, *Contre Ctés.*, 171-172, d'après qui Gylon, du dème du Céramique, avait livré aux ennemis Nymphée, forteresse du Pont alors occupée par Athènes, et fut pour cette raison condamné à mort ; il échappa à cette condamnation par l'exil et séjourna au royaume du Bosphore, où il épousa une femme riche, mais barbare, d'origine scythe. — Démosthène lui-même, *Contre Aph.*, II, 3, confirme que sa mère était fille de Gylon, et nous savons qu'elle s'appelait Cléoboulè (*Vitae decem orat.*, 844 A). Quant au reste, il est fort possible que la mère de Cléoboulè ait été fille, non pas d'un Scythe, mais d'un Grec établi au Bosphore.

Page 19 :   *Démosth.*, 4, 4

Cf. *Luc.*, 1, 5 : τὴν ἐμμελῆ ταύτην καὶ λεγομένην ἐλευθέριον... παιδείαν. — Au contraire, Démosthène lui-même, *Cour.*, 257, affirme qu'étant enfant il a fréquenté les écoles appropriées (τὰ προσήκοντα διδασκαλεῖα).

Page 19 :   *Démosth.*, 4, 4

Ces πόνοι doivent être les exercices de la palestre et de la chasse : voir les allusions ironiques d'Eschine, *Contre Ctés.*, 255.

Page 19 :   *Démosth.*, 4, 6

Antiphanès est un célèbre poète de la « comédie moyenne » ; il n'était pas Athénien et vécut de 404 à 330.

Page 19 :   *Démosth.*, 4, 7

Batalos ou Battalos est un surnom bien attesté de Démosthène : voir Dém., *Cour.*, 180 ; Eschine, *Contre Tim.*, 126, 131, 164, et *Amb.*, 99. Cf. P. Chantraine, *Dict. étym.*, *s. v.* βάταλος : avec un seul *lambda*, le mot est cité par Harpocration au sens de πρωκτός, et Hésychius le glose : καταπύγων καὶ ἀνδρόγυνος, κίναιδος, ἔκλυτος ; avec deux *lambda*, le mot « n'a rien d'infâmant et se rapporte à βατταρίζω, « bafouiller » avec confusion plaisante et naturelle de λ et ρ ; cette confusion pouvait même évoquer une faute de Démosthène disant βατταλίζειν pour βατταρίζειν. »

Page 20 :   *Démosth.*, 4, 8

Pénibles : ἀργαλέων, ce qui fait jeu de mots avec Ἀργᾶς. Ce sobriquet de Démosthène est attesté par Eschine, *Amb.*, 99 : « Devenu jeune homme, il fut surnommé Argas après qu'il eut intenté à chacun de ses tuteurs des procès de dix talents. » Les lexicographes (Souda, Harpocration) disent en effet que le mot ἀργᾶς en dialecte dorien désigne le serpent.

Page 20 :   *Démosth.*, 5, 1

Sur ce procès, qui eut lieu en 366 (Démosthène avait alors dix-sept ans), voir G. Glotz, *Hist. Gr.*, 3, 163 sq. La politique de Callistratos, du dème d'Aphidna, qui était depuis dix ans le plus écouté des conseillers du peuple athénien, venait de subir un échec à Oropos, ville voisine de la frontière béotienne. Callistratos et Chabrias avec lui furent cités en justice « pour avoir livré Oropos aux Thébains », accusation manifestement excessive et injuste.

Page 21 :   *Démosth.*, 5, 7

Sur le rhéteur Alcidamas, disciple de Gorgias et rival d'Isocrate, voir A. Croiset, *Hist. Litt. Gr.*, 4, 506.

Page 21 :   *Démosth.*, 6, 1

C'est-à-dire vingt ans. En effet le jeune Athénien était majeur à dix-huit ans, mais, pendant les deux années de ce qui sera l'éphébie, il ne pouvait ester en justice ni comme défendeur ni comme demandeur (Arist., *Const. d'Ath.*, 42, 5). C'est donc probablement en 364-363 que commença la procédure : voir L. Gernet, éditeur des *Plaidoyers civils* de Démosthène dans la C. U. F., 1, p. 24-25.

Page 21 :   *Démosth.*, 6, 1

Cinq plaidoiries nous sont conservées : trois contre Aphobos, et deux contre Onétor, beau-frère d'Aphobos.

Page 21 :   *Démosth.*, 6, 1

C'est ainsi par exemple qu'Aphobos intenta une action en faux témoignage contre Phanos, que Démosthène avait cité comme témoin ; à cette action répond le troisième discours contre Aphobos.

Page 21 :   *Démosth.*, 6, 1

Citation libre, et faite de mémoire, de Thucydide, 1, 18, 3. Plutarque cite le même passage *De prof. in virt.*, 79 F.

Page 21 :   *Démosth.*, 6, 2

Ce Laomédon d'Orchomène (de Béotie ou d'Arcadie?) est inconnu
par ailleurs, mais Élien, *Var. Hist.*, 4, 15, raconte l'histoire analogue d'un certain Straton, qui devint Olympionique grâce aux exercices entrepris pour guérir une affection de la rate.

Page 22 :   *Démosth.*, 7, 1

Sur l'acteur comique Satyros, peut-être originaire d'Olynthe,
mentionné *I. G.*, II², 2325, fr. i, voir Dém., *Amb.*, 192-195. Dans une
autre version de la même anecdote, *Vitae decem orat.*, 845 A-B,
Satyros est remplacé par l'acteur tragique Andronicos.

Page 23 :   *Démosth.*, 8, 5

Allusion à la vie dissolue de Pythéas. Cet orateur athénien, du
parti opposé à celui de Démosthène, sera nommé plusieurs fois dans
ce qui suit, en 20, 2 ; 27, 2-5. Voir aussi *Phoc.*, 21, 2, où il est dépeint
comme λάλος καὶ θρασύς.

Page 24 :   *Démosth.*, 9, 1

Eschine, *Contre Ctés.*, 152 : πρὸς δὲ τὴν ἐν λόγοις τόλμαν θαυμα-
σιώτατε...

Page 24 :   *Démosth.*, 9, 1

Dém., *Cour.*, 136 : ... τότε ἐγὼ μὲν τῷ Πύθωνι θρασυνομένῳ καὶ
πολλῷ ῥέοντι καθ' ὑμῶν οὐχ ὑπεχώρησα, ἀλλ' ἀναστὰς ἀντεῖπον.
C'est en 343 que Python de Byzance vint, au nom de Philippe, proposer à Athènes la révision du traité de Philocratès, conclu en 346.

Page 24 :   *Démosth.*, 9, 1

Cf. *Vitae decem orat.*, 845 C ; Hypéride, *Contre Dém.*, 18 ; Dinarque,
Contre Dém., 81-82 ; Diodore, 18, 8 : Démosthène fut envoyé à Olympie comme « archithéore », en juillet 324, lors de la panégyrie où
Nicanor de Stagire proclama le décret d'Alexandre relatif au retour
des bannis dans leurs cités d'origine.

Page 25 :   *Démosth.* 9, 5

Cf. Diog. Laërce, 2, 10 (108), à propos du philosophe Eubou-
lidès de Milet, qu'un poète comique raillait ainsi : Ἐπῆλθ' ἔχων
Δημοσθένους τὴν ῥωποστωμυλήθραν, où ce dernier mot a été corrigé
à cause du texte de Plutarque en ῥωποπερπερήθραν.

Page 25 :   *Démosth.*, 9, 6

Cf. *Sur l'Halonnèse* (petite île au nord de Lemnos), discours
dont l'attribution à Démosthène est contestée, 5 : ὑμεῖς ἕξετε τὴν

νῆσον, ἄν τε λάβητε ἄν τ' ἀπολάβητε, — et Eschine, *Contre Ctés.*, 83 :
'Αλόννησον ἐδίδου (Φίλιππος) · ὁ δ' ἀπηγόρευε μὴ λαμβάνειν, εἰ
δίδωσιν, ἀλλὰ μὴ ἀποδίδωσι, περὶ συλλαβῶν διαφερόμενος (ces trois
derniers mots se retrouvent textuellement ici chez Plutarque). Voir enfin Athénée, 6, 223 e : « Démosthène conseilla aux Athéniens de ne pas
accepter de Philippe l'Halonnèse, s'il disait la donner, et non pas la
rendre, ce qu'Antiphanès a tourné en plaisanterie dans sa Νεοττίς de
la manière suivante :

> 'Ο δεσπότης δὲ πάντα τὰ παρὰ τοῦ πατρὸς
> ἀπέλαβεν (le reste comme dans la citation faite ici par
> Plutarque).

Page 25 :   *Démosth.*, 10, 2

Sur le philosophe stoïcien Ariston de Chios et sur Théophraste,
voir ci-dessus la Notice, p. 8-9.

Page 25 :   *Démosth.*, 10, 3

Polyeuctos, du dème de Sphettos, appartenait, comme Démosthène,
au parti anti-macédonien.

Page 26 :   *Démosth.*, 10, 3

δυνατώτατον est remplacé par δεινότατον en deux autres endroits
où Plutarque cite également ce jugement de Polyeuctos : *Phoc.*, 5, 5,
et *Praec. ger. reip.*, 803 E.

Page 26 :   *Démosth.*, 10, 4

Ce mot est cité aussi *Phoc.*, 5, 9, et *Praec. ger. reip.*, 803 E.

Page 26 :   *Démosth.*, 11, 1

Pour ce miroir, voir également *Vitae decem orat.*, 844 E.

Page 27 :   *Démosth.*, 11, 5

Dème et quartier d'Athènes.

Page 27 :   *Démosth.*, 11, 6

On sait que les voleurs perçaient souvent les murs des maisons,
de construction très légère, raison pour laquelle ils étaient appelés
τοιχωρύχοι.

Page 27 :   *Démosth.*, 12, 1

Cf. Dém., *Cour.*, 18 : « Quant la guerre de Phocide eut éclaté (non
pas par mon fait, car, à ce moment-là, je ne faisais pas encore de
politique)... » Cette guerre de Phocide, qui dura dix ans (356-346),
est appelée aussi « troisième guerre sacrée » parce que les Phocidiens
pillèrent le sanctuaire d'Apollon à Delphes et se heurtèrent ainsi à
l'Amphictyonie pylaeo-delphique.

Page 27 :   *Démosth.*, 12, 2

Si on laisse de côté les discours *Sur les symmories* (354) et *Pour les*

Mégalopolitains (353), la plus ancienne de ces harangues, la première *Philippique*, fut prononcée en 351, puis viennent les trois *Olynthiennes* (349) et le discours *Sur la paix* (346). Les 2ᵉ, 3ᵉ et 4ᵉ *Philippiques* s'échelonnent de 344 à 341 ; elles sont donc postérieures à la défaite des Phocidiens et à la paix de Philocratès.

Page 28 : *Démosth.*, 12, 3

Cf. Dém., *Contre Midias*, 154 : δύο καὶ τριάκοντα ἔτη γέγονα. Démosthène, qui, étant chorège, fut giflé par Midias en plein théâtre en 349-348, serait donc né en 381-380, ce qui est d'ailleurs la date donnée par Denys d'Halicarnasse. Cependant la majorité des témoignages le font naître en 384-383, ce qui lui donnerait 35 ans au moment de la *Midienne*.

Page 28 : *Démosth.*, 12, 6

On sait en effet que, si Démosthène écrivit et publia la *Midienne*, le procès n'eut pas lieu, l'orateur ayant accepté au dernier moment une compensation pécuniaire. Cf. Eschine, *Contre Ctés.*, 52 : « Démosthène a vendu pour trente mines et l'injure subie et la sentence préalable prononcée par le peuple au théâtre de Diónysos. »

Page 28 : *Démosth.*, 12, 8

Eschine, tout en injuriant Démosthène, reconnaissait implicitement la grandeur du « monstre » ; il est possible aussi que Plutarque songe ici aux lettres apocryphes d'Eschine, qu'il aurait crues authentiques, et notamment à la lettre 12, paragraphe 4. — Pour Hypéride, voir son *Contre Dém.*, éd. G. Colin dans la C. U. F., p. 258 : δόξης ἱκανῆς.... μετεσχηκώς.

Page 29 : *Démosth.*, 13, 3

Mélanopos, fils de Lachès, du dème d'Aïxoné, prit part à plusieurs ambassades envoyées par Athènes à Sparte, en Égypte et en Carie. Cf. Kirchner, *Pros. Att.*, 9788. Sur Callistratos, voir ci-dessus la note à 5, 1.

Page 29 : *Démosth.*, 13, 4

Dans la dernière décennie du ivᵉ siècle, donc bien après la mort de Démosthène, Cassandre, fils d'Antipatros, gouverneur, puis roi de Macédoine, eut à lutter contre Démétrios Poliorcète, fils d'Antigone le Borgne, et il lui arriva d'avoir le dessous, notamment en 307.

Page 29 : *Démosth.*, 13, 4

Pour cette métaphore tirée de la musique, cf. *De adul. et amico*, 55 D.

Page 29 : *Démosth.*, 13, 5

Sur les *Philippiques*, voir ci-dessus la note à 12, 2. Le discours *Sur les immunités* ou *Contre Leptine* date de 355-354, le *Contre Aristocratès*, de 352, et le *Sur la couronne*, de 330.

Page 29 :   *Démosth.*, 13, 6

Il ne s'agit pas de l'historien, mais de Thucydide, fils de Mélésias, le rival de Périclès et le beau-frère de Cimon. Voir *Nic.*, 2, 1-2, où Plutarque montre tout le bien qu'il pensait de ce Thucydide, et cite Aristote, *Const. d'Ath.*, 28, 5.

Page 30 :   *Démosth.*, 14, 5

Sur cette affaire d'Antiphon, voir Dém., *Cour.*, 132-133, et Dinarque, *Contre Dém.*, 62-63. Démosthène, *loc. laud.*, dit qu'Eschine, prenant la défense d'Antiphon, cria que Démosthène « causait un scandale en outrageant dans un régime démocratique les citoyens malheureux et en entrant sans décret dans une maison ». Je crois que les mots ἐν δημοκρατίᾳ ont amené Plutarque à qualifier ici la conduite de Démosthène d' « aristocratique ». En fait l'Aréopage, dont les pouvoirs étaient alors réduits, déféra Antiphon à un tribunal populaire, et c'est celui-ci qui le condamna à mort.

Page 31 :   *Démosth.*, 14, 6

Cf. Dém., *Aristogiton*, I (mais l'attribution de ce discours à Démosthène a été contestée), 79-80, où il est question de « la maudite empoisonneuse Théoris de Lemnos, condamnée à mort par les Athéniens » — et Harpocration, *s. v.* Θεωρίς : μάντις ἦν ἡ Θεωρὶς καὶ ἀσεβείας κριθεῖσα ἀπέθανε, ὡς καὶ Φιλόχορος ἐν ἕκτῃ γράφει. Voir aussi P. Foucart, *Des associations religieuses chez les Grecs*, p. 81, 134, 171, d'après qui cette Théoris était la prêtresse, non pas d'un culte public (car les auteurs qui parlent d'elle n'auraient pas manqué d'ajouter le nom de la divinité), mais d'une association religieuse d'origine étrangère, comme celle de Sabazios.

Page 31 :   *Démosth.*, 15, 1

Il s'agit du plaidoyer civil qui porte le numéro 49 dans les œuvres conservées de Démosthène, mais dont l'authenticité a été contestée (Plutarque ne s'en porte pas garant, puisqu'il écrit : λέγεται). Cette affaire fut plaidée en 362, alors que Démosthène n'avait que 22 ans et gagnait sa vie comme *logographe*. Timothée, fils de Conon, était alors l'un des meilleurs stratèges d'Athènes. Apollodore, fils du riche banquier Pasion, réclamait à Timothée le paiement de prêts que lui avait faits son père.

Page 31 :   *Démosth.*, 15, 2

Le plaidoyer *Pour Phormion* et les deux discours *Contre Stéphanos* eurent pour origine le désir d'Apollodore de récupérer une partie de la succession de son père, qui était échue à Phormion, affranchi de Pasion. Stéphanos ayant témoigné en faveur de Phormion, Apollodore lui intenta un procès, et il aurait été alors soutenu par Démosthène, si toutefois ces discours sont bien de lui, ce qui paraît contestable. — Voir G. Mathieu, *Démosthène : l'homme et l'œuvre*, 22-24.

Page 31 :   *Démosth.*, 15, 2

Le père de Démosthène avait un atelier de fabrication d'armes : voir ci-dessus, 4, 1.

Page 31 :   *Démosth.*, 15, 3

Le *Contre Androtion* et le *Contre Timocratès* furent écrits pour Diodore, et le *Contre Aristocratès* pour Euthyclès. Ces trois plaidoyers datent des années 354-352, alors que Démosthène, s'il était né en 384-383 (voir ci-dessus la note à 12, 3), dépassait de peu la trentaine. Pour Plutarque le début de la carrière politique de Démosthène est marqué par la première *Philippique*, qui date de 351, mais l'orateur avait précédemment prononcé devant l'assemblée du peuple, en 354, le discours *Sur les symmories*, et, en 353, le discours *Pour les Mégalopolitains*.

Page 31 :   *Démosth.*, 15, 3

Le *Discours sur les immunités* est le *Contre Leptine*, déjà cité plus haut, en 13, 5 (voir la note à cet endroit). Ctésippos, fils du célèbre stratège Chabrias (mort en 357), demandait l'abrogation de la loi proposée par Leptine, et il est mentionné dans ce discours, 1 et 75. — Deux discours *Contre Aristogiton* figurent parmi les œuvres attribuées à Démosthène, mais ils sont peut-être apocryphes (surtout le second).

Page 31 :   *Démosth.*, 15, 4

C'est-à-dire, sans doute, la fille d'un colon (*clérouque*) athénien de Samos.

Page 31 :   *Démosth.*, 15, 5

Ce qui n'est pas beaucoup, puisque le tribunal comprenait au moins 500 citoyens. — Sur Idoménée de Lampsaque, voir ci-dessus la Notice, p. 9.

Page 31 :   *Démosth.*, 15, 5

Celui d'Eschine est intitulé *Contre Ctésiphon*, du nom de l'Athénien qui proposa, au lendemain de la bataille de Chéronée, l'attribution d'une couronne d'or à Démosthène.

Page 31 :   *Démosth.*, 15, 6

On admet généralement aujourd'hui que le procès de l'ambassade a réellement été plaidé devant un tribunal en 343. Voir l'Argument du discours d'Eschine *Sur l'ambassade infidèle*.

Page 32 :   *Démosth.*, 16, 2

Voir ci-dessus, 12, 7.

Page 32 :   *Démosth.*, 16, 2

Eschine, *Sur l'amb.*, 38, dit exactement le contraire.

Page 32 : *Démosth.*, 16, 3

Philocratès, orateur athénien du parti pro-macédonien, prit l'initiative, en 346, de proposer d'entrer en négociations avec Philippe, et la paix qui s'ensuivit fut appelée de son nom.

Page 32 : *Démosth.*, 17, 2

La guerre des alliés avait eu lieu en 357-355 : Byzance, Chios, Rhodes et Cos avaient fait défection à la Confédération athénienne pour recouvrer leur indépendance. Philippe mit le siège devant Byzance et Périnthe (sur la côte septentrionale de la Propontide) en 340 ; l'année suivante, deux expéditions athéniennes, que Démosthène avait fait décider et qui furent dirigées par les stratèges Charès et Phocion, obligèrent Philippe à lever le siège de ces deux villes.

Page 33 : *Démosth.*, 17, 3

Cf. Dém., *Cour.*, 237 : « Moi, je vous ai acquis pour alliés l'Eubée, l'Achaïe, Corinthe, Thèbes, Mégare, Leucade, Corcyre, ce qui vous a permis de réunir quinze mille mercenaires et deux mille cavaliers sans compter les forces nationales (ἄνευ τῶν πολιτικῶν δυνάμεων, mots repris ici textuellement par Plutarque) ; et, pour l'argent, j'en ai obtenu les contributions les plus fortes qu'il fût possible. »

Page 33 : *Démosth.*, 17, 4

Crobylos (« le Toupet ») était un surnom donné à l'orateur athénien Hégésippos. Cette maxime sur le caractère imprévisible des sommes d'argent nécessaires pour une guerre est citée plusieurs fois par Plutarque, qui l'attribue ailleurs au roi de Sparte Archidamos : cf. *Crass.*, 2, 9 ; *Cléom.*, 27, 3 ; *Reg. et imp. apopht.*, 190 A ; *Apopht. Lacon.*, 219 A.

Page 33 : *Démosth.*, 17, 5

C'est la liste même de Démosthène, *Cour.*, 237 (voir ci-dessus la note à 17, 3), où les peuples sont énumérés dans le même ordre, mais Plutarque y a supprimé le nom des Thébains, dont il va parler à part.

Page 33 : *Démosth.*, 17, 5

La supériorité militaire des Thébains s'était manifestée lors des batailles de Leuctres (371) et de Mantinée (362).

Page 33 : *Démosth.*, 18, 1

Il s'agit de la nouvelle guerre sacrée que les Amphictyons suscitèrent en 339 contre les Locriens d'Amphissa, qui avaient cultivé des terrains appartenant au dieu de Delphes. L'Amphictyonie désigna comme chef de guerre Philippe, ce qui permit à celui-ci de pénétrer pour un beau motif en Grèce centrale avec son armée. Voir Dém., *Cour.*, 143 ; Eschine, *Contre Ctés.*, 113-129.

Page 33 : *Démosth.*, 18, 1

Plutarque suit évidemment ici le célèbre récit de Démosthène,

Cour., 169-179. Démosthène, *ibid.*, 178, dit qu'il conseilla d'élire dix ambassadeurs (ce qui était le nombre habituel) ; cependant le décret cité *ibid.*, 181-187, ne donne que cinq noms, mais ce décret est sans doute apocryphe.

Page 33 :   *Démosth.*, 18, 2

Sur Marsyas de Pella, voir ci-dessus la Notice, p. 10.

Page 34 :   *Démosth.*, 18, 2

Si les trois Macédoniens cités ne peuvent être identifiés, les Thessaliens de Pharsale Daochos et Thrasydaios, qui furent hiéromnémons à Delphes, sont bien connus par les textes littéraires (Dém., *Cour.*, 295) et épigraphiques (*Syll.*[3], 274 ; 250, l. 5).

Page 34 :   *Démosth.*, 18, 2

Les Thébains avaient de grandes obligations envers Philippe : voir ci-dessus, 17, 6.

Page 34 :   *Démosth.*, 18, 3

Théopompe (voir ci-dessus la Notice, p. 8) trouvait donc mauvais, tout comme Eschine (*Contre Ctés.*, 145-146), que Démosthène eût acquis alors une influence si prédominante à Thèbes et à Athènes.

Page 34 :   *Démosth.*, 19, 1

Plutarque se souvient peut-être d'un passage de Démosthène, *Cour.*, 271 : ... ἀνθρώπων τύχην κοινὴν καὶ φοράν τινα πραγμάτων...

Page 35 :   *Démosth.*, 19, 2

Le Thermodon béotien aurait donc été appelé Haimon (de αἷμα, sang) après la bataille de Chéronée. Mais Hérodote, 9, 43, rapporte un oracle de Bakis où il était question du Thermodon et de l'Asopos, et dit que le Thermodon coule entre Tanagra et Glisas (donc assez loin de Chéronée). Voir aussi Pausanias, 9, 19, 3, et Strabon, 9, 2, 31.

Page 35 :   *Démosth.*, 20, 1

Voir Eschine, *Contre Ctés.*, 130 (passage cité ci-dessus en note à 19, 1).

Page 35 :   *Démosth.*, 20, 2

La bataille de Chéronée eut lieu en septembre 338 : cf. Beloch, *Gr. Gesch.*[2], 3, 1, 567-569.

Page 36 :   *Démosth.*, 20, 2

Formule de bon augure, qu'on lit notamment en tête de nombreux décrets. — Sur Pythéas, orateur athénien du parti pro-macédonien, voir ci-dessus, 8, 4-5, et la note à cet endroit. — Sur la conduite de Démosthène à la bataille de Chéronée, voir Eschine, *Contre Ctés.*,

253 : ἔλιπε μὲν τὴν ἀπὸ στρατοπέδου τάξιν. Voir aussi *Vitae decem orat.*, 845 F.

Page 36 :   *Démosth.*, 20, 3

Il s'agit du décret d'Athènes, proposé par Démosthène, qui rendait inévitable la guerre avec Philippe (cf. Dém., *Cour.*, 179). — Il se trouve que les mots Δημοσθένης... εἶπεν forment un tétramètre iambique catalectique. — Cf. Diod., 16, 87.

Page 36 :   *Démosth.*, 20, 3

Cf. Eschine, *Contre Ctés.*, 148 : « Philippe n'était pas dénué d'intelligence et n'ignorait pas qu'il allait risquer sa fortune présente ἐν ἡμέρας μικρῷ μέρει. »

Page 37 :   *Démosth.*, 21, 3

Cf. Esch., *Contre Ctés.*, 157 : ... τὸν δαίμονα καὶ τὴν τύχην τὴν συμπαρακολουθοῦσαν τῷ ἀνθρώπῳ φυλάξασθαι, — et 159 : « Vous, dans les premiers temps (après Chéronée), vous ne permettiez même pas que l'on inscrivît le nom de Démosthène en tête des décrets, et vous chargiez Nausiclès d'y mettre le sien. »

Page 37 :   *Démosth.*, 21, 4

Voir ci-dessus, 19, 1. Philippe fut assassiné en 336, deux ans après la bataille de Chéronée.

Page 37 :   *Démosth.*, 22, 1

Cf. Esch., *Contre Ctés.*, 77 : « Démosthène, apprenant le premier par les espions de Charidème la nouvelle de la mort de Philippe, inventa de toutes pièces un songe venu des dieux et prétendit que ce n'était pas de Charidème qu'il avait appris l'événement, mais de Zeus et d'Athéna. »

Page 37 :   *Démosth.*, 22, 3

Renvoi à Esch., *Contre Ctés.*, 77 : « Six jours seulement s'étaient écoulés depuis la mort de sa fille, et, avant de l'avoir pleurée, avant d'avoir accompli les rites funèbres, couronné de fleurs et vêtu d'une robe blanche, il offrait un sacrifice contraire aux lois, le malheureux, quand il venait de perdre celle qui la première — et la seule — l'avait appelé du nom de père. » Et au paragraphe suivant, Eschine qualifie Démosthène de μισότεκνος, à rapprocher de μισοτεκνίαν du texte de Plutarque.

Page 38 :   *Démosth.*, 22, 4

Après la bataille de Chéronée, Philippe avait libéré sans rançon les prisonniers athéniens et ne s'était pas montré dur pour les conditions de paix. — Phocion avait vainement conseillé au peuple de garder une attitude plus digne : cf. *Phoc.*, 16, 8.

Page 39 :   *Démosth.*, 23, 3

Cf. Esch., *Contre Ctés.*, 161 : ... ἀποδρὰς ἐκ μέσου τοῦ Κιθαιρῶνος ἧκεν ὑποστρέψας.

Page 39 :   *Démosth.*, 23, 4

Sur Idoménée de Lampsaque et Douris de Samos, voir ci-dessus la Notice, p. 8 et 9.

Page 39 :   *Démosth.*, 23, 4

Pour cette liste, voir *Phoc.*, 17, 2, où ne se lisent que quatre noms, dont celui d'Hypéride qui ne figure pas ici, et que donnait sans doute la liste d'Idoménée et de Douris. Tous les orateurs cités étaient évidemment du parti anti-macédonien. Sur Polyeuctos, voir ci-dessus, 10, 3 et 13, 6 ; sur Moiroclès, 13, 6. Éphialte et Charidémos étaient aussi des chefs militaires. Sur Démon, du dème de Paiania, qui était apparenté à Démosthène, voir ci-dessous, 27, 6. Lycurgue, fils de Lycophron, du dème de Boutades, auteur du discours conservé *Contre Léocratès*, administra les finances et dirigea les travaux publics à Athènes entre 338 et 326.

Page 39 :   *Démosth.*, 23, 5

Sur cette sorte de loups, qui ne vivaient pas en bandes et étaient particulièrement féroces, cf. Aristote, *Hist. Anim.*, 8, 6 (5).

Page 39 :   *Démosth.*, 23, 6

Sur l'historien Aristoboulos de Cassandréia, voir ci-dessus la Notice, p. 8,

Page 40 :   *Démosth.*, 24, 1

Le roi de Sparte Agis III se souleva contre la Macédoine en 333, et fut vaincu par Antipatros, régent de Macédoine, en 330.

Page 40 :   *Démosth.*, 24, 2

Erreur de Plutarque (qui se trouve aussi dans le texte apocryphe de la plainte d'Eschine contre Ctésiphon, Dém., *Cour.*, 54) : cette plainte fut déposée *après* la bataille de Chéronée, non pas sous l'archontat de Chairondas (338-337), mais sous celui de Phrynichos (337-336). Voir G. Mathieu, Notice du discours de Démosthène *Sur la couronne* (C. U. F.), p. 7-10.

Page 40 :   *Démosth.*, 24, 2

Aristophon fut archonte en 330-329 ; sur la date précise du procès et sur les causes de ce long retard, voir G. Mathieu, *Démosthène : l'homme et l'œuvre*, 125-128. — Ce prétendu intervalle de « dix ans » ne fut en réalité que de sept années.

Page 40 :   *Démosth.*, 24, 3

L'accusateur qui n'obtenait pas au moins le cinquième des suffrages était frappé d'une amende de mille drachmes ; Eschine, ne pouvant la payer, dut s'exiler. Cf. *Vitae decem orat.*, 840 D : « Eschine se rendit à Éphèse auprès d'Alexandre ; à la mort de ce dernier, des troubles s'étant élevés, il s'embarqua pour Rhodes, y ouvrit une école et s'y consacra à l'enseignement. »

Page 40 :   *Démosth.*, 25, 1

Il s'écoula tout de même six ans entre le procès de la couronne (330) et l'arrivée d'Harpale à Athènes (324).

Page 41 :   *Démosth.*, 25, 4

L'expression ἄξει σοι est à double sens, pouvant signifier à la fois : « elle vaudra pour toi » et « elle t'apportera ».

Page 41 :   *Démosth.*, 25, 6

C'est-à-dire : d'une angine.

Page 42 :   *Démosth.*, 25, 8

On rapproche Ulpien, *Pandect.*, II : *in jus vocari non debet qui uxorem ducit.* — Sur Théophraste, voir ci-dessus la Notice, p. 8.

Page 42 :   *Démosth.*, 26, 1

Sur l'affaire d'Harpale, il faut lire G. Colin, éditeur d'Hypéride dans la C. U. F. (1946), Notice du discours *Contre Démosthène*, p. 221-243, et particulièrement la chronologie proposée p. 236-238 (pour un exposé plus complet, mais corrigé ensuite sur quelques points, voir deux articles du même savant, *Rev. Ét. Gr.*, 38, 1925, 306-349, et 39, 1926, 31-89 : Démosthène et l'affaire d'Harpale).

Page 42 :   *Démosth.*, 26, 2

Devant un jury de l'Héliée, formé de 1.500 citoyens, en janvier 323.

Page 42 :   *Démosth.*, 26, 2

C'est-à-dire que, se trouvant dans l'impossibilité de payer une amende si énorme, il subit la contrainte par corps.

Page 42 :   *Démosth.*, 26, 2

Démosthène dit cela dans la deuxième des lettres qui lui sont attribuées, 17 : πρῶτον μὲν τοὔνειδος τῆς εἱρκτῆς χαλεπῶς τῷ λο-γισμῷ φέρων, εἶτα διὰ τὴν ἡλικίαν οὐκ ἂν οἷός τ' ὢν τῷ σώματι τὴν κακοπαθίαν ὑπενεγκεῖν... A cette date, en 323, Démosthène avait soixante ans.

Page 43 :   *Démosth.*, 27, 1

Alexandre était mort à Babylone, en juin 323. Sur le stratège athénien Léosthénès et la guerre lamiaque, cf. *Phoc.*, chap. 23, et voir P. Roussel, dans l'*Hist. Gr.* de G. Glotz, 4, 266-275.

Page 44 :　　*Démosth.*, 27, 7

Pour le retour triomphal d'Alcibiade à Athènes en 407, cf. *Alcib.*, chap. 32-34.

Page 44 :　　*Démosth.*, 27, 8

Cf. ci-dessus, 26, 2.

Page 45 :　　*Démosth.*, 28, 1

Métageitnion, Boédromion et Pyanepsion se suivaient dans le calendrier athénien comme nos mois d'août, de septembre et d'octobre. La bataille de Crannon, en Thessalie, eut lieu en août 222 ; elle mit pratiquement fin à la guerre lamiaque : voir P. Roussel, dans l'*Hist. Gr.* de G. Glotz, 4, 272-275. En septembre une garnison macédonienne fut installée au Pirée. En octobre moururent Hypéride et Démosthène. — Voir *Phoc.*, chap. 26-29, où Plutarque précise, en 28, 2, que les Macédoniens s'établirent à Munychie le 20 de Boédromion, pendant la célébration des Mystères d'Éleusis.

Page 45 :　　*Démosth.*, 28, 3

La ville de Thurii avait été fondée en 443 près de l'emplacement de l'antique Sybaris, dans le golfe de Tarente.

Page 45 :　　*Démosth.*, 28, 4

Hypéride ne s'opposa à Démosthène que dans l'affaire d'Harpale, car il appartenait comme lui au parti anti-macédonien. — Aristonicos de Marathon est peut-être identique à celui qui proposa de décerner une couronne à Démosthène (Dém., *Cour.*, 83, 223, 312 ; cf. J. Kirchner, *Pros. Att.*, n° 2028). — Himéraios, fils de Phanostratos, accusa Démosthène, comme le fit Hypéride, lors de l'affaire d'Harpale tout en étant opposé à la Macédoine (*Pros. Att.*, n° 7.578).

Page 45 :　　*Démosth.*, 28, 4

Cléonai est une ville du Péloponnèse, située aux confins de la Corinthie et de l'Argolide.

Page 45 :　　*Démosth.*, 28, 4

Sur les diverses traditions concernant la mort d'Hypéride, voir G. Colin, éditeur d'Hypéride dans la C. U. F., Introduction, 49, note 1 : on disait aussi que l'orateur se serait lui-même coupé la langue avec les dents pour ne pas se laisser arracher de révélations.

Page 45 :　　*Démosth.*, 29, 1

Petite île (aujourd'hui Poros) située sur la côte d'Argolide, à l'entrée du golfe Saronique, en face de Trézène. Cf. Strabon, 8, 6, 14 (p. 374).

Page 47 :　　*Démosth.*, 30, 4

Démocharès de Leuconoè était un neveu de Démosthène : voir ci-dessus la Notice, p. 7.

Page 48 : *Démosth.*, 30, 5

Cf. *Vitae decem orat.*, 847 D : « Il y a une statue de Démosthène dans le Prytanée... Par la suite les Athéniens accordèrent aux descendants de Démosthène le privilège d'être nourris au Prytanée, et après sa mort une statue lui fut érigée sur l'agora, lors de l'archontat de Gorgias [284 avant J.-C.?], quand son neveu Démocharès eut réclamé cette récompense pour son oncle. » Voir *ibid.*, 850 F-851 C, le prétendu texte de ce décret proposé par Démocharès.

Page 48 : *Démosth.*, 31, 4

Cf. *Phoc.*, 30, 8-9 : Démade y était envoyé en ambassade par les Athéniens, qui souhaitaient obtenir le retrait de la garnison de Munychie.

Page 48 : *Démosth.*, 31, 5

Perdiccas, à qui Alexandre, au moment de mourir, avait remis le sceau impérial, essayait alors de maintenir l'unité de l'empire contre les ambitions des autres diadoques ; il fut tué en 321. — *Phoc.*, 30, 9, il est dit que la lettre qui causa la perte de Démade était adressée à Antigone le Borgne.

Page 49 : *Démosth.*, 31, 6

Dinarque était compté parmi les dix orateurs attiques les plus célèbres : voir *Vitae decem orat.*, 850 B-E. Il était peut-être né à Corinthe, mais il vint encore jeune s'établir à Athènes ; il nous reste de lui trois discours qu'il écrivit à titre de logographe lors de l'affaire d'Harpale pour des accusateurs de Démosthène, d'Aristogiton et de Philoclès.

Page 66 : *Cic.*, 1, 1

La famille des *Helvii* est connue dès la seconde guerre punique, cf. Broughton, *The magistrates of the Roman Republic*, 2, 572 : un C. Helvius fut tribun militaire en 203 ; plus tard, en 44, C. Helvius Cinna sera tribun de la plèbe.

Page 66 : *Cic.*, 1, 2

Cf. *Coriolan*, 22, 1 sqq. : C. Marcius exilé se réfugia auprès d' « un homme de la ville d'Antium qui... était honoré comme un roi chez tous les Volsques ; il s'appelait Tullus Attius. » Tite-Live, 2, 35, 6-8, appelle ce même personnage Attius Tullius. — Arpinum, où naquit Cicéron, se trouve en pays volsque.

Page 66 : *Cic.*, 1, 3

Cf. *R. E.*, *s. v.* Tullii Cicerones (Münzer) : c'est à partir de la moitié du IIe siècle avant notre ère que ce surnom devint héréditaire chez les Tullii d'Arpinum.

Page 66 : *Cic.*, 1, 4

Mais cf. Pline, *N. H.*, 18, 3, 10 : « Les premiers surnoms furent tirés de l'agriculture : ... ceux des Fabii (de *faba*, fève), des Lentuli (de *lens*, lentille), des Cicérons (de *cicer*, pois chiche), nommés chacun d'après l'espèce de légume qu'il excellait à cultiver. »

Page 66 :   *Cic.*, 1, 5

Sans doute en 76, lorsque Cicéron briguait la questure.

Page 66 :   *Cic.*, 1, 5

Aux *cognomina* Scaurus (des Æmilii et Aurelii) et Catulus (des Lutatii), est ajouté, *Reg. et Imp. Apopht.*, 204 E, celui de Caton (des Porcii). Scaurus signifie « pied-bot », et Catulus « petit chien ».

Page 66 :   *Cic.*, 1, 6

C'est en 75 avant J.-C. que Cicéron fut questeur en Sicile. — Cette anecdote est rapportée aussi *Reg. et Imp. Apopht.*, 204 E, où cet ex-voto est désigné par le mot ἔκπωμα, coupe ou vase à boire.

Page 67 :   *Cic.*, 2, 1

C'est-à-dire le 3 janvier. Plutarque emploie le mot latin de Calendes, mais compte le jour du mois à la manière grecque ; selon l'usage romain, le 3 janvier est *III Non. Januarii.* Voir la lettre de Cicéron *Ad Att.*, 7, 5, 3 : « Je serai ainsi aux portes de Rome le 3 janvier, à mon anniversaire de naissance. »

Page 67 :   *Cic.*, 2, 1

Cf. Mommsen, *Röm. Staatsrecht*, 2, 2, 810 sq.

Page 67 :   *Cic.*, 2, 3

Renvoi à Platon, *Rép.*, 5, 475 b : « Ne dirons-nous pas du philosophe qu'il désire non pas telle partie de la sagesse à l'exclusion du reste, mais qu'il la désire toute entière? »

Page 67 :   *Cic.*, 2, 3

Glaucos était un pêcheur d'Anthédon, en Béotie, qui se jeta à la mer et fut changé en dieu marin : voir Virg., *Géorg.*, 1, 437 ; Ovide, *Métam.*, 13, 898 sqq. — Ces « tétramètres » pouvaient être des septénaires trochaïques.

Page 68 :   *Cic.*, 3, 2

Il s'agit de Q. Mucius Scaevola, l'Augure. Cf. Cic., *Brut.*, 306 : « Je passais beaucoup de temps à étudier le droit civil auprès de Q. Scaevola, fils de Quintus, qui, à vrai dire, ne faisait pas profession d'enseigner, mais qui, par les réponses qu'il donnait aux consultations, instruisait ceux qui étaient avides de l'entendre. »

Page 68 :   *Cic.*, 3, 2

Cicéron combattit certainement pendant la guerre Sociale, en 89, comme *tiro*, sous les ordres de Cn. Pompeius Strabo, père du grand

Pompée (cf. Cic., *Phil.*, 12, 11, 27), mais il n'est pas sûr qu'il servit aussi dans une armée commandée par Sylla : voir Cichorius, *Röm. Studien*, 182 sqq., et Drumann-Groebe, 5², 240.

Page 68 :   Cic., 3, 3

Cf. Cic., *Brut.*, 309 : « J'avais auprès de moi le Stoïcien Diodotos, qui habitait ma maison et qui, après y avoir vécu avec moi, y est mort tout récemment. »

Page 68 :   Cic., 3, 3

La dictature de Sylla s'établit en 82 avant J.-C. ; Cicéron avait alors vingt-quatre ans.

Page 68 :   Cic., 3, 4

Le discours de Cicéron *Pro Roscio Amerino* dont il va être question date de l'année 80.

Page 68 :   Cic., 3, 4

Erreur de Plutarque ; cf. *Pro Roscio*, 21 : *duobus milibus nummum sese dicit emisse adulescens.* Il s'agit donc d'une somme de 2.000 sesterces, monnaie équivalent à un quart de denier ou de drachme ; Plutarque aurait dû parler de 500 drachmes.

Page 68 :   Cic., 3, 5

Cf. *Pro Roscio*, 6 : *Bona patris hujusce P. Roscii quae sunt sexagies*, c'est-à-dire six millions de sesterces, soit 1.500.000 deniers ou drachmes, ce qui équivaut en effet à 250 talents. Cette fois Plutarque ne s'est pas trompé dans son calcul.

Page 68 :   Cic., 3, 6

En réalité, Cicéron plaida pendant une année encore avant de partir pour la Grèce, comme il le dit dans le *Brutus*, 312 : « Dès lors (après l'éclatant succès de la plaidoirie pour S. Roscius), ce fut une succession d'affaires nombreuses, où j'apportais des discours travaillés avec grand soin et comme ruminés dans mes veilles. » Cicéron ne partit pour l'Orient qu'en 79, l'année de l'abdication de Sylla.

Page 69 :   Cic., 3, 7

Cf. Cic., *Brut.*, 313-314 : « J'étais alors très maigre et très délicat de corps, avec un cou long et mince, complexion et apparences qui ne sont pas loin, croit-on, d'être un danger de mort, quand s'y ajoutent le travail et de grands efforts des poumons. Et cela inquiétait d'autant plus les personnes auxquelles j'étais cher, que dans mes discours je disais tout sans baisser le ton, sans varier mon débit, de toute la force de ma voix, et en faisant effort de mon corps tout entier. Aussi mes amis et les médecins me conseillaient-ils de ne plus plaider... Je résolus de changer de méthode et ce fut là le motif de mon départ pour l'Asie. Ainsi, après avoir exercé comme avocat pendant deux ans et m'être déjà fait un nom connu au Forum, je quittai Rome. »

Page 69 :   *Cic.*, 4, 2

On sait que la Nouvelle Académie professait le scepticisme en ce qui concerne le témoignage des sens.

Page 69 :   *Cic.*, 4, 3

C'est-à-dire à Athènes, bien que δεῦρο ait été compris parfois comme équivalent à εἰς ἐκεῖνα. Cf. Drumann-Groebe, 5², 262, n. 4.

Page 69 :   *Cic.*, 4, 4

Sylla mourut en mars 78 ; cf. Plut., *Sylla*, 37, 1-7.

Page 69 :   *Cic.*, 4, 4

Sur cette amélioration physique et notamment vocale, voir Cic., *Brut.*, 316 *in fine*.

Page 70 :   *Cic.*, 4, 5

Cf. Cic., *Brut.*, 316 : « Je me rendis à Rhodes, où je m'attachai de nouveau à ce même Molon, que j'avais entendu à Rome. » Il s'agit là d'Apollonios, fils de Molon, que les écrivains latins appellent tantôt *Apollonius Molo*, tantôt simplement *Molo*. Cf. *Cés.*, 3, 1. — Posidonios d'Apamée (Syrie), le célèbre philosophe et géographe, vécut longtemps à Rhodes.

Page 70 :   *Cic.*, 4, 6

Cf. Cic., *Brut.*, 310, sur les raisons qu'il avait de déclamer en grec : « Les meilleurs maîtres de la rhétorique grecque n'auraient pu, si je n'avais parlé leur langue, ni corriger mes fautes, ni me donner des préceptes. »

Page 71 :   *Cic.*, 5, 6

Cf. *Reg. et Imp. Apopht.*, 204 E-F, où ἀναϐαίνειν est mis au lieu de πηδᾶν ici.

Page 71 :   *Cic.*, 6, 1

Cicéron fut élu à l'unanimité questeur pour l'année 75 : cf. Broughton, *The magistrates*, 2, 98. Sur la pénurie de blé à Rome à ce moment, cf. Cic., *Pro Plancio*, 64 : *frumenti in summa caritate*.

Page 73 :   *Cic.*, 7, 5

Cela est sommaire et même inexact, mais il est vrai que les défenseurs de Verrès tentèrent de faire repousser le procès jusqu'au début de l'année 69, pour laquelle des amis de l'accusé avaient été désignés, l'un (Hortensius), comme consul, et un autre (M. Metellus) comme préteur.

Page 73 :   *Cic.*, 7, 6

Inexactitude : *verres* désigne le porc mâle, le verrat. Cf. Cic., *Verr.*, 1, 46, 121, et voir J. Carcopino, *Les secrets...*, 1, 225, note 5.

Page 73 :   *Cic.*, 7, 6

Ce Q. Caecilius Niger, ancien questeur de Verrès, et qui se prétendait brouillé avec lui, ne voulait accuser Verrès que dans l'intention de le disculper ; Cicéron fit échouer la manœuvre en prononçant le discours intitulé *Divinatio in Caecilium*.

Page 73 :   *Cic.*, 7, 8

Il s'agit du grand orateur Q. Hortensius Hortalus, qui sera consul en 69.

Page 74 :   *Cic.*, 7, 8

Cf. *Reg. et Imp. Apopht.*, 205 B, où il s'agit d'un sphinx d'argent.

Page 74 :   *Cic.*, 8, 1

750.000 drachmes ou deniers font 3 millions de sesterces. Or Cicéron, I *Verr.*, 56 ; II *Verr.*, 1, 27, avait précédemment évalué à 100, puis à 40 millions de sesterces le montant des dommages causés par Verrès. L'estimation de l'amende admise par Plutarque est fort douteuse.

Page 74 :   *Cic.*, 8, 2

Cicéron fut édile de la plèbe en 69 : cf. Broughton, *The magistr.*, 2, 132 (avec les références). On sait que la surveillance des marchés incombait aux édiles.

Page 74 :   *Cic.*, 8, 3

ἐν Ἄρποις : Plutarque aurait-il confondu Arpinum (Latium), patrie de Cicéron, avec Arpi (Apulie)?

Page 74 :   *Cic.*, 8, 3

Voir J. Carcopino, *Les secrets de la correspondance de Cicéron*, 1, 77-92, qui critique (p. 89) « le petit bilan escamoté plutôt qu'établi par Plutarque ». Voir aussi ci-dessus, 7, 3, et la note.

Page 74 :   *Cic.*, 8, 4

Voir ci-dessus, 3, 7, et J. Carcopino, *Les secrets...*, 1, 131-136.

Page 74 :   *Cic.*, 8, 5

En Grèce déjà, la pratique de la gymnastique avait amélioré la santé de Cicéron : voir ci-dessus, 4, 4.

Page 74 :   *Cic.*, 8, 6

Son frère Quintus, né en 102, était de quatre ans son cadet ; Cicéron lui céda la petite maison que possédait leur père à Rome dans le quartier des Carènes (*in Carinis*), quand il acheta, en 62, une demeure beaucoup plus grande sur la colline du Palatin : cf. Cic., *De domo*, 103, 116, et voir J. Carcopino, *Les secrets...*, 73-75 ; Platner-Ashby, *Top. Dict.*, *s. v. Domus Ciceronis*, p. 175.

Page 75 :   *Cic.*, 9, 2

Pour ce changement de tenue, comparer ci-dessous (en sens inverse)
30, 6, où l'on voit Cicéron cité en justice « changer de vêtement,
laisser pousser ses cheveux et parcourir la ville en suppliant le peuple ».

Page 75 :   *Cic.*, 9, 2

Cette affaire et la mort de « l'ancien préteur C. Licinius Macer,
père de Licinius Calvus » sont racontées de façon fort différente par
Valère-Maxime, 9, 12, 7. Macer était connu à la fois comme orateur
(cf. Cic., *Brut.*, 238) et comme historien. Voir ce que dit Cicéron de
ce procès, *Ad Att.*, 1, 4, 2.

Page 75 :   *Cic.*, 9, 3

P. Vatinius sera questeur en 63, consul en 47. Cicéron prononcera
contre lui le discours *In P. Vatinium*. Sur sa disgrâce physique,
voir ci-dessous, 26, 3, et Cic., *Ad Att.*, 2, 9, 2 : *Vatinii strumam*.

Page 75 :   *Cic.*, 9, 3

Cf. *Marius*, 29, 6 : « (Marius) dit qu'il n'avait pas l'encolure assez
large (οὐχ οὕτω πλατὺν φορεῖν τὸν τράχηλον) pour se décider à l'a-
vance et une fois pour toutes dans une affaire de cette importance. »
Dans un sens voisin de celui où nous disons : « il n'a pas les épaules
assez solides pour... », les Romains disaient donc : « il n'a pas le cou
assez fort pour... ».

Page 81 :   *Cic.*, 14, 8

D. Junius Silanus et L. Licinius Murena furent les consuls de
l'année 62.

Page 81 :   *Cic.*, 15, 1

Le lieu du rassemblement principal de ces troupes était Faesulae
(Fiesole), près de Florence, d'après Salluste, *Catil.*, 30, 1.

Page 82 :   *Cic.*, 15, 1

Cf. *Crass.*, 13, 4 : « Cicéron, dans son ouvrage intitulé *Sur mon
consulat*, dit que Crassus vint le trouver de nuit pour lui apporter
une lettre relative à Catilina... » Q. Caecilius Metellus Pius Scipio
Nasica sera consul en 52, et M. Claudius Marcellus le sera en 51.

Page 82 :   *Cic.*, 15, 3

Cf. *Crass.*, 13, 3 : « Lors de la conjuration de Catilina... Crassus
fut en butte à certains soupçons, et un homme se présenta qui le
nomma comme faisant partie des conjurés, mais personne ne le crut. »
Voir aussi Sall., *Catil.*, 48, 3-9.

Page 83 :   *Cic.*, 16, 4

Cf. Cic., 1re *Catil.*, 16, et 2e *Catil.*, 12.

Page 85 :   *Cic.*, 17, 5

Cf. Cic., 3ᵉ *Catil.*, 9 : *Lentulum autem sibi confirmasse ex fatis Sibyllinis haruspicumque responsis se esse tertium illum Cornelium ad quem regnum hujus urbis atque imperium pervenire esset necesse ; Cinnam ante se et Sullam fuisse...*

Page 85 :   *Cic.*, 18, 3

D'après Salluste, *Catil.*, 43, 2, et Appien, *B. Civ.*, 2, 3, 10, le feu devait être mis, non pas en cent endroits, mais en douze seulement. Ch. Graux a suggéré que le mot ἑκατόν dans le texte de Plutarque pourrait être une faute de copiste pour δώδεκα.

Page 85 :   *Cic.*, 18, 4

Les Allobroges, en Gaule Narbonnaise, habitaient presque toute la Savoie et une partie du Dauphiné. — Sur ces envoyés allobroges et le rôle qu'ils jouèrent alors, voir Salluste, *Catil.*, 40-45. Ils étaient venus à Rome pour se plaindre de la fiscalité écrasante qui les ruinait.

Page 86 :   *Cic.*, 18, 6

Ce Titus Volturcius est plusieurs fois nommé par Cicéron, 3ᵉ *Catil.*, 4, 6, 8, 11, et par Salluste, *Catil.*, 44, 3 : *T. Volturcium quemdam Crotoniensem*, puis, *ibid.*, 45, 3-4, 47, 1, etc...

Page 86 :   *Cic.*, 18, 7

Sur cette embuscade et la capture qui s'ensuivit, cf. Cic., 3ᵉ *Catil.*, 5, et Sall., *Catil.*, 45, 1.

Page 86 :   *Cic.*, 19, 1

Pour D. Junius Silanus, consul désigné avec Murena pour 62, voir ci-dessus, 14, 8. Les trois consuls menacés étaient Cicéron, Silanus et Murena ; le collègue de Cicéron, Antonius, avait quitté Rome pour aller combattre Catilina (ci-dessus, 16, 6). — C. Calpurnius Piso avait été consul en 67.

Page 86 :   *Cic.*, 19, 2

Sur la maison de Cethegus, voir ci-dessus, 18, 2. Cette perquisition avait eu lieu avant la réunion du Sénat. Cf. Cic., 3ᵉ *Catil.*, 8 : *Atque interea statim, admonitu Allobrogum, C. Sulpicium praetorem, fortem virum, misi, qui ex aedibus Cethegi, si quid telorum esset, efferret ; ex quibus ille maximum sicarum numerum et gladiorum extulit.*

Page 87 :   *Cic.*, 19, 4

C'est en cette circonstance que Cicéron prononça la 3ᵉ *Catilinaire*.

Page 87 :   *Cic.*, 19, 5

Sur la *Bona Dea* et ses rites, Plutarque donne plus de détails dans la *Vie de César*, 9, 4-8, et *Æt. rom.*, 268 D-E ; voir, dans le tome IX de la présente édition, la Notice à la *Vie de César*, p. 142-143.

Page 87 :   *Cic.*, 20, 2

Sans doute la Vestale Fabia, sœur de Terentia, était-elle présente.

Page 88 :   *Cic.*, 20, 3

Sur le caractère de Terentia (voir ci-dessus, 8, 3, et la note), cf. J. Carcopino, *Les secrets...*, 1, 232-237. Plutarque renvoie sans doute à des lettres de Cicéron adressées à Terentia, comme par exemple *Ad famil.*, 14, 2.

Page 89 :   *Cic.*, 21, 3

Il s'agit de la 4ᵉ *Catilinaire*, et ce que dit ici Plutarque ne semble pas exact : tout en balançant dans son discours l'avis de Silanus et celui de César, Cicéron laisse voir qu'il penche pour Silanus. Pourtant, G. Boissier, *Conjuration de Catilina*, 237, a écrit : « Plutarque a raison de dire que Cicéron ne s'est pas prononcé entre César et Silanus » (du moins d'une façon absolument nette).

Page 89 :   *Cic.*, 21, 3

Cf. Salluste, *Catil.*, 50, 4.

Page 89 :   *Cic.*, 21, 4

Q. Lutatius Catulus Capitolinus avait été consul en 78, puis censeur en 65 ; *princeps senatus*, il était alors, selon Plutarque, *Cés.*, 6, 6, « celui de tous les Romains qui jouissait de la plus grande réputation ».

Page 89 :   *Cic.*, 22, 2

D'après Salluste, *Catil.*, 47, 4, Lentulus avait été confié à l'édile P. Lentulus Spinther, qui sera consul en 57, et qui devait donc habiter au Palatin.

Page 90 :   *Cic.*, 22, 2

« Plutarque, observe Ch. Graux, ne s'est pas exprimé ici dans un style clair. » Il veut dire, je crois, que les jeunes gens ressentaient une impression de terreur sacrée (θάμβος) comparable à celle qu'éprouvent les initiés à des mystères religieux, en voyant cette procession par laquelle les plus grands personnages de la noblesse renouvelaient les actes de sombre énergie autrefois si fréquents dans l'histoire de Rome.

Page 91 :   *Cic.*, 23, 2

Alors que consuls et préteurs prenaient leurs fonctions le 1ᵉʳ janvier, les tribuns entraient en charge dans les premiers jours de décembre. Cet événement eut lieu le 29 décembre 63.

Page 91 :   *Cic.*, 23, 3

Le serment traditionnel consistait à jurer *se nihil contra leges fecisse*. Cicéron raconte lui-même comment il prêta son serment, *In Pisonem*, 6-7, et *Ad famil.*, 5, 2, 7.

Page 93 :   *Cic.*, 24, 6

Cf. ci-dessous, 48, 5.

Page 93 :   *Cic.*, 24, 8

Ces lettres sont perdues. L'Athénien Hérodès (qui fut peut-être stratège : cf. Münzer, *R. E.*, *s. v.* Herodes, n° 3) servit à Athènes de précepteur au fils de Cicéron, prénommé Marcus comme son père. Celui-ci suivit les leçons de Cratippe : cf. Cic., *De off.*, 1, 1, une lettre de Trebonius envoyée d'Athènes en 44 à Cicéron, *Ad Famil.*, 12, 16, 2 : *Illud quoque erit nobis curae ut Cratippus una cum filio tuo sit*, et une autre du jeune Marcus à Tiron, le secrétaire de son père, *Ad Famil.*, 16, 21, 3 : *Cratippo me scito non ut discipulum, sed ut filium esse conjunctissimum*, etc...

Page 93 :   *Cic.*, 24, 8

Cf. *Ad Famil.*, 16, 21, 6, où Marcus avise Tiron que, selon l'ordre de son père, il a cessé de fréquenter ce Gorgias.

Page 94 :   *Cic.*, 25, 1

C. Calvisius Sabinus sera consul en 39. — Peut-être ce Munatius est-il T. Munatius Plancus Bursa, tribun de la plèbe en 52 (Broughton, *The magistr.*, 2, 235 et 594)? Cf. *Pomp.*, 55, 9, et Cic., *Ad Famil.*, 7, 2, 2-3. — A propos d'une autre affaire, Cicéron employa la même image, cf. Quintilien, 2, 17, 21 : *se tenebras offudisse in causa Cluentii gloriatus est.*

Page 95 :   *Cic.*, 26, 4

L. Gellius Poplicola avait été préteur en 94, consul en 72, censeur en 70 : cf. Broughton, *The magistr.*, 2, 571.

Page 95 :   *Cic.*, 26, 5

Cf. Macrobe, *Saturn.*, 7, 3, 7 : « Octavius, qui se prétendait de naissance noble, dit à Cicéron qui déclamait : « Je n'entends pas ce que tu dis. » A quoi Cicéron répondit : *Certe solebas bene foratas aures habere.* Ce mot fut dit parce qu'Octavius était, disait-on, originaire de Libye, où la coutume est de percer les oreilles. » Voir aussi *Reg. et Imp. Apopht.*, 205 B.

Page 95 :   *Cic.*, 26, 6

Q. Caecilius Metellus Nepos a été nommé ci-dessus, 23, 1. Voir *Reg. et Imp. Apopht.*, 204 F.

Page 96 :   *Cic.*, 26, 8

P. Sestius (ou Sextius) fut questeur en 63 et tribun de la plèbe en 58. Un plaidoyer conservé de Cicéron est intitulé *Pro Sestio.*

Page 96 :   *Cic.*, 26, 9

Le même « mot » est rapporté, *Reg. et Imp. Apopht.*, 205 B, mais le nom du personnage en question semble également corrompu ici et là dans les manuscrits, bien que de manière différente.

Page 96 :   *Cic.*, 26, 11

Pour ces paragraphes 10-11, comparer *Reg. et Imp. Apopht.*, 205 A, où Φίλαγρος ὁ καθηγητής devient Διόδοτος ὁ διδάσκαλος τῶν ῥητορικῶν.

Page 96 :   *Cic.*, 27, 1

C'était du moins l'avis de Cicéron lui-même, *De Oratore*, 216 et 236.

Page 97 :   *Cic.*, 27, 5

Mot à double entente : le verbe ἀναφωνεῖν signifiait « dire ou lire à voix forte », mais s'employait aussi dans la locution ἐλευθερίαν ἀναφωνεῖν, *libertatem reclamare*, en parlant d'un esclave.

Page 97 :   *Cic.*, 27, 6

Sur Faustus Cornelius Sylla, fils du dictateur, cf. *Syl.*, 34, 5 ; *Luc.*, 4, 5 ; *Brut.*, 9, 1 ; *Cés.*, 14, 7 ; *Pomp.*, 42, 5 et 47, 10. Voir *Reg. et Imp. Apopht.*, 205 C.

Page 97 :   *Cic.*, 28, 1

P. Clodius Pulcher appartenait à la *gens* Claudia. Il était questeur désigné pour l'année 61 : Broughton, *The magistr.*, 2, 180. Pour son caractère et ses mœurs, cf. *Cés.*, 9, 2.

Page 97 :   *Cic.*, 28, 2

Il s'agit des rites de la *Bona Dea* : voir ci-dessus, 19, 4-5, avec la note à ce passage. Cette fête annuelle se tenait alors (décembre 62) dans la *domus publica* du *Pontifex Maximus* ; or César était grand pontife : cf. *Cés.*, 7, 1-4.

Page 98 :   *Cic.*, 29, 1

A Interamna (Terni) en Ombrie : cf. Asconius, p. 42 Stangl.

Page 98 :   *Cic.*, 29, 2

Sur Terentia, première femme de Cicéron, voir ci-dessus, 8, 3 ; 20, 3, et les notes à ces deux passages.

Page 98 :   *Cic.*, 29, 3

Clodia est selon toute vraisemblance la Lesbia de Catulle.

Page 98 :   *Cic.*, 29, 3

Il me paraît fort improbable que ce personnage soit identique, comme l'a suggéré Ch. Graux, au Tullus que mentionne Cicéron, *Ad Att.*, 8, 9 et 15.

Page 99 :   *Cic.*, 29, 4

Cf. *Luc.*, 34, 1 et 38, 1 ; *Cés.*, 10, 6, et voir Cic., *Pro Mil.*, 73 : « L. Lucullus, sous la foi du serment, a déclaré que, par des interrogatoires
d'esclaves, il avait acquis la certitude que Clodius avait commis un
abominable adultère avec sa propre sœur. »

Page 99 :   *Cic.*, 29, 6

Le peuple se méfiait des notables, désignés ci-dessus au paragraphe 4
par les mots πολλοὶ τῶν καλῶν καὶ ἀγαθῶν ἀνδρῶν.

Page 99 :   *Cic.*, 29, 6

Cf. *Cés.*, 10, 11 ; ce que Plutarque dit en termes identiques ici et là
paraît peu vraisemblable.

Page 99 :   *Cic.*, 29, 7

Ce mot de Catulus est rapporté par Cicéron, *Ad Att.*, 1, 16, 5 :
*Quid vos praesidium a nobis postulabatis? an ne nummi vobis eripe-
rentur timebatis?* — Sur Q. Lutatius Catulus Capitolinus, voir ci-
dessus, 21, 4, et la note.

Page 100 :   *Cic.*, 29, 8

Cf. Cic., *Ad Att.*, 1, 16, 5 : « Il s'est trouvé 25 juges assez courageux
pour mieux aimer se perdre eux-mêmes... ; 31 furent plus sensibles
à la faim qu'à l'infamie (*quos fames magis quam fama commoverit*) » —
et *ibid.*, 10, où Cicéron rapporte qu'en plein Sénat Clodius lui dit :
« Tu as eu beau jurer, les juges ne t'ont pas cru », et que lui-même
répondit : « 25 juges m'ont fait confiance, mais toi, il y en a 31, puisqu'ils se sont fait payer d'avance, qui ne t'en ont fait aucune (*tibi
nihil crediderunt*, avec un jeu de mots sur ce verbe).

Page 100 :   *Cic.*, 29, 9

Cf. *Cés.*, 10, 9, où, à la question : « Pourquoi as-tu répudié ta
femme? » César répond simplement : « Parce que j'ai estimé que ma
femme ne devait pas même être soupçonnée. »

Page 100 :   *Cic.*, 30, 1

En 59, pour l'année 58. Pour être élu tribun du peuple, Clodius,
qui appartenait à la *gens Claudia*, s'était fait adopter par le plébéien
P. Fonteius, avec l'aide de César et de Pompée. — Cicéron contestera
la légalité de cette *transitio ad plebem* : voir ci-dessous, 34, 1-2.

Page 100 :   *Cic.*, 30, 3

C'est bien plutôt César qui prit, semble-t-il, l'initiative d'offrir
ce poste de légat à Cicéron ; cf. Cic., *Ad Att.*, 2, 18, 3 : *A Caesare
valde liberaliter invitor in legationem illam, sibi ut sim legatus.* César
souhaitait sans doute éloigner de Rome Cicéron et l'avoir sous sa
coupe.

Page 101 :   *Cic.*, 30, 7

Cf. Cic., *Pro Sestio*, 27.

Page 101 :   *Cic.*, 31, 1

Cicéron a fait de nombreuses allusions à ces manifestations ; voir par exemple *Post reditum, ad Quirites*, 8 : « Pour moi, le Sénat et vingt mille citoyens ont pris l'habit de deuil. » Voir aussi *Crass.*, 13, 5 : « Publius, fils de Crassus, qui aimait l'étude et les lettres, s'était attaché à Cicéron, au point que, lorsque celui-ci fut poursuivi en justice, il prit comme lui un costume de deuil et fit faire de même aux autres jeunes gens. »

Page 101 :   *Cic.*, 31, 1

Cf. Cic., *De domo sua*, 55 ; *Post red., in Sen.*, 16 et 31 ; Dion Cassius, 38, 16, 3.

Page 101 :   *Cic.*, 31, 2

Pompée possédait une somptueuse villa sur les bords du lac Albano, à Albano Laziale : cf. *Pomp.*, 53, 6, et voir Ooteghem, *Pompée le Grand*, 317-320.

Page 101 :   *Cic.*, 31, 2

C. Calpurnius Piso Frugi avait épousé Tullia, fille de Cicéron : cf. J. Carcopino, *Les secrets...*, 1, 255 sqq.

Page 102 :   *Cic.*, 31, 3

Cf. *Pomp.*, 46, 9.

Page 103 :   *Cic.*, 32, 1

Voir la note à 30, 6. Cf. Cic., *Ad Att.*, 3, 4, 1 : ... *ut mihi ultra quadringenta milia liceret esse*, et L.-A. Constans, Cic., *Correspondance*, II, p. 15, note 2 : « Plutarque, et aussi Dion Cassius, 38, 17, sont formels sur le chiffre de 500... Il n'y a pas lieu de... corriger le *quadringenta* de Cicéron en *quingenta* : Cicéron était encore insuffisamment informé au moment où il écrivait. Que la distance dût être comptée des côtes d'Italie et non de Rome, c'est ce que montre *Ad Att.*, 3, 7, 1, *ab Italia*, et Plut., *Cic.*, 32 : Ἰταλίας. »

Page 103 :   *Cic.*, 32, 2

Hipponium-Vibo ne se trouve pas en Lucanie, mais plus au sud, dans le Bruttium.

Page 103 :   *Cic.*, 32, 2

Le nom de Sicca ne figure pas dans les manuscrits de Plutarque ; il résulte d'une correction suggérée par Ch. Graux et adoptée par Münzer, cf. Cic., *Ad Att.*, 3, 2 : *fundum Siccae*, et 3, 4 : *Sicca apud quem eram...*

Page 104 :   *Cic.*, 32, 6

Voir là-dessus J. Carcopino, *Les secrets...*, 1, 374 sqq., et surtout
Alain Michel, *Rhétorique et philosophie chez Cicéron*, *passim*, et
P. Grimal, *Rev. Ét. Anc.*, 64, 1962, p. 121.

Page 104 :   *Cic.*, 32, 7

Voir ci-dessus la Notice, p. 55.

Page 104 :   *Cic.*, 33, 1

Sur les propriétés de Cicéron hors de Rome, voir ci-dessus, 8, 3,
et, sur sa maison du Palatin, 8, 6 et la note. Cf. Cic., *De domo sua*,
108-110 : Clodius, s'il avait l'intention de bâtir un temple à cet endroit, n'y avait encore placé qu'une statue de la Liberté.

Page 104 :   *Cic.*, 33, 2

Voir *Pomp.*, 48, 9-12.

Page 105 :   *Cic.*, 34, 1

Cf. *Cato min.*, 40, 1, et Dion Cassius, 39, 21, 1-2.

Page 105 :   *Cic.*, 34, 2

Voir ci-dessus la note à 30, 1.

Page 106 :   *Cic.*, 35, 3

Cicéron avoue à plusieurs reprises l'émotion qui le saisit chaque
fois qu'il commence à parler en public : cf. Cic., *Pro Cluentio*, 51,
et *Divin. in Caecilium*, 41.

Page 106 :   *Cic.*, 35, 4

L. Licinius Murena, consul en 62 (voir ci-dessus, 14, 8 et la note),
avait été accusé de brigue électorale par Caton ; il eut pour défenseurs Crassus, Hortensius et Cicéron, qui parla le dernier. Murena
fut acquitté. Sur cette appréciation de Plutarque, surprenante parce
que le *Pro Murena* est un des discours les plus appréciés de Cicéron,
voir André Boulanger, éditeur de ce plaidoyer dans la *Coll. Univ.
France*, Notice, p. 16 : la rédaction qui nous est parvenue fut sans
doute composée à loisir après le procès. Il en va de même probablement pour le *Pro Milone*, qui fut composé dix ans après le *Pro Murena*.

Page 107 :   *Cic.*, 35, 5

Pour l'attitude et la tenue des accusés à Rome, voir ci-dessus,
30, 6, et la note. — Milon fut condamné par 38 voix contre 13 : Ascon.,
p. 45 (Stangl).

Page 107 :   *Cic.*, 36, 1

Cicéron devint membre du collège des augures en 53, donc avant le
procès de Milon. Il avait été coopté par Pompée et Hortensius :
cf. Cic., *Brut.*, 1 ; *Phil.*, 2, 4. Sur la mort de Publius Crassus, cf.
Crass., 25, 1-14.

Page 107 :   *Cic.*, 36, 1

La province de Cilicie comprenait la Cilicie proprement dite, la Pamphylie, la Pisidie, le sud de la Phrygie et la Lycaonie, enfin l'île de Chypre. Les lettres de Cicéron montrent qu'il accueillit cette nomination à contre-cœur et considéra ce long séjour loin de Rome comme un second exil.

Page 107 :   *Cic.*, 36, 2

Il s'agit du désastre de Carrhes en 53, où périt Crassus, et d'un soulèvement des Juifs en Galilée, qui fut réprimé par C. Cassius Longinus, questeur de Crassus.

Page 108 :   *Cic.*, 36, 5

Sur tout cela, voir Cic., *Ad Att.*, 6, 2, 5-6.

Page 108 :   *Cic.*, 36, 6

Le mont Amanus faisait partie du Taurus cilicien et couvrait la Cilicie au sud-est.

Page 108 :   *Cic.*, 36, 6

Traduction presque littérale d'un passage d'une lettre de Cicéron, *Ad Famil.*, 2, 11, 2 : *De pantheris, per eos qui venari solent agitur mandatu meo diligenter ; sed mira paucitas est, et eas quae sunt valde aiunt queri quod nihil cuiquam insidiarum in mea provincia, nisi sibi, fiat : itaque constituisse dicuntur in Cariam ex nostra provincia decedere.* M. Caelius Rufus, jeune ami de Cicéron, était alors édile, et c'est en cette qualité qu'il voulait donner à Rome des *venationes*.

Page 108 :   *Cic.*, 37, 2

Ce départ de Pompée eut lieu le 17 janvier 49. Cf. *Pomp.*, 61, 6.

Page 108 :   *Cic.*, 37, 2

Cicéron resta en Italie, mais n'était pas à Rome même, car il espérait encore le triomphe, et il était interdit à un *imperator* d'entrer dans la ville avec ses licteurs.

Page 109 :   *Cic.*, 37, 4

On ne trouve pas la lettre en question dans le 7e livre de la correspondance, *Ad Famil.*, qui est pourtant rempli de missives du célèbre jurisconsulte C. Trebatius Testa. Mais on peut voir les lettres *Ad Att.*, 7, 17, et 10, 8, où l'on constate que César lui-même engagea Cicéron à rester neutre. — Voir sur ce point le commentaire de J. Carcopino, *Les secrets...*, 1, 357 sqq.

Page 110 :   *Cic.*, 38, 7

Cf. *Reg. et Imp. Apopht.*, 205 D (19).

Page 111 :   *Cic.*, 38, 8

Titus Labienus, excellent lieutenant de César dans la guerre des Gaules, était passé à Pompée en janvier 49 : cf. *Cés.*, 34, 5, et *Pomp.*, 64, 5.

Page 111 :   *Cic.*, 39, 3

Cf. *Cés.*, 48, 1-2.

Page 111 :   *Cic.*, 39, 4

En septembre 47.

Page 113 :   *Cic.*, 40, 2

Cf. Ch. Graux : « Cicéron a rendu φαντασία par *visum*, ἐποχή par *assensionis retentio*, συγκατάθεσις par *assensio atque approbatio*, κατάληψις par *comprehensio*, τὰς ἀτόμους et τὰ ἀμερῆ par *corpora individua*, τὸ κενόν par *inane*. »

Page 113 :   *Cic.*, 40, 5

Les statues de Pompée avaient été enlevées des Rostres en 48, après Pharsale ; cf. *Cés.*, 57, 6 ; *De cap. ex inim. utilitate*, 91 A ; *Reg. et Imp. apopht.*, 205 E (20) ; Dion Cass., 42, 18, 2 ; Suétone, *Cés.*, 75, 7.

Page 113 :   *Cic.*, 41, 2

Sur Terentia, voir ci-dessus, 8, 3 ; 20, 2-3 ; 29, 4 ; 30, 4.

Page 114 :   *Cic.*, 41, 4

Tiron avait écrit une biographie de Cicéron : voir ci-dessus la Notice, p. 57-61.

Page 114 :   *Cic.*, 41, 5

Cf. J. Carcopino, *Les secrets...*, 1, 243 : « Le père de Publilia était mort, laissant une grosse succession ; et, comme la loi Voconia qui, depuis 169 avant J.-C., frappait d'incapacité testamentaire les filles des riches, lui avait interdit d'instituer la sienne son héritière, il avait emprunté le détour habituel en pareil cas et remis une part importante de ses biens à Cicéron en fidéicommis, avec l'obligation de les rendre à Publilia le jour où celle-ci passerait sous puissance de mari ; et Cicéron, pour éviter cette restitution, n'avait rien imaginé de mieux que de devenir l'époux de sa fidéicommissaire. » Plutarque rend l'expression *heres fiduciarius* par les mots ἐν πίστει κληρόνομος. — C'est en 46 que Cicéron, « à soixante ans sonnés, convola avec une adolescente » (J. Carcopino, *ibid.*, 242).

Page 114 :   *Cic.*, 41, 7

En réalité, le précédent mari de Tullia était Furius Crassipes, dont elle s'était séparé ; son premier mari avait été C. Calpurnius Piso

Frugi, qui était mort en 57. En outre, son troisième mari, que Plutarque appelle Lentulus, était P. Cornelius Dolabella (*consul suffectus* en 44), et elle avait divorcé d'avec lui avant de mourir en couches à Tusculum, dans la maison de campagne de Cicéron.

Page 114 :   *Cic.*, 41, 8

Cf. J. Carcopino, *Les secrets*..., 244-248, où est mise en doute (sans arguments décisifs) cette « version que les amis de Cicéron s'étaient plu à recueillir comme une preuve de sa tendresse paternelle ».

Page 115 :   *Cic.*, 42, 1

Voir G. Boissier, *Cic. et ses amis*, 321-379 : Brutus, ses relations avec Cicéron, — et P. Boyancé, *Études sur l'humanisme cicéronien*, 160-179 : Cicéron et César, notamment p. 175.

Page 115 :   *Cic.*, 42, 2

Cf. *Brut.*, 12, 2. En 43, Cicéron avait soixante-trois ans.

Page 115 :   *Cic.*, 42, 3

Marc Antoine était consul avec César lui-même, que remplaça après les ides de mars P. Cornelius Dolabella (voir la note à 41, 7). Cette séance du Sénat eut lieu le 17 mars 44 au temple de Tellus : cf. *Cés.*, 67, 8-9 ; *Brut.*, 19, 1 ; *Ant.*, 14, 2-4. Dion Cassius, 44, 22-34, prétend donner le texte du discours de Cicéron.

Page 116 :   *Cic.*, 43, 2

Sur les mœurs d'Antoine, voir par exemple *Démétr.*, 1, 5-8, et *Ant.*, 24, 2-4.

Page 116 :   *Cic.*, 43, 3

P. Cornelius Dolabella (voir ci-dessus les notes à 41, 7 et 42, 3) avait été le gendre de Cicéron ; cf. Broughton, *The magistr.*, 2, p. 344.

Page 116 :   *Cic.*, 43, 3

Les consuls de 43 furent effectivement A. Hirtius et C. Vibius Pansa Caetronianus : Broughton, *The magistr.*, 2, p. 334.

Page 117 :   *Cic.*, 43, 7

D'après Cicéron, *Phil.*, 1, 11-12, Antoine aurait menacé, non pas d'incendier, mais de démolir sa maison. Pour la prise de gages, cf., dans ce même passage, les mots : *quid est ultra pignus aut multam?* Les consuls pouvaient exiger des gages des sénateurs ou leur imposer une amende pour les obliger à venir au Sénat.

Page 117 :   *Cic.*, 43, 8

Octavien ou Octave (C. Octavius), le futur Auguste, alors âgé de dix-neuf ans, petit-neveu et fils adoptif de César, étudiait en Illyrie, à Apollonie, lors des ides de mars. Cf. *Ant.*, 16, 1.

Page 117 :   *Cic.*, 44, 1

Sur l'entente conclue entre Cicéron et Octave, cf. *Ant.*, 16, 6, où le récit est encore plus sommaire qu'ici. La correspondance avec Atticus contient plusieurs lettres de Cicéron instructives à ce sujet : voir J. Carcopino, *Les secrets...*, 2, 138 sqq.

Page 117 :   *Cic.*, 44, 3

Donc avant 48, année de la mort de Pompée ; à cette date, Octave, né en 63, avait une quinzaine d'années.

Page 118 :   *Cic.*, 44, 5

Un songe analogue est attribué à Q. Catulus par Dion Cassius, 45, 2, 3-4, et Suétone, *Aug.*, 94, 12-13 ; ce dernier, *ibid.*, 14, raconte un songe, assez différent, de Cicéron lui-même : « il avait vu un enfant aux nobles traits descendre du ciel suspendu à une chaîne d'or, s'arrêter devant la porte du Capitole, et là recevoir un fouet des mains de Jupiter », après quoi Cicéron aperçoit le futur Auguste et reconnaît en lui l'enfant du songe.

Page 118 :   *Cic.*, 45, 2

Voir la lettre de Brutus à Atticus qui figure dans la correspondance de Cicéron, *Ad Brut.*, 1, 17, 5 : *Licet ergo patrem appellet Octavius Ciceronem...*

Page 119 :   *Cic.*, 45, 2

Voir ce qu'écrit Brutus après la phrase citée dans la note précédente, et surtout la lettre *Ad Brut.*, 1, 16, 7, dans laquelle Brutus écrit à Cicéron lui-même : *Nam, si Octavius tibi placet, a quo de nostra salute petendum sit, non dominum fugisse, sed amiciorem dominum quaesisse videberis.*

Page 119 :   *Cic.*, 45, 5

Il s'agit de la bataille de Modène, en avril 43. Hirtius périt dans l'action, et Pansa mourut de ses blessures quelques jours après.

Page 119 :   *Cic.*, 45, 5

Cf. App., *Bell. Civ.*, 3, 86, dont le récit d'ailleurs ne concorde pas exactement avec celui de Plutarque.

Page 119 :   *Cic.*, 45, 6

Sans doute Auguste disait-il cela dans ses *Mémoires* dédiés à Agrippa et à Mécène, que Plutarque cite plus bas, 52 (= Σύγκρ. 3), 1.

Page 119 :   *Cic.*, 46, 1

Cf. J. Carcopino, *Les secrets...*, 2, 140 : « C'est ainsi, résume Plutarque, qu'un blanc-bec a su éblouir et duper un vieux routier », mais il ajoute, *ibid.*, 141 : « Cette version, entièrement favorable à Cicéron, est réfutée point par point par Cicéron lui-même dans sa correspondance. »

Page 120 :   *Cic.*, 46, 4

Bononia est Bologne. Cf. *Ant.*, 19, 1 : εἰς νησῖδα ποταμῷ περιρρεο-μένην. La rivière dont il s'agit est le *Renus* (aujourd'hui Reno).

Page 120 :   *Cic.*, 46, 5

L. Æmilius Lepidus Paulus avait été consul en 50 ; L. Julius Caesar l'avait été en 64. Tous les deux, à la différence de Cicéron, échappèrent à la mort par la fuite (pour L. Caesar, voir *Ant.*, 20, 5-6).

Page 120 :   *Cic.*, 46, 6

Comparer *Ant.*, 19, 4.

Page 120 :   *Cic.*, 47, 1

Voir ci-dessus, 40, 3, et la note.

Page 120 :   *Cic.*, 47, 1

Au bord de la mer Tyrrhénienne, au sud-est d'Antium, dans « l'île solitaire et boisée que formait, en débouchant dans la mer près de la bourgade d'Astura, le fleuve côtier du même nom » (J. Carcopino, *Les secrets...*, 1, 86, avec les notes 3 et 4).

Page 121 :   *Cic.*, 47, 1

Cf. *Brut.*, chap. 25 sqq.

Page 122 :   *Cic.*, 47, 9

Comparer le récit d'Appien, *Bell. Civ.*, 4, 19, et Val.-Max., 1, 4, 5.

Page 123 :   *Cic.*, 49, 2

Comparer *Ant.*, 20, 4 : « Quand on lui apporta la tête et la main droite de Cicéron, Antoine les contempla avec joie et éclata de rire à plusieurs reprises dans son transport, puis, sa haine une fois assouvie, il les fit placer sur la tribune au Forum ; il croyait ainsi insulter le mort, quand en réalité il insultait lui-même sa propre fortune et déshonorait sa puissance. »

Page 126 :   *Cic.*, 51 (2), 2

Vers d'Eschyle, provenant d'une pièce aujourd'hui perdue, et que Plutarque cite également *Mor.*, 317 E, 334 D, 640 A.

Page 126 :   *Cic.*, 51 (2), 3

Cf. Démosth., *Cour.*, 277 : « Je sais bien que mon talent oratoire, — va pour ce mot ; et cependant, je vois que le plus souvent le pouvoir de ceux qui parlent dépend des auditeurs ; car c'est selon l'accueil que vous faites à chacun et la bienveillance que vous lui témoignez que l'orateur passe pour intelligent ; en tout cas, si j'ai quelque expérience en ce domaine... »

Page 127 :   *Cic.*, 52 (3), 1

Ces trois stratèges athéniens du temps de Démosthène sont nommés avec d'autres, *Phoc.*, 7, 5 : Charès lutta contre Philippe en Thrace et à Byzance, puis il prit part à la bataille de Chéronée ; Diopeithès conduisit des clérouques dans la Chersonèse de Thrace (voir le discours de Démosthène *Sur la Chersonèse*) ; Léosthénès est le héros de la guerre lamiaque (voir *Démosth.*, 27, 1).

Page 127 :   *Cic.*, 52 (3), 2

Allusion probable aux vers 175-177 d'*Antigone* de Sophocle, où Créon dit : « Il est impossible de bien connaître l'âme, les sentiments, les principes d'un homme quelconque, s'il ne s'est pas montré encore dans l'exercice du pouvoir, gouvernant et dictant des lois. »

Page 127 :   *Cic.*, 52 (3), 4

Plutarque pense à ce passage de la *République*, 5, 473 d : « A moins que les philosophes ne deviennent rois dans les États, ou que ceux que l'on appelle à présent rois et souverains ne deviennent de vrais et sérieux philosophes, et qu'on ne voie réunies ensemble la puissance politique et la philosophie..., il n'y aura pas de relâche aux maux qui désolent les États, ni même, je crois, à ceux du genre humain. »

Page 127 :   *Cic.*, 52 (3), 5

Voir *Démosth.*, 15, 1-2.